河南师范大学学术专著出版基金资助
河南师范大学历史文化学院学术专著出版基金资助
河南省社科规划项目（2016BLS010）阶段性成果

《孙子兵法》
经世致用研究

阎盛国 著

PRAGMATIC STUDY OF THE ART OF WAR

中国社会科学出版社

图书在版编目（CIP）数据

《孙子兵法》经世致用研究/阎盛国著．—北京：中国社会科学出版社，2017.6（2022.10 重印）
ISBN 978-7-5203-0423-8

Ⅰ.①孙… Ⅱ.①阎… Ⅲ.①兵法—中国—春秋时代 ②《孙子兵法》—研究 Ⅳ.①E892.25

中国版本图书馆 CIP 数据核字（2017）第 117286 号

出 版 人	赵剑英	
责任编辑	宋燕鹏	
责任校对	李　莉	
责任印制	李寡寡	

出　　版	中国社会科学出版社	
社　　址	北京鼓楼西大街甲 158 号	
邮　　编	100720	
网　　址	http：//www.csspw.cn	
发 行 部	010-84083685	
门 市 部	010-84029450	
经　　销	新华书店及其他书店	
印　　刷	北京明恒达印务有限公司	
装　　订	廊坊市广阳区广增装订厂	
版　　次	2017 年 6 月第 1 版	
印　　次	2022 年 10 月第 2 次印刷	

开　　本	710×1000　1/16	
印　　张	19.5	
插　　页	2	
字　　数	281 千字	
定　　价	75.00 元	

凡购买中国社会科学出版社图书，如有质量问题请与本社营销中心联系调换
电话：010-84083683
版权所有　侵权必究

序　经典的魅力

彭　勇

《孙子兵法》是中国最早的兵书，也是世界上最早的军事著作。它字字珠玑，以六千字的篇幅，被后世誉为"百代谈兵之祖"（《四库全书总目》），是我国的"第一兵书"和"兵学圣典"。实际上，它不仅是一部兵书，还是一部充满智慧之书。它以其博大精深的思想文化内涵，影响了从古至今一代又一代的军事家、政治家、思想家和文学家。随着时代的变化，《孙子兵法》的思想不断被弘扬，与每一个时代相结合，被赋予新的思想内容和文化内涵，成为中华优秀传统文化的代表。诚如李零先生所说："今天，读经典，有两本书不能没有，一本是《孙子》，上面说了，最有智慧，百代谈兵之祖；一本是《老子》，教我们放下'人'的架子，别跟人逞能，要谈宇宙人生，老子天下第一。"（李零：《兵以诈立——我读〈孙子〉》"自序"，中华书局2006年版）。

《孙子兵法》不朽的价值及其对后世的影响之大，本人近年在研究明代军事制度史时深有体会。"明以武功定天下"（《明史·兵志序》），朱元璋建国，以"洪武"为年号，表达了通过武功"定天下于一"的强烈愿望，他对军事制度建设颇为重视。朱元璋重视学习和利用《孙子兵法》，不仅时常与大臣讨论，还下令兵部刻刊《武经七书》，让都司卫所的世袭武官及其子弟学习，并把它作为武举考试的必读兵书，《武经七书》之首便是《孙子兵法》。此后的二百多年，明代的文武官员凡谈兵法战策，必以此为准则，甚至凡言"兵法云"多指《孙子兵法》，或径称"孙子曰"。

明初，太祖和成祖励精图治，文治武功，对兵书战策颇为熟悉，与大臣谈论边防政务时，出口能引《孙子兵法》。洪武三十年五月，太祖"以天象示变，占北方当有警"，提醒守边藩王和大臣："今天象于往者正同，不可不慎也……兵法云：'致人，不致于人'。'多算胜，少算不胜，况无算乎？'"（《明太祖实录》卷二五三）。这里，他连续引用了《孙子兵法·虚实篇》中"善战者，致人而不致于人"之句，以及《始计篇》中"夫未战而庙算胜者，得算多也；未战而庙算不胜者，得算少也。多算胜，少算不胜，而况于无算乎！吾以此观之，胜负见矣"，提醒守臣提前做好防备，要善于调动敌人而不被敌人调动，争取克敌制胜的主动权。永乐二十年夏五月，成祖朱棣"顾侍臣，论用兵之法"，同样提到"兵法云，'多算胜，少算不胜'，盖用兵之际，智在勇先，不可忽也。驭众之道……"（《明太宗实录》卷249）。明代的帝王亲谙兵法，杰出的军事统帅更是奉《孙子兵法》为指导思想。嘉靖时大学士杨一清建议改革团营以提高战争力，他说："慎选战锋官军。孙子曰，'兵无选锋，曰北'，盖兵出御敌，必使锋锐者当任，其冲突坚立不动，俟其少却，奋以乘之"（《明世宗实录》卷八三）。明中央对京军三大营的改革，自于谦之后屡次实行，必强调选锋的重要，理论依据便是《孙子兵法·地形篇》所载"将不能料敌，以少合众，以弱击强，兵无选锋，曰北。"笔者近年在整理明代万历初期成书的刘效祖《四镇三关志》，其中收录有大量的明代诏令奏议，据初步的检索，包括戚继光、杨博、刘应节等名臣多次征引《孙子兵法》，以论证自己的军政措施、阐释边防思想。成书于明末、陈子龙编《明经世文编》，全书主要辑录了有明一代的奏议和文集，内容以反映军国要务为主，其中凡文官武将谈兵论战，言必称"兵法云"，据初步检索共有180余处，虽然并非全指孙武之兵法，但最重要的思想皆来自于此。阎盛国在本书中的研究，还重点关注了王阳明、李贽这样杰出思想家在《孙子兵法》研究、传播和使用中的突出贡献。

　　明代对《孙子兵法》重视的普遍性，还可以通过二例来说明，第一是前文提到，世袭武官及其子孙进阶、参加武举考试，《孙子兵法》是必读之书，明代军户的数量仅次于民户，数量巨大，是书因此得以广泛传播。明中央甚至规定，凡文武官员谙熟兵法者，可破格提拔。《（万历）明会典·武举》记载说，"天顺八年，令天下文武衙门，各询访所属官员、军民人等，有通晓兵法、谋勇出众者，从公保举"；"举用将材"条又记："成化八年，令文武官员军民人等，有谙晓兵法、谋勇过人、弓马熟闲者，并许保举"。第二是明代兵书的大量出现。受入仕为官的刺激，加之明代"北虏南倭"的边患一直伴随，在明代私人印书、贩刻和刻书业的影响之下，以《孙子兵法》为代表的兵学著作大量涌现。解文超博士《明代兵书研究》（天津人民出版社2010年版）一书认为，"明代兵书数量最多，门类最全"，明代对《武经七书》研究的形式更加宽泛，有直解、注解、集解、句解、标题、点评等等，流传至今的《武经七书》注本就有百余种。明代出现了《十三家注孙子》的系统研究，有《孙子兵法》十三篇的专门研究数十种之多。阎盛国在本书中，对《孙子兵法》在明代各阶层的流传，有精彩的研究。

中国古代兵制史的研究，以我的体会，可以简单地划分为三个层面，一是军事史的研究，关注从古至今的战争、战略、战术，这类研究的群体以军事类高校、科研机构的军人为主；二是军事制度史的研究，在制度史背景之下研究军事制度的规定运作，及其对历史进程的影响，这类学者多为历史学背景下高校科研院所的学者；三是兵制史的经世致用研究，作为交叉性质的多学科研究，这类学者各有侧重，分布的领域也比较广泛。当然，上述三个层面的研究之间，既有相对独立的展开，又有交叉综合，又以相对独立的研究居多，比如本人的研究便是以第二种"军事制度史"研究为主，主要关注明代卫所制度运行与国家命运之间的关系，较少关注战略战术的分析与使用，也很少关注明代兵制在经世致用层面的表现。

比较而言，长期从事兵制史研究的阎盛国却有着颇为宽广的研究视野，他对上述兵制史研究的三个层面均有关注。此前，他便出版有《秦汉招降战略战术研究》（人民出版社2010年版），对秦汉时期的招降战从技术层面予以剖析，深入考察了招降战实践层面的运用，提出了"招降战"这一另类战争的理论建构和辅助层面，开招降研究风

《孙子兵法》经世致用研究

气之先。而奉献在读者面前的这本《〈孙子兵法〉经世致用研究》，更是将他近年研究的特点进一步发挥，不仅是近年《孙子兵法》研究的典范之作，也是中国古代军事研究中历史学、文献学、考据学和经世致用之学的典范之作。阎盛国的研究在历史学、军事学及其应用之学等方面均有突破，这与他本人所受的严谨的专业训练、持续的兴趣爱好和极其勤奋的科研有密切关系。

首先，本书是一部严谨的历史学学术著作，作者不仅综合运用了甲骨文、简牍、典章正史、奏议文集等传统文献，还使用了丰富的诗词、曲赋、书画、碑刻等资料，使全书建立在扎实的、实证基础之上，旁征博引，资料达二百种之多。论著对许多问题的考证，或澄清了前人的讹误，或发前人未发之论。其次，对传统文献的书写史、传播史和学术史等研究，颇具启发和示范意义，本书主要以《孙子兵法》一书为例，在第四章"文学视野下的《孙子兵法》传播研究"，用五节的篇幅，从唐诗、宋词、元曲和明清小说等不同时代和不同文学体裁的视角进行分析，既揭示了经典的魅力，也展示了研究者的宽广视野。第三，历史学者以战略战术的视角来研究《孙子兵法》，多有创新。长期以来，对历史时期战略战术的精致分析，多为军事学界所擅长，他们研究的目的是"以史为鉴"，以历史上的兵书战策为主题，探讨服务现代战争或军队管理的可行性或可能性，其不足之处是多有牵强附会之嫌；而历史学者的军事学理论和实践的知识相对不足，对战略战术的分析多有隔靴搔痒之病。阎盛国以历史学的专业背景，长期对军事史有浓厚的兴趣，硕士、博士论文均研究军事史，毕业十年间，一直以《孙子兵法》等军事问题为研究对象，高质量地完成本书，看似难能可贵，实则水到渠成。最后，本书最鲜明的特点是"经世致用"。《孙子兵法》作为中华民族优秀传统文化的精髓，对它的研究早已超过了传统的军事史意义，在诸如商业竞争、企业管理、体育竞赛、外交谈判等领域均受到广泛关注。本书突出实证与理论思辨，尤其是"现代应用个案"的分析，已超越了传统历史学和军事学的研究范畴，进一步揭示了《孙子兵法》经世致用的魅力所在，也体现了作者更宏大的关怀。

我与盛国相识于 2005 年。十余年之间，虽然我们研究的时段不同，但在军制史的研究中彼此关注，互相鼓励。在他的新著即将出版之际，我受邀作序，谈点心得，以此表达对他的钦佩之情。

目 录

第一章 《孙子兵法》蕴含的胜利哲学 ········· 1

第一节 《孙子兵法》"以人为本"的胜利哲学 ········· 1
一 《孙子兵法》隐含了"以人为本"的哲学思维 ········· 1
二 孙子"以人为本"胜利哲学在战略战术的应用 ········· 4
三 孙子"以人为本"胜利哲学在情报领域的应用 ········· 7

第二节 《孙子兵法》对胜利负效应的警示 ········· 9
一 《孙子兵法》关于胜利等级的论述 ········· 10
二 《孙子兵法》对胜利负效应的警醒 ········· 14
三 《孙子兵法》规避胜利负效应的理念与举措 ········· 17

第二章 《孙子兵法》所见战争意识与战时经济 ········· 21

第一节 《孙子兵法》对待战争的全方位意识 ········· 21
一 慎战绝不是告别战争 ········· 22
二 备战绝不只是备物 ········· 24
三 敢战绝不滥用战争 ········· 26
四 善战绝不是依靠武力 ········· 28

第二节 《孙子兵法》所见战时经济问题研究 ········· 31
一 《孙子兵法》所见战时开支问题 ········· 32
二 《孙子兵法》所见战时经济动员问题 ········· 34
三 《孙子兵法》所见战时赋役问题 ········· 39

第三章　战略战术视野下的《孙子兵法》研究 …… 44

第一节　《孙子兵法》蕴含的精英战略思维 …… 44
一　《孙子兵法》关注四种精英角色 …… 44
二　《孙子兵法》精英战略思维应用 …… 46

第二节　《孙子兵法》致胜模式运用分析 …… 53
一　孙子致胜的单一型模式 …… 55
二　孙子致胜的组合型模式 …… 56
三　孙子致胜的混合型模式 …… 57

第三节　《孙子兵法》致胜战术思维的多元性 …… 62
一　攻击目标选择具有多元性 …… 63
二　攻击时间选择具有多元性 …… 66
三　攻击空间选择具有多元性 …… 68
四　战术手段选择具有多元性 …… 70

第四节　《孙子兵法·九地篇》"夺其所爱"诠释 …… 72
一　重要注家对孙子"夺其所爱"的解释 …… 73
二　孙子"夺其所爱"包括的属性层面 …… 75

第五节　《孙子兵法》对谋略思维的弱化之处 …… 80
一　《孙子兵法》谋略思维的偏颇之处 …… 80
二　利用对手优点攻击对手的经典实例 …… 81

第四章　文学视野下的《孙子兵法》传播研究 …… 85

第一节　唐代诗人笔下的孙武与《孙子兵法》 …… 85
一　诗人抒情："吴宫教战"是与非 …… 85
二　诗人感慨：孙武才华与时运 …… 88
三　诗人咏叹：《孙子兵法》的价值 …… 90

第二节　宋代诗人笔下的孙武与《孙子兵法》 …… 94
一　宋代诗人塑造孙武三种人物形象 …… 94
二　宋代诗人探寻《孙子兵法》的魅力 …… 97
三　宋代诗人对待《孙子兵法》的态度 …… 101

目 录

第三节　诗词曲赋视野下的孙子与《孙子兵法》……………… 107
　　一　吟咏孙子与《孙子兵法》诗词曲赋的状况……………… 108
　　二　吟咏孙子与《孙子兵法》诗词曲赋的氛围……………… 111
　　三　吟咏孙子与《孙子兵法》诗词曲赋的精华……………… 114
　　四　吟咏孙子与《孙子兵法》诗词曲赋的情感……………… 120
第四节　《水浒传》对《孙子兵法》的书写……………………… 124
　　一　《水浒传》对《孙子兵法》作者的书写………………… 124
　　二　《水浒传》对《孙子兵法》版本的书写………………… 128
　　三　《水浒传》对《孙子兵法》战术的书写………………… 131
第五节　《孙子兵法》对《红楼梦》的影响……………………… 134
　　一　《孙子兵法》影响《红楼梦》的证据…………………… 135
　　二　《孙子兵法》影响《红楼梦》的原因…………………… 137
　　三　《孙子兵法》对曹雪芹个人素养的影响………………… 140

第五章　《孙子兵法》古代应用个案研究…………………… 144

第一节　从《孙子兵法》审视项羽巨鹿之战的致胜因素……… 144
　　一　从《孙子兵法》审视巨鹿之战的地理因素……………… 146
　　二　从《孙子兵法》审视项羽部下的心理因素……………… 148
　　三　从《孙子兵法》审视项羽的战术思维因素……………… 150
第二节　《孙子兵法》对汉武帝的影响…………………………… 155
　　一　汉武帝知识结构中包含着《孙子兵法》………………… 155
　　二　汉武帝在政治斗争中巧妙应用《孙子兵法》…………… 159
　　三　汉武帝在汉匈战争中巧妙应用《孙子兵法》…………… 161
第三节　《后汉书》李贤注对孙子与《孙子兵法》的诠释…… 165
　　一　《后汉书》李贤注对孙子本人生平的诠释……………… 166
　　二　《后汉书》李贤注对孙子兵学理论的诠释……………… 169
　　三　《后汉书》李贤注对孙子用兵之道的诠释……………… 175
第四节　胡三省《通鉴注》征引《孙子兵法》现象考述……… 180
　　一　《通鉴注》注意点明《孙子兵法》征引情况…………… 180
　　二　《通鉴注》援引史例检证《孙子兵法》理论…………… 183

— 3 —

三　《通鉴注》援引《孙子兵法》解释《通鉴》
　　　　内容 ………………………………………………… 186
　　四　《通鉴注》应用《孙子兵法》评点《通鉴》……… 191
第五节　朱元璋对《孙子兵法》的评判及应用分析……… 198
　　一　朱元璋评判《孙子兵法》与作者 ………………… 199
　　二　朱元璋应用《孙子兵法》于治军 ………………… 202
　　三　朱元璋应用《孙子兵法》于实战 ………………… 205
第六节　《孙子兵法》对王阳明兵学思想的影响 ………… 208
　　一　王阳明接触《孙子兵法》 ………………………… 209
　　二　王阳明评注《孙子兵法》 ………………………… 211
　　三　王阳明践行《孙子兵法》 ………………………… 213
第七节　明代《孙子兵法》流布的高端化特征 …………… 218
　　一　明代政治巨子与《孙子兵法》流布 ……………… 219
　　二　明代思想大师与《孙子兵法》流布 ……………… 222
　　三　明代抗倭名将与《孙子兵法》流布 ……………… 225
　　四　明代著名艺术家与《孙子兵法》流布 …………… 228

第六章　《孙子兵法》现代应用个案研究 …………… 232

第一节　《孙子兵法》对徐向前兵学艺术的影响 ………… 232
　　一　徐向前《文选》见证其独特《孙子兵法》情结 … 233
　　二　徐向前应用《孙子兵法》分析作战经验与教训 … 234
　　三　徐向前应用《孙子兵法》提升作战指挥艺术 …… 236
第二节　《孙子兵法·火攻篇》对太空战的启示 ………… 242
　　一　孙子《火攻篇》包含的作战思维分析 …………… 242
　　二　孙子《火攻篇》作战思维对太空战启示 ………… 245
第三节　《孙子兵法》精英战略思维在情报领域的运用 … 246
　　一　培训一流的精英充当间谍 ………………………… 247
　　二　敌方精英是重要的情报源 ………………………… 249
　　三　敌方精英是间谍攻击目标 ………………………… 250
　　四　收集敌方各种精英的情报 ………………………… 251

第四节 《孙子兵法》对灾害预警及其灾害救助的启示 …… 254
　一　孙子计划原理对灾害预警的启示 ………………… 255
　二　孙子迅速原理对灾害预警机制的启示 …………… 257
　三　孙子控制原理对灾害救助机制的启示 …………… 260
　四　孙子协调原理对灾害救助机制的启示 …………… 262
　五　孙子运筹原理对灾害救助机制的启示 …………… 263
第五节　运用《孙子兵法》构建企业文化科学发展机制 …… 266
　一　运用《孙子兵法》构建企业文化和谐机制 ……… 267
　二　运用《孙子兵法》构建企业文化完美机制 ……… 271
　三　运用《孙子兵法》构建企业文化创新机制 ……… 273
　四　运用《孙子兵法》构建企业文化灵变机制 ……… 276

参考文献 …………………………………………………… 281

后记 ………………………………………………………… 291

图目录

图 1 《孙子兵法》计划原理对灾害预警启示结构示意图 ……… 257
图 2 《孙子兵法》灾害预警机制结构示意图 …………………… 259
图 3 《孙子兵法》灾害控制机制结构示意图 …………………… 261
图 4 《孙子兵法》灾害救助协调机制结构示意图 ……………… 264
图 5 《孙子兵法》运筹原理对灾害救助启示结构示意图 ……… 266
图 6 《孙子兵法》企业文化和谐机制结构示意图 ……………… 270
图 7 《孙子兵法》企业文化完美机制结构示意图 ……………… 272
图 8 《孙子兵法》企业文化创新机制结构示意图 ……………… 274
图 9 《孙子兵法》企业文化灵变机制结构示意图 ……………… 278

表目录

表1 《孙子兵法》致胜理论运用模式汇总 …………………… 60
表2 《孙子兵法》致胜实践运用模式汇总 …………………… 61
表3 《徐向前军事文选》征引《孙子兵法》一览表 …………… 241

第一章 《孙子兵法》蕴含的胜利哲学

第一节 《孙子兵法》"以人为本"的胜利哲学

《孙子兵法》是一部渗透着制胜智慧的兵书,这种制胜取向得到许多人士的赞誉。蒋介石曾说:"孙子的战争哲学……把战争看成和五色、五声、五味一样的诡诡炫烂,才是真正体会到了战争艺术化与完善的奥秘。"意大利人亚力山德罗·高尔纳利这样评价道:"无论任何政治家或军事家的评论如何,孙子的思想首先是让人们得以发现和认识一种古老艺术的秘密———获胜的艺术。"[①]而孙子的胜利哲学却很少被人全部参透,这主要是由于《孙子兵法》这部兵学经典特别讲究思辨,重在体悟。"理解《孙子兵法》是困难的,因为《孙子兵法》浓缩性太高"。[②]孙子在撰写《孙子兵法》时,有些隐秘的东西,显然是秘不示人,并没有全部显露出来。这需要研习者深入思考与揣摩,方能对其绝妙之处领略一二。《孙子兵法》"以人为本"的胜利哲学就是如此,需要反复揣摩,方可有所感悟。本节旨在探讨《孙子兵法》"以人为本"的胜利哲学,以及这种胜利哲学在战略战术方面与情报领域的多元应用,以此感知《孙子兵法》"以人为本"胜利哲学的重大价值。

一 《孙子兵法》隐含了"以人为本"的哲学思维

《孙子兵法》对人异常关注,人的思维与实践活动在《孙子兵

[①] 杨少俊:《孙子兵法的电脑研究》,解放军出版社1992年版,第64、77页。
[②] 阎勤民:《孙子兵法制胜原理》,中州古籍出版社1992年版,第420页。

法》中占有重要地位。正如有的研究者指出："孙子理论的核心与基点乃'人'字。"① 但却没有进一步从中阐明：《孙子兵法》隐含了一种"以人为本"的胜利哲学。这种胜利哲学比较隐晦，只有通过深入细致分析，才能清楚地看出这一点。《孙子兵法》指出，在评估能否赢得战争胜利时，需要从五个方面进行考量："故经之以五事，校之以计，而索其情：一曰道，二曰天，三曰地，四曰将，五曰法。"② 这就是人们通常所说的"五事"，即胜利的赢得取决于五个因素："道、天、地、将、法。"

孙子在排列制胜的五个因素时，把"道"视作"第一因素"，显然具有特别睿智的眼光。孙子认为要赢得胜利，首先要占据"道义"上的优势。其次，还要善于利用"天时"，占据"地利"，选拔优秀的"将帅"和拥有良好的"法令制度"。孙子的这种胜利哲学，显然摆脱了往昔一元化思维方式，而是形成了一种全新的胜利哲学。比如，一度流行的道德制胜哲学认为"有德者胜""仁义者胜"。而这种"道德制胜"的哲学显然被孙子否定了，同时孙子对道德制胜的哲学做了合理扬弃与发展，道德只是成为孙子制胜的一个重要因素，最终被融入"道"。至此，孙子的胜利哲学打上了多元因素制胜思维的印记。以上反映的只是《孙子兵法》胜利哲学的显性层面，《孙子兵法》胜利哲学还有其隐性层面。赢得胜利的这五个因素中，"道"与"人"直接有关。孙子认为，人君只有与民众同心同德，才能最终赢得"道义"。毋庸置疑，"将"与"人"直接有关，孙子认为"将帅"要具有"智、信、仁、勇、严"③ 五种优秀的品格。"法"也与"人"直接有关，"法令制度"的制定、维护、执行，完全是由"人"来操控的。只有"天""地"这两个因素与"人"没有直接的关系。这样深入分析的结果是，赢得胜利最终是由三大因素决定的："人""天""地"，这一点与孟子对战争的看法颇有相似之处："天时不如地利，

---

① 周晓勇：《略论〈孙子〉十三篇的人本思想》，《济南大学学报》2000 年第 4 期。
② 杨丙安：《十一家注孙子校理》，中华书局 1999 年版，第 2—3 页。
③ 同上书，第 7 页。

第一章 《孙子兵法》蕴含的胜利哲学

地利不如人和。"孟子对战争中"天""地""人"这三大因素都考虑到了,并做了相应排序。而孙子比孟子的认识更有其独到和伟大之处,就是更进一步认识到战争胜利的关键是由"人"的因素决定的。何以晓得?这是由于孙子所谓赢得"胜利"的五个因素中有三个因素"道""将""法"直接与"人"有关,而只有两个因素"天""地"与"人"没有直接的关系,按照孙子"多算胜,少算不胜"的运筹思维方式来看,显然,孙子认为"人"这一因素才是赢得胜利的关键因素。

在孙子看来,战争中的"人"是积极主动的,是驾驭战争规律的主导者。孙子所说"五事"中的"人"的这一因素,与"道"(国君)、"将"(将帅)、"法"(法令制度)紧密相连。显而易见,孙子所说的"人",是"国之精英",在《孙子兵法》中始终贯穿着一种"精英战略思维"[1]。在孙子眼中,"天""地"这两个因素只是在一定程度上对胜利起影响作用,但并不起决定作用。孙子已明确声明"地"的作用是辅助的:"夫地形者,兵之助也。"[2] 孙子为强调这种"以人为本"的胜利哲学,还从反面的角度论证了统兵将帅失败情况,专门指出他们的"失败"不是"天"这个客观因素造成的,而是"人"的主观因素造成的:"兵有走者,有弛者,有陷者,有崩者,有乱者,有北者。凡此六者,非天之灾,将之过也。"笔者认为,孙子这种内隐的表达方式,却充分体现出《孙子兵法》的胜利哲学是一种"以人为本"的胜利哲学,这种胜利哲学意味着决定胜利的因素是"人",而不是其他因素。这是因为"人"对"天"与"地"的利用具有选择的主动权。

孙子"以人为本"胜利哲学的提出,对其他胜利哲学冲击很大。从甲骨文的记载来看,在商朝统治疆域的周边曾有许多方国。商王每次出兵打仗,都要进行占卜活动,占卜预测出征的胜败。这些方国有的与商王朝为敌,有的已被商王朝征服,俯首听命,接受商王的封

---

[1] 阎盛国:《论〈孙子兵法〉蕴涵的精英战略思维》,《管子学刊》2008年第3期。
[2] 杨丙安:《十一家注孙子校理》,第226页。

赐，成为商王朝统治下的封国。商王常常对未征服的方国进行占卜，决定对其采取何种行动。如《甲骨文校释总集》中的第00615片甲骨卜辞，就是记录了商王武丁在征伐舌方之前所做的一系列占卜活动："（1）贞重王往伐舌。（2）贞王往伐重方。（3）贞勿隹王往。（4）贞乎多臣伐舌方。（5）□乎。"① 舌方是商王朝西北的一个重要方国，经常与商王朝为敌。此则卜辞占问商王武丁前往征伐方国舌方，是否上帝给他保佑，还占问商王不去征伐方国舌方，是否上帝不给他保佑。另外，据《史记》记载："（周）武王将伐纣，卜，龟兆不吉，风雨暴至。"② 周武王当时采用的也是龟甲占卜之法，结果出现了不吉利的兆头。大臣们为此感到忧惧，纷纷劝武王休兵。"唯太公强之劝武王"，认为占卜不足信，力主周武王出兵，最终武王采纳了姜尚建议，取得了伐纣的胜利。以上这两个例子说明了商周时代普遍流行一种占卜天帝鬼神来决定胜利的做法。不仅中原地区如此，而且周边少数民族地区也是如此。《史记·龟策列传》："蛮夷氐羌虽无君臣之序，亦有决疑之卜。或以金石，或以草木，国不同俗。然皆可以战伐攻击，推兵求胜，各信其神，以知来事。"③ 孙子"以人为本"胜利哲学的提出，从根本上破除了这种"占卜测胜"的哲学迷思。

二 孙子"以人为本"胜利哲学在战略战术的应用

孙子"以人为本"胜利哲学的创立，对战略决策影响深远。在战略层面，孙子首先强调"庙算"。"庙算"是对敌我双方总体形势做出系统评估，这一评估是否科学准确，则是完全取决于国家最高决策者的水平。而且，"庙算"的地点选择颇为讲究，是选择在国君的"祖庙"中进行，这样的地点选择有特殊的意味：从表面上看，祖庙是祭祀先祖的场所，在这里决定重大事情，似乎有祈求祖先神灵保佑的色彩在里面。更为重要的是，祖庙具有庄严肃穆的氛围，便于国家元首与重臣冷静地思考像战争这样的国家大事。而且，出入祖庙有严

---

① 曹锦炎、沈建华：《甲骨文校释总集》卷一，上海辞书出版社2006年版，第95页。
② 《史记》卷三二《齐太公世家》，中华书局1982年版，第1479页。
③ 《史记》卷一二八《龟策列传》，第3223页。

格的规定,在此召开战争决策会议,也是为了更好地保密。"祖庙"这样特殊的氛围,却是充分体现了"人"对环境选择的价值,体现人在战争面前谨慎对待的态度。

孙子《形篇》还从战略全局的角度强调"修道保法"的重要性:"善用兵者,修道而保法,故能为胜败之政。"① 孙子指出,"修道保法"是赢得胜利的基础,这主要包含两个层面的重要内容:一是"修道",即修明道义;二是"保法",即保证"法令制度"得以贯彻。古往今来,把"修道"与"保法"有机结合起来,做得完美无缺的是"三大纪律、八项注意"。它把《孙子兵法》"修道保法"的思想发挥到极致,为解放战争最后取得胜利打下了坚实基础。1947年10月,人民解放军总部颁布了"三大纪律、八项注意",其中,三大纪律的内容包括:一切行动听指挥(保法)、不拿群众一针一线(修道)、一切缴获要归公(保法);八项注意的内容包括:说话和气(修道)、买卖公平(修道)、借东西要还(修道)、损坏东西要赔偿(修道)、不打人骂人(修道)、不损坏庄稼(修道)、不调戏妇女(修道)、不虐待俘虏(修道)。"三大纪律、八项注意"在把人民解放军打造成"文明之师"和"威武之师"过程中起了重要的作用。

孙子"以人为本"胜利哲学的创立,对战术指导影响深远。孙子在战术层面有一个鲜明特色,即倡导"出奇制胜"。孙子《势篇》以比喻与排比两种修辞手法来赞扬善于出奇制胜者:"故善出奇者,无穷如天地,不竭如江河。终而复始,日月是也;死而复生,四时是也。声不过五,五声之变,不可胜听也。色不过五,五色之变,不可胜观也。味不过五,五味之变,不可胜尝也。战势不过奇正,奇正之变,不可胜穷也。奇正相生,如循环之无端,孰能穷之?"②《孙子兵法》倡导的"奇"与"正",两者相辅相成。"正"是指"常规战法",用来吸引敌人;"奇"是指"非常规战法",用来战胜敌人。就孙子"出奇"而言,本身意味着"人"(战争指挥者)要在战术思维

---

① 杨丙安:《十一家注孙子校理》,第76页。
② 同上书,第88—90页。

上努力创新。李愬雪夜入蔡州可谓是一个"出奇制胜"的经典战例。唐代元和十二年（817）十月，李愬以三千人为前锋，自己与监军率三千人为中军，又命田进诚率三千人殿后。当时军队出发，不知要去何方，李愬只说东去。行六十里，半夜到张柴村，全部杀死戍卒及其守烽燧者。李愬连夜率兵出门，当时天气异常恶劣："时大风雪，旌旗裂，人马冻死者相望。天阴黑，自张柴村以东道路，皆官军所未尝行。"① 然而李愬就是选择这么一个极其严寒的天气突袭蔡州城，"人人自以为必死；然畏愬，莫敢违。夜半，雪愈甚，行七十里，至州城；近城有鹅鸭池，愬令击之以混军声"。李愬正是利用大雪之夜作掩护突袭蔡州，"官军不至蔡州城下三十余年，故蔡人不为备"。至城下，无一人知者。李愬军队在蔡州城守军没有任何防范的情况下发动攻击，整个攻击在无声无息中进行。李忠义"为坎以先登，壮士从之；守门卒方熟寐，尽杀之，而留击柝者，使击柝如故。遂开门纳众，及里城，亦然，城中皆不之觉"。当李愬军队完全包围吴元济的府第开始呐喊进攻时，吴元济才如梦方醒，为时已晚。吴元济迫不得已"于城上请罪，进诚梯而下之。甲戌，愬以槛车送元济诣京师"。从这一战例来看，李愬大胆采用偷袭战术，在敌人意想不到的时刻发动突然袭击，成功拿下了唐军三十多年没有征服的蔡州城。同时，从中看出"天"（恶劣的天气）和"地"（险要的蔡州城）显然不是决定胜利的主要因素，而"人"才是决定胜利的关键因素。而孙子主张的"出奇"则对"人"的自身创新能力提出了一个重要挑战。

孙子《虚实篇》在战术层面上还有一个鲜明主张是"避实击虚"。孙子把"兵"比作"水"，来呈现这种作战的生动景观："兵形象水，水之形，避高而趋下，兵之形，避实而击虚。水因地而制流，兵因敌而制胜。"② 孙子主张的"避实击虚"，就是强调指挥员在选择攻击目标时，要灵活而不僵化。孙子把"实"比作"磨刀石"，把"虚"比作"鸡蛋"。他认为，不仅要注意避开强大的敌人，打击弱

---

① 《资治通鉴》卷二四〇，宪宗元和十二年，中华书局1956年版，第7741页。
② 杨丙安：《十一家注孙子校理》，第124页。

小的敌人。而且，在攻击敌人重要地点时，也要注意"避实击虚"。孙子《地形篇》指出作战地形多种多样："地形：有通者，有挂者，有支者，有隘者，有险者，有远者。"① 尤其要注意根据不同的地理环境，而灵活采取军事行动。即使对双方都有利的地理环境，也要占据相对更为有利的环境，通形环境作战就是如此："通形者，先居高阳，利粮道，以战则利。"而对于一些复杂的地理环境，还要注意区分具体的情况，比如"挂形""支形"这两种较为复杂的地理环境，就要根据敌人的实际情况决定自己的军事行动："可以往，难以返，曰挂；挂形者，敌无备，出而胜之；敌若有备，出而不胜，难以返，不利。我出而不利，彼出而不利，曰支。支形者，敌虽利我，我无出也；引而去之，令敌半出而击之，利。"② 对于"隘形"的地理环境，要注意考虑敌人兵力部署是否充分："隘形者，我先居之，必盈之以待敌；若敌先居之，盈而勿从，不盈而从之。"③ 对于"险形"地理环境，要考虑敌我双方谁先占据这种优势："险形者，我先居之，必居高阳以待敌；若敌先居之，引而去之，勿从也。"④ 由此可见，"避实击虚"着重在于发挥指挥者的主观能动性，是人在环境面前所表现出的灵活性的一个重大考验。

三 孙子"以人为本"胜利哲学在情报领域的应用

孙子"以人为本"胜利哲学的创立，对我国古代军事情报活动影响深远。情报十分重要，美国情报人员出身的拉·法拉戈曾有如此言论："人类最早使用的武器就是石块、棒子和情报。"⑤ 但对于获取情报的方式，早期的东西方在风格上却有着鲜明的差别。古代东方以孙子为代表，在"以人为本"的胜利哲学指导下，在情报领域的实践应用尤其引人注目。孙子极力倡导"以人为本"情报活动理念，专门通过《用间篇》来阐明，可系统分为三个层面。一是孙子强调从"人"

---

① 杨丙安：《十一家注孙子校理》，第217—218页。
② 同上书，第218—219页。
③ 同上书，第220页。
④ 同上书，第220—221页。
⑤ [美]拉·法拉戈：《斗智》，何新译，群众出版社1962年版，第5页。

那里获取情报。在孙子看来,战争是一个充满未知和变数的领域,要做到先知,就必须从"人"那里获取有价值的情报:"明君贤将,所以动而胜人,成功出于众者,先知也。先知者,不可取于鬼神,不可象于事,不可验于度,必取于人,知敌之情者也。"① 孙子特别告诫君主与将帅,先知不可通过祈祷鬼神的方式来取得,不可通过占卜的方式来取得,不可通过度量计算的方式来取得。二是孙子对使用间谍的"人"提出了多种素质要求:"非圣智不能用间,非仁义不能使间,非微妙不能得间之实。"即任用间谍的人须是圣明智慧之人,使用间谍时要注意仁义之道,还要有"火眼金睛"般辨别真假情报的能力。三是孙子主张要以"上智为间":"明君贤将,能以上智为间者,必成大功。此兵之要,三军之所恃而动也。"② 孙子对"间谍"人选十分重视。"上智"是一流的聪明人,他们能很好地适应环境,头脑灵敏,在关键时刻能获得最有价值的情报。由此可见,人在情报活动中的作用被孙子大书特书。

　　从事情报活动出身的穆志超曾这样称赞道:"孙子用间理论的成就,确实居于世界间谍理论的最高水平,像万山之中的珠穆朗玛峰。"③ 孙子首次创立了"以人为本"的情报活动理念,大大超越了古代西方"以技为本"的情报活动理念。古代西方的情报活动理念明显地受《圣经》影响,更多强调"以技为本",采用高超的技术手段来获取有价值的情报,这种收集情报的方式至今依然受西方社会的推崇。《圣经》中讲述了西方最早的情报活动,上帝告诉诺亚造一艘方舟,帮助地球上的生物去逃避灾难。当灾难过去之后,诺亚曾派出一只鸽子去打探消息,鸽子衔回了一枝橄榄枝!这就是西方经典《圣经》中的情报活动方式———最早的空中侦察。现今回过头来看,几乎所有先进的间谍侦察技术,都是出自西方人之手,这种现象绝不是偶然,因为"以技为本"的胜利哲学深深影响了西方人的制胜观念,

---

① 杨丙安:《十一家注孙子校理》,第290—291页。
② 同上书,第301页。
③ 穆志超:《孙子学文存》,白山出版社2010年版,第138页。

至今依然有相当大的影响力。而孙子"以人为本"的情报活动理念，却在一定程度上抑制了中国古代情报侦察技术的进一步发展。

综上所述，《孙子兵法》充分彰显了人在赢得胜利过程中的不可替代作用。《孙子兵法》书写的这种"以人为本"的胜利哲学，在我国军事发展史上具有划时代的意义。孙子在决定战争胜利的因素上，第一次把胜利的赢得归结为人的因素占据主导地位。这在军事学界犹如一道闪电划亮了黑暗的天空，为后世的国家元首与将帅的制胜指明了正确方向，想要制胜就要充分发挥人的主观能动性，积极为胜利创造各种各样的条件，不怨天尤人，更不能消极对待。这种指向促使我国古代精英人物孜孜不倦地在人（自己和对手）的身上呕心沥血，寻求更多的智慧、更经济的方式去战胜对手，这就是"计谋"的普遍应用，这也是孙子极力推崇"上兵伐谋"的根本所在之处。《孙子兵法》"以人为本"胜利哲学对后世影响深远，有力地推动了我国古代兵学向谋略化的方向发展，在一定程度上却抑制了军事技术的进步。值得注意的一点是，孙子"以人为本"胜利哲学中所提到的"人"，需要给出明确的界定，孙子所指的"人"，显然不是一般的普通民众，而是指一个国家当中的重要精英人物。这与后来毛泽东所提倡的"兵民是胜利之本"[1]有着本质的区别。归根结底，孙子"以人为本"的胜利哲学是一种以精英为本的胜利哲学。

第二节 《孙子兵法》对胜利负效应的警示

《孙子兵法》是一部研究制胜艺术的兵书。据杨少俊统计，"胜"字共出现85次。[2] 孙子《用间篇》特意指出制胜的艰难："相守数年，以争一日之胜。"[3] 孙子《用间篇》赞扬明君贤将能够做到"动

---

[1] 谭一青：《毛泽东决胜之道》，中国青年出版社2011年版，第62页。
[2] 杨少俊：《孙子兵法的电脑研究》，第306页。
[3] 吴九龙：《孙子校释》，军事科学出版社1991年版，第236页。

而胜人"。孙子《计篇》推崇"庙算胜者"。《作战篇》力倡"兵贵胜"之道。《谋攻篇》强调"知胜之道",《虚实篇》倡导"战胜不复""因敌而制胜"。《计篇》告诫用兵者,制胜奥秘不可预先泄露:"兵家之胜,不可先传也。"[1] 君主与将帅的职责区分不明晰,就会酿成"乱军引胜"[2] 之祸。尽管《孙子兵法》对制胜主题有深刻而又精辟的论述,但在胜利的层次和胜利的正负效应问题上,论述比较隐晦。本节旨在对《孙子兵法》中这些议而未明的问题展开进一步的探究。

一 《孙子兵法》关于胜利等级的论述

古往今来,关于战争等级的分类,仁者见仁,智者见智。民国年间杨杰《孙武子》一书,认为《孙子兵法》把战争分为四个等级:第一等级的战争是"伐谋";第二等级的战争是"伐交";第三等级的战争是"伐兵";第四等级的战争是"攻城"。这种战争等级的分法,"是从'经济'观点出发的"[3]。美国军事学者赫尔曼·康恩在《论逐步升级——比喻和假想情景》一书中,由低度到高度,把战争等级从战争危机到核大战,依次划分为 44 个梯级。[4] 赫尔曼·康恩对战争的梯级划分,是现代战争环境下关于战争烈度的一种精确认知,这种划分更有利于对战争等级予以准确判定,以便对不同等级的战争做出适度反应。

战争固然划分等级,胜利也分等级。《管子》一书,融汇霸王之术,根据胜利手段的不同,把胜利分为五个等级。诚如《管子·霸言》所云:"德义胜之,智谋胜之,兵战胜之,地形胜之,动作胜之。"[5]《尉缭子》一书则是从多种角度观察胜利,就胜利而言,其书有三类划分方法:一是从战胜者主体进行划分。把胜利分为"主胜"

---

[1] 杨丙安:《十一家注孙子校理》,第 19 页。
[2] 同上书,第 59 页。
[3] 杨杰:《孙武子》,《民国丛书》第四编第 8 册,上海书店 1992 年版,第 41 页。
[4] [美] 赫尔曼·康恩:《论逐步升级——比喻和假想情景》,世界知识出版社 1965 年版,第 55—202 页。
[5] 黎翔凤:《管子校注》,丛书集成物编本,中华书局 2004 年版,第 472 页。

第一章 《孙子兵法》蕴含的胜利哲学

与"将胜"。《尉缭子·兵谈》："兵胜于朝廷，不暴甲而胜者，主胜也；陈而胜者，将胜也。"① 尉缭子把"主胜"置于"将胜"之前，实质包含了"将胜"不如"主胜"的胜利观。二是根据取胜的手段进行划分，把胜利分为"道胜""威胜""力胜"。正如《尉缭子·战威》："凡兵有以道胜，有以威胜，有以力胜。"何谓"道胜"？讲武料敌，使敌人士气丧失，军队溃散，虽刑罚在上，但不为之用。何谓"威胜"？审明法制，严明赏罚，便捷器用，使人民有必战之心。何谓"力胜"？破军杀将，乘势发机，溃敌夺地，成功而返。三是根据胜利的战场不同进行划分，把胜利分为"胜于朝廷""胜于原野""胜于市井"。诚如《尉缭子·攻权》："兵有胜于朝廷，有胜于原野，有胜于市井。"显而易见，尉缭子关于胜利等级的分法，其视角各不相同。前者是以胜利主体划分，次者是以取胜手段划分，后者是以胜利战场划分。

从作战表现的姿态划分，《孙子兵法》把胜利分为两个等级：一是百战百胜；二是不战而屈人之兵。正如孙子《谋攻篇》："百战百胜，非善之善者也；不战而屈人之兵，善之善者也。"② 具有道家色彩的《鹖冠子》一书，也认同孙子胜利的等级分法，但在说法上比《孙子兵法》更为精练一些。《鹖冠子·武灵王》："百战而胜，非善之善者也。不战而胜，善之善者也。"③ 两者共同认为，不战而胜要胜于百战百胜。

观往知来，察古知今。根据胜利取得效果进行划分，胜利还可分为四个等级，从好到差：第一等级是"全胜"；第二等级是"大胜"；第三等级是"小胜"；第四等级是"惨胜"。顾名思义，"全胜"是指取得完全、完整的胜利。"全胜"在《孙子兵法》中有明确的阐述，诚如孙子所说的"全国为上""全军为上""全旅为上""全卒为上""全伍为上"，均属于"全胜"的范畴。值得注意的一点是，孙子通

---

① 《尉缭子》，丛书集成初编本，中华书局1985年版，第3页。
② 杨丙安：《十一家注孙子校理》，第45页。
③ 黄怀信：《鹖冠子校注》，中华书局2014年版，第371页。

《孙子兵法》经世致用研究

过应用排比的修辞手法,强调"全胜"的效应有时很大,有时很小。大到可使敌方整个国家降服,小到只有敌人五人降服。因而,孙子所说的"全胜",若是根据胜利程度的大小,还可以分为两个类型:一是总体性的"全胜",如"全国为上""全军为上";二是局部性的"全胜",如"全旅为上""全卒为上""全伍为上"。"全胜"的取得,实属来之不易。《孙子兵法·地形篇》阐明了"全胜"应具备的条件:"知彼知己,胜乃不殆;知天知地,胜乃可全。"只有具备了"知彼""知己""知天""知地"四个主、客观条件,方能实现孙子所说的"全胜"。在古代虽然并不常见,但"全胜"显然也是客观存在的。《黄石公三略·上略》:"兵有全胜,敌有全因。"[1] 如何方能实现"全胜"? 兵家论述,各有不同。《孙子兵法·形篇》指出,"全胜"须要做到善守和善攻:"善守者,藏于九地之下;善攻者,动于九天之上,故能自保而全胜"。《黄石公三略》援引上古兵书《军谶》指明"全胜"的关键,一则在于军政工作做得好:"战之所以全胜者,军政也。"《黄石公三略·上略》指出"全胜"的关键,二则在于整个军队团结一致:"能使三军如一心,则其胜可全。"《淮南子·兵略训》指明,遵行五行相生相克之理,方能获取全胜:"善用兵者,持五杀以应,故能全其胜。"[2] 对于如何才能赢得"全胜",古人好像普遍认同"不战",这种"不战"不是指通过武力而取胜,而是应用智谋取胜对方。《逸周书·大武解》曰:"善政不攻,善攻不侵,善侵不伐,善伐不搏,善搏不战。"[3]《孙子兵法》则云:"不战而屈人之兵。"在人类历史上,即使是非常有名的军事家也很难达到每战皆"全胜"。以吴起为例,"与诸侯大战七十六,全胜六十四"。[4]

"大胜"是指取得重大的或者是决定性的胜利,这种胜利往往带有影响战争全局性质的色彩。孙子所说的"破国""破军""覆军杀将"之类的胜利,都应属于"大胜"的范畴。例如,晋楚城濮之战,

---

[1] 《黄石公三略》,丛书集成初编本,中华书局1985年版,第2页。
[2] 刘文典:《淮南鸿烈集解》,中华书局1989年版,第516页。
[3] 黄怀信等:《逸周书汇校集注》(修订本),上海古籍出版社2007年版,第105页。
[4] 《吴子》,丛书集成初编本,中华书局1985年版,第1页。

第一章 《孙子兵法》蕴含的胜利哲学

晋国可谓是取得"大胜"。正如《左传·僖公二十八年》记述此战役的交战过程：胥臣给战马蒙上虎皮，先进攻陈、蔡两国联军，陈、蔡联军奔逃，"楚右师溃"。狐毛竖起两面指挥大旗，伪装撤退。栾枝使舆人曳柴假装逃跑，楚军出师追击。原轸、郤溱率领晋中军拦腰截击。狐毛、狐偃率晋军上军夹攻子西，"楚左师溃。楚师败绩"[1]。城濮之战中晋国取得"大胜"的标志是楚三军中的"右师"与"左师"两军溃败。晋国此役击碎了楚军天下无敌的神话，给中原大地政治形势带来前所未有的转机。

"小胜"是指取得比较微小或微弱的胜利，胜利成果相当有限，影响较小。孙子所说的"破旅""破卒""破伍"，显然属于"小胜"的范畴。易中天《也说"不战而屈人之兵"》一文，在结尾之处提出了一个很有意思的疑问："洛克先生问得也很好，那就是孙子在说完'全国'之后（凡用兵之法，全国为上，破国次之；全军为上，破军次之；全旅为上，破旅次之；全卒为上，破卒次之；全伍为上，破伍次之），（孙子）为什么还要一路不惮繁缛地从军说到旅，从旅说到卒，从卒说到伍？怎么着，也用不着婆婆妈妈'碎嘴'到这种地步吧？这个问题，我也没有想通，诚望大方之家赐教焉！"笔者以为，孙子认为只有胜利才是作战唯一的追求目标，在"全胜"不能实现的情况下，退而求其次，追求"大胜"。在"大胜"也不能实现的情况下，退而求其次，追求"小胜"。对于"小胜"，孙子认为"小胜"也不可忽视。许多人看不起"小胜"，然而，积"小胜"可成"大胜"，为获取更大的胜利奠定基础。

"惨胜"是指付出巨大的代价后而取得的胜利，这种胜利往往是得不偿失。《孙子兵法》一书显然未曾提及，也未曾对"惨胜"的情形给予具体的书写，但"惨胜"这种战争结果却又是真实存在的。诚如《淮南子·兵略训》曾记述吴王夫差的"惨胜"结果是由于他发动了一系列战争所导致的：吴国以"地方二千里，带甲七十万，南与越战，栖之会稽，北与齐战，破之艾陵，西遇晋公，擒之黄池"。吴

---

[1] 杜预：《春秋左传集解》，上海人民出版社1977年版，第375页。

王夫差虽在这一系列的战争中取得了最终胜利，但却最后酿成了"惨胜"的悲剧。正如《史记·越王句践世家》对夫差北上争霸的"惨胜"情形给予精准点评："吴士民罢弊，轻锐尽死于齐、晋。"① 有学者对夫差"惨胜"的这一历史现象给出评价：夫差黄池争霸和越军乘虚袭击吴都姑苏，是吴越长期争战历史上的转折点。表面上看，黄池之会是夫差霸业的顶峰，然而这"顶峰"却处于阴霾密布的失败气氛之中。②

二 《孙子兵法》对胜利负效应的警醒

上述有关胜利的四个等级划分，充分说明了胜利效果有好有坏。我们姑且把胜利具有好效果，称之为胜利的"正效应"，反之，则是胜利的"负效应"。《孙子兵法》一书显而易见对胜利的正效应做出了明确回应。《孙子兵法·作战篇》："车战，得车十乘已上，赏其先得者，而更其旌旗，车杂而乘之，卒善而养之，是谓胜敌而益强。"③ 孙子这一论述中的经典之笔是"胜敌而益强"，以之作为对胜利的正效应做出精准概括。有关"胜敌而益强"的解读，后代注家对之解读也是异彩纷呈，比如以《孙子十一家注》为例。曹操的注解颇为精练：益己之强。唐人李筌的解释是以光武帝刘秀为例：后汉光武破铜马贼于南阳，虏众数万，各配部曲，然人心未安。光武令各归本营，乃轻行其间以劳之。相谓曰："萧王推赤心置人腹中，安得不投死乎！"于是汉益振，则其义也。唐人杜牧解释"胜敌而益强"，是从获取敌人和物资两方面做出分析：得敌卒也，因敌之资，益己之强。宋人梅尧臣的注解强调优待俘虏才能"益强"：获卒，则任其所长，养之以恩，必为我用也。宋人王晳的注解与梅尧臣略有分歧，强调俘虏应与部下一视同仁：得敌卒则养之，与吾卒同。善者，谓勿侵辱之也。若厚抚初附，或失人心。宋人何氏的注释强调"益强"要因敌：因敌以胜敌，何往不强？宋人张预的解读吸纳了曹操和李筌的精华：

---

① 《史记》卷四一《越王名句践世家》，第1745页。
② 黄朴民：《春秋军事史》，《中国军事通史》第二卷，军事科学出版社1998年版，第327页。
③ 杨丙安：《十一家注孙子校理》，第38—39页。

第一章 《孙子兵法》蕴含的胜利哲学

胜其敌,而获其车与卒,既为我用,则是增己之强。光武推赤心,人人投死之类也。① 这些注解,各有千秋,这些注家从不同角度说明了如何才能"益强"。其中,杜牧的解释最为见长。

在现代人的注解中,《孙子校释》的注解,简约而不烦,深得其精髓:"战胜敌人而使自己更加强大。"② 这种解释强调不仅要战胜敌人,而且要变得更加强大。这种说法背后还隐藏着另外一种令人不可忽视的情形:虽然说是战胜了敌人,但却严重地削弱了自己。这实际上就是所谓的"胜利负效应"。只是孙子没有明确加以界定,而是隐含其中。胜利的负效应是客观存在的,古兵书《吴子》对此深有洞察。如《吴子·图国》一针见血地指出:"天下战国,五胜者祸,四胜者弊,三胜者霸,二胜者王,一胜者帝。"如果说"霸""王""帝"体现的是胜利的正效应,那么"祸""弊"则反映出胜利的负效应。吴起认为,天下争战之国,获胜五次,则灾祸降临。获胜四次,则破败不堪。获胜三次,则成为霸者。获胜二次,则成为王者。获胜一次,则成为帝者。屡战屡胜取得天下者却是少见,因多次胜利而导致亡国者却是很多,"数胜得天下者稀,以亡者众"。由此可见,胜利不是越多越好,更多的胜利反而会有害。如此说来,追求胜利也应有度,超越了这个度,就会带来负面效应。《尉缭子》明确指出,有些胜利的取得却是得不偿失。《尉缭子·制谈》讲得最为鲜明独到:"虽战胜而国益弱,得地而国益贫。"《吴子》与《尉缭子》的看法,无不一一凸显了胜利的负效应。

《孙子兵法》对胜利的负效应虽未明确加以提出,但可从孙子提到的胜利正效应说法推导出来,那就是取得与孙子所言的"胜敌而益强"相反的效应。如何来概括胜利的负效应,这里不妨模拟孙子原有的句式来演绎一下,那就是"胜敌而益弱"。虽然最终是战胜了敌人,但却变得更加弱小。《孙子兵法》虽未对"胜利负效应"加以明确的概括,但对胜利负效应的表现情况却给出了生动的描述。银雀山汉简

---
① 杨丙安:《十一家注孙子校理》,第39页。
② 吴九龙:《孙子校释》,第31页。

本《孙子兵法》有"……用战，胜久则顿（钝）……"①清人孙星衍的校本为："其用战也，胜久，则钝兵挫锐。"汉简本无"也"字，"钝"作"顿"。"钝""顿"二字为通假字。《孙子校释》：其用战也，胜久则钝兵挫锐。其注解是：用这样的军队作战，宜速胜。战事拖久了，军队疲惫，士气挫伤。这种解释似乎不甚贴切，"胜久"则是指胜利靠长久取得，"钝兵"是指兵器变得不锋利，"挫锐"是指锐气受到挫伤。若从胜利负效应的角度来解读，似乎更合乎情理：长期用兵作战，长久才取得胜利，军队战力就会严重下降。

战争胜利的结果很容易陷入胜利负效应的怪圈，这是因为"胜利总是以埋藏下更大的危机为代价的"②。从胜利的负效应具体表现来看，可归结为四种基本类型：一是"骄傲自大"型。这种类型的胜利往往是连续性的、巨大的，作为取得胜利的领导者，不知不觉地滋长了骄傲自大的心理，这又往往为后来的失败埋下了祸根。这样的例子比比皆是。如项羽的叔父项梁早年作为楚军统帅，从东阿起兵，屡战屡捷。接连不断的胜利，冲昏了项梁头脑，骄傲自满，轻视秦军。结果，定陶一战，楚军主帅战死，元气大伤。③ 二是"国力疲弱"型。这种类型的胜利是长时期竭尽全力取得的，胜利的代价是造成国力严重衰退，民生凋敝。难以应付新的挑战，前景十分凶险。汉武帝长期对外用兵，虽取得重大胜利，但造成国力严重衰退，"师旅之后，海内虚耗，户口减半"④。好在汉武帝清醒，下"轮台罪己"诏，休养民力，总算度过这场危机。三是"争权夺利"型。这种类型的胜利是多种势力共同努力的结果，胜利之后却往往加剧国家或者集团内部的分裂。安史之乱，最后虽以唐廷胜利而告终，但这种胜利不彻底。唐王室为了早日结束战事，大肆招降安史集团的将帅，如对李怀仙、田

---

① 银雀山汉墓竹简整理小组：《银雀山汉墓竹简孙子兵法》，文物出版社1976年版，第33页。
② 陈学凯：《制胜韬略——孙子战争知行观论》，山东人民出版社1992年版，第62页。
③ 阎盛国：《从〈孙子兵法〉审视项羽巨鹿之战的致胜因素》，《史学月刊》2012年第7期。
④ 《汉书》卷七《昭帝纪》，中华书局1962年版，第233页。

承嗣等人的招降来看，允许其保留兵力，盘踞原有的地盘。唐廷胜利之后，却导致藩镇数量剧增，"藩侯废置，不自朝廷，王业于是荡然"[①]。四是"内忧外患"型。这种类型的胜利往往使国家精锐在战争中伤亡殆尽，使国家控制内部的能力大为减弱。这种胜利既为国内政局陷入混乱提供了丰厚的土壤，也给外部力量的渗透提供了有利的时机。前者如吴王夫差对外争战的结果，后者如西晋"八王之乱"，"八王之乱"是一场皇族内部为争夺中央政权而引发的战争。从元康元年（291）到光熙元年（306），持续了16年之久。东海王司马越最终获得绝对性的胜利，但这种胜利却是以削弱中央统治力量为巨大代价的。内忧外患，随之而来，中央已无力控制地方，尾大不掉，一些势力割据称王。外部则有西北少数民族匈奴、鲜卑、羯、氐、羌，趁内乱纷争之际，先后踏入中原大地，西晋政权由此而崩溃。

三 《孙子兵法》规避胜利负效应的理念与举措

胜利来之不易。孙子《形篇》说："能为不可胜，不能使敌之可胜。"能做到不被敌人战胜，却并不能一定做到战胜敌人。这是因为取得胜利是有一定主客观条件支撑的。而吴起认为，取得胜利是相对容易的，但保持胜利的成果却是十分艰难的："战胜易，守胜难。"因此，胜利负效应不可视而不见，胜利的负效应怎样才能有效避免？这是战胜者必须面对的一个问题。

历史上，的确有一些贤明之主能够认识到胜利背后存在的巨大危险，从而及时地规避了胜利的负效应。在这一点上，赵襄子就是杰出的代表。《列子·说符》记载，赵襄子派遣穆子进攻鲜虞，取得重大胜利。攻取了左人、中人两座城池。穆子派遣驿使前来报捷，赵襄子正在进食，却面带忧虑之色。左右之人问赵襄子说，一天之内取敌两城，这是人人都高兴的事情，而今君王却面带忧色，这是为何？赵襄子回答："夫江河之大也，不过三日。飘风暴雨不终朝，日中不须臾。今赵氏之德行，无所施于积。一朝而两城下，亡其及我哉！"[②]孔子听

[①] 《旧唐书》卷一九下《僖宗本纪》，中华书局1975年版，第720页。
[②] 《列子》，张湛注，丛书集成初编本，中华书局1985年版，第102页。

说之后，认为赵氏一定会昌盛，符合忧虑所以昌盛、高兴所以灭亡的道理。还对赵襄子一事做了精彩点评："胜非其难者也，持之其难者也。贤主以此持胜，故其福及后世。"并以此战例为证，说明只有讲求道义的君主才能保有胜利的成果："齐楚吴越，皆尝胜矣，然卒取灭亡焉，不达乎持胜也。唯有道之主，为能持胜。"

《史记·晋世家》记载晋文公在城濮之战胜利面前，心存忧患意识。晋军焚毁楚军积聚，大火数日不灭，晋文公对此长叹。左右之人问："胜楚而君犹忧，何？"晋文公回答："吾闻能战胜安者唯圣人，是以惧。"[①] 由此可知，避免胜利的负效应，关键在于领导者政治修明，具有忧患意识。

《孙子兵法》点明了规避胜利负效应的三种基本方略是"非战""非攻"和"非久"。孙子《谋攻篇》告诫用兵者要学习古代的善战者："屈人之兵而非战也，拔人之城而非攻也，毁人之国而非久也。"[②] 其中，"非战"不是不战，而是不通过武力交战，这种方略可以消除国君和统帅由于取胜而骄傲自大的心理，从而避免了统治集团内部成员因胜利而元气大伤，或者防止胜利之后争权夺利。"非攻"方略是可以避免国家精锐和精英丧失殆尽，"非久"方略意味着战争要速战速决，显著降低战争开支，避免国力严重透支，不为内忧外患提供得天独厚的外部条件。

《孙子兵法》尽管提出了若干规避胜利负效应的基本方略，但在现实当中，"非战""非攻"和"非久"这些方略，却因种种原因，往往无用武之地。许多时候又不得不诉诸武力去争取最后的胜利。值此胜利之际，又该如何规避胜利的负效应？《尉缭子》一书给出了比较理想的答案。《尉缭子·兵谈》："战胜于外，备主于内，胜备相用，犹合符节。"大意是说，虽然在外获得胜利，但内部要有防备举措和忧患意识。只有这样的防备意识，胜利最终才真正属于自己，才能最后表现为胜利的正效应。

[①] 《史记》卷三九《晋世家》，第 1668 页。
[②] 杨丙安：《十一家注孙子校理》，第 50—51 页。

第一章 《孙子兵法》蕴含的胜利哲学

《孙子兵法》一方面通过"非战""非攻"和"非久"的方略,从决策理念上尽可能地规避胜利的负效应。另一方面,《孙子兵法》通过"卒善而养之""车杂而乘之"和"修功"三种做法从实践上规避胜利的负效应。

首先,孙子通过"卒善而养之"来规避胜利的负效应。"卒善而养之"中的"卒",是指投降或俘虏过来的敌人,象征的是敌人的人力资源。孙子暗含的意味是把敌人的作战成员转变成自己的作战成员,从而弥补战争中兵力的损耗。需要注意的是,孙子特别强调在转化敌人作战成员时要做到"善"与"养"。张预对孙子"卒善而养之"给出比较合理的解释:"所获之卒,必以恩信抚养之,俾为我用。"① 这种解释要求胜利者要尊重优待归附自己的敌人。

其次,孙子通过"车杂而乘之"来规避胜利的负效应。"车杂而乘之"中的"车",是指从敌人那里缴获的战车,象征的是敌人的物质资源。孙子暗含的意味是把敌人物质资源转变为自己的物质资源,从而弥补自己作战资源的损失。值得注意的是,孙子在利用缴获敌人的物质资源时,主张"更其旌旗,车杂而乘之"。换上自己军队的标识,加以混合编组,防止在利用敌人资源时造成意想不到的损失。

最后,孙子通过"修功"来规避胜利的负效应。《孙子兵法·火攻篇》:"夫战胜攻取,而不修其功者,凶,命曰'费留'。"对于"费留"之义,曹操的注解是:"若水之留,不复还也。"② 曹操这一注解,借水之喻,来形容代价巨大。孙子特意指明,打了胜仗,攻取城邑,而不修明政治,不及时论功行赏激励士气,巩固胜利成果,将有祸患。由此可见,从孙子规避胜利负效应的意识、方略和举措三者综合观察,规避胜利负效应的关键在于战胜者心存忧患意识。

争取胜利的正效应,避免胜利的负效应,体现的是一种高超的领导艺术。蒙哥马利说:"坏的领导,可能暂时取胜,总是包含着自取

---

① 杨丙安:《十一家注孙子校理》,第39页。
② 同上书,第282页。

灭亡的种子。"[①]《荀子·议兵篇》指出取胜于人的三种方式："凡兼人者有三术：有以德兼人者，有以力兼人者，有以富兼人者。"[②] 并且荀子专门对比了这三种取胜方式所赢得的胜利效果，有的体现了胜利的正效应，有的却体现了胜利的负效应："以德兼人者王，以力兼人者弱，以富兼人者贫。"荀子认为兼并他人的力量，不仅采用的方式要得当，而且最重要的是展示胜者的仁德，做到以德服人。如果一味以力胜人，或者是以财富胜人，都将会带来胜利的负效应，要么是衰弱，要么是贫穷。

综上所述，由于胜利本身所取得效果不同，因而，胜利始终存在等级之差别。从而有了"全胜""大胜""小胜"和"惨胜"之说。当战争不可避免时，在极力争取胜利的同时，应当树立正确的胜利观，最好是实现"全胜"，其次是努力追求"大胜"，其次是不可忽视"小胜"，最后是一定要避免"惨胜"。不能一味贪图胜利，要注意胜而有度。为了规避胜利的负效应，《孙子兵法》专门提出争取胜利的正效应，以"胜敌而益强"，作为衡量胜利正效应的唯一标准。《孙子兵法》通过努力提升胜利的等级，尽最大努力获得更高层次的胜利正效应。《孙子兵法》还在其他篇章中隐含了规避胜利负效应的意识、方略和举措，警示决策者要注意规避胜利的负效应。规避胜利负效应的关键，在于胜利者一定心存忧患意识。在具体实践中，《孙子兵法》一方面通过"非战""非攻"和"非久"的方略，从理念上，尽可能地避免胜利的负效应。另一方面，孙子通过"卒善而养之""车杂而乘之"和"修功"三项举措，从实践上规避胜利的负效应。

---

① ［英］伯纳德·劳·蒙哥马利：《蒙哥马利元帅回忆录》，郑北渭等译，上海译文出版社1982年版，第75页。
② 王先谦：《荀子集解》，中华书局1988年版，第289页。

第二章 《孙子兵法》所见战争意识与战时经济

第一节 《孙子兵法》对待战争的全方位意识

《孙子兵法》是战略圣经。《孙子兵法》中包含的一些战争意识,有些早已为人们所熟知,如慎战、备战、敢战、善战,而且人们还对之作了详细研究与剖析。但不同的人对《孙子兵法》的战争意识的认识和理解是不一样的。如同鲁迅在评价《红楼梦》时所说的一样:"经学家看见《易》,道学家看见淫,才子看见缠绵,革命家看见排满,流言家看见宫闱秘事。"① 对其见识是人言人殊。即便是《孙子兵法》中的同一个战争意识,在其理解上依然存在浅薄与深刻之分。有时甚至对于《孙子兵法》的一个战争意识理解偏执,就有可能陷入认识上的误区。时至今日,准确理解与把握《孙子兵法》战争意识的真义,依然不是一件十分轻松的事情。其一,需要准确理解和把握《孙子兵法》字面原有的含义。由于时代久远,文言文与现代文之间,语义已有相当大的差距,因而,准确理解《孙子兵法》的一些关键字眼,并不是一件十分容易的事情。其二,还需要对《孙子兵法》的思维方法有充分认识。这是因为它是准确理解和把握《孙子兵法》的逻辑主线。《孙子兵法》蕴含的整体性思维②,对理解《孙子兵法》中的战争问题尤为重要。对理解《孙子兵法》战争意识也不可缺少。这

---

① 鲁迅:《集外集拾遗补编》,人民文学出版社1993年版,第141页。
② 纪素红:《〈孙子兵法〉的思维特征》,《管子学刊》2007年第2期。

《孙子兵法》经世致用研究

就意味着理解《孙子兵法》，不能如同盲人摸象一样，只是单纯强调《孙子兵法》的某一战争意识，这样就会无形中陷入认知的误区。众所周知，盲目摸象这一寓言所体现的哲理，局部不可代替整体。这完全适合于目前许多人对《孙子兵法》战争意识的理解。对于每个盲人而言，他的认识都是接近事实的，但若从整个大象而言，就自然而然变成了谬误。认识大象尚且这样，认识《孙子兵法》的战争意识亦是如此。本节旨在探讨理解《孙子兵法》战争意识时，常常会陷入哪些误区，如何才能有效防范。

一 慎战绝不是告别战争

《孙子兵法·计篇》开宗明义，引出孙子的慎战意识。"兵者，国之大事，死生之地，存亡之道，不可不察也"①。孙子这句话所阐明的慎战意识，已被大多数学者所认可。所有聚焦的中心无疑都集中到慎重地对待战争这一点上来，理由十分清楚，那就是战争危害巨大，不仅要付出巨大的经济代价，如孙子《作战篇》指出的，"久暴师则国用不足"。而且，有时候还会引发巨大的政治危机，如孙子《作战篇》所说："诸侯乘其弊而起，虽有智者，不能善其后矣。"战争关系到国家存亡，民众生死。这使许多人过度强调了战争的残酷性。视战争为"生死之地，存亡之道"。这就增加了人们对战争的恐惧心理，促使更多的人逃避战争，远离战争。理所当然就成为怯战者心中的一根救命的稻草，借此可以找到一种苟且逃避战争的借口。这里并不是批评怯战总是不好，有时候必要的怯战，还可以让敌人产生骄傲的心理，正如孙子《计篇》所言，"卑而骄之"。但凡事要有度。总是一味怯战，就会激起敌人更大的贪婪野心。正如苏洵对战国末年六国怯于对秦作战，总以割土求和来解决问题的危害加以点评："诸侯之地有限，暴秦之欲无厌。"② 这就是六国一味怯战所带来的危害的最好写照。也有人借口《孙子兵法》一开头就主张不要轻易进行战争，就理所当然地认为《孙子兵法》是在大唱和平的赞歌。其实，这只是一些

---

① 杨丙安：《十一家注孙子校理》，第1页。
② 苏洵撰：《嘉祐集笺注》，曾枣庄笺注，上海古籍出版社1993年版，第62页。

第二章 《孙子兵法》所见战争意识与战时经济

人认识上的一厢情愿。孙子是兵家之宗,他的兵学理论就是为打赢战争而写的,而不是为赢得和平而写的。正是由于人们在理解孙子的战争意识时发生了根本的偏差,最终陷入战争意识认识上的一个误区——告别战争。

战争果真是有百害而无一利吗?答案是非也。在现实世界上,君不见,美国通过反英独立战争,摆脱了殖民奴役的枷锁。美国通过废奴战争,结果转变成一个完整统一的国家。美国又通过第一次世界大战崛起,再经过第二次世界大战,称雄于全球。这难道不是美国从战争中受益匪浅的活生生的例子?虽然《孙子兵法》很少言及战争之利,但中国古代哲人却对战争之利做出了明确阐述。西汉人刘安《淮南子》一书,就明确揭示了战争有利的一面,认为战争可以"存亡继绝,平天下之乱,而除万民之害也"[1]。"夫兵者,所以禁暴讨乱也"[2]。只是我们有时候过分强调战争的危害性,反而弱化了人们对战争有利一面的认识。孙子难道真的是要告别战争吗?答案显然是否定的。在《孙子兵法》中还同时还存在着"敢战"的战争意识,显然彻底否定了告别战争这一片面的认识。说孙子不要战争、告别战争,纯粹是一种曲解,或者是误解。有的战争还是必要的,不可缺少的。不然孙子《虚实篇》就不会有这样的言论,"知战之地,知战之日,则可千里而会战"[3]。如果有的人抓住孙子的慎战意识,说孙子告别战争、不要战争,这句话又该做何解释。只不过孙子考虑事情,注意其全面性,防止走向极端。《孙子兵法·九变篇》说得明明白白:"智者之虑,必杂于利害。"[4] 孙子对待战争也是如此。因此,不能只见战争之害,不见战争之利。只有看到战争有利的一面,才会增加取得战争胜利的勇气和信心。

清代经学家刘熙载《艺概》一书说:"题有题眼,文有文眼。"[5]

---

[1] 刘文典:《淮南鸿烈集解》,第489页。
[2] 同上书,第490页。
[3] 杨丙安:《十一家注孙子校理》,第118页。
[4] 同上书,第173页。
[5] 刘熙载:《艺概》,上海古籍出版社1978年版,第174页。

《孙子兵法》经世致用研究

准确理解孙子《计篇》"兵者,国之大事,死生之地,存亡之道,不可不察也"的内涵,就要准确把握这句话中的"察"字,理解"察"字,是理解这句话的关键所在。《孙子校释》一书理解较为准确一些:"不可不察,察,审察、研究。《尔雅·释诂》:察,审也。按:缜密审察。"① 基本上接近《孙子兵法》的真义。尽管如此,似乎没有西汉人贾谊对"察"字的解释更深刻,似乎更接近《孙子兵法》的本义。他在《道术》中说:"纤微皆审谓之察。"② 贾谊所在的时代距离孙子的时代较近,这种解释更具有参考价值。这种解释充分说明孙子的思想主张,战争是军国大事,其方方面面都要认真研究。《孙子兵法》表达的是一种理性的战争意识,他一方面提醒人们要敬畏战争;另一方面也提醒人们要注意研究战争。这清楚地表明孙子在对待战争上是一种科学理性的态度。说到底,孙子对待战争真实的态度是,不是不要战争,不是害怕战争,而是要关注战争,认真研究战争。而人们通常却把重点解释放在慎重对待战争之上,显然不完全符合孙子的慎战意识,孙子慎战意识的提出,其宗旨是强调注意科学地研究战争,而不是逃避和告别战争。

二 备战绝不只是备物

孙子《计篇》反映了其战争"备战"意识:"实而备之。"孙子《谋攻篇》强调了备战是取得胜利的重要条件之一,"以虞待不虞者胜"。孙子《九变篇》强调备战是抵御敌人的重要手段,"无恃其不来,恃吾有以待也;无恃其不攻,恃吾有所不可攻也"③。这些主张从不同角度体现了孙子的备战意识,同时也说明孙子备战的内容是多层面的。"实而备之"是说面对强大的敌人要积极备战。"以虞待不虞者胜"是说备战可以为胜利创造外在的条件。"无恃其不来,恃吾有以待也;无恃其不攻,恃吾有所不可攻也"。是说不能心存侥幸,想当然地认为敌人不会冒险发动战争,关键是要自身有足够的实力和心

---

① 吴九龙:《孙子校释》,第3页。
② 贾谊:《新书校注》,阎振益校注,中华书局2000年版,第304页。
③ 杨丙安:《十一家注孙子校理》,第175页。

第二章 《孙子兵法》所见战争意识与战时经济

理准备去阻止敌人的冒险行为。即使敌人冒险发动了战争,也会最终遭遇失败。孙子所说的这些备战内容是立足于自身和敌人而言的,但这种备战内容显然带有综合性。既有物质上的备战,也有精神上的备战,还有信息上的备战。

单纯强调备战内容的任何一个层面,就会陷入认识上的误区,对于备战意识始终应有一个清醒的认识。有的人认为战争中物质消耗最厉害,于是简单机械地理解备战内容就是单纯储备战争物质,那么这种备战意识的理解就会陷入认识上的误区。这里强调的一点是,备战绝不是单纯储备物质。历史上对备战意识错误的理解,导致陷入认识上的误区的例子比比皆是。最著名者莫过于法国的马其诺防线,马其诺防线是法国遭遇第一次世界大战惨痛打击后,出于预防未来侵略而打造的一条著名军事防线。1930年,法国防长安德烈·马其诺提出构筑防御防线,防止德国将来进攻,获得议会的一致通过。马其诺防线从工程技术来说,独一无二,建筑不可不谓不坚固,建造水准堪称世界一流。工程造价50亿法郎,当时相当于法国一年的财政收入。但是,如此精心构筑的防线却未能阻止德国军队的长驱直入。1940年,德军出人意料地越过阿登山区,经过比利时境内,绕过马其诺防线背后,占领法国首都,逼迫法国投降。固若金汤的马其诺防线失去了应有的价值,成了地地道道的摆设,也成了后人对机械防御的笑料。从备战角度而言,这完全是由于法国在备战意识理解上陷入误区,把备战内容理解单一化,认为备战就是储备物质,夯实防卫物质基础。殊不知,备战的内容是丰富多彩的,既包括物质备战、精神备战,也包括信息备战。单纯物质备战的认识误区,导致法国在第二次世界大战之初便遭遇了巨大的灾难。

由此可见,孙子备战的战争意识的理解应当全面,备战的内容应当是多层面的。孙子在十三篇中渗透了他的备战意识,但备战的具体内容却不一样。对备战的主体要求不一样。第一,孙子《作战篇》所谓兴师十万,"日费千金"之说,强调了战争离不开物质财富,物质储备仅仅是备战的基础要求,但不是备战内容的全部。第二,孙子《形篇》所言"先为不可胜",这种心理备战要求军队与人民对战争

《孙子兵法》经世致用研究

时刻保持清醒的认识，要有防备敌人冒险发动战争的心理准备。第三，孙子《计篇》"庙算"以及《九地篇》所言"厉于廊庙之上"，要求国家元首要对战争有预见和判断能力。国家要培养精通战争的优秀统帅，孙子《计篇》提出选拔优秀统帅的标准是"智、信、仁、勇、严"。第四，孙子《计篇》所言"士卒孰练"，指出军队要不断提升作战训练能力，相对降低敌人的作战能力，减弱敌人冒险作战的信心。第五，孙子《形篇》所说的"修道而保法"，主张从道义和法令制度上战胜敌人。道义是软实力，它们虽然不是决定战争胜负的唯一因素，但也是重要因素之一。第六，孙子《行军篇》提出"令之以文，齐之以武"，培养全体人民的尚武精神。瑞士将军若米尼曾经强调，在尚武精神的培养当中，"如果政府不采取措施培养人民的尚武精神，那么它为建设军队而采取的一切最好的措施也都将是徒劳的"[1]。第七，积极开展对潜在敌人的情报收集和情报组织建设工作。孙子《用间篇》说情报工作"此兵之要，三军之所恃而动也"。因此，情报收集和情报组织工作必须做在平时，不能因为战争来了，才想起去做情报组织建设和情报收集工作。说到底，这是一种信息备战。备战的宗旨是要立于不败之地。

三 敢战绝不滥用战争

孙子《虚实篇》进一步指出敢战的战争意识，这集中表现在"知战之地，知战之日，则可千里而会战"[2]，只要能够准确把握战机，可以千里远程作战。另外，孙子多次提到主动进行战争，孙子《军争篇》有"侵掠如火"。孙子《九地篇》有"并敌一向，千里杀将"[3]。孙子《九地篇》"始如处女，敌人开户；后如脱兔，敌不及拒"。这些都是敢战意识的体现。敢战无疑是需要巨大勇气的。但一味强调地敢战，就会陷入敢战意识理解上的误区——滥用战争。孙子当然也反对一些战争指挥者滥用战争，如孙子《作战篇》所言"久暴师"。孙

---

[1] ［瑞士］A·H·若米尼：《战争艺术概论》，刘聪、袁坚译，解放军出版社1986年版，第78页。
[2] 杨丙安：《十一家注孙子校理》，第118页。
[3] 同上书，第264页。

第二章 《孙子兵法》所见战争意识与战时经济

子《军争篇》还说,"举军而争利","委军而争利"①。最能说明孙子既要敢战,还不滥用战争的是孙子《地形篇》所讲的这句话:"战道必胜,主曰无战,必战可也;战道不胜,主曰必战,无战可也。"②

在历史上,因为滥用战争,最后灭身亡国者,不在少数。春秋时期楚国统帅子玉就是一个滥用战争的人。子玉为了挽回个人名声,不复顾惜战争的严重后果,这在城濮之战中表现得淋漓尽致。城濮之战是晋、楚两国争夺中原霸权的战略决战。而楚国最后战败,楚军统帅子玉应负全责。在可能引发两国战争的情况下,楚成王告诫子玉,不可轻易与晋国交兵。楚成王认为晋文公在外流离十九年,备尝艰难险阻,对世事人情十分了解。楚军要适可而止,要知难而退,晋文公可以说是"有德不可敌"。但子玉固执己见,虽不希望一定胜利,但也要向别人证明自己具有指挥作战的能力,不允许别人说他没本事。"非敢必有功也,愿以间执谗慝之口"③。为何子玉有如此言行?原因是楚成王围攻宋国时,让子文统兵,子文治军有方,不杀一人。而子玉却不然,他担任楚军统帅,全靠虐待将士维持军纪。当时权贵都来祝贺子文。子文与他们一起饮酒。年幼尚且聪颖的蒍贾,最后一个到达,他也不向子文道贺。子文问他原因,他回答子文说,你推荐子玉统兵只能败坏国家,子玉这个人刚愎自用,不能治理百姓,没有能力指挥超过三百乘的军队,否则就会犯大错误。"不知所贺。子之传政于子玉,曰:'以靖国也。'靖诸内而败诸外,所获几何?子玉之败,子之举也。举以败国,将何贺焉?子玉刚而无礼,不可以治民,过三百乘,其不能以入矣。苟入而贺,何后之有?"④ 蒍贾凭着个人敏锐的眼光,看出子玉徒有其表,缺乏真正的军事统帅才能,认为子文举荐人才不当。子玉对此耿耿于怀,他一心想要寻找机会,特别希望借晋楚交兵,展示个人才能,博回个人美好的名声,击破他人的流言蜚语。楚成王自然对子玉这种用兵动机十分反感,不全力支持他,只派

---

① 杨丙安:《十一家注孙子校理》,第137页。
② 同上书,第226页。
③ 杨伯峻:《春秋左传注》(修订本),中华书局2009年版,第456页。
④ 同上书,第444—445页。

给他少数兵力，子玉忿然率军北上，寻求与晋军决战。晋文公为争取主动，命令晋军主动后撤九十里，履行他流亡楚国时对楚王所承诺的"退避三舍"的诺言，同时又避开了楚军锋芒，子玉求战心切，穷追不舍，陷入不利境地，最后被晋军用避实击虚的战术打败。不可一世的子玉，颜面扫地，最后自杀。孙子《地形篇》所说的"进不求名，退不避罪"①，正是对一个优秀统帅品格的具体要求，但其中也指出了统帅不能用战争去博取个人的名声，冒险地投入战争。

历史上的夷陵之战是刘备滥用战争的一个典型事例。夷陵之战直接的导火索是孙权乘关羽率军与曹魏大军激战之际，派大将吕蒙伪装渡江，偷袭江陵。关羽仓促回军救援，兵败被杀。公元221年，刘备大举攻吴，为关羽报仇。诸葛亮、赵云等人看到攻吴对蜀不利，再三规劝刘备不要出兵。但怒不可遏的刘备根本听不进劝告，率领蜀国军队大举进犯吴国，声势浩大。蜀军虽然频繁挑战，但吴国统帅陆逊坚守不出。两军相持半年之久，直待蜀军疲惫、斗志松懈，且因暑天，转移到密林之中驻扎营寨，战线绵延数十里，陆逊趁势开始反击。利用火攻，焚烧蜀汉军营，吴国大军随之迅猛出击，刘备仓皇逃回白帝城。"刘备怒而兴师，攻打东吴，挑起吴蜀夷陵之战。结果，蜀军大败，元气大伤，一代枭雄亦忧愤成疾，病死永安。"② 从上述两个战例看出，敢战绝不是滥用战争，而是勇于面对敌人的挑战，有充分信心与足够实力击败敌人。敢战意识的宗旨是强调勇于挑战强大对手，但不是鲁莽地与敌人进行战争赌博。

四 善战绝不是依靠武力

在《孙子兵法》中，孙子屡屡提到善战者的所作所为，孙子《谋攻篇》所言："百战百胜，非善之善者也；不战而屈人之兵，善之善者也。"③ 对于善战者的描述，这句话最为经典。孙子把单纯依靠武力战胜敌人，从善战者的行列剥离出来。孙子反复说明善战者应该采取

---

① 杨丙安：《十一家注孙子校理》，第227页。
② 《中国军事史》编写组：《中国军事史》第二卷《兵略（上）》，解放军出版社1986年版，第453页。
③ 杨丙安：《十一家注孙子校理》，第45页。

第二章 《孙子兵法》所见战争意识与战时经济

什么样的行为。首先，打造自己强大的实力，创造不为敌人战胜的条件。孙子《形篇》"善战者，先为不可胜，以待敌之可胜"。其次，让敌人处于绝对劣势，自己有充分获胜的把握。孙子《形篇》"所谓善战者，胜于易胜者也"。再次，善战者胜于无形无声之中，孙子《形篇》"善战者之胜也，无智名，无勇功"[1]。再次，善战者总是能够立于不败之地，同时能把握住战胜敌人的机会。如孙子《形篇》所言"善战者，立于不败之地，而不失敌之败也"。又再次，善战者善于造势和用势。如孙子《势篇》"善战者，其势险，其节短。势如𬳿弩，节如发机"[2]。"善战者，求之于势，不责于人。""善战人之势，如转圆石于千仞之山者，势也。"最后，善战者贵在操控敌人。如孙子《虚实篇》所说的"善战者，致人而不致于人"[3]。孙子所谓的善战者，都是从自身实际情况出发，强调战争指导者既要有智慧，而且也要有灵活性。如果把善战者理解为只有武力才能取得胜利，那么就会陷入善战意识的理解误区。单纯的剧烈军事斗争绝不是善战者的所作所为。这根本在于孙子致胜战术思维具有多元性。所以，武力致胜只是胜敌武库中一件实实在在的武器而已。每个国家都可拥有不同程度的武力，这最不值得稀奇。唯一的一点是它比较可靠而已，但其危害尤其不轻。

楚霸王项羽就是一个单纯依赖武力取胜的实例，最后垓下之战却一败涂地，"吾起兵至今八岁矣，身七十余战，所当者破，所击者服，未尝败北，遂霸有天下。然今卒困于此"[4]。三国时魏国谋士郭嘉也说："昔项籍七十余战，未尝败北，一朝失势而身死国亡者，恃勇无谋故也。"[5] 元人张可久《卖花声·怀古》咏叹项羽："美人自刎乌江岸，战火曾烧赤壁山，将军空老玉门关。伤心秦汉，生民涂炭，读书

---

[1] 杨丙安：《十一家注孙子校理》，第74页。
[2] 同上书，第90—91页。
[3] 同上书，第106页。
[4] 《史记》卷七《项羽本纪》，第334页。
[5] 《三国志》卷一四《魏书·郭嘉传》裴松之注引《傅子》，中华书局1959年版，第432页。

人一声长叹。"① 在中国历史上，智慧的桂冠从来就没有给予那些百战百胜叱咤风云的战将，而是给予那些"谈笑间，强虏灰飞烟灭"的高明之士。虽然没有比敌人强大的武器装备，没有比敌人优越的科学技术，却能够达到善战者的境界吗？答案是肯定的。在技不如人，器不如人的条件下，就要全力发挥人的主观能动性，运用高超的谋略，来弥补装备与技术上的相对劣势。因此，我们不能永远企求武力致胜，更要想到"在战争之外的战争中打赢战争；在战场之外的战场上夺取胜利"②。善战的战争意识的宗旨是强调操控敌人而不被敌人所操控，只有操控敌人，才能主宰敌人的命运。

《孙子兵法》包含了四大战争意识：一是慎战；二是备战；三是敢战；四是善战。慎战强调注重战争科学研究；备战强调立于不败之地；敢战强调勇于挑战强大对手；善战强调操控敌人而不被敌人所操控。单纯强调四大战争意识中的任何一个，或者某个意识的任何一个层面，都有可能使战争的决策者和指挥者陷入理解上的误区。慎战绝不是告别战争；备战绝不只是储备物质；敢战绝不是滥用战争；善战绝不是迷信武力。慎战、备战、敢战、善战四者共同组成一个完整的战争意识体系，它们之间相互联系，不可分割。慎战是备战的起点；备战是敢战的条件；敢战是善战的前提。要防止孤立地看待任何一个战争意识，从而陷入战争意识理解上的误区。"国虽大，好战必亡；天下虽安，忘战必危"③ 这句话，虽然高度概括了一种理性的战争意识，但它只是战争意识的感性认识，没有形成一个比较完整的体系，而《孙子兵法》却隐藏智慧于深处，科学辩证地说明了兵家的战争意识，而且这种战争意识是一种全方位的战争意识。只有科学辩证、全面准确地理解孙子的四大战争意识及它们所包含的丰富内容，才有助于正确地研究战争、准备战争、进行战争、驾驭战争，直至最后真正打赢战争。因此，孙子对待战争显然是一种全方位的战争意识，而不

---

① 任中敏：《元曲三百首》，中华书局1945年版，第32页。
② 乔良、王湘穗：《超限战》，中国社会出版社2005年版，第222页。
③ 《中国军事史》编写组：《武经七书注译》，解放军出版社1986年版，第81页。

是只强调某一个方面。

第二节 《孙子兵法》所见战时经济问题研究

　　《孙子兵法》不仅是研究用兵艺术的一部重要典籍，而且是考察战时经济问题的一面重要镜子。学术界关于《孙子兵法》的研究成果斐然，目前，这些研究主要集中在注解和考证方面，[1] 以及现代社会众多领域的应用方面。[2] 学界很少有人站在经济学史的视角，把《孙子兵法》视作一部反映古代战时经济问题的研究之作，借以探讨其中隐含的一些重要经济问题。立足于经济背景下考察《孙子兵法》，自然涉及《孙子兵法》产生的年代问题。关于《孙子兵法》究竟产生于何时？主要存在"战国说"和"春秋说"两种争议。以齐思和为代表，认为《孙子兵法》"十三篇所言之战术、军制，其中所有之名辞，皆系战国时物，而其著书体例，又系战国时代之体例，则其书为战国中后期之著作，似可确定"[3]。以何炳棣为代表，从《孙子兵法》书中涉及的军队及战争规模、"五行相克""黄帝伐四帝"等专题，论证了《孙子兵法》全书的春秋属性。[4] 现今《孙子兵法》的春秋属

---

[1] 代表性的注解成果有：中国人民解放军军事科学院战争理论部《孙子》注释小组：《孙子兵法新注》，中华书局1977年版。魏汝霖：《孙子今注今译》，台北商务印书馆1977年版。杨丙安：《十一家注孙子校理》，中华书局1999年版。代表性的考证成果有：李零：《吴孙子发微》，中华书局1997年版。李零：《关于银雀山简本〈孙子〉研究的商榷——〈孙子〉著作时代和作者的重议》，《文史》第7辑。杨丙安、陈彭：《〈孙子〉书两大传本系统源流考》，《文史》第17辑。

[2] 代表性的现代应用成果有：静柔：《孙子兵法与竞技体育谋略》，人民体育出版社1991年版。杨少俊：《孙子兵法的电脑研究》，解放军出版社1992年版。［美］麦克内利（Mark McNeilly）著，宋克勤译：《经理人的六项战略修炼：孙子兵法与竞争的学问》，学苑出版社2003年版。杨先举：《孙子管理学》，中国人民大学出版社2005年版。张文儒：《孙子兵法与企业战略》，华夏出版社2006年版。陈金华：《决胜法庭——〈孙子兵法〉在诉讼中的运用》，苏州大学出版社2008年版。吴如嵩、黄英：《孙子兵法与养生治病》，九州出版社2009年版。

[3] 齐思和：《孙子兵法著作时代考》，《中国史探研》，中华书局1981年版，第225页。

[4] 何炳棣：《中国现存最古的私家著述〈孙子兵法〉》，《历史研究》1999年第5期。

性得到学术界大多数人的认可。"学术界一般认为,《孙子兵法》产生于我国春秋末期"①。本节立足于《孙子兵法》春秋属性的基础上,尝试分析《孙子兵法》所反映的特定历史时代的三个战时经济问题,借此进一步丰富人们对春秋时代战时经济问题的认知。

一 《孙子兵法》所见战时开支问题

《孙子兵法》关注战时开支问题。孙子《计篇》有"法者,曲制、官道、主用也"②。值得注意的是,"主用"是指"军备物质、军事费用的供应管理制度"③。孙子《作战篇》具体描述了春秋时代战时开支的大致情况:"凡用兵之法:驰车千驷,革车千乘,带甲十万,千里馈粮,则内外之费,宾客之用,胶漆之材,车甲之奉,日费千金。"④ 孙子指出战时开支项目有多种,比如"内外之费""宾客之用""胶漆之材""车甲之奉"这些项目,基本上代表了当时战争开支的总体状况。孙子所列战时开支项目虽说有限,但其显然不是随心所欲,而是极具代表性。孙子让后人对春秋时代的战时开支项目有了比较清晰的认知。《孙子兵法》反映的战时开支具体情况分析如下:

第一,孙子根据开支的规模,把战时开支分为"大型开支"和"小型开支"。孙子所讲的"车甲之奉",代表的是"大型开支"。这种开支主要用于当时战争中各种大型、重要的武器装备的制造。如孙子《作战篇》提及的"驰车"和"革车"和将士们使用盔甲,无疑都是属于这一类型。"驰车"是当时用于进攻的一种轻型战车,"革车"是当时装载物资的一种辎重车辆。孙子《作战篇》提及的"胶漆之材",代表的是"小型开支"。这种开支主要用于维护与建造各种作战器械所用的微型材料。"胶"是黏合物质用的,"漆"是用来维护物质装备的,可以有效防止蛀虫。"胶"和"漆"这两种物质材料的使用,尽管其在当时战争使用不为大多数人所关注,但这两种物质却又是维护和建造作战装备不可缺少的两种材料。孙子显然认识到

---

① 参见于汝波《孙子兵法研究史》,军事科学出版社2001年版,绪言,第2页。
② 杨丙安:《十一家注孙子校理》,第8页。
③ 吴九龙:《孙子校释》,第9页。
④ 杨丙安:《十一家注孙子校理》,第29—30页。

第二章 《孙子兵法》所见战争意识与战时经济

"胶"和"漆"这两种物质,尽管表面看起来微不足道,但如果这些物质使用数量相当可观,自然也是一笔不菲的开支。孙子意在告诉人们,战争的费用开支多种多样,既包括大型装备的开支,也包括一些不起眼物质材料的开支。所以,战争的准备工作可以说是千头万绪。可见,孙子对战争开支问题,观察得多么细致独到。值得注意的一点是,《孙子兵法·作战篇》也从侧面反映了春秋时代武器制造的规模与水平。这一时期可以制造许多类型的武器装备。除上面提及的战车制造外,春秋时代还制造许多的常规武器装备,如"甲胄矢弩,戟楯蔽橹,丘牛大车"[1]。另外,春秋时代已经能制造各种攻城的器械,"修橹轒辒,具器械"[2]。《孙子兵法》还提到了远射武器"弩"的记载:孙子《势篇》有"势如扩弩,节如发机"[3]之说。恩格斯在《反杜林论》中说:"暴力的胜利是以武器的生产为基础的,而武器的生产又是以整个生产力为基础。"[4] 值得一提的是,孙子所说的"驰车千驷,革车千乘",在表现军队规模的同时,"千驷""千乘"这些装备数量,间接反映出春秋时代战车生产的能力是相当高的。各种类型武器装备的制造,客观上证明了春秋时代战时经济的生产发展水平与规模。

第二,孙子根据开支公开还是隐秘的状态,把战时开支分为"显性开支"和"隐性开支"。孙子所说的"带甲十万",代表的是战争中的一种"显性开支","带甲十万"的一支军队的开支最终可以通过一个总的费用数字反映出来,也就是当时政府为这支军队最终支付了多少费用,这显然是一清二楚的。而孙子所说的"宾客之用",却是代表的是"隐性开支"。当时"宾客"群体庞大,身份比较复杂,地位比较特殊。在春秋时代,"宾客"主要是指各诸侯国的使节及游士,他们有时从事公开的外交活动,有时从事隐秘的活动,为各自的

---

[1] 杨丙安:《十一家注孙子校理》,第35页。
[2] 同上书,第48页。
[3] 同上书,第91页。
[4] 中共中央著作编译局:《马克思恩格斯全集》第20卷,人民出版社1971年版,第181页。

国家利益或者自己的主人服务。由于宾客当中的一些人在战争中往往从事秘密活动，因而他们的开支情况是相当隐秘的，从来就不对外公布。孙子意在告诉人们，在春秋时代战争中，战争开支有的是公开的，人们可以看得清清楚楚，有案可稽。有的开支是从来不对外公开的，具体如何使用，用在什么地方，用在那些人身上，可能永远都是一个谜。例如，孙子《用间篇》提到的"三军之事，莫亲于间，赏莫厚于间，事莫密于间"①。《孙子兵法》揭示用间活动当中用间者对间谍赏赐，不仅开支大，而且是一种秘密开支。

第三，孙子根据开支对象不同，把战时开支分为"公家开支"和"百姓开支"。即孙子《作战篇》提及的"百姓之费"和"公家之费"②。这种开支分类显而易见，主要表明战争开支的影响不仅对国家本身，而且对民众本身也会产生影响。

第四，孙子根据开支使用情况不同，还把战时开支分为"一般开支"和"特殊开支"。孙子所说的"千里馈粮"，代表的是战争中的"一般开支"。这种开支用于一般性常见的物质开支，最常见的是军队的粮食消耗。另外，孙子《九地篇》所说的"施无法之赏"③。代表的是战争中的一种"特殊开支"，"无法之赏"是战争当中一种超出惯例、破格的奖赏，这种开支并不是经常性的，只是到了特殊场合，或者到了非常时期，才进行这种例外的开支。总之，孙子意在告诉人们，战争开支，既有一般性的开支，也有特殊性的开支，

孙子由此让人们见识到春秋时代战争开支的林林总总。孙子通过这些具体而又有代表性的各类战时开支项目，意在告诫人们，无论是发动战争，还是准备战争，战争开支问题是一个大问题，它会波及许多层面。

二 《孙子兵法》所见战时经济动员问题

《孙子兵法》提出了具体考察国家综合动员能力的一种系统方法，

---

① 杨丙安：《十一家注孙子校理》，第296—297页。
② 同上书，第35页。
③ 同上书，第261页。

第二章 《孙子兵法》所见战争意识与战时经济

那就是孙子《形篇》所讲的:"兵法:一曰度,二曰量,三曰数,四曰称,五曰胜。地生度,度生量,量生数,数生称,称生胜。"① 郭化若对上述内容的翻译最能鲜明体现这种春秋时代国家综合动员能力的考察:军事上有五个范畴:一是"度",二是"量",三是"数",四是"称",五是"胜"。[敌对双方都有土地] 有了土地就产生 [土地面积大小的] "度"的问题;[双方土地面积大小的] "度"的不同,就产生 [物产资源多少的] "量"的问题;[双方物产资源多少的] "量"的不同,就产生 [能动员和供给兵卒众寡的] "数"的问题;[双方人力众寡的] "数"的不同,就产生 [军事力量轻重对比的] "称"了;[双方力量轻重的] "称"的不同,就产生胜败。② 显然,这种考察方法既适用本国,也适用于敌国,对于观察一个国家的经济动员能力提供了重要参照。

从《孙子兵法》全书综合考察,孙子显然并没有完全把战时经济动员仰赖于本国自身,而是通过实施多元的战时经济动员方式,使春秋时代战时经济动员的总体水平得到提升和加强。孙子总结了武装一支"带甲十万"的军队大致需要"日费千金"。"千金"不是实指,而是虚指。意思是说,一支数量十万的远程作战军队,每天会给国家带来沉重的经济负担。值得注意一点是,战争当中,并不仅仅是金钱消耗的问题,有了金钱,并不就能解决一切问题。而战争当中,更重要的是解决各种战时常用的物资问题,孙子显然认识到这一问题的严重性。他说:"久则钝兵挫锐,攻城则力屈,久暴师则国用不足。"③ 孙子强调长时间的持续战争将给国家带来沉重负担,国家各种战争物资消耗就会面临匮乏。因此,孙子非常关注战时物资动员这一重要问题,而且提出一些重要战时物资动员的有效方式,从而高效而又科学地解决军队作战物资来源这一重大问题。"孙子在《火攻篇》中斩钉截铁地说:'非利不动,非得不用,非危不战。'这里的'动'字,

---

① 杨丙安:《十一家注孙子校理》,第 77—78 页。
② 郭化若:《孙子今译》,上海人民出版社 1977 年版,第 11—12 页。
③ 杨丙安:《十一家注孙子校理》,第 30—31 页。

一般解释为军事行动,其实它应包括常备军的行动和战争动员。"① 当然,这种动员不仅仅是军事方面的动员,显然也包括战争物资方面的动员。而《孙子兵法》所反映的春秋时代战时物资动员方式主要有三种。

第一,"取用于国"是春秋时代战时物资动员的最基本方式。曹操注解:"兵甲战具,取用国中。"② 也就是说,在战争当中,军队的主要武器装备依赖于国内,而不是寄托于敌人身上。这表明孙子对武器装备问题的高度重视。孙子《计篇》中就曾提出判定双方战争胜负的"五事七计",其中,就有"兵众孰强?"③ 这里"兵"不是指士兵,而是指军队的武器装备。此外,孙子《军争篇》中强调两军相争,争夺的是利益,同时提醒指挥者不能忘记争夺利益背后潜藏着极大的危险性。其中,就有对武器装备重视程度不够的问题,孙子提出明确告诫:"军无辎重则亡,无粮食则亡,无委积则亡。"④ 为什么孙子一定要把武器装备生产仰赖于国内,而不是寄托在敌人的身上。这主要是因为以下几点。一是战争当中武器装备消耗数量巨大。正如孙子《作战篇》中所讲的"破车罢马,甲胄矢弩,戟楯蔽橹,丘牛大车,十去其六"⑤。一个国家如果不具备一定的武器装备生产能力,显然是难于应付长时期战争的需要。二是本国制造的武器装备便于本国的军队使用。由于本国将士日常进行武器使用训练,自然对这些武器性能比较熟悉,这样就会提高武器的作战效能,而从敌人那里夺得武器装备,显然需要一个熟悉和熟练的过程,这就会影响到军队作战的效果。因此,孙子"取用于国"的主张显然具有自身的科学性。但也不要忽视孙子所说另外一点,尽管孙子主张"取用于国",但这也不是绝对的,孙子并不完全排斥从敌人那里获取武器装备。为什么这样

---

① 严国群:《〈孙子兵法〉中的战争想》,于汝波《〈孙子〉新论集粹——第二届孙子兵法国际研讨会论文集》,长征出版社 1992 年版。
② 杨丙安:《十一家注孙子校理》,第 33 页。
③ 同上书,第 10 页。
④ 同上书,第 140 页。
⑤ 同上书,第 35 页。

第二章 《孙子兵法》所见战争意识与战时经济

说呢？原因是孙子《作战篇》如此写道："车战，得车十乘已上，赏其先得者，而更其旌旗，车杂而乘之。"① 孙子不仅注意奖赏首先获得敌人战车的作战人员，而且注意改变敌人的战车标识，把它们混合编入自己的战车队伍当中。此外，孙子还不忽视对敌人物资装备的破坏，以此降低敌人的作战能力。孙子《火攻篇》云："三曰火辎，四曰火库，五曰火队。"② 其中"辎"代表的是敌人正在使用的武器装备；"库"代表的是敌人储藏等待使用的各种物资；"队"代表的是敌人"交通运输线"，是指处于运动状态下的武器装备和物资。

第二，"因粮于敌"是春秋时代战时物资动员的重要补充方式。孙子主张从敌人那里获取粮食。孙子《九地篇》云："凡为客之道：深入则专，主人不克；掠于饶野，三军足食。"③ 孙子反复强调从敌人那里获取粮食的好处。一是孙子所讲的"因粮于敌，故军食可足也"。从敌人那里获取粮食，可以满足自己军队的粮食需求。二是孙子所讲的"智将务食于敌，食敌一钟，当吾二十钟；芑秆一石，当吾二十石"④。明智的将帅一定要从敌人那里获取粮食。其中，需要重点指出的是，春秋时代为何"因粮于敌"会有如此好的效果？原因是多方面的：一是当时的运输工具系统比较落后，靠的是人力和畜力。二是运输的道路不好，交通非常不便。三是运输过程当中充满各种风险。四是运输者在输送过程当中也要消耗掉大量的粮食。所以，才有了孙子所讲的"食敌一钟，当吾二十钟；芑秆一石，当吾二十石"这种效果。值得注意的一点是，尽管孙子提到"因粮于敌"好处多多，但是，孙子显然不是完全主张"因粮于敌"，依赖于敌人。孙子主张"因粮于敌"，只不过是春秋时代军队远程作战当中军队用粮的一种重要的补充方式。孙子在《作战篇》中有"粮不三载"的说法。汪中《述学》有云："古人措词，凡一、二所不能尽者，则约之以三，以见其多，……此言语之虚数也。实数可指也，虚数不可执也。"故此

---

① 杨丙安：《十一家注孙子校理》，第38页。
② 同上书，第277—278页。
③ 同上书，第246—247页。
④ 同上书，第36页。

"三"字当即《论语》所谓"三思"、"三复"之"三"①。因此,"粮不三载"是说不多次从本国运输粮食,清楚地说明孙子并不是单纯一味把粮食的获取寄托在敌人身上。这是因为"因粮于敌"并不是任何时候,也并不是在任何地方都可以实现这种做法。有时敌人会放火焚毁粮食,有时敌人还会在粮食中下毒。孙子《九地篇》中就强调"重地,吾将继其食"②。在"重地"这种环境,孙子强调一定要注意军粮保障供给。孙子把"因粮于敌"视为战时物资动员的重要补充方式,无疑也是具有科学性的。所以,我们必须正确看待孙子所说的春秋时代环境下的"因粮于敌"。

第三,"取敌之利"③是春秋时代战时物资动员的又一重要补充方式。孙子主张通过奖赏方式鼓励将士夺取敌人的利益,"取敌之利者,货也"。孙子强调"重地则掠"。何谓重地?孙子《九地篇》指明这种特殊的环境,"入人之地深,背城邑多者,为重地"④。此外,孙子《九地篇》中还以设问的方式说道:"敢问:敌众整而将来,待之若何?曰:先夺其所爱,则听矣。"⑤孙子《九地篇》还强调"先其所爱,微与之期"⑥。孙子"所爱"究竟是指什么?孙子的"所爱"内涵是指具有重要影响的战略因素。孙子"所爱"包含四个属性层面:一是重要的战略区域;二是重要的战略资源;三是重要的依靠力量;四是重要的精神象征。其中,孙子"所爱"就包括对敌人重要战略资源的获取。孙子指出,获取敌人各种物质资源,不要忘记奖赏部下,要做到与之同利。孙子《军争篇》中说:"掠乡分众,廓地分利,悬权而动。"⑦另外,孙子《火攻篇》中告诫将帅不注意奖赏部下,就很难巩固胜利成果,带有很大的危险性。"夫战胜攻取,而不

---

① 吴九龙:《孙子校释》,第25页。
② 杨丙安:《十一家注孙子校理》,第257页。
③ 同上书,第37页。
④ 同上书,第237页。
⑤ 同上书,第245页。
⑥ 同上书,第265页。
⑦ 同上书,第144—145页。

修其功者，凶，命曰'费留'。"曹操注解："若水之留，不复还也。"① 不及时赏赐将士，致使战事失败。值得注意的一点是，孙子争利的头脑是相当清醒的，他在《军争篇》中就强调"军争为利，军争为危"②。争夺利益过程当中存在相当大的危险性，要"合于利而动，不合于利而止"③。当然这个"利"，是指的国家利益、整体利益和长远利益，不是指的个人利益、局部利益和眼前利益。因此，孙子一再强调在利益面前要全面思考，既要考虑事情有利的一面，又要考虑事情有害的一面，"智者之虑，必杂于利害。杂于利，而务可信也；杂于害，而患可解也"④。防止为了争夺利益，付出沉重代价。

总之，"取用于国"是春秋时代战时物质动员的基本方式，"因粮于敌""取敌之利"是春秋时代战时物质动员的重要补充方式。孙子认为这些物资动员方式不可本末倒置，应该科学正确对待。这些物资动员方式从根本上反映了春秋时代战时物资动员的总体指导思想是：自力更生为主，掠夺敌人为辅。

三 《孙子兵法》所见战时赋役问题

孙子《作战篇》曰："役不再籍。"曹操注解："籍，犹赋也。言初赋民而便取胜，不复归国发兵也。"⑤ 曹操的注解，无疑反映出春秋时代的战时赋役负担问题。《国语》有"寡人帅不腆吴国之役"⑥ 之说。郭化若《孙子译注》注解："役，兵役；籍，户籍。"⑦ 郭化若进一步点明这是一种兵役制度。孙子《作战篇》中说："近于师者贵卖，贵卖则百姓财竭，财竭则急于丘役。"⑧ 此处提及的"丘役"之说，类似"丘甲"之说。《左传》成公元年："为齐难故，作丘甲。"⑨

---

① 杨丙安：《十一家注孙子校理》，第282页。
② 同上书，第136页。
③ 同上书，第284页。
④ 同上书，第173页。
⑤ 同上书，第33页。
⑥ 《国语》卷一九《吴语》，上海古籍出版社1998年版，第600页。
⑦ 郭化若：《孙子今译》，第55页。
⑧ 杨丙安：《十一家注孙子校理》，第34页。
⑨ 杨伯峻：《春秋左传注》（修订本），第783页。

《孙子兵法》经世致用研究

对于这种兵制问题，有学者明确指出："古时，兵制和田制有密切的联系。"① 显而易见，《孙子兵法》所反映的春秋时代战时赋役负担问题与田制有着密切联系。《孙子兵法》中究竟有哪些内容反映出春秋时代的田制呢？

这可从孙子《用间篇》表述当中找到具体相关的信息："凡兴师十万，出征千里，百姓之费，公家之奉，日费千金；内外骚动，怠于道路，不得操事者七十万家。"② 饶有趣味的是，孙子提到一组很特别的数字：春秋时代"兴师十万"，结果出现"不得操事者七十万家"的结果，也就是"十万"与"七十万"这一组数字所形成的比例关系。需要提醒的是，《孙子兵法》使用这组数字，特别注意逻辑性与科学性。这也是孙子的一贯风格。我们还可从《孙子兵法》对数字的另外使用观察出来，"善出奇者，无穷如天地，不竭如江河。终而复始，日月是也；死而复生，四时是也。声不过五，五声之变，不可胜听也。色不过五，五色之变，不可胜观也。味不过五，五味之变，不可胜尝也"③。孙子用"天地"变化作比喻，说明善战者出奇制胜的方法无穷无尽。孙子用"四时"变化作比喻，说明善战者的出奇制胜是有一定规律性可寻的，这是因为一年四季变化是有规律的，并不是杂乱无章的。孙子用"五声""五色""五味"变化作比喻，说明善战者出奇制胜是建立在组合的基础之上，这种出奇制胜是由最简单、最基本的方式进行组合的。可见，孙子使用"四时""五声""五色""五味"，不仅具有很强的逻辑性，而且也具有科学性。另外，法国学者魏立德专门对孙子的数理逻辑有精彩的论述，明确提出数理逻辑中与《孙子兵法》这类著作有密切关系的若干因素。④ 让我们更加深刻

---

① 金景芳：《论井田制度》，齐鲁书社1982年版，第66页。
② 杨丙安：《十一家注孙子校理》，第289页。
③ 同上书，第88—89页。
④ ［法］魏立德：《关于〈孙子兵法〉中的数理逻辑》，《孙子新探——中外学者论孙子》，解放军出版社1990年版，第122页。古代战略家使用的计算方法可以分为三类：(1) 统计方法，就像《孙子兵法·作战》开头那段所描述的。(2) 预测的方法。用这种方法分析冲突的可能结果，例如《孙子兵法·计》所说的"庙算"。这种计算方法还应包括所谓"兵阴阳"的各种卜算方法。(3) 与布阵有关的空间分布方法。

第二章 《孙子兵法》所见战争意识与战时经济

地见识了孙子数理逻辑所展现的风采。由此,我们不可轻易否定孙子所说的"兴师十万"出现"不得操事者七十万家"本身所具有的逻辑性和科学性。

孙子所谓"十万"与"七十万"这组数字比例关系是空穴来风吗?这种逻辑性和科学性,那么又是表现在什么地方?我们可以从古代著名注家对孙子《用间篇》那一段话的注解进行分析。最先对《孙子兵法》作注解的曹操,是这样注解孙子所说"兴师十万"出现"不得操事者七十万家",他说:"古者,八家为邻,一家从军,七家奉之。言十万之师举,不事耕稼者七十万家。"曹操的这种解释大体说明这组数字出现的成因,但没有具体说明这是受何种制度的影响。唐代李筌注解是:"古者,发一家之兵,则邻里三族共资之,是以不得耕作者七十万家,而资十万之众矣。"这种解释还没有曹操的解释具体到位,依然没有说清事情的本质。宋代梅尧臣认同曹操之说,"输粮供用,公私烦役,疲于道路,废于耒耜也。曹说是也"。唐代杜牧对这组数字比例关系的解释则是一针见血,从正面切中了井田制度,使人们对这组数字的比例关系的使用豁然开朗:"古者,一夫田一顷。夫九顷之地,中心一顷,凿井树庐,八家居之,是为井田。怠,疲也。言七十万家奉十万之师,转输疲于道路也。"① 张预在杜牧的基础上,又进一步地深入说明战争对于民众的烦扰不可避免:"井田之法:八家为邻,一家从军,七家奉之。兴兵十万,则辍耕作者七十万家也。或问曰:重地则掠,疲于道路而转输何也?曰:非止运粮,亦供器用也。用兵贵掠敌者,谓深践敌境,则当备其乏,故须掠以继食,非专馆谷于敌也。亦有碛卤之地,无粮可因,得不饷乎?"② 另外,民国时期研究《孙子兵法》颇有名气的李浴日特别指出:"七十万家"乃"系从井田制度算出数字"③。进一步明确给予相应的定论。金景芳对井田制内容的一些解释,也有助于我们进一步了解孙子

---

① 杨丙安:《十一家注孙子校理》,第289页。
② 同上书,第289页。
③ 李浴日:《孙子新研究》,《民国丛书》第四编第8册,上海书店1992年版,第282页。

提及那组数字比例的来源与成因,"公田则是一井九百亩田中,除去八家各分百亩之外的那一百亩。这一百亩公田由八家共耕,收获的农产品全部交给公家。古人把这种办法叫做助,或叫做籍"①。这当然是和平年代的一种做法。在战争年代,就会有一家的成年男子走上战场,就会有服兵役的这一家的一百亩,不得不由其他七家共同负担。因此,最终就会推导出孙子所说的结果。

由此可见,井田制度是孙子所说的"兴师十万"出现"不得操事者七十万家"的根本原因,反映了春秋时代井田制度依然是当时普遍实行的赋役制度。从《孙子兵法》的一些注解进行考察,就会发现杜牧和张预的解释,从根本上反映了孙子《用间篇》应用数字"十万"与"七十万"的科学性和合理性,同时也说明《孙子兵法》应用数字的逻辑性之强,超乎人们想象。孙子隐晦地指出春秋时代的战时赋役制度依然是建立在井田制的基础之上。值得强调的一点是,《孙子兵法》反映的赋役制度与井田制度有着密切联系,这一结论的发现,自然也应成为《孙子兵法》诞生年代的一个重要佐证,它的意义和价值绝对不可以低估。这一结论反过来,可以进一步加强和佐证《孙子兵法》的春秋属性,应当引起学者们的高度重视。从《孙子兵法》所包含的井田制度考证《孙子兵法》产生的年代,更具有科学性和合理性的一面。

综上所述,《孙子兵法》这部书可以看作是观察春秋时代战时经济问题的一面重要镜子,它客观反映出春秋时代战时开支多种情况,孙子主要把战时开支分为"大型开支"和"小型开支"。孙子把战时开支分为"显性开支"和"隐性开支"。孙子把战时开支分为"国家开支"和"百姓开支"。孙子还把战时开支分为"一般开支"和"特殊开支"。而且,当时的武器装备的数量与规模,间接地证明了春秋时代战时经济的生产能力已经具备一定的水平。《孙子兵法》从不同层面反映了春秋时代战时物资动员的三种方式,"取用于国"是春秋时代战时物资动员的最基本方式。"因粮于敌"和"取敌之利"是春

---

① 金景芳:《论井田制度》,第19页。

秋时代战时物资动员的重要补充方式，这些高效的物资动员方式为支撑春秋时代军队的远程作战提供了充分的物资保障。"因粮于敌"和"取敌之利"这两种物资动员方式是"以战养战"战时物资动员方式的历史根源所在。尽管如此，但也不能忽视春秋时代"取用于国"这种自力更生为主的物资动员方式。另外，《孙子兵法》中所说的"兴师十万"出现"不得操事者七十万家"这一社会现象，本质上是一种经济现象，它客观上反映出春秋时代的战时赋役制度依然是建立在井田制度的基础之上，这种观察不仅有助于了解井田制度对春秋时代战时经济体制的重要影响，而且，从《孙子兵法》所反映出的这种井田制度，可以进一步佐证《孙子兵法》的春秋属性。

第三章 战略战术视野下的《孙子兵法》研究

第一节 《孙子兵法》蕴含的精英战略思维

美国著名评论家松得尔恩称孙子为"战略之祖"。英国的布劳说:"《孙子兵法》这一部书,可以说是世界史中,研究战略战术原理的第一部著作。但是书里面所载的许多学理,确是非常适于现代的应用。"英国的学者托马斯·菲力浦强调:"《孙子兵法》是研究战略者必读的基础理论。"① 孙子汲取了先贤智慧,创立了一系列独具特色的战略原理。时至今日,从中发掘《孙子兵法》特有的战略内涵,依然有着重要的意义。本节旨在从战略思维的视角去探讨《孙子兵法》蕴含的精英战略思维。

一 《孙子兵法》关注四种精英角色

孙子在战争中关注的角色,既有个体,也有群体。角色多元,层次鲜明。孙子提到的主要角色有:上(国君)、将、士卒、宾客、善用兵者、百姓、智将、杀敌者、先得者、知兵之将、善守者、善攻者、胜兵、败兵、劲者、疲者、乡导、勇者、怯者、锐卒、饵兵、归师、围师、穷寇、五间、守将、左右、谒者、门者、舍人等。但就整体而言,孙子却格外关注精英角色。孙子主要关注四种精英角色,即政治精英、军事精英、外交精英、情报界精英。孙子关注他们在战争中的行为及其心理表现。

---

① 杨少俊:《孙子兵法的电脑研究》,第107页。

第三章　战略战术视野下的《孙子兵法》研究

　　孙武论兵，重视政治精英——国家元首。孙子在《计篇》中探索敌我双方的实情及其战争胜负的情势时说："道者，令民与上同意也。"① 国家元首修明政治，确保法制，是决定胜败的重要基础。如孙子《形篇》有"修道而保法，故能为胜败之政"②。国家元首拥有宣布进入战争状态的权力，因此，孙子《火攻篇》指出，国家元首既可以"安国全军"，也可以"怒而兴师"，甚至有可能把国家引向灾难的边缘。国家元首有参与军事决策与军事指挥的权力。如孙子《计篇》所说的"庙算"，以及孙子《地形篇》有"主曰无战"和"主曰必战"③ 这样的说法。国家元首有时过分干预军队的管理与指挥，如孙子《谋攻篇》中的一些说法就是对这种现象的具体表述："不知军之不可以进，而谓之进；不知军之不可以退，而谓之退。"这就是国家元首盲目指挥军队的具体表现。"不知三军之事，而同三军之政"；"不知三军之权，而同三军之任"④。国家元首不懂军事却干预军政事务，就有可能给军队造成严重后果。诚如，孙子《谋攻篇》所讲的"乱军引胜"。国家元首与战争中将帅之间的关系也对军事行动有着重要影响，正如孙子《谋攻篇》所说的，"上下同欲者胜"⑤。

　　孙武论兵，重视军事精英——将帅。孙子在"五事"中提到了"将"，把将帅列入决定战争胜负的五个基本因素之一，孙子《计篇》又在"七计"中强调"将孰有能"。孙子认为将帅是国家元首的重要辅佐，直接影响国家的实力地位。孙子《谋攻篇》："辅周则国必强，辅隙则国必弱。"⑥ 战场上将帅是直接的指挥者，直接影响着军民的生死和国家的存亡，诚如孙子《作战篇》说："知兵之将，生民之司命，国家安危之主也。"⑦ 优秀的将帅是国家利益的执行者和捍卫者，是国家的宝贵财富，孙子《地形篇》指明将帅要"进不求名，退不

---

① 杨丙安：《十一家注孙子校理》，第3页。
② 同上书，第76页。
③ 同上书，第226页。
④ 同上书，第57—58页。
⑤ 同上书，第60页。
⑥ 同上书，第56页。
⑦ 同上书，第39页。

避罪，唯民是保，而利合于主"。孙子《地形篇》点明将帅负有"料敌制胜"的责任，将帅要努力做到"战道必胜"。将帅拥有进行决战的权力，但孙子《火攻篇》特意指明，将帅"不可以愠而致战"。

孙武论兵，重视外交精英——外交家。孙子在绝大多数场合，没有直接提及外交家。但值得注意的一点是：孙子反复强调外交在战争领域的使用和其所发挥的作用。孙子《谋攻篇》说："上兵伐谋，其次伐交。"① "伐交"就是强调外交上要战胜敌人。孙子还提到外交上应注意的一些问题：如孙子《九地篇》指出："不知诸侯之谋者，不能预交"；孙子《九变篇》："屈诸侯以害，役诸侯以业，趋诸侯以利"；孙子《九地篇》："衢地则合交""不争天下之交，不养天下之权"。孙子《九地篇》还指出外交要配合军事行动："政举之日，夷关折符，无通其使。"② 这从侧面证明：孙子重视外交，自然不会轻视外交家。另外，孙子从经济支出的角度还说明外交家的重要性，孙子《作战篇》把"宾客之用"列入军事开支中的重要一项。

孙武论兵，重视情报界精英——间谍。在孙子看来，军队是对已经十分脆弱的敌人进行最后一击的工具。在开战之前，应该使用间谍分化敌人并进行一系列的暗中破坏活动。间谍的任务包括散布流言以及误导敌人的情报、收买和策反敌人的军官、制造并恶化其内部的分歧以及培养第五纵队。③ 孙子认为贤明的君主、将领，如能使用智慧超群的人作为间谍，必能成就大的功业。孙子《用间篇》"惟明君贤将，能以上智为间者，必成大功"④。

二 《孙子兵法》精英战略思维应用

战争是敌我双方武装力量的对抗，也是智慧、意志等精神因素的较量。在错综复杂的对抗和较量之中，挫败敌人，夺取胜利，自然离不开物资与人的优化组合。其中，物资因素固然不可缺少，但人的因

---

① 杨丙安：《十一家注孙子校理》，第46—47页。
② 同上书，第264页。
③ [美]格里菲思：《孙子兵法：美国人的解读》，育委译，学苑出版社2003年版，前方，第4页。
④ 杨丙安：《十一家注孙子校理》，第301页。

第三章 战略战术视野下的《孙子兵法》研究

素尤为关键。在国家政治与军事活动领域,并不是每个人都在起相同的作用。由于每个人的禀赋、素质、能力、地位、影响力存在差异,因而他们对国家政策和战争的影响就自然各不相同,这也是不争的事实。在战争与政治领域,"人"常常是作为攻击目标而存在。在《孙子兵法》当中,孙子"攻人"理论独具一格,与众不同。孙子"攻人"有数量和质量上的区分,但孙子更注重攻击质量。孙子尤其注重攻击敌国的军事精英和政治精英。军事精英主要是指军队的将帅等核心决策指挥人员,政治精英主要是指国家元首和一些重要的政治人物。

从应用层面上进行分析,《孙子兵法》蕴含的精英战略思维是一个比较完整的体系。孙子的精英战略思维主体是由九个可操作性的策略加以构成。

(一) 误导敌之精英决策层

孙子《计篇》提及误导敌之精英决策层的策略是:"兵者,诡道也。故能而示之不能,用而示之不用,近而示之远,远而示之近。"[1] 在《孙子兵法》相关的注解中,王晳曰:"强示弱,勇示怯,治示乱,实示虚,智示愚,众示寡,进示退,速示迟,取示舍,彼示此。"[2] 通过各种虚假信息的输入,导致敌国、敌对集团的精英决策者在决策上出现严重失误。

《战国策》的记载可以佐证《孙子兵法》误导敌之精英决策层的思维的合理性。郑武公打算进攻胡人,就先把女儿嫁给胡人君主做妻子。然后问大臣们:"我想对外用兵,你们说先打那个国家?"大夫关其思说:"先打胡人。"郑武公听了,勃然大怒,立即把关其思杀掉。他说:"胡人和我们是兄弟之国,为什么要我攻打它呢?"胡人君主听说以后,认为郑国是真心同他结亲,因此不加防备。郑国后来突然发动袭击,结果把胡人之国给灭掉了。从郑武公的角度分析,显然,郑武公通过嫁女儿、杀关其思的这一系列举止行动,给胡人君主的头脑

---

[1] 杨丙安:《十一家注孙子校理》,第12—13页。
[2] 同上书,第13页。

中输入了胡与郑国之间关系十分亲密的假信息,结果胡人君主却上了当。

（二）拉拢、控制敌之精英

孙子《计篇》还提出拉拢、控制敌之精英的策略是"利而诱之"。梅尧臣注解其说:"彼贪利,则以货诱之。"① 这不仅对于敌国重要人物适用,而且对于敌国重要的情报人员也适用。敌之高官贪图利益,就以利相诱,让其为我方服务。另外,孙子《用间篇》主张对敌之间谍"导而舍之"②。就是通过优待、收买敌之间谍。热情款待,引诱开导,为己所用,成为间谍战中"绝杀"之招术。通过各种手段操控他国政治精英、军事精英、情报界精英,为本国的战略利益服务。

《战国策》的记载可以佐证《孙子兵法》拉拢、控制敌之精英的思维。秦国派遣王翦攻打赵国,赵国派李牧、司马尚率兵抵御。李牧多次带兵大破秦军,使秦国损兵折将。王翦非常厌恶李牧的存在。于是,他暗地用许多财宝去贿赂赵王的宠臣郭开。让郭开在赵王面前攻击李牧说:"李牧、司马尚想要与秦国勾结,背叛赵国,从秦国取得更多的封赏。"赵王于是怀疑李牧,另派两个将军取代李牧和司马尚,并且把李牧杀害,废黜了司马尚。三个月后,王翦加紧进攻赵国,大破赵军,俘虏了赵国将帅,灭掉了赵国。可见,王翦通过收买赵王的宠臣,为自己的战略利益服务。

（三）腐蚀敌之精英

孙子《计篇》提出腐蚀敌之精英的策略是:"乱而取之。"杜牧注解说:"敌有昏乱,可以乘而取之。"③ 因而可以通过各种手段腐蚀敌国精英,使敌国精英的精神状态萎靡不振,然后可以实施攻击。对于精英当中信念不坚定者,使用各种形式的手段,使之迷惘堕落。

《吴越春秋》可以佐证《孙子兵法》腐蚀敌之精英的策略的合理

---

① 杨丙安:《十一家注孙子校理》,第14页。
② 同上书,第299页。
③ 同上书,第14页。

第三章 战略战术视野下的《孙子兵法》研究

性。越国西施是我国古代"四大美女"之一。有沉鱼落雁之容,闭月羞花之貌。她曾为越国复兴和吴越战争的胜利做出了巨大贡献。吴越早年双方争战,越国大败,越王勾践当了俘虏。通过外交努力,勾践获释。勾践回国后,励精图治。一面训练军队,一面发展农业。吴王夫差虽然胸怀大志,但是好色。范蠡针对吴王夫差好色的个性,对吴王夫差实施了"美人计"。吴王夫差将西施纳入后宫,宠幸有加。沉湎酒色,不理朝政。伍子胥的"妲己误国"的劝谏使夫差充耳不闻,一怒之下,自坏"长城",杀害伍子胥。后来,逐渐强大的越国,伺机灭掉了吴国。

(四) 疲扰敌之精英

孙子《计篇》提出疲扰敌之精英的策略是"佚而劳之"。梅尧臣注解说:"以我之佚,待彼之劳。"[①] 也就是说,如果敌之精英状态良好,可以用各种各样的方式,使他们疲惫不堪。使敌国精英消耗大量的精力,无力关心国是,无心献身于他所钟爱的事业。

冯梦龙的《智囊》可以佐证《孙子兵法》疲扰敌之精英的策略的可行性。南唐广陵人徐铉、徐锴兄弟和钟陵人徐熙,号称"三徐",在江南名声卓著,三人都以学识渊博、见多识广、通达古今闻名于北宋朝廷,其中又以徐铉的声望最高。有一次恰好江南派徐铉来纳贡,照例要由朝廷派官员去作押运使。满朝文武都因为自己的辩才不如徐铉而生怕中选。宰相赵普也不知究竟选谁为好,就去向宋太祖请示。太祖说:"你暂且退下,朕亲自来选择。"过了一会儿,宦官命令殿前司前去听旨,宦官将名单送给太祖,太祖御笔一挥,随便点了一个人的名字,并说:"这个人可以。"这使在朝的官员都大吃一惊。赵普也不敢再去请示,就催促那人赶快动身。那位殿中侍者不知为什么派他去做使臣,又得不到任何解释,只好前去执行命令。一上船,徐铉就滔滔不绝,词锋如云,周围的人都为他的能言善辩而惊讶。那位侍者当然无言以对,只是一个劲点头称是。徐铉不了解他的深浅,愈是喋喋不休,竭力与他交谈。一连几天,那人却不与徐铉辩论,徐铉说得

[①] 杨丙安:《十一家注孙子校理》,第17页。

口干舌燥，疲惫不堪，再也不吭声了。宋太祖这种以愚困智，实是一种典型的"佚而劳之"疲扰敌之精英的方法。

（五）离间敌之精英

孙子《计篇》提及离间敌之精英的策略是："亲而离之。"李荃注解说："破其行约，间其君臣，而后攻也。"① 君主和臣子都属于精英集团。孙子主张敌之精英统治阶层团结一致，就要设法离间，加剧他们之间的矛盾，从内部给敌人形成巨大的杀伤力。

《三国志》的记载可以佐证《孙子兵法》离间敌之精英策略的合理性。三国时，袁尚、袁熙被曹操打败，带领数千人马逃往辽东，投奔公孙康。起初，辽东太守公孙康仗着自己的辖区与曹操远隔千里，不肯服从曹操的号令。当曹操击败乌丸（胡族的一支）后，有人建议立刻乘胜远征公孙康，擒拿袁氏兄弟。曹操哈哈大笑说：我正叫公孙康杀掉袁氏兄弟，把头送来哩！用不着劳师远征了。没过多久，曹操率军从柳城回来，果然公孙康带着袁氏兄弟的头来见。众将向曹操请教其中的奥妙。曹操说：公孙康向来怕袁尚、袁熙兄弟吞并他，今二袁上门投奔，他必猜疑。如果我们用兵急攻，他们必然会合力抗拒，我们放松一下，他们就会自相火并。

（六）争夺敌之精英

争夺敌国的精英，为我所用，是历史发展进程当中一个不变的音符。孙子《九地篇》提出争夺敌之精英的策略是"先其所爱"。杜牧注解说："凡是敌人所爱惜倚恃以为军者，则先夺之也。"② 这实际上是所谓的一种典型的"以敌制敌"的策略。

《史记》的记载可以佐证争夺敌之精英策略的合理性。公元前7世纪，秦国西面的少数民族戎族逐渐强盛，戎之国君派使者由余到秦国出使。秦穆公与由余讨论治国之术。由余的政治远见令秦穆公大为折服。事后，秦穆公对内史廖说："寡人听说'邻国有圣人，敌国之忧也'。今由余圣人也，寡人担心，不知怎么办？"内史廖建议秦穆

---

① 杨丙安：《十一家注孙子校理》，第17页。
② 同上书，第265页。

第三章 战略战术视野下的《孙子兵法》研究

公:"我听说戎王居住在偏僻之地,不熟悉中国音乐。国君您可以馈赠他美女乐队,来扰乱他的政治。然后让由余回去复命,由余必然进谏。他们君臣就会产生矛盾,那么就可得到目的。"秦穆公依计而行,派廖向戎王馈赠了16位美丽的歌姬,并且故意拖延由余的归期。戎王收下礼物,连日纵酒,沉溺于歌舞。以至到了年底,还顾不上迁移牧场,结果半数牛、马冻饿而死。由余从秦国归来,劝谏戎王,戎王充耳不闻。由余一气之下投奔秦国。秦穆公待之如上宾,封他为上卿,借机了解了戎国的兵力和地形。公元前623年,举兵伐戎,拓地千里。

(七)妖魔化敌之精英

孙子《九变篇》还提出妖魔化敌之精英的策略是:"廉洁,可侮也。"张预注解说:"清洁爱民之士,可垢辱以挠之,必可致也。"[①]玷污敌国的精英领军人物和领导者精英。妖魔化他们,使之失去权威性,淡化他们对各方面的决策和政治影响力。

《史记》可以佐证《孙子兵法》妖魔化敌国精英策略的可行性。汉高祖到了洛阳,新城三老之一的董公悄悄向汉王建议说:"出兵打仗没有正当理由,事情就办不成,所以说,明其为贼,敌乃可服。义帝是天下人共同拥立的,项羽分封天下后,命义帝由彭城还至长沙郴县。行至半路,又派人将义帝杀死,这是犯了弑君之罪。大王最好是率领全军将士,为义帝身穿孝服,公告诸侯起兵讨伐项羽。"于是,刘邦为义帝发了讣告,全军将士都穿着丧服,并且公告各路诸侯:"我将率领关中全部兵力,收复三河国土,向南打到汉江以下。我愿意跟随着各诸侯王,打败楚国那个弑义帝的人。"董公所说的"明其为贼,敌乃可服",实质是典型的妖魔化项羽的策略。

(八)破坏敌之精英心理

通过破坏敌国或敌对集团精英的心理来夺取战争的良好态势。孙子《军争篇》提出破坏敌之精英心理的思想是"将军可夺心"。张预注:"心者,将之所主也。夫治乱、勇怯,皆主于心。故善制敌者,

---

[①] 杨丙安:《十一家注孙子校理》,第178页。

挠之而使乱，激之而使惑，迫之而使惧，故彼之心谋可以夺也。"① 英国著名战略家利德尔·哈特在《战略论》中说："使敌人在心理上和物理上丧失平衡，常常是最后打败敌人的一个重要前提。"②

《后汉书》中史实可以佐证《孙子兵法》破坏精英心理策略的合理性。刘秀商议派遣使节招降隗嚣部将高峻，他对将军寇恂说："你以前制止我这样做，现在你为我完成这件事吧。高峻若不立即投降，你就与耿将军一起进攻他。"寇恂于是奉刘秀之命前去。高峻派遣他的军师皇甫文前来拜见，言辞强硬，傲慢无礼。寇恂一怒之下，要杀皇甫文，手下部将劝他说："高峻拥有精兵万人，且多强弩，遮蔽陇道，连年攻之不下。现在想要劝降他，却反而要杀害他的使节，这样恐怕不妥吧？"寇恂坚决不答应，于是杀了皇甫文，让副使回去告诉高峻说："您的军师不讲礼节，已被杀。如果投降就赶快投降；如果不投降就坚守。"高峻惶恐万分，当天就打开城门投降。寇恂手下的部将都来祝贺，大家都问他："为什么能够杀了高峻的使节，却能使他献城投降？"寇恂说："皇甫文是高峻的心腹之人，也是他最得力的谋士。今天来，他的口气一直强硬，必然不会投降。让他回去，就是中了他的奸计。杀了他，就会使高峻心胆俱寒，所以高峻才会投降。"

（九）敌之精英逆我者亡

孙子在《用间篇》中体现了"敌之精英逆我者亡"策略的可行性。孙子说："人之所欲杀，必先知其守将、左右、谒者、门者、舍人之姓名，令吾间必索知之。"张预注解其说："守将，守官任职之将也。"③ 从内容主旨分析，显然是孙子关于使用间谍经验的悉心总结。但同时言辞之中透露出另一层重要的信息，那就是不排除使用一些恐怖手段，刺杀敌方一些关键人物，这样做是为了扫除战争道路上的障碍。

《史记》的记载可以佐证《孙子兵法》"敌之精英逆我者亡"策

---

① 杨丙安：《十一家注孙子校理》，第149页。
② ［英］利德尔·哈特：《战略论》，中国人民解放军军事科学院译，战士出版社1981年版，第13页。
③ 杨丙安：《十一家注孙子校理》，第299页。

第三章 战略战术视野下的《孙子兵法》研究

略的合理性。正所谓"英雄不死,刺客不止"。秦始皇在统一六国的过程中,曾经采纳李斯的建议,"阴遣谋士赍持金玉以游说诸侯。诸侯名士可下以财者,厚遗结之;不肯者,利剑刺之"①。后来,刘邦也采用了陈平之计,也是金钱加利剑,胁迫项羽集团的一部分精英人物为刘邦所用,同时锄灭那些不为刘邦所用的精英。上述史实无一例外证明孙子这些应用策略影响巨大。孙子的精英战略思维蕴含在兵学圣典《孙子兵法》中,借助具体史实,可以进一步佐证孙子精英战略思维的实用价值,可以证明孙子的精英战略思维对政治、军事格局曾经产生过重要的影响。善于运用精英战略思维的高端决策者是完全可以创造出一种优良的战略态势。

综上所述,可以得出这样一个结论:有意识地针对敌国精英或敌对集团的精英,有计划、有组织、有目的实施跨国式或跨集团式的误导、拉拢控制、腐蚀、疲扰、离间、妖魔化、逆我者亡、争夺,以及破坏其精英的心理等操控策略,可以创造出一种优良的战略态势。"夫料敌者,料将不料兵"②,就是一种古典式的精英战略思维。无论在过去的历史上,还是在今天的现实斗争中,客观上依然存在着一种精英战略思维。它对于当今时代的斗争格局,依然有着现实的启迪意义。

第二节 《孙子兵法》致胜模式运用分析

《孙子兵法》在中外的历史上都赢得高度赞誉。明代著名的军事理论家茅元仪曾评价《孙子兵法》说:"前孙子者,孙子不遗;后孙子者,不能遗孙子。"③ 苏联的军事理论家拉津说:"军事科学的萌芽在古代即已产生。在这方面,人们奉为泰斗的通常是希腊的军事理论家,其中最著名的有色诺芬(公元前5世纪初)、还有后来的韦格蒂

---

① 《史记》卷八七《李斯列传》,第2540页。
② 《资治通鉴》卷二三一,德宗兴元元年,第7442页。
③ 茅元仪:《武备志·兵诀评》,《中国兵书集成》第27册,解放军出版社、辽沈书社1989年版,第185页。

乌斯（公元 4 世纪末至 5 世纪初）。但实际上排在最前列的应是古代中国。中国古代军事理论家中最杰出的是孙子。《孙子兵法》在亚洲的影响大大超过韦格蒂乌斯在欧洲的影响，而且在亚洲的生命力更为长久。"意大利的亚力山德罗·高尔纳利对《孙子兵法》的评价既符合实际，又精辟独到："无论任何政治家或军事家的评论如何，孙子的思想首先是让人们得以发现和认识一种古老艺术的秘密——获胜的艺术。"[①]《孙子兵法》不仅言语妙天下，而且，孙子在《作战篇》中特别声明他欣赏"兵贵胜"。因而，从多种视角观察，《孙子兵法》是一部专门讲求用兵制胜艺术的兵书。这是它千百年来，一直深受人们青睐的最根本原因。

孙子的用兵制胜艺术在《孙子兵法》当中得到淋漓尽致的发挥。这种发挥既体现在致胜战略思维方面，也体现在致胜战术思维方面。这些致胜战略和致胜战术，时时让人感到奥妙无穷，妙不可言。孙子在《虚实篇》中倡导致胜战术要"应形于无穷"，实际是在证明孙子的致胜战术思维具有多元性。至于孙子的致胜模式，孙子又在《谋攻篇》中把它归结为四种基本类型："上兵伐谋，其次伐交，其次伐兵，其下攻城。"[②] 李浴日对此有深刻见解，"孙子在这里所说'伐谋''伐交''伐兵'及'伐城'的四策，固有上下策之分，上策为人所喜，下策为人所恶；但在战争上因情况的千变万化，自不限于一策的单独使用，有时须并用二策，或三策，以至四策，才能争取最后胜利"[③]。也就是说，在实际运用过程中，人们总是打破这种有序的格局，根据实际情况灵活运用孙子的这四种基本致胜模式，因而，在现实当中，就会出现两种运用情况：一种是理论运用；另一种是实践运用。无论是理论运用，还是实践运用，最后都可以归结为三种运用类型：即单一型运用、组合型运用、混合型运用。因而，孙子致胜模式的运用在总体上呈现出复杂性和综合性的特点。本节旨在分析和探讨

---

① 杨少俊：《孙子兵法的电脑研究》，第 76、77 页。
② 杨丙安：《十一家注孙子校理》，第 46—48 页。
③ 李浴日：《孙子新研究》，第 62 页。

第三章　战略战术视野下的《孙子兵法》研究

孙子致胜模式的具体运用的类型及其具体情况。

一　孙子致胜的单一型模式

孙子致胜运用的单一型模式是指，仅仅使用孙子四种基本致胜模式中任何的一种。即要么"伐谋"，要么"伐交"，要么"伐兵"，要么"攻城"。显而易见，在同一时间里，只使用孙子的一种致胜模式，比较单一，易于可行。这种运用方法，历史上最为常见。这里需要强调的是，孙子提出的四种基本致胜模式是一种有序排列，而且，孙子是根据一定的理论标准进行排序的，这种理论标准就是战争经济学的标准，注重战争成本效益。在孙子所生活的冷兵器时代背景下，伐谋，经济支出成本最低；伐交，经济支出成本较低；伐兵，经济支出成本较高；攻城，经济支出成本最高。孙子的这种有序排列方式，实际上是一种理性逻辑的推导。孙子的四种基本模式显然也可以分为两种类型：一类是低成本的致胜模式，其中包括伐谋和伐交；另一类是高成本的致胜模式，其中包括伐兵和攻城。在实际斗争场合中，如果单纯根据孙子的这种有序排列去运用这些致胜基本模式，那么，显然证明这种人的头脑僵化，思维机械保守。从战争史上观察，更多的时候战争决策者们总是打破孙子的这种有序排列格局，对之加以运用。

需要注意的是，孙子致胜模式的运用在现实当中分理论运用与实践运用两种情况。理论运用讲求的是原理，孙子致胜模式理论运用是一种无序排列，体现的是一种简单性原理。孙子致胜模式实践运用讲求的是操作，复杂多变。因而，孙子致胜模式实践运用是一种有序排列，体现的是具体实际情况。因此，我们可以把孙子的致胜模式理论运用表达为一种无序排列组合，把孙子的致胜模式实践运用表达为一种有序排列组合。由此，我们就可以借助数学上的排列组合原理，来诠释孙子的致胜单一运用理论模式：$C_4^1 = 4$。就可以得到 4 种无序排列。理论上，战争决策者把孙子的 4 种致胜模式一视同仁的看待。也就是说，从理论上，孙子致胜模式运用有 4 种可能性。因而，战略家真正选择孙子致胜模式单一运用时，只能局限在 4 种情况中进行选择，这种选择范围极其有限。这是理想型运用模式，而不是现实型运用模式。而孙子的致胜单一运用实践模式：$P_4^1 = 4$。就可以得到 4 种有序排列。这就是孙子以军事经济学标准划定的金科玉律——"上兵伐谋，其次伐交，其次伐兵，其下攻城"。这就意味着在实际操作中，孙子致胜模式单一运用会出现 4 种具体情况。需要特别强调的一点是，在实践中，孙子的这 4 种致胜模式却不被决策者一视同仁地看待，也不能在同一时间都被使用。因而，最后真正派用上场的，只能是 1 种致胜模式。因而，战争决策者们就会感到窘迫，在现实中也就容易陷入困境。而对方也易于同时集中最强大的力量在相同的领域里做出强有力的反击。因而，除非你实力超级强大，否则，就不要选择孙子的致胜运用的单一型模式。

二 孙子致胜的组合型模式

孙子致胜运用的组合型模式是指，孙子四种基本致胜模式当中的任意两种同时组合在一起加以运用。这种重新组合就会生成新的致胜运用模式，我们不妨称之为孙子的致胜组合运用模式。根据数学排列组合原理，孙子的致胜组合运用理论模式显然是一种无序排列组合：$C_4^2 = 6$。就可以得到 6 种无序排列。这说明理论上，孙子的致胜组合运用理论模式有 6 种可供选择。孙子的致胜组合运用实践模式是一种有序排列组合：$P_4^2 = 12$。这就意味着，在实际运用中，孙子致胜组合运用模式就会出现 12 种，客观上增加了运用的灵活度。

在实际战争中，组合运用孙子基本致胜模式，显然要比单一运用孙子基本致胜模式更具有优势。这是因为任意两种基本的孙子致胜模式组合在一起，它所聚合的攻击能量大，攻击的范围也就随之变大。这时，敌人就需要具有足够的防范意识和反击能力，才能抵御住这种进攻势头。例如，战国时期，秦王派王翦攻赵，最初只是采用孙子的"伐兵"致胜模式，但却由于赵国名将李牧的存在，总是不能够奏效。秦国被迫改变了原有致胜模式的运用类型，变单一运用为组合运用，进而采用了"伐兵 + 伐谋"的致胜新模式。结果，赵国军事统帅李牧被杀，赵国军队被击败。从中可见，新的致胜模式应用是改变秦赵战局的关键。

因而，这种组合运用的效果不可低估。同时，需要引起我们注意的是，孙子基本致胜模式的组合运用，还会产生许多新的致胜模式。

例如，伐谋+伐交=不战而胜；伐兵+攻城=战而胜之。因此，这两种新的致胜模式，我们可以定义为不战而胜模式和战而胜之模式。"不战而胜"模式包括孙子的致胜模式伐谋和伐交的组合运用。"战而胜之"模式是孙子的致胜模式伐兵和攻城的组合运用。所以，实际运用孙子致胜模式时，组合型运用模式通常要优于单一型运用模式。

三 孙子致胜的混合型模式

孙子致胜运用的混合型模式是指，孙子的四种基本致胜模式当中的任意三种或者四种全部同时混合在一起加以运用。这种运用模式，我们不妨称之为孙子致胜混合运用模式。显而易见，这种混合运用的方法，显然要比孙子的致胜模式的组合运用更加复杂，涉及的层面更加广泛，因而对战争指挥者的调度能力提出更大的挑战，所以，要运用孙子致胜混合运用模式，就意味着要同时协调诸多领域，围绕总的进攻目标，发起全方位的行动。实施起来有相当大的难度，但是孙子这种致胜混合运用模式具有无可比拟的优势，总体聚合的攻击能量巨大，而且是多个领域的同时攻击，这往往使对手难以招架。

孙子致胜混合运用模式的第一种情况是，孙子的四种基本致胜模式中的任意三种同时混合在一起加以运用。不妨称为孙子致胜混合运用模式一。这种运用就会形成两种现象，从最后的结果来看，要么是智慧偏向型致胜模式，要么就是武力偏向型致胜模式。这是因为孙子的四种基本致胜模式当中的伐谋和伐交是智慧型致胜模式，而伐兵和攻城是武力型致胜模式。例如，伐谋+伐交+伐兵=智慧偏向型致胜模式；伐谋+伐交+攻城=智慧偏向型致胜模式；然而，伐交+伐兵+攻城=武力偏向型致胜模式；伐谋+伐兵+攻城=武力偏向型致胜模式。因此，我们把孙子致胜混合运用模式一称之为孙子偏向型致胜模式。根据数学排列组合原理，孙子偏向型致胜理论运用模式是一种无序排列：$C_4^3=4$，可以得到无序排列 4 种，这说明孙子偏向型致胜理论运用模式有 4 种情况可供战争决策者选择。而孙子偏向型致胜实践运用模式是一种有序排列：$P_4^3=24$，可以得到有序排列 24 种，这就意味着，在实践运用当中，同时混合运用孙子任何三种基本致胜模式，就会产生 24 种孙子偏向型致胜实践运用模式。从这里看出这种致胜模式数量优势明显得到加强。

孙子致胜混合运用模式的第二种情况是，孙子的四种基本致胜模式同时混合在一起加以运用，不妨称之孙子致胜混合运用模式二。这种运用方法显然更增加了挑战与难度，战争的决策者必须具有全方位的协调组织能力，否则就不能全面实施。当然，如果聚合的恰到好处，就会形成无比巨大的攻击力，造成强大的心理震撼效果。孙子致胜混合运用模式二，不妨称之为孙子综合战致胜模式。它具体表现形式是：伐谋＋伐交＋伐兵＋攻城＝综合战致胜理论模式。根据数学排列组合原理，孙子综合战致胜理论运用模式是一种无序排列：$C_4^4 = 1$。可以得到无序排列 1 种。理论上，孙子综合战致胜模式运用只有 1 种。虽然是 1 种，但涉及层面广泛，动员力量庞大。孙子综合战致胜实践运用模式是一种有序排列：$P_4^4 = 24$。可以得到有序排列 24 种。这就是说，实际运用孙子综合战致胜模式会出现 24 种情况。具体如何运用，当视客观情况而定。

最后，我们就可以计算出孙子致胜理论运用模式的总数是 15 种：$C_4^1 + C_4^2 + C_4^3 + C_4^4 = 4 + 6 + 4 + 1 = 15$。还可以计算出孙子致胜实践运用模式的总数是 64 种：$P_4^1 + P_4^2 + P_4^3 + P_4^4 = 4 + 12 + 24 + 24 = 64$。在这里需要指出的有三点。第一，孙子致胜理论运用模式是一种无序排列。为什么这样指定？因为这种无序排列，意味着把孙子的四种基本致胜模式同等看待，它们之间不分伯仲，地位相同。因此，孙子致胜理论模式一共有 15 种模式可供选择。这是理论当中简单性原则的运用。第二，孙子致胜实践运用模式是一种有序排列，为什么这样看待？这是因为在实际运用当中，根本就做不到把孙子四种基本致胜模式同等看待，它们在战略家的心目中，总是有孰轻孰重的区分，因而就会是一种有顺序的排列，即有序排列，他们认为重要的就放在前面，次重要的就放在后面，依此类推。因而，孙子致胜实践运用模式就会有 64 种之多，这个数目大大提升了战略家运用的灵活性。正是由于孙子的四种基本致胜模式在现实中所处的地位不一样，因而最终导致孙子致胜模式在实际运用当中呈现出复杂性、灵活性、综合性的特点。第三，孙子致胜实践运用模式的总数是 64，这是一个值得耐人寻味的数

第三章 战略战术视野下的《孙子兵法》研究

字,因为它恰好与《周易》当中的总卦数 64 相同。

《周易》包含了中国古代朴素的辩证法思想,闪烁着东方智慧的光芒。在《孙子兵法》当中,孙子也显然吸收了《周易》的一些基本原则。比如,周易当中的"变易""简易""不易"法则。孙子在《势篇》中说:"声不过五,五声之变,不可胜听也。色不过五,五色之变,不可胜观也。味不过五,五味之变,不可胜尝也。战势不过奇正,奇正之变,不可胜穷也。奇正相生,如循环之无端,孰能穷之?"① 以及孙子所说的"不可胜穷也",这显然是在强调"变易"法则。"声不过五""色不过五""味不过五",显然是在强调"简易"法则。孙子还强调"不易"法则,这是体现在对"奇正"的说法上。孙子说,"战势不过奇正"。

孙子在《孙子兵法》中同样演绎出另类的"象""数""义理",孙子也向战争学习者们展示了一个抽象化了的战争世界:既具体而又抽象,既统一而又多样,既恒定而又变化。不可忽略的一点是,孙子还在《虚实篇》中说:"兵无常势,水无常形,能因敌变化而取胜者,谓之神。故五行无常胜,四时无常位,日有短长,月有死生。"② 孙子这里使用了"五行"学说,五行即金、木、水、火、土。古人把这五种东西看作构成万物的基本元素,并认为它们之间"相生相胜"。所谓"相生",即木生火,火生土,土生金,金生水,水生木。所谓"相胜",也叫"相克",指金克木、木克土、土克水、水克火、火克金。这种相生相克的结果证明没有哪一个固定独胜。③ 孙子正是借用五行相生相克的原理来说明用兵的变化莫测。《孙子兵法》受阴阳五行学说的影响,这也是一个重要的证明材料。这些事实说明《孙子兵法》当中包含了《周易》理论对它的影响。因而,我们就不能轻易地下结论:孙子致胜实践运用模式的总数与《周易》当中的总卦数 64 相同,仅仅是一种偶然的巧合。是否就是孙子有意为之,这需要将

---

① 杨丙安:《十一家注孙子校理》,第 89—90 页。
② 同上书,第 125—126 页。
③ 军事科学院战争理论研究部《孙子》注释小组:《孙子兵法新注》,中华书局 1977 年版,第 59 页。

来进一步去探索研究。

　　总而言之，孙子在他的兵书《孙子兵法》中提出了四种最基本的致胜模式：一是伐谋；二是伐交；三是伐兵；四是攻城。孙子的四种基本致胜模式在实际运用当中，既可以单独使用，也可以组合使用，甚至还可以混合使用。因而，就形成单一型、组合型、混合型三种运用类型。孙子致胜模式的组合型和混合型运用，客观上会创造出一种良好的进攻态势，聚合的能量大，具有攻击力强，便于迷惑敌人的优点，但对组织实施者的协调指挥能力提出了高度要求。借用数学上的排列组合原理，我们完全可以计算出《孙子兵法》当中共有 15 种致胜理论运用模式，具体致胜理论运用模式见表 1。同时，也可以计算出《孙子兵法》当中共有 64 种致胜实践运用模式，具体致胜实践运用模式见表 2。孙子的这些致胜理论与实践运用模式，显然为战略家们提供了丰富的战略宝藏。如果他们能够深刻地领会了孙子兵学的真谛，而且具有丰厚的战略素养，当客观条件具备时，就能够把它们运用得出神入化，使对手迷惑，不知所措，守不胜守，防不胜防。这里最后强调的一点是，《孙子兵法》致胜实践运用模式的总数，却又蹊跷地与《周易》的总卦数相一致。冥冥之中，再次把深邃的《孙子兵法》与神秘的《周易》联系在一起。从《周易》角度考察，《孙子兵法》也特别注重战争预测，它仿佛就是为预测战争胜负而写的一部战争《周易》。为解决困扰人类的战争致胜难题，孙子似乎希望自己能帮助人们从中寻求最佳的解决办法。

表 1　　　　　　《孙子兵法》致胜理论运用模式汇总

序号	致胜理论模式	类型	序号	致胜理论模式	类型	序号	致胜理论模式	类型
1	伐谋	单一型	6	伐谋+伐兵	组合型	11	伐谋+伐交+伐兵	混合模式一
2	伐交	单一型	7	伐谋+攻城	组合型	12	伐谋+伐交+攻城	混合模式一
3	伐兵	单一型	8	伐交+伐兵	组合型	13	伐谋+伐兵+攻城	混合模式一
4	攻城	单一型	9	伐交+攻城	组合型	14	伐交+伐兵+攻城	混合模式一
5	伐谋+伐交	组合型	10	伐兵+攻城	组合型	15	伐谋+伐交+伐兵+攻城	混合模式二

表2 《孙子兵法》致胜实践运用模式汇总

序号	致胜实践模式	类型	序号	致胜实践模式	类型	序号	致胜实践模式	类型
1	伐谋	单一型	23	伐谋+伐交+攻城	混合模式一	45	伐兵+伐交+攻城	混合模式二
2	伐交	单一型	24	伐谋+攻城+伐交	混合模式一	46	伐兵+伐谋+攻城	混合模式二
3	伐兵	单一型	25	伐交+攻城+伐谋	混合模式一	47	伐谋+伐交+攻城	混合模式二
4	攻城	单一型	26	伐交+伐谋+攻城	混合模式一	48	伐谋+攻城+伐兵	混合模式二
5	伐谋+伐交	组合型	27	攻城+伐谋+伐交	混合模式一	49	伐交+攻城+伐兵	混合模式二
6	伐交+伐谋	组合型	28	攻城+伐交+伐谋	混合模式一	50	攻城+伐交+伐兵	混合模式二
7	伐谋+伐兵	组合型	29	伐谋+伐兵+攻城	混合模式一	51	攻城+伐交+伐兵	混合模式二
8	伐兵+伐谋	组合型	30	伐谋+攻城+伐兵	混合模式一	52	攻城+伐交+伐谋+伐兵	混合模式二
9	伐谋+攻城	组合型	31	伐兵+攻城+伐谋	混合模式一	53	伐谋+伐兵+攻城+伐交	混合模式二
10	攻城+伐谋	组合型	32	伐兵+伐谋+攻城	混合模式一	54	伐谋+攻城+伐兵+伐交	混合模式二
11	伐交+伐兵	组合型	33	攻城+伐谋+伐兵	混合模式一	55	伐兵+攻城+伐谋+伐交	混合模式二
12	伐兵+伐交	组合型	34	攻城+伐兵+伐谋	混合模式一	56	伐兵+伐谋+攻城+伐交	混合模式二
13	伐交+攻城	组合型	35	伐交+伐兵+攻城	混合模式一	57	攻城+伐谋+伐兵+伐交	混合模式二
14	攻城+伐交	组合型	36	伐交+伐兵+攻城	混合模式一	58	攻城+伐兵+伐谋+伐交	混合模式二

《孙子兵法》经世致用研究

续表

序号	致胜实践模式	类型	序号	致胜实践模式	类型	序号	致胜实践模式	类型
15	伐兵+攻城	组合型	37	伐兵+攻城+伐交	混合模式一	59	伐交+伐兵+攻城+伐谋	混合模式二
16	攻城+伐兵	组合型	38	伐兵+伐交+攻城	混合模式一	60	伐交+伐兵+伐谋+攻城	混合模式二
17	伐谋+伐交+伐兵	混合模式一	39	攻城+伐兵+伐交	混合模式一	61	伐兵+攻城+伐交+伐谋	混合模式二
18	伐谋+伐兵+伐交	混合模式一	40	攻城+伐兵+伐交	混合模式一	62	伐兵+伐交+攻城+伐谋	混合模式二
19	伐交+伐兵+伐谋	混合模式一	41	伐谋+伐交+伐兵+攻城	混合模式二	63	攻城+伐交+伐兵+伐谋	混合模式二
20	伐交+伐谋+伐兵	混合模式一	42	伐谋+伐兵+伐交+攻城	混合模式二	64	攻城+伐兵+伐交+伐谋	混合模式二
21	伐兵+伐谋+伐交	混合模式一	43	伐交+伐兵+伐谋+攻城	混合模式二			
22	伐兵+伐交+伐谋	混合模式一	44	伐交+伐谋+伐兵+攻城	混合模式二			

第三节 《孙子兵法》致胜战术思维的多元性

《孙子兵法》是兵家圣典，历代将帅和学者对其蕴含的兵学原理进行孜孜以求的探索，力图从中汲取孙子战略战术思维的精髓。"《孙子兵法》的思想是通过语言文字最基本的单位——字的不同组合来表达观点与思想的。不同的字在十三篇中有不同的作用。"[1] 其中，"胜"字在《孙子兵法》中的使用频率非常高，它共计使用 85 次。

---

[1] 杨少俊：《孙子兵法的电脑研究》，第 305 页。

根据《孙子兵法》中760个不同汉字在十三篇中的分布统计，"胜"字座次排在第十一位。除去九个虚词（"之、不、者、也、而、故、可、以、其"）座次之外，"胜"字座次仅次于"地"字，是排在第二位的实词。无论在战略思维领域，还是在战术思维领域，《孙子兵法》中"胜"字的亚字号座次，足以充分体现《孙子兵法》的致胜战术思维。

李浴日曾对《孙子兵法》中的致胜战术思维有所洞察，他在《孙子新研究》一书中指出："一切战法，必须因时因地因敌而使用，决不可拘泥于一端。好比今日所用的战法为是，明日未必为是；在此地为良法，在彼地未必为良法；对此敌为制胜之术，对彼敌未必为制胜之术；要之，必须尽其运用变化之妙才可。"① 一定程度上，李浴日先生触及了《孙子兵法》致胜战术思维的多元性。然而，他考察《孙子兵法》战术思维的视角更多停留在哲理思辨层面，解读《孙子兵法》主要聚焦于战术原理，却对孙子的致胜战术思维多元性所体现的作战层面尚缺乏进一步的探讨。

一　攻击目标选择具有多元性

在军事行动当中，科学而又合理地选择攻击目标尤为重要。西汉人刘向辑录的《战国策》，形象而又生动地阐明了这一观点。战国时期，秦国派军队围攻魏国的一个城池。当时，秦国的谋士范雎对秦昭王说："有攻人者，有攻地者。"② 秦国虽多次进攻魏国，但却没有给魏国造成多大损害，这既不是秦国自身不够强大，也不是魏国本身强大的原因，而是因为秦国攻击的目标选择的是疆土，疆土是国君的钟爱之宝，而且，国君也是臣民尽忠的对象。秦国一心夺取魏国的疆土，就意味着秦国同时进攻魏国的国君之宝和魏国甘愿尽忠的臣民，所以，这就是秦国多次进攻魏国却不能够取胜的原因。范雎说："如果您现在一心攻打魏国，我希望您不要把魏国疆土作为攻击目标，而是应把魏国的臣民作为攻击目标。"从范雎之言，可以得出一个重要

---

① 李浴日：《孙子新研究》，《总论》，第18页。
② （西汉）刘向集录：《战国策·秦三》，上海古籍出版社1998年版，第200页。

发现，选择不同的攻击目标，势必会影响到攻击效果。

从《孙子兵法》的内容分析，孙子的攻击目标选择的多元性主要体现在五个方面：第一，孙子以"人"为主要攻击目标；第二，孙子以"地"为主要攻击目标；第三，孙子以"国"为主要攻击目标；第四，孙子以"心"为主要攻击目标；第五，孙子以"器"为主要攻击目标。尤其值得注意的一点是，在《孙子兵法》当中，攻击目标的选择不仅具有多元性，而且具有层次性。

首先，以"人"为主要攻击目标可以分为攻击个体目标和攻击群体目标两大类。在攻击个体目标时，孙子尤其注重攻击敌国的军事精英和政治精英。军事精英主要是指军队的将帅，政治精英主要是指国家的领导人。孙子主张利用将帅的个性特点来攻击将帅，《孙子兵法·九变篇》所说："覆军杀将，必以五危。"[①] 具体表现在"必死，可杀也"；"必生，可虏也"；"忿速，可侮也"；"廉洁，可辱也"；"爱民，可烦也"。其中，"必死""廉洁""爱民"是将帅性格的优点，而"必生""忿速"是将帅性格的弱点。无论将帅性格的优点，还是缺点。只要因势利导，都可以用来攻击将帅。尤其值得注意的是，在不同的时空背景下，将帅性格的优点会转化为弱点。孙子《计篇》主张利用各种计谋攻击敌军将帅，"利而诱之"，可以用金钱和官爵来招降和收买敌军将帅。"卑而骄之"，可以采取谦逊懦弱的态度，使敌军将领变得骄慢，使他不经意间露出破绽。孙子《九地篇》主张误导敌国的将帅，一旦抓住时机，就要集中力量，穷追猛打。"故为兵之事，在于顺详敌之意，并敌一向，千里杀将，此谓巧能成事者也。"[②] 在攻击敌国的领导人时，孙子《计篇》主张"亲而离之"，破坏敌国领导人之间的团结。用兵打仗是理智的事情，如果敌国的精英——敌国的将帅和敌国的领导人，性情暴躁，可以"怒而挠之"。在孙子看来，使其神经错乱是攻击他们的最好法宝之一。

在攻击群体目标时，孙子把敌人分成许多不同的层次。诸如孙子

---

① 杨丙安：《十一家注孙子校理》，第178页。
② 同上书，第263—264页。

《军争篇》所言:"锐卒勿攻";"饵兵勿食";"归师勿遏";"围师必阙";"穷寇勿迫"①。对于给养充足的敌军,孙子《计篇》主张要用多种方式进行疲扰之,使其"佚而劳之"。尤其值得注意的是,孙子《作战篇》主张以敌制敌,"车杂而乘之,卒善而养之"。对于敌军的俘虏,应当善待他们,感化他们,把他们分散到部队,为灭亡他们的国家或军队而作战,利用敌人去打击敌人。

其次,孙子《计篇》以"地"为主要攻击目标,也有自己鲜明的主张。"远而示之近",想要夺取远处的城市,却装作夺取附近的城市。孙子《地形篇》对于难以返回的地形,如果敌人没有防备,就可以突然袭击:"挂形者,敌无备,出而胜之"②;对于敌人和自己外出都不利的地形,敌人虽然引诱,也不要出击。而应想方设法引诱敌人出来进行攻击,这对自己有利:"支形者,敌虽利我,我无出也;引而去之,令敌半出而击之,利。"如果敌人有重兵把守隘口,就不要攻击,若敌没有重兵把守隘口,就可以攻击:"若敌先居之,盈而勿从,不盈而从之。"敌人占领山地不要仰攻,敌军背靠高地不要正面迎击,孙子《军争篇》所谓"高陵勿向,背丘勿逆"③。

再次,孙子《谋攻篇》以"国"为主要攻击目标,有丰富多彩的论述。孙子主张攻"国"要运用多种计谋和手段。"全国为上,破国次之";"毁人之国而非久也"。孙子《九地篇》还说:"其城可拔,其国可隳。"④ 孙子《九变篇》认为,"屈诸侯者以害"。贾林注解其说,主张可以通过各种手段攻击敌国。"为害之计,理非一途,或诱其贤智,令彼无臣;或遗以奸人,破其政令;或为巧诈,间其君臣;或遗工巧,使其人疲财耗;或馈淫乐,变其风俗;或与美人,惑乱其心。此数事,若能潜运阴谋,密行不泄,皆能害人,使之屈折也。"⑤ 孙子《计篇》主张发展国防要充分保持低调,"能而示之不能"。战

---

① 杨丙安:《十一家注孙子校理》,第154—159页。
② 同上书,第219页。
③ 同上书,第152页。
④ 同上书,第260页。
⑤ 同上书,第174页。

争一旦爆发，挟其战力，决胜于疆场。

复次，孙子《军争篇》以"心"为主要攻击目标的理论主张，有所谓"治心"的精妙之言："三军可夺气，将军可夺心。"① 这已成为心理战的经典作战理念，这是破坏敌人心理平衡最好的方式之一。孙子《军争篇》所言"夜战多火鼓，昼战多旌旗"②，就运用实力伪装战术来威慑攻击敌军之心理。

最后，孙子以"器"为主要攻击目标有独特的见识。孙子在《火攻篇》中提出："凡火攻有五：一曰火人，二曰火积，三曰火辎，四曰火库，五曰火队。"③ 其中，"火辎"和"火库"就是攻"器"理论的最早主张。主张烧毁敌人的武器装备和敌人的军需品仓库，孙子选择的这种攻击目标显然在于"器"。时至今日，这种攻"器"有了日新月异的发展。现如今所谓的电子战、网络战、信息战，乃至未来的太空卫星战，本质上都是一种以攻"器"为目标的作战行为。

孙子主张攻击目标的选择不仅要有多元性，而且要有灵活性和科学性。孙子从哲理和实战的双重层面，阐明攻击目标的选择必须科学、合理、有针对性。正如孙子在《虚实篇》中说，"水因地而制流，兵因敌而制胜"④。

二 攻击时间选择具有多元性

孙子认为攻击时间多元性的生成，一方面是来自敌人。敌人防备懈怠时，使我有机可乘，或者通过误导敌人造成有机可乘；另一方面是来自作战方式，比如孙子对水战和火战的攻击时间都有明确的论述。

孙子主张面对强敌，要选择敌人士气最为不利的时刻，或者选取敌人整体实力最为低下之时。选择这种时间进行攻击敌人，容易增加胜算。如孙子《军争篇》所言，"避其锐气，击其惰归"。唐人杜牧进一步解释其旨义："阳气生于子，成于寅，衰于午，伏于申。凡晨

---

① 杨丙安：《十一家注孙子校理》，第148—149页。
② 同上书，第147页。
③ 同上书，第276—278页。
④ 同上书，第124页。

第三章 战略战术视野下的《孙子兵法》研究

朝，阳气初盛，其来必锐，故须避之；候其衰，伏击之，必胜。"① 即避开敌人精锐之时，攻击敌人怠惰之时。《左传》中曹刿论战有"夫战，勇气也。一鼓作气，再而衰，三而竭"② 之说，这固然表明了战斗中士气逐渐消耗的趋势。然而，鲁国这次作战最终取得胜利，与其说是利用敌军士气的消耗，不如说是曹刿科学合理地选择了攻击时间。这是因为双方都是处于紧张对峙的状态，双方都在消耗自己的士气，就在于那一方恰到好处地选取最有利的攻击时机。

孙子注重攻击时间选择的科学性。孙子《计篇》主张攻击时间选择要善于伪装，选择敌人没有防范准备之时，"近而示之远"。攻击敌人的日期虽然已经迫近，却让敌人以为尚未来临。甚至于还以为对方根本没有开战之意，使敌人疏于准备，从而使自己有机可乘。在敌人心理懈怠的时候，孙子《九地篇》主张："兵之情主速，乘人之不及。"③ 孙子《军争篇》认为，要善于观察理想攻击时间的出现，"以治待乱，以静待哗"。尤其是在敌人实力达到根本转化的临界点时，要即刻发动攻击。唐人李筌解释是，"伺敌之变，因而乘之"。

孙子《行军篇》主张水战应选择合理的攻击时间，"客绝水而来，勿迎之于水内，令半济而击之，利"④。"半济"就是孙子认为的理想攻击时间。孙子《火攻篇》主张火攻应在"天之燥也"，"风起之日"⑤。在火战当中，孙子认为要根据实际情况，灵活制定军事攻击时间表。"凡火攻，必因五火之变而应之。火发于内，则早应之于外。火发兵静者，待而勿攻；极其火力，可从而从之，不可从而止。火可发于外，无待于内，以时发之。"⑥ 在孙子看来，当面对不同作战方式时，甚至有时是同一种作战方式时，自己都要科学地判断，并加以选择开始攻击的最佳时间。

---

① 杨丙安：《十一家注孙子校理》，第 150 页。
② （晋）杜预：《春秋左传集解》，上海人民出版社 1977 年版，第 151 页。
③ 杨丙安：《十一家注孙子校理》，第 245 页。
④ 同上书，第 185 页。
⑤ 同上书，第 279 页。
⑥ 同上书，第 279—280 页。

《孙子兵法》词简义赅，内涵丰富。在孙子《军争篇》的作战意识当中，攻击时间的选择是全天候的。以往解读"夜战多火鼓，昼战多旌旗"，更多是从心战层面加以强调心理威慑的重要性。不可忽略的是，这句话还潜藏着另外一层重要信息：同时隐藏了春秋时代的孙子对作战的一种客观区分方法。孙子以作战时间作为区分标准，科学地把作战区分为两种：一种是昼战；另一种是夜战。孙子的这种作战区分范畴，显然涵盖了全天候。

在孙子眼里，敌人的整体实力、总体士气并不是均衡不变、始终一致的，而是随着时间的变化而不断地变化。《六韬》也十分注重选择攻击敌人的最佳时间。"兵胜之术，密察敌人之机而速乘其利。"①在《孙子兵法》中，孙子《虚实篇》正是借助五行学说形象地概括了这种攻击时间和攻击态势的变化，"五行无常胜，四时无常位，日有短长，月有死生"②。中国古代阴阳家运用五行学说辩证地说明世界万物基本组成及其变化规律。孙子却从中为攻击时间选择的多元性找到了科学的理论依据。即使是十分强大的敌人，也不能永远保持旺盛的士气和常备不懈，敌人总有心理放松和懈怠的时候，那么这就为弱者战胜强者提供了最佳攻击时间。

三 攻击空间选择具有多元性

孙子重视自身攻击空间的选择，这是因为各种不同的地形，对攻击行动会产生不同的效果。孙子《地形篇》主张："不知地形之不可以战，胜之半也。"③ 这里所说的"地形"就是指作战所在的空间，即攻击空间。而且，他还认为攻空间多元性的生成，一方面是来自敌人有计划地创设；另一方面则是来自自己有意识地创造。

孙子《九地篇》认为，当陷于难以生还的"死地"时，自己则应勇敢果断地发起攻击，死中求活。何谓"死地"？孙子有明确的界

---

① 《六韬》，《中国兵书集成》第 1 册，解放军出版社、辽沈书社 1987 年版，第 434 页。
② 杨丙安：《十一家注孙子校理》，第 125—126 页。
③ 同上书，第 229 页。

第三章 战略战术视野下的《孙子兵法》研究

定。一是敌人造成的："疾战则存，不疾战则亡者，为死地。"① 二是自然环境造成的："无所往者，死地也。"② 这两种情况一旦发生，就意味着自身攻击空间已经被动形成。面对敌人创设的这种环境，孙子一是主张，"死地，吾将示之以不活"，使部下彻底明白自身所处的困境，激发部下求生的欲望；二是主张"死地则战"。与敌人拼死作战，死中求活。

孙子《火攻篇》主张作战时要注意选择攻击空间，否则会给自己造成损失，"火发上风，无攻下风"③。火攻时，从下风头向敌人进攻，这种攻击空间选择则明显有害而无利。此外，孙子《行军篇》还主张不要从地势低处向地势高处发起攻击，"战隆无登"。唐人杜牧解释其说："言敌人在高，我不可自下往高，迎敌人而接战也。"④ 在孙子看来，面对不同的地理环境，要科学地判断这些环境是否就是自己理想的攻击空间。

孙子主张攻击空间不但要有多元性，而且要尽自己最大努力，提倡主动创造理想的攻击空间。孙子提出创造理想攻击空间的方式是多种多样的。其中，孙子主张将帅在特定条件下，可以将自己的部属"投之亡地""陷之死地"，积极主动创造新的攻击空间。这就是孙子《九地篇》所说的，"投之亡地然后存，陷之死地然后生"⑤。抗日战争时期的游击战就是选择了不同于正规军作战的攻击空间，把自己的攻击空间选择、定位在敌占区。

孙子《虚实篇》认为，自身如果有了理想攻击空间，并且有了理想攻击时间，就可以主动出击，"故知战之地，知战之日，则可千里而会战"。尤其重要的是，孙子《九地篇》主张打破常识、常规创造出其不意的攻击空间，"迂其途，使人不得虑"⑥。"由不虞之道，攻

---

① 杨丙安：《十一家注孙子校理》，第 239 页。
② 同上书，第 256 页。
③ 同上书，第 281 页。
④ 同上书，第 184 页。
⑤ 同上书，第 261 页。
⑥ 同上书，第 253 页。

其所不戒也。"合乎孙子这种主张的经典战例有,拿破仑翻越阿尔卑斯山,出兵远征奥地利。第二次世界大战开始时,德军破坏《国际法》,从中立国比利时,对英法军队发动攻击。都是超越常规,选择新的攻击空间。

四 战术手段选择具有多元性

《孙子兵法》是一部集战术手段之大成的兵学理论经典,它包含有政治战、谋略战、外交战、武力战、袭击战、心理战、经济战、宣传战、破坏战、间谍战、恐怖战、火战、水战等多种战术选项。这些战术选项为孙子战术手段选择的多元性的最终实现,提供了前提条件。

孙子《形篇》主张通过政治战来战胜敌人:"善用兵者,修道而保法,故能为胜败之政"。孙子主张通过谋略战来战胜敌人,如孙子《谋攻篇》关于谋略战的主张,集中体现在"上兵伐谋"。孙子《九地篇》主张"用兵计谋,为不可测"[1]。孙子《谋攻篇》主张通过外交战来战胜敌人,利用外交手段,尽量增强自己的力量,削弱敌方的力量,使敌人屈服。孙子的外交战主张有"其次伐交"。孙子《军争篇》还讲"故不知诸侯之谋者,不能豫交"。孙子《九变篇》主张一定要设法防止第三国变成敌国的盟国,所谓"衢地合交"。孙子《谋攻篇》认为,在用谋胜敌的同时,也不排斥武力战。诚如孙子所说,"其次伐兵,其下攻城"。又如孙子《虚实篇》所言的,"敌虽高垒深沟,不得不与我战者,攻其所必救也"[2]。孙子《计篇》主张通过袭击战来战胜敌人,"攻其无备,出其不意。"孙子《军争篇》主张通过心理战来战胜敌人。"三军可夺气,将军可夺心。"孙子《作战篇》主张通过经济战来战胜敌人,"因粮于敌"。孙子《九地篇》提议"掠于饶野,三军足食"。这是一种掠夺式的经济战。孙子《军争篇》所言"以饱待饥",是一种通过封锁式经济战来达到胜利的目的。此外,杨杰认为:"孙子的经济政策,不但要充分利用敌国的战争资源,

---

[1] 杨丙安:《十一家注孙子校理》,第247页。
[2] 同上书,第114页。

第二章 战略战术视野下的《孙子兵法》研究

而且还更进一步利用俘虏和战利品,用重赏去鼓励将士们奋勇作战,在战场上展开争取俘虏和战利品的竞赛运动。"① 孙子《计篇》主张通过宣传战来战胜敌人,"乱而取之",通过宣传使敌人内部发生冲突与混乱。孙子《火攻篇》主张通过破坏战来战胜敌人,"二曰火积","四曰火库",就是破坏战的具体战法,有计划地毁坏敌人的重要原料和设备。孙子《用间篇》主张通过间谍战来战胜敌人,"用间有五:有因间,有内间,有反间,有死间,有生间。五间俱起,莫知其道,是谓神纪,人君之宝也"②。"明君贤将,能以上智为间者,必成大功。"孙子主张通过恐怖战来战胜敌人,孙子在《用间篇》指出:"人之所欲杀,必先知其守将、左右、谒者、门者、舍人之姓名,令吾间必索知之。"从内容主旨分析,显然是孙子关于使用间谍经验的悉心总结,但是同时言辞之中也透漏出一个重要信息,"人之所欲杀",那就是不排除使用一些恐怖手段,刺杀敌方一些关键人物,这样做是为了扫除战争道路上的障碍。秦始皇在统一六国的过程中,曾采纳李斯的建议:"阴遣谋士赍持金玉以游说诸侯。诸侯名士可下以财者,厚遗结之;不肯者,利剑刺之。"③ 这种刺杀手段的使用是一种地地道道的恐怖战。孙子《火攻篇》主张通过火战来战胜敌人,"以火佐攻者明"④。认为火攻作战方式效果最为明显,可有效地剥夺敌人的生存和战斗资源。孙子《火攻篇》还主张通过水战方式来战胜敌人,"以水佐攻者强"。通过水战,阻断敌人的联络,使敌军部队孤立无援,甚至水淹敌军。

尤其值得注意的是,孙子《谋攻篇》所言"不战而屈人之兵",虽然历来是政治家、军事家所追求的用兵最高境界。但是,在孙子眼中,从不排斥战争的手段。而且,孙子《谋攻篇》一向主张:"上兵伐谋,其次伐交,其次伐兵,其下攻城。"这里值得强调的是,孙子对这些战术选项固然有高下之分,但在孙子看来,任何一项战术选项

---

① 杨杰:《孙武子》,第95页。
② 杨丙安:《十一家注孙子校理》,第291页。
③ 《史记》卷八七《李斯列传》,第2540—2541页。
④ 杨丙安:《十一家注孙子校理》,第281页。

都不是万能的，不能因为高明的战术选项而排斥其他的战术选项。任何一种战术选项都不是唯一的致胜战术选项。孙子实际上认为这些致胜战术选项，不仅单独可以使用，而且可以叠加使用。孙子在《虚实篇》中表明自己实际真正所推崇的战术最高境界者是"能因敌变化而取胜者，谓之神"①。孙子尊奉因敌善变者为神明，不能不令人惊诧！

总而言之，《孙子兵法·虚实篇》极力倡导"应形于无穷"② 的多元致胜战术思维，讲求致胜不拘泥于任何一种战术思维。孙子从来没有把致胜战术锁定在任何一种战术思维之上。孙子的这种多元致胜战术思维集中体现在攻击目标、攻击时间、攻击空间、战术手段讲求选择的多元性和科学性。这是因为不同的攻击目标、不同的攻击时间、不同的攻击空间、不同的战术手段的选择与其组合，必然会引发不同的攻击效果。因此，《孙子兵法》蕴含的多元致胜战术思维的最高境界应是：最佳攻击目标＋最佳攻击时间＋最佳攻击空间＋最佳战术手段。孙子的这种多元致胜战术思维对于当今时代的斗争格局，仍然有着启迪意义。

第四节 《孙子兵法·九地篇》"夺其所爱"诠释

《孙子兵法·九地篇》先后两次使用"所爱"一词。前者是"敢问：敌众整而将来，待之若何？曰：先夺其所爱，则听矣"③。后者是"是故政举之日，夷关折符，无通其使，厉于廊庙之上，以诛其事，敌人开阖，必亟入之，先其所爱，微与之期"④。同时，我们应当注意它们两者之间微妙的差别。前者是"先夺其所爱"，后者是"先其所爱"。对于后者，日本樱田迪《古文孙子》（樱田本）中"其"字上

---

① 杨丙安：《十一家注孙子校理》，第 125 页。
② 同上书，第 123 页。
③ 同上书，第 245 页。
④ 同上书，第 264—265 页。

有"夺"字,意味前后两者的文本相同,而《孙子校释》认为这是衍文。[①] 文本的差异,虽然不是本书主要的关注点。但这里提醒注意的是,孙子两次使用"所爱"的语境显然是不相同的,前者语境是"敌众整而将来",分明是说自己处于被动防守的态势。而后者的语境则是"政举之日,夷关折符,无通其使,厉于廊庙之上,以诛其事,敌人开阖,必亟入之"。明确是说自己处于主动进攻的态势。因此,孙子《九地篇》先后两次使用"所爱"一词,绝对不是简单的重复。实际上,孙子是在强调,无论自己处在被动防守的态势,还是处在主动进攻的态势,都必须"先夺其所爱","先其所爱"。而孙子所言的"先夺其所爱"这种战术思维非常重要,诚如孙子所说:"先夺其所爱,则听矣。"只有使敌人"所爱"丧失,敌人才会处于被动受操控的命运。孙子所说的"先其所爱",则是强调不可忽视自己在剥夺敌人"所爱"之时,也要千万小心自己的"所爱"反过来被敌人剥夺。

一 重要注家对孙子"夺其所爱"的解释

孙子《九地篇》"夺其所爱"究竟是指什么呢?从前人注释的成果当中,可以汲取一些有价值的信息。对于"夺其所爱",曹操的注解是:"夺其所恃之利。若先据利地,则我所欲必得也。"[②] 曹操理解的"夺其所爱"是指争夺敌人所能凭借的有利条件,尤其是争夺敌人占据的军事要地。李筌的注解是:"孙子故立此问者,以此为秘要也。所爱,谓敌所便爱也,或财帛子女,吾先困辱之,则敌进退皆听也。"从李筌的注解中,可以看出李筌窥测到孙子使用"所爱"有深刻的用意。李筌的眼光很独特,他对"所爱"的理解,不只局限于客观有利的条件,而且还看到了人的因素,李筌把经济因素和人的因素(家属)囊括在"所爱"的范畴。杜牧注解"夺其所爱":"据我便地,略我田野,利其粮道,斯三者,敌人之所爱惜倚恃者也;若能俱夺之,则敌人虽强,进退胜败皆须听我也。"杜牧理解"所爱"的范畴,非常具体,非常清晰。他归结"夺其所爱"为争夺"便地(有

---

① 吴九龙:《孙子校释》,第215页。
② 杨丙安:《十一家注孙子校理》,第245页。

利地形），田野（物产），粮道（运输线）"三个重要因素。陈皞注解"夺其所爱"："爱者，不止所恃利，但敌人所顾之事，皆可夺也。"陈皞理解"所爱"，不单单是指客观有利条件，而且包括敌人所顾及的事情。陈皞眼光比较犀利，还把"所爱"落实到人事上。梅尧臣注解"夺其所爱"："当先夺其所顾爱，则我志得行，然后使其惊挠散乱，无所不至也。"梅尧臣对"所爱"作了模糊处理，他所理解的"所爱"为顾忌和爱惜的一切，没有具体指明其内涵。王晳注解"夺其所爱"："先据利地，以奇兵绝其粮道，则如我之谋也。"王晳理解的"所爱"是指有利的地形和运输线，他显然没有脱离杜牧的窠臼。张预注解"夺其所爱"："武曰：'敌所爱者，便地与粮食耳；我先夺之，则无不从我之计。'"张预理解"所爱"是指有利的地形与粮草，他和王晳的理解大同小异。赵本学对"所爱"的注解与众不同："或积聚所居，或救援所恃，或腹心巢穴。所本者，皆是所爱也。"① 赵本学理解的"所爱"是指粮草储藏地，救援力量，心脏地区，似乎更合乎孙子的本意。

　　至于"先其所爱"的理解，曹操的注解是："据利便也。"② 曹操理解"所爱"是占据有利的条件。李筌注解"先其所爱"："先攻其积聚及妻子，利不择其用也。"李筌理解"所爱"是物资和家属。杜牧注解"先其所爱"："凡是敌人所爱惜倚恃以为军者，则先夺之也。"杜牧理解"所爱"是指爱惜依赖的对象。梅尧臣注解"先其所爱"："先察其便利爱惜之所在。"梅尧臣理解"所爱"是指有利地形和重要的地方。何氏（何延锡）同杜牧注解相同，在此略而不论。赵本学的注解是："爱利也。料敌所利于我者何事。"赵本学理解"所爱"是敌人有利于我的事情。他与陈皞对"所爱"理解既有相同的地方，也有不同的地方。相同在于理解"所爱"为"人事"，不同之处在于赵本学是针对己方而言，而陈皞针对敌方而言。

---

　　① 赵本学：《孙子校解引类》，《中国兵书集成》第12册，解放军出版社、辽沈书社1990年版，第379—380页。
　　② 杨丙安：《十一家注孙子校理》，第265页。

第三章 战略战术视野下的《孙子兵法》研究

赵本学不仅在《孙子兵法》的注解上贡献突出，而且他对《孙子兵法》的篇目分析也颇具独到眼光。他这样评判孙子的《九地篇》："上篇《地形》之地，排兵布阵之地也。以宽狭险易言之。"九地"之地，侵我所至之地也，以浅深轻重言之，兵之所至，其地有九等。其法不同，大要皆本于人情。善用兵者，深达人情之理，驭之以术，发之以机，则人可用而地不困。孙子是篇首序地法于前，次究人情于后。"① 这里"人情"二字，尤为关键。"人情"应当理解为对敌我双方战争态势有着重要影响的战略因素。

依据上述的分析和前人的各种注解，可以归纳出孙子《九地篇》中"夺其所爱"，是指争夺具有重要影响的战略因素。这里还需强调的一点是：各家对孙子《九地篇》中"夺其所爱"的注解不仅有一定差别，而且即便是同一家，也对孙子前后两个"所爱"一词注解也有差异，这就增加了人们理解孙子《九地篇》中"夺其所爱"的困难程度。既然"夺其所爱"是指具有争夺重要影响的战略因素。到底有哪些因素应该归属于孙子所言"争其所爱"的范畴？综合各家的注解，可以发现一些有价值的信息：各家注解"夺其所爱"，有时是指争夺"地"（利地、便地）；有时是指争夺"物"（积聚、财帛）；有时是指争夺"人"（妻子、救援力量）；有时是指行重要"事"（顾忌之事）。这充分说明孙子《九地篇》中的"夺其所爱"包含多个属性层面。因而从整体来看，各家对"所爱"的注解均反映了他们个人的看法，其中，不乏深邃观察和真知灼见。就整体而言，各家注解也有一定的不足之处。他们的不足之处是对孙子提到的"夺其所爱"具有的属性层面缺乏进一步的概括，或者概括的不够完整鲜明。

二 孙子"夺其所爱"包括的属性层面

孙子"夺其所爱"究竟应该包括那些属性层面？这里笔者借助约米尼研究战争理论的方法，结合具体的战例，对孙子"夺其所爱"的属性层面尝试概括，以弥补先前各家注解的缺憾。约米尼在《战争艺术》的《序言》中说："一切战争艺术的理论，其惟一合理的基础就

---

① 赵本学：《孙子校解引类》，《中国兵书集成》第12册，第363页。

是战史的研究。"① 通过战史的研究，与前人注解的成果进行综合，可以推知，孙子"夺其所爱"包含四个属性层面。

孙子"夺其所爱"的第一个属性层面是指争夺重要的战略区域。诚如前面曹操、杜牧、赵本学等注家，都已指出敌人的重要地理区域可视作敌人的"所爱"。祁连山地处青海与甘肃两省之间，是青藏高原东北部一个巨大的边缘山系，由几条平行排列的山岭和谷地组成。祁连山地，到处是崇山峻岭，峰顶上面，积雪终年不化。祁连山地储有巨大容量的冰川，水量丰富，是河西走廊一带主要的水源。水草丰美，从河西走廊望去，祁连山横亘南面，像一列延绵不断的青色屏障。祁连山还有"万宝山"的美誉。自古以来，祁连山地一直是游牧民族与中原王朝争夺的战略要地。根据《史记》记载，元狩二年春（前121），霍去病率领数万骑兵出陇西，讨匈奴，过焉支山千有余里。同年夏天，骠骑将军霍去病"过居延，攻祁连山，得胡首虏三万余人，裨小王以下七十余人"。另外，从中华书局点校本《史记》所引的注解，可以看出祁连山地重要的战略价值。《括地志》云："焉支山一名删丹山，在甘州删丹县东南五十里。"《西河故事》云："匈奴失祁连、焉支二山，乃歌曰：'亡我祁连山，使我六畜不蕃息；失我焉支山，使我妇女无颜色。'"《西河旧事》云："山在张掖、酒泉二界上，东西二百余里，南北百里，有松柏五木，美水草，冬温夏凉，宜畜牧。匈奴失二山，乃歌云：'亡我祁连山，使我六畜不蕃息；失我燕支山，使我嫁妇无颜色。'其悯惜乃如此。"尤其是匈奴人的哀歌："失我祁连山，使我六畜不蕃息；失我焉支山，使我嫁妇无颜色。"② 画龙点睛般地说明祁连山地是匈奴人的"所爱"。匈奴在与汉朝几百年的争战当中，祁连山地不仅是匈奴抗拒汉朝的天然屏障，更是匈奴人绝好的牧场。一代名将霍去病横空出世之后，千里追击匈奴，奇袭匈奴王廷，封狼居胥，夺去匈奴人的"所爱"。实现了孙子所说的"夺其所爱"。从此匈奴重要的战略要地丧失，迫使匈奴人退

---

① 安东·亨利·约米尼：《战争艺术》，钮先钟译，战士出版社1981年版，第4页。
② 《史记》卷一一〇《匈奴列传》，第2909页。

第三章 战略战术视野下的《孙子兵法》研究

居大漠以北。霍去病由此也打通了前往西域的河西走廊，并且汉朝建立了河西四郡。汉军从此掌握了战争的主动权，随时出击匈奴。霍去病去世后，汉武帝给他修筑的坟墓，外形也像祁连山，以此象征霍去病不朽的功业。可见，祁连山地在西汉历史上是名副其实的战略要地。

孙子"夺其所爱"的第二个属性层面是指争夺重要的战略资源。杜牧、王皙、张预、赵本学等人，都注意到敌人的粮食、财帛、积聚可视为敌人的"所爱"。公元200年，曹操和袁绍进行官渡之战，袁绍命令淳于琼率兵万人，护送军粮，这些粮草屯积在袁军大营以北约20公里的故市（河南延津县内）和乌巢（今河南延津东南）。袁军与曹军长期对峙，难分胜负。恰在这时，袁绍的谋士许攸投降了曹操，他建议曹操轻兵奇袭乌巢，烧其辎重。许攸对曹操说："公孤军独守，外无救援而粮谷已尽，此危急之日也。今袁氏辎重有万余乘，在故市、乌巢，屯军无严备；今以轻兵袭之，不意而至，燔其积聚，不过三日，袁氏自败也。"① 曹操听从了许攸建议，留下曹洪、荀攸守卫曹军的营垒，亲自率领5000精兵，打着袁军的旗号，口衔枚，马缚足，每人带一束干柴草，利用夜暗，走小路，偷袭乌巢。袁绍听说曹操袭击乌巢，误以为曹军的营垒空虚，想趁机釜底抽薪，一举歼灭曹军的主力，只派了一小部兵力救援乌巢。当曹军急攻乌巢的淳于琼军营时，袁绍增援的部队已经迫近。曹操励士死战，大破袁军，杀淳于琼，并烧毁其全部粮草。由于袁绍一时的糊涂，没有认清乌巢粮草是三军的"所爱"，竟然弃之不顾。粮草全部被烧，消息传到袁军阵营，结果军心动摇，内部产生分裂。袁军战局飞转直下，饥饿的袁军从此丧失了战争的主动权。曹军乘势出击，大败袁军。袁绍仓皇率领残军，退回河北，从此一蹶不振。可见，曹操"夺其所爱"，破坏袁军重要的战略资源——粮草，改变了自己被动危险的局面。相反，袁军丧失了重要的战略资源——粮草，因而也丧失了主动进攻的能力，最后陷于被动的局面。众所周知，官渡之战是袁绍、曹操双方力量发生

---

① 《三国志·魏书》卷一《武帝纪》裴松之注引《曹瞒传》，第21页。

根本性转变的一次关键性战役。这里需要关注的是，袁绍三军"所爱"的粮草焚毁却是官渡之战当中袁军走向失败的一个转折点。

孙子"夺其所爱"的第三个属性层面是指争夺重要的依靠力量。赵本学注意到敌人重要的救援力量可以视为敌人的"所爱"。其实，有时单个的核心人物也是敌人的"所爱"。孙子《地形篇》曾说优秀的将领是"国之宝也"[①]。无疑，敌人的良将与贤良之士也是敌人之"所爱"。东汉光武帝时，高峻占据陇地，不向光武帝屈服投降。光武帝刘秀决定派遣寇恂前去招降。寇恂带兵前来高峻的驻地，高峻派军师皇甫文出面拜见。双方见面后，皇甫文言辞强硬，傲慢无礼。寇恂非常生气，命人斩杀皇甫文，诸将纷纷劝阻，寇恂没有理会，于是皇甫文被砍了脑袋。寇恂派皇甫文的副使回去禀告高峻："军师皇甫文无礼，已遭处斩，若有归顺之意，请立即投降，否则就请准备一战。"高峻惶恐万分，立即打开城门，请求投降。诸将纷纷向寇恂道贺，并且询问他为何杀了高峻的使者反而高峻投降的原因。寇恂说："皇甫文，峻之腹心，其所取计者也。今来，辞意不屈，必无降心。全之则文得其计，杀之则峻亡其胆，是以降耳。"[②] 由此可知，寇恂所言的"皇甫文，峻之腹心，其所取计者也"。证明皇甫文是高峻之"所爱"，而寇恂却"夺其所爱"。使高峻如失左右手，高峻突然失去了平日里重要的依靠力量，所以他最后还是乖乖地向寇恂屈服了。

孙子"夺其所爱"的第四个属性层面是指剥夺其重要的精神象征。李荃注意到敌人的妻子可视为敌人的"所爱"；陈皞注意到敌人所顾忌的"事"可视为敌人的"所爱"，其实这些"所爱"都涉及敌人的精神心理层面。1942年7月，德国军队侵入顿河，企图迅速攻占斯大林格勒，由此引发了斯大林格勒战役。这是第二次世界大战中最残酷的战役之一。赫尔曼·沃克（Herman Wouk）在《战争与回忆》一书中认为，斯大林格勒除了重要的军事战略地位以外，在当时，这个城市以希特勒最强大的对手斯大林的名字命名，更具有伟大的政治

[①] 杨丙安：《十一家注孙子校理》，第227页。
[②] 《后汉书》卷一六《寇恂列传》，中华书局1965年版，第626页。

象征意义，它还是布尔什维主义的象征。这是苏德双方不惜一切代价争夺这一城市的一个重要原因。在顿河西岸的辽阔草原到伏尔加陡峭的河岸之间的10万平方公里的土地上，一百多万人在长达半年多的殊死进攻与防御中丧生。1943年2月2日，希特勒的第六集团军在苏军的包围下最终投降。德军企图夺取苏联的"所爱"最后没有成功，而德国无比珍爱的精神象征"天下无敌"，却由于斯大林格勒战役的失败而彻底地破灭。德军的整体士气开始日渐低落，东面战线开始出现了真空，德国不得不收缩防线，从战略进攻转变为战略防御，失去了战略主动权。相反，苏联军队由于保住了重要的精神象征——斯大林格勒，苏联全国上下变得空前团结，从战略防御转变为战略进攻。

综上所述，汲取前人注释的成果，结合古今具体的战例，我们可以从中认知孙子《九地篇》中"夺其所爱"是指争夺具有重要影响的战略因素。而且，通过上面的具体战例的分析，既可以归纳出《孙子兵法》"夺其所爱"包含的属性层面，也可以从中验证孙子战术思维的高明之处。孙子认为，在作战过程中，己方如果能够"夺其所爱"，势必给予敌人致命的精神打击和心理破坏，从而可以夺取和控制战场的主动权。孙子"夺其所爱"包含争夺"地""物资""人""精神"多个属性层面。概括而言，孙子《九地篇》中"夺其所爱"包含四个属性层面：一是争夺其重要的战略区域；二是争夺其重要的战略资源；三是争夺其重要的依靠力量；四是剥夺其重要的精神象征。孙子《虚实篇》提倡"兵因敌而制胜"，因此，孙子没有明确界定"夺其所爱"的属性层面，他是留给后世的战争实践者们更多的想象空间，使他们避免因为思考战争时而思维变得僵化不灵活。分析至此，不由赞叹，孙子在《九地篇》中仅用了"夺其所爱"寥寥四字，就赋予了自己丰富的兵学思想内涵，真无愧于"孙子是东方兵学的鼻祖，武经的冠冕"的美誉。

第五节 《孙子兵法》对谋略思维的弱化之处

《孙子兵法》是兵家圣典，古今中外，推崇备至。唐太宗李世民对《孙子兵法》评价是"观诸兵书，无出孙武"。近人梁启超对其评价是"孙子一书，兵学之精神备焉，虽拿破仑之用兵，不能出其范围也"。日人福田胜久对其评价是"伟哉武经之神理，通治乱，辩兴衰，实天下之至宝也"。《大战略》的创作者约翰·柯林斯对孙子亦是佩服得五体投地，"孙子是古代第一个形成战略思想的伟大人物。他写成了最早的名著《兵法》。孙子十三篇可与历代名著包括二千二百年后克劳塞维茨的著作媲美。今天，没有一个人对战略的相互关系，应考虑的问题和所受的限制比他有更深刻的认识。他的大部分观点在我们的当前环境中仍然具有和当时同样重大的意义"[1]。

一 《孙子兵法》谋略思维的偏颇之处

《孙子兵法》也非完美无缺、尽善尽美，诚如学者钮先钟先生所言："即令伟大如孙子，他的思想中也还是不免有若干缺失之存在。"[2] 当今用发展的眼光审视《孙子兵法》，充分做到古为今用，无疑有着非常重要的现实意义，现从谋略学视角加以解读《孙子兵法》对谋略思维的局限和弱化之处。

在谋略场中综合考察对手，对手实际上可以说是一个优点和弱点的混合体。从古至今，在谋略实际操作的领域中，在与对手对抗施谋的过程中，主张利用对手的弱点和攻击对手的弱点，一向占据上风。诸如孙子《计篇》所主张的"攻其无备，出其不意"[3]；孙子《虚实

---

[1] 杨少俊：《孙子兵法的电脑研究》，第72—73页。
[2] 钮先钟：《孙子三论：从古兵法到新战略》，广西师范大学出版社2003年版，第270页。
[3] 杨丙安：《十一家注孙子校理》，第18页。

篇》倡导的"进而不可御者,冲其虚也"①,"兵之形,避实而击虚"② 等。军事家、政治家对之推崇备至,不断将之付诸实践,并取得良好功效。相对而言,利用对手的优点来攻击对手却受到了弱化和轻视。

兵圣孙武虽然提出警告,"将有五危"。将帅必须防范对方攻击自己的个性,但是,孙子仅仅从防范的角度出发,却没有系统性论述和强调利用对方优点攻击对方的思想,使得这种谋略思维的局限性进一步潜留在《孙子兵法》当中。孙子《九变篇》也尽管明确指出将帅"必死,可杀也"③;将帅"廉洁,可辱也";将帅"爱民,可烦也"。但是孙子却没有作进一步的升华和阐幽发微,指出对手的优点可以成为理想的攻击点。因为"必死""廉洁""爱民"这些个性,在通常看来是意味着将帅勇敢、廉洁、爱民的优良品格,这里却成为对方的攻击点。如果逆而推之,站在敌方的立场上思考,则利用对方优点进行攻击对方的这一论点,却是客观成立的。由于孙子阐明的是一种将帅防范思想,因而对利用对方优点进行攻击对方的这一思想在客观上造成了弱化,无形之中对谋略思维全面发展产生了一种消极的影响,使深受《孙子兵法》影响下的传统思维的谋略者在实际利用对手优点攻击对手这一谋略思想的运用当中,就缺乏一定的主动进取性和积极驱动力,所以一定程度上就造成利用对手优点进行攻击对手这一谋略思维的长期缺失,使谋略整体思维得到弱化。进而利用对手的优点攻击对手,也很少引起政治家、军事家的注意。

二 利用对手优点攻击对手的经典实例

认真涉猎谋略之史,还是偶尔可以发现一些成功利用对手优点,达到自己目的例子。但相对于利用对手弱点攻击对手的无数事例则显然是凤毛麟角。现略举数例进行佐证这一观点:其一是关于王羲之的轶事;其二是关于王亚樵被杀之事;其三是关于刘伯承歼敌的轶事。

---

① 杨丙安:《十一家注孙子校理》,第113页。
② 同上书,第124页。
③ 同上书,第176页。

王羲之是东晋时期著名的书法家，素有"书圣"美誉。他的书法风格，时人评其为，"飘若浮云，娇若惊龙"。据说，王羲之十分喜爱鹅，王羲之所练就的书法，与鹅有着千丝万缕的渊源。王羲之从鹅的行走姿态和游泳姿势当中，体味出行笔时如何才能具有美的神韵，以及体味到书写时如何运笔的奥妙。由于王羲之的书法精湛，名重一时，所以，时人十分喜爱他的书法，均以得到他的书法为荣。当时有个权贵，很喜欢王羲之的书法，渴望得到他的书法，可是他有自知之明，也很了解王羲之的禀性，知道自己恐怕很难得到。可是这个权贵并没有就此放弃他的愿望。有一天，一位老者赶着一群白鹅路过王羲之的住所，王羲之一听到鹅的叫唤声就马上跑了出来，要求老者让他好好欣赏一下他的白鹅，老者显出不大乐意地样子说，人们都说你的书法写得好，你给我写些字倒让我看看呵。王羲之看见那群白鹅，心里自然十分喜欢，满口答应，就给老者一口气写了许多字，然后就兴致勃勃地观赏老者的白鹅去了，可是过了很长时间，王羲之却不见老者，王羲之觉得不大对头，回屋子一看，老者早已拿了他所写的书法，扬长而去。这里不难发现其中问题的奥妙：王羲之喜欢白鹅，所以这个权贵就特地让人养了一群优质的白鹅，并且故意让老者赶着白鹅吵闹地经过王羲之的住所来吸引王羲之。那个权贵正是充分利用王羲之喜爱白鹅的个性优点，让王羲之上了当，乖乖地献出他的书法。

王亚樵是民国年间著名的"暗杀大王"。王亚樵侠肝义胆，对他的下属照顾备至，下属牺牲之后，他的眷属生活的一切费用均由他精心料理，因此这些下属无后顾之忧，心甘情愿为之效力，死而在所不辞。王亚樵曾制造了一系列惊天动地的刺杀大案，如曾预谋刺杀蒋介石，蒋介石不在场，便刺杀汪精卫。又如行刺宋子文而误中唐腴庐。蒋介石也为之感到寝食不安，密令戴笠等人置王亚樵于死地。戴笠等人了解到王亚樵侠肝义胆，对他的下属照顾备至的优点，先抓了行刺当中自杀未遂的余立奎，余立奎誓不叛变，戴笠等人然后找到余的妻子畲婉君，以释放余立奎为条件，让她说自己有经济困难，需要帮助，急切需要与王亚樵取得联系，请求王亚樵帮忙。王亚樵约定时间去其住所，进门后就立即被事先埋伏好的特工刀枪齐上，王亚樵当场

第二章 战略战术视野下的《孙子兵法》研究

被乱枪打死,畲婉君也被当场灭口。戴笠等人正是利用王亚樵侠肝义胆的优点,捕杀了天马行空、来无影去无踪的"暗杀大王"王亚樵,为蒋介石除去心头之患。

抗日战争初期,刘伯承率部进入山西平定地区去创建抗日革命根据地。日军为了打开晋北战局,建立和巩固自己的攻防体系,决定进攻南大路一带。刘伯承获悉日军二十师团的辎重部队宿营测鱼镇时,就判断敌人次日必经过垣村,向平定地区输送军需物品。于是,刘伯承命令七七二团三营埋伏在垣村外的要道上,以伏击日军。第二天一早,日军果然沿垣村大路向平定前进。当日军进入伏击圈时,七七二团三营发起猛烈攻击,毙敌 300 余人,缴获了大批军用物资,取得了伏击战的胜利。不久,日军又派出辎重部队,增援平定地区。刘伯承深知日军将领的优点,大多数日军将官,熟读兵书,尤其对《孙子兵法》推崇备至,所以判定日军军官会对《孙子兵法》中的"其战胜不复,而应形于无穷"[1] 思想观点深信不疑,这一思想观点是在孙子《虚实篇》提到的,同时说明刘伯承熟知对手的情况。因此,刘伯承抓住敌人这一优点加以充分利用,又在同一地点设下第二次埋伏,而日军将领却私下认为我军不可能再在垣村埋伏了,于是又令辎重部队沿垣村向平定挺进,结果日军再次遭到重创。

因此说来,在特定的谋略场中,矛盾对立的现象不是固定不变的,而是在不同的时空背景下会生成另一种现象,对手的优点往往在不同环境下会转换成自己的对立面——变成理想的攻击点。这是因为对手往往更关注自己的弱点,并积极探索预防方案和补救措施,却对自己的优点相对大意和自负,因此不失时机地,有针对性地利用对手的优点,常常更能够做到出奇制胜。利用对手的优点前提条件是要首先了解对手,只有充分地了解对手的优点和弱点,才能找到利用对手优点的契合点,否则势必招致失败,聪明反被聪明误。

总而言之,充分了解对手的优点,因势利导,加以利用,那么对手的优点就可以变成理想的攻击点。因此说来,防范谋略思维的缺

---

[1] 杨丙安:《十一家注孙子校理》,第 123 页。

失,充分利用对手的优点,也是对《孙子兵法》谋略精神内核的发扬和光大。在冷静分析研究《孙子兵法》的同时,温故而知新,从新视角对《孙子兵法》所蕴含的思想向前延伸,是现代研究《孙子兵法》的应有之义。

第四章 文学视野下的《孙子兵法》传播研究

第一节 唐代诗人笔下的孙武与《孙子兵法》

孙武对唐代社会有何影响？《孙子兵法》在唐代传播情况如何？已故著名孙子学专家于汝波先生认为，"孙武在隋唐五代时期大致处于兵学'亚圣'的地位，但其兵书《孙子兵法》的理论价值实际上被视为当时诸兵书之首"[①]。他还进一步指出："一些非军事著作中也载有《孙子兵法》的内容，透露了此书在不同阶层和领域流传的一些信息。"令人遗憾的是，迄今很少有人从《全唐诗》入手，深入考察《孙子兵法》对唐代诗人的影响。就诗歌而言，唐代显然是一个十分值得聚焦的时代。唐代也是中华文化最为开放与包容的时代，在这样一个开放与诗歌文化大繁荣的时代背景下，《全唐诗》语境中同样也显现了孙武与《孙子兵法》的影响与存在。《全唐诗》中有20余首诗歌涉及孙武和《孙子兵法》。本节旨在管中窥豹，以这些关涉孙武与《孙子兵法》的诗歌作为主要考察对象，从中探讨唐代诗人的孙武与《孙子兵法》的特殊情结。

一 诗人抒情："吴宫教战"是与非

何谓"吴宫教战"？《史记·孙子列传》对"吴宫教战"有明确的记载。孙武携带兵书十三篇，拜见吴王阖闾。吴王阖闾对《孙子兵法》十三篇，赞不绝口。同时，吴王阖闾怀疑《孙子兵法》的实用

[①] 于汝波：《孙子兵法研究史》，第92页。

价值，要求孙武进行当面检验。吴王阖闾甚至还提出以自己身边的宫女检验孙武的统兵才能，孙武不得不选取吴王阖闾最为宠爱的两位美姬担任队长，进行演兵。孙武三令五申，宫女们嬉笑不已。孙武为了严明军纪，杀了吴王两位美姬，演兵有序进行，最后获得成功。这就是流传古今的"吴宫教战"。唐人司马贞《索隐述赞》评价孙武"吴宫教战"："《孙子兵法》，一十三篇。美人既斩，良将得焉。"①

《全唐诗》有六首诗歌借"吴宫教战"轶事抒发情感。其中，有三首诗歌盛赞孙武执法严明，正面肯定"吴宫教战"。这些诗歌反映出唐代诗人积极向上的进取精神。一是诗人林藻，唐贞元七年（791）进士。林藻的《吴宫教战》直接以"武宫教战"为题："强吴矜霸略，讲武在深宫。尽出娇娥辈，先观上将风。挥戈罗袖卷，摆甲汗装红。轻笑分旗下，含羞入队中。鼓停行未整，刑举令方崇。自可威邻国，何劳骋战功。"② 林藻全面肯定孙武"武宫教战"功绩。他不仅绘声绘色描写了孙武演兵的精彩场面，而且也赞扬孙武执法严明，是国之干城。他还在结尾之处，赞誉孙武不恋个人功名的品格。二是诗人周昙，唐末曾任国子直讲。他在《孙武》中云："理国无难似理兵，兵家法令贵遵行。行刑不避君王宠，一笑随刀八阵成。"③ 诗人周昙以"吴宫教战"为背景，正面肯定孙武"吴宫教战"执法严明，不徇私情，不畏权势。诗人以此提出治国不难，治国与治军一样，如出一辙。治理国家应当学习孙武治兵，严明法纪。三是诗人颜粲，建中年间进士。他的《吴宫教美人战》也以"吴宫教战"为主题。"有客陈兵画，功成欲霸吴。玉颜承将略，金钿指军符。转佩风云暗，鸣鼙锦绣趋。雪花频落粉，香汗尽流珠。掩笑谁干令，严刑必用诛。至今孙子术，犹可静边隅"④。诗人颜粲栩栩如生地描绘了"吴宫教战"的非凡场面，热情洋溢地赞扬孙武"吴宫教战"执法严明，同时盛赞孙武的用兵之术可以安定边境，平息战乱。

---

① 《史记》卷六五《孙子列传》，第 2169 页。
② 《全唐诗》卷三一九，中华书局 1960 年版，第 3596 页。
③ 《全唐诗》卷七二八，第 8344 页。
④ 《全唐诗》卷三一九，第 3590 页。

第四章 文学视野下的《孙子兵法》传播研究

有三首诗歌虽然也是以"吴宫教战"为背景，但诗人却委婉批评孙武，认为孙武的做法有些过分。一是晚唐诗人李商隐（813—858），他的诗歌具有深情、缠绵、绮丽的风格。他的《南山赵行军新诗盛称游宴之洽因寄一绝》，以"吴宫教战"感触时世，诗中有"莲幕遥临黑水津，櫜鞬无事但寻春。梁王司马非孙武，且免宫中斩美人"①。诗人李商隐谴责梁王司马不应无事生非，诗中批评梁王司马不是孙武，不应仿效孙武的"吴宫教战"，理应宽容对待柔弱女子。诗人李商隐咏怀之中流露出同情烟花女性和他怜香惜玉的心态。二是诗人罗虬，生活在唐僖宗乾符年间。他与罗隐、罗邺齐名，世人称之"三罗"。罗虬为人狂傲不驯。有一名歌妓杜红儿，美貌年少，机智慧悟。罗虬赠她彩绢，让她唱歌。李孝恭以红儿为人所聘为由，不让红儿接受。罗虬大怒，愤怒离去。第二天，他亲手杀死歌妓杜红儿。李孝恭治罗虬故意杀人罪，后来被赦免死罪。罗虬追念歌妓杜红儿冤枉，他以古代美女为比照，作绝句百首比红儿，名曰"比红儿诗"，风行一时。诗人罗虬实际上是以"吴宫教战"中的主要配角吴王的美姬作比照。他长长的《比红儿诗》中有"总似红儿媚态新，莫论千度笑争春。任伊孙武心如铁，不办军前杀此人"②。诗人罗虬以歌妓杜红儿与孙武处斩的吴王两个美姬相提并论，讽喻孙武铁石心肠，衬托诗人一副侠情柔骨，诗人罗虬悔恨当年自己残酷杀害歌妓杜红儿。三是诗人李璟（916—961），字伯玉，史称南唐中主。好读书，有才艺。他的诗感情真挚，风格清新。李璟的《游后湖赏莲花》，诗中有"蓼花蘸水火不灭，水鸟惊鱼银梭投。满目荷花千万顷，红碧相杂敷清流。孙武已斩吴宫女，琉璃池上佳人头"③。诗人李璟观赏莲花，触景生情，想到孙武"吴宫教战"，有吴王的美姬命归黄泉，同情怜悯她们的命运，委婉批评了孙武的执法严酷，侧面倾诉自己不幸的命运。

值得注意的是，李商隐、罗虬、李璟的这三首诗歌悲凉色彩十分

---

① 《全唐诗》卷五四一，第 6224 页。
② 《全唐诗》卷六六六，第 7629 页。
③ 《全唐诗》卷八，第 70 页。

浓厚，这与他们自身经历密切相关。他们大都生活在晚唐时期，战乱之世的流离生活，政治上不得志、不如意，因而他们的诗歌充满了悲情色彩。诗人通过诗歌宣泄自己内心的苦闷。诚如有学者这样评价晚唐诗人的心态，"既然人生百年，全都不过是悲哀愁苦，那么，倒不如靠传杯把盏、耽乐杜康、倚翠偎红、醉卧花丛，似乎只有这样才能平息心中的烦忧，才是唯一能忘记心头的痛苦的方法"①。三位诗人以同情吴王美姬命运为基调，以"吴宫教战"为背景，委婉批评孙武执法严酷，突出了"吴宫教战"中主要配角的悲惨命运。这些诗歌也是诗人切身社会经历的间接反映。

二　诗人感慨：孙武才华与时运

唐代诗人从不同视角赞扬了孙武杰出的个人才华。他们充分肯定孙武是绝世无双的人才。有三位唐代诗人赞誉孙武才华。

一是欧阳詹（756—798），与韩愈为同榜进士。欧阳詹的《许州送张中丞出临颍镇》赞扬了孙武杰出的才华。他诗中有"心诵阴符口不言，风驱千骑出辕门。孙吴去后无长策，谁敢留侯直下孙"②。"孙吴"是指孙武、吴起。③ 另有史实可以佐证，《荀子·议兵篇》中有"孙吴用之，无敌于天下"④。诗人欧阳詹感叹孙武、吴起以后很难找到有如此才华的人，能够为国家出谋划策。诗人抒发孙武杰出的个人才华，以此激励送别的友人。二是贯休（832—912），唐末有名的诗僧。贯休的《寿春进祝圣七首——文有武备》诗中有"武宿与文星，常如掌上擎。孙吴机不动，周邵事多行。旰食炉烟细，宵衣隙月明。还闻夔进曲，吹出泰阶平"⑤。诗人贯休十分佩服孙武的兵学才华，他赞叹孙武、吴起兵机隐秘，变幻莫测。诚如，孙武特别强调兵机重要，不可泄露，"此兵家之胜，不可先传也"⑥。贯休以此强调作战与

---

① 胡遂：《晚唐诗人玩物丧志及其成因》，《求索》2005年第2期。
② 《全唐诗》卷三四九，第3910页。
③ 于汝波：《孙子学文献提要》，军事科学出版社1994年版，第244页。
④ 王先谦：《荀子集解》，《诸子集成》第2册，上海书店1986年版，第177页。
⑤ 《全唐诗》卷八三四，第9403页。
⑥ 吴九龙：《孙子校释》，第15页。

第四章 文学视野下的《孙子兵法》传播研究

治国都要十分讲究方略与隐秘。此外，贯休的《大蜀皇帝潜龙日述圣德诗五首》诗中有"紫髯青眼代天才，韩白孙吴稍可陪。祇见赤心尧日下，岂知真气梵天来。听经瑞雪时时落，登塔天花步步开。尽祝庄椿同寿考，人间岁月岂能催"①。诗人贯休把韩信、白起、孙武、吴起相提并论，强调只有韩信、白起、孙武、吴起这样杰出的人才，才有资格陪伴国君的左右。诗人强调圣明之君须贤明之才辅佐，流露出诗人贯休对孙武才华的赞誉之情。三是杜甫（712—770），唐代著名的现实主义诗人。他的诗主要反映大唐帝国由盛转衰的社会现实，表达了诗人忧国忧民之情。杜甫的《吾宗》诗中有"吾宗老孙子，质朴古人风。耕凿安时论，衣冠与世同。在家常早起，忧国愿年丰。语及君臣际，经书满腹中"②。诗人杜甫推崇老子、孙武的创作风格，认为孙武的文笔和老子一样，显露古人文质简朴的风格。诗人杜甫从文学创作的角度，赞叹孙武非同寻常的文学才华。

在一些唐代诗人的眼中，孙武毕竟是非常幸运的。他们慨叹孙武在短暂的人生舞台上却能拥有真正施展才华的好机会。而他们却生不逢时，始终没有施展个人才华的好机会。

罗隐（833—909），长于咏史。借物讽世，托物言志，耐人寻味。罗隐的《题杜甫集》反映了当时社会环境，诗中有"楚水悠悠浸楚亭，楚南天地两无情。忍交孙武重泉下，不见时人说用兵"③。诗人罗隐痛心当时苟且偷安的社会风习，感慨当时社会很难找到关心军国大事的知音。流露出诗人罗隐深深的忧患意识。这样守旧的社会现实使他没机会去结交那些懂得用兵之术的知音，只能在黄泉之下实现梦想了。唐代著名的边塞诗人高适（702—765），以描写军旅生活见长。他的《李云南征蛮诗》诗中有"泸水夜可涉，交州今始通。归来长安道，召见甘泉宫。廉蔺若未死，孙吴知暗同。相逢论意气，慷慨谢深衷"④。诗人高适以历史上著名的人物廉颇、蔺相如作比，歌颂他们

---

① 《全唐诗》卷八三五，第9413页。
② 《全唐诗》卷二三〇，第2524页。
③ 《全唐诗》卷六六五，第7622页。
④ 《全唐诗》卷二一二，第2209页。

深厚的交情。诗中"孙吴知暗同"以孙武、吴起作参照,说明英雄惺惺相惜之情,知音之间倾诉衷肠的机会是多么的弥足珍贵。李涉(806—820),早年逢遇兵乱,避地江南。唐宪宗时,曾任太子通事舍人。他的《送孙尧夫赴举》反映了英雄无用武之地的社会现实。他的诗中有"自说轩皇息战威,万方无复事戎衣。却教孙子藏兵法,空把文章向礼闱"①。诗人李涉委婉批评当时朝廷文恬武嬉,不关心国防安全。学风空疏,不求经世致用。只重文事,却十分轻视武备。使真正有兵学才华的人没有机会实现自己报国守土的愿望。方干(809—888),才华出众,为人耿直,因朝廷腐败,嫉贤妒能,不被起用。《狂寇后上刘尚书》反映了他怀才不遇的心境。诗中有"孙武倾心与万夫,削平妖孽在斯须。才施偃月行军令,便见台星逼座隅。独柱支天寰海正,雄名盖世古今无。圣君争不酬功业,仗下高悬破贼图"②。诗人方干赞扬孙武伟大的志向与才情,感慨孙武借助时机,创立盖世英名。诗人方干诗中抒发了自己壮志未酬,求名未遂的心境。杜甫的《暮春江陵送马大卿公恩命追赴阙下》感慨英雄纵有才术,也需伯乐赏识,时运相济。他的诗中有"自古求忠孝,名家信有之。吾贤富才术,此道未磷缁。玉府标孤映,霜蹄去不疑。激扬音韵彻,籍甚众多推。潘陆应同调,孙吴亦异时。北辰征事业,南纪赴恩私"③。诗人杜甫感慨即使有孙武和吴起才华的人,也要时运相济,流露出诗人自己生不逢时的悲鸣。

三 诗人咏叹:《孙子兵法》的价值

《孙子兵法》是兵家制胜韬略,唐代诗人频频吟咏《孙子兵法》不朽的兵学价值,反映了《孙子兵法》在一些唐代诗人心目中的重要地位。

白居易(772—846)热心济世。他的《和微之春日投简阳明洞天五十韵》颂扬了《孙子兵法》的兵学价值。他的诗中有"庙谟藏稷

---

① 《全唐诗》卷四七七,第 5436 页。
② 《全唐诗》卷六二二,第 7485—7486 页。
③ 《全唐诗》卷二三二,第 2557—2558 页。

契，兵略贮孙吴。令下三军整，风高四海趋"。诗中的"孙吴"是指《孙子兵法》和《吴子》两部兵书。《韩非子·五蠹》中有"境内皆言兵，藏孙、吴之书者家有之"①，可以为证。唐代依然延续这种称谓，常把《孙子兵法》与《吴子》相提并论。诗人白居易在诗中赞叹，古代的治国方略隐藏在稷、契当中，古代的用兵韬略蕴藏在《孙子兵法》《吴子》两部兵书当中。诗人白居易认为运用孙武、吴起的方法治军，天下就会太平无虞。李德裕（787—850），出身于名门望族，是宰相李吉甫之子。他善于用兵，曾帮助唐武宗平定回纥侵扰。李德裕的《寒食日三殿侍宴奉进诗一首》中有"象舞严金铠，丰歌耀宝刀。不劳孙子法，自得太公韬"②。诗人李德裕点明不用劳驾《孙子兵法》，有《六韬》就可以了。显然，李德裕认为姜太公的《六韬》地位要屈尊于《孙子兵法》。如同平常人们所说的，"杀鸡焉用宰牛刀"。李渤（773—831），唐文宗时曾为太子宾客，精通诗、书、画。李渤的《喜弟淑再至为长歌》诗中有"长兄年少曾落托，拔剑沙场随卫霍。口里虽谭周孔文，怀中不舍孙吴略"③。诗人李渤作为李淑的长兄，倾诉肺腑，说自己虽然表面喜欢古代典籍经文，但实际内心却对《孙子兵法》和《吴子》有难以割舍的爱。

《孙子兵法》在唐代文人中影响很大。许多诗人非常重视《孙子兵法》，一些诗歌反映出他们都曾认真研究学习过《孙子兵法》。

刘希夷（651—679），上元二年进士。少有才华，诗风柔婉。刘希夷的《相和歌辞——从军行》诗中有"秋来风瑟瑟，群马胡行疾。严城昼不开，伏兵暗相失。天子庙堂拜，将军玉门出。纷纷伊洛间，戎马数千匹。军门压黄河，兵气冲白日。平生怀伏剑，慷慨既投笔。南登汉月孤，北走燕云密。近取韩彭计，早知孙吴术。丈夫清万里，谁能扫一室"④。诗人刘希夷刻画出军情紧迫，一介书生，投笔从戎，上知《孙子兵法》《吴子》，下知韩信、彭越计谋。充分表达诗人刘

---

① 王先慎：《韩非子集解》，中华书局1998年版，第452页。
② 《全唐诗》卷四七五，第5388页。
③ 《全唐诗》卷四七三，第5368页。
④ 《全唐诗》卷一九，第226页。

《孙子兵法》经世致用研究

希夷一心学习《孙子兵法》，报效国家的壮志与豪情。崔日知（710—711），景云年间曾任洛州司马，他的《冬日述怀奉呈韦祭酒张左丞兰台名贤》诗中有"弱龄好经籍，披卷即怡然。覃精四十载，驰骋数千言。孔壁采遗篆，周韦考绝编。袁公论剑术，孙子叙兵篇。鲁史君臣道，姬书日月悬。从师改炎燠，负笈遍山川"①。诗人崔日知回忆他早年拜师、负笈求学的人生经历。诗中点明了袁公的剑术以及《孙子兵法》，曾经是诗人崔日知用心学习的内容。高适（702—765），军旅生活的历练，使他的诗歌富有雄厚豪健、悲壮浑朴的风格。高适的《蓟中作》诗中有"策马自沙漠，长驱登塞垣。边城何萧条，白日黄云昏。一到征战处，每愁胡虏翻。岂无安边书，诸将已承恩。惆怅孙吴事，归来独闭门"②。诗人高适批评了当时一些将军平时不注意研究兵家战策，每每遇到战争，便束手无策。他直言不讳地说，不是没有安定边防的书籍，而是他们不去用心学习。高适认为《孙子兵法》就是最有用的安边之术。侧面点明诗人高适总是抽出空闲时间，不忘闭门潜心研究《孙子兵法》。从高适的这首诗可以观察出一点，烽火四起的战争环境使《孙子兵法》的学习变得日益重要起来。另外，高适的《送浑将军出塞》诗中有"将军族贵兵且强，汉家已是浑邪王。子孙相承在朝野，至今部曲燕支下。控弦尽用阴山儿，登阵常骑大宛马。银鞍玉勒绣蝥弧，每逐嫖姚破骨都。李广从来先将士，卫青未肯学孙吴。传有沙场千万骑，昨日边庭羽书至。城头画角三四声，匣里宝刀昼夜鸣。意气能甘万里去，辛勤判作一年行。黄云白草无前后，朝建旌旄夕刁斗。塞下应多侠少年，关西不见春杨柳。从军借问所从谁，击剑酣歌当此时。远别无轻绕朝策，平戎早寄仲宣诗"③。诗人高适在诗中叙述了汉代将军出身高贵，军队精锐，横扫匈奴千军雄壮的场面。诗人借此刻画了汉代一些名将独特卓立的个人风采。李广、卫青这些与众不同的将帅是他心目中崇拜的偶像。诗

---

① 《全唐诗》卷九一，第989页。
② 《全唐诗》卷二一二，第2211页。
③ 《全唐诗》卷二一三，第2219—2220页。

人高适特别指出，西汉将军李广首先考虑的是自己手下将士的疾苦，大将军卫青却不肯学习《孙子兵法》，这表明诗人对汉代将帅的敬意与困惑。特别需要指出的一点是，高适在诗中引用的典故有误。而实际的历史事实是，汉武帝本来想要骠骑将军霍去病学习《孙子兵法》《吴子》，但霍去病却自己不愿意学习这些古代兵法。因而，诗人高适在诗中提及的卫青不肯学习孙、吴兵法，显然是张冠李戴。这是因为《史记》已有明确记载："骠骑将军为人少言不泄，有气敢任。天子尝欲教之孙吴兵法，对曰：'顾方略何如耳，不至学古兵法。'"①

总而言之，在唐代诗人群体中，以林藻为代表，以"武宫教战"为主题，正面肯定孙武在"吴宫教战"中执法严明，这反映了诗人对社会政治的深度观察。以李商隐为代表，委婉批评了孙武执法严酷，折射出诗人因切身的社会经历而发出对孙武的忧怨之情。以欧阳詹为代表，讴歌孙武才华，流露出诗人对孙武的钦佩之情。以方干为代表，感慨孙武在一生之中能够幸运地拥有施展本事和才华的好机会，诗人正是以自身的命运作比照，感慨自己生不逢时，英雄难有用武之地。以白居易为代表，热情赞誉《孙子兵法》自身的宝贵兵学价值。以刘希夷为代表，认真学习研究《孙子兵法》，立志报效国家。一些诗人如此重视学习《孙子兵法》，既反映出唐朝太平盛世时期一些诗人的忧患意识，又反映出战乱时代社会呼唤人们重视兵家韬略。诗歌同时鲜明反映出《孙子兵法》在唐代曾是一部有相当广泛影响的兵书。唐代一些诗人从《孙子兵法》的学习中受益匪浅。杜甫十分推崇孙武质朴的写作风格，高适抽空潜心学习《孙子兵法》，但他对汉代名将不肯学习《孙子兵法》感到困惑。从这些唐代诗人所写的诗歌中可以观察出这样一种社会现象：诗人自身的社会经历，以及复杂的社会环境变迁，直接或间接地影响到诗人对孙武以及《孙子兵法》的总体评价和认知。

---

① 《史记》卷一一一《骠骑列传》，第 2939 页。

第二节　宋代诗人笔下的孙武与《孙子兵法》

《孙子兵法》被北宋官方列为武经之首，赢得兵学经典独尊的地位。同时，宋代社会不同阶层对孙武与《孙子兵法》的认知均在不同层面有所反映。文学领域，宋词独领风骚，而关注孙武与《孙子兵法》的宋词犹如凤毛麟角。南宋词人华岳《满江红》词中有"庙社如今，谁复问、夏松殷柏。最苦是，二江涂脑，两淮流血。壮士气虹箕斗贯，征夫汗马兜鍪湿。问孙吴、黄石几编书，何曾识"[1]。值得注意的是，此词中提及了《孙子兵法》。《汉书》记载："上（汉武帝）尝欲教之吴孙兵法。"颜师古注解云："吴，吴起也。孙，孙武也"[2]。因此，华岳《满江红》词中"孙吴、黄石几编书"，具体是指孙武的《孙子兵法》、吴起的《吴子》、黄石公的《三略》。华岳通晓《孙子兵法》，明佘翘《华子西论》称赞其"论事似晁错，谙兵似孙武"[3]。诗歌领域，宋代关注孙武与《孙子兵法》的诗歌，虽不是蔚为大观，但也对研究《孙子兵法》在宋代的传播和影响弥足珍贵。《全宋诗》中有30多首诗歌的语境显现孙武与《孙子兵法》的影响，有20多位宋代诗人对孙武与《孙子兵法》直抒胸臆。本节尝试应用陈寅恪"以诗证史""诗史互证"的研究方法，管中窥豹，以《全宋诗》为依据，探寻宋代诗人对孙武与《孙子兵法》的情感和评判态度。

一　宋代诗人塑造孙武三种人物形象

宋代诗人以三种视角塑造孙武多姿多彩的人物形象。首先，宋代5位诗人把孙武塑造成英武的兵家形象。一是石介（1005—1045），学者称之为徂徕先生，仁宗天圣八年（1030）进士。《全宋诗》有石介的《过魏东郊》，以简洁文笔，把孙武勾勒成一位英武的兵家形象。

---

[1] 孔凡礼：《全宋词补辑》，中华书局1999年版，第75页。
[2] 《汉书》卷五五《霍去病传》，中华书局1962年版，第2488页。
[3] 余日昌：《法计合韵：孙子兵法与三十六计》，中国人民大学出版社2003年版，第140页。

"帐下立孙吴,罇前坐伊吕。笑谈韬钤间,出入经纶务。匈奴恨未灭,献策言可虏。幽州恨未复,上书言可取。好文有太宗,好武有太祖。先生文武具,命分竟不遇"①。诗中"帐下立孙吴"的"孙吴"是指孙武、吴起。孙武、吴起是兵家的杰出代表,伊尹、吕尚是智囊的典型代表。诗人想象出这些天下知名的文武贤士一起商讨军国大事,为国出谋划策的非凡情景。

二是祖无择(1010—1085),仁宗景祐五年(1038)进士,工于诗文。《全宋诗》有祖无择的《送孟湘虞部赴阙》,诗云:"科名拾芥职三虞,落落雄才与众殊。为政人惊今遂霸,论兵自比古孙吴。倚庐已见因心著,结绶还陪辨色趋。不似冯唐空白首,汉皇今正渴嘉谟。"② 诗人借送别场合,赞誉友人获取功名,犹如拾取草芥一样容易。诗人特别赞扬友人论兵堪比孙武与吴起,他的人生际遇不像西汉冯唐,暮年才被皇帝征召。诗人劝勉友人,报国正当其时。

三是李廌(1059—1109),少以文才名世,喜论古今,诗文多写山水,格调雄健。《全宋诗》有李廌的《汝州王学士射弓行》,诗云:"汝阳使君如孙武,文章绝人喜军旅。要知谈笑能治兵,戏教红妆乐营女。白毡新袍锦臂韝,条脱挂弓腰白羽。彩错旌旗照地明,傍花映柳陈部伍。须臾观者如堵墙,仿佛如临矍相圃。一人中的万人呼,丝管呕嘈间钲鼓。臂弓上为使君寿,遍及四筵乐具举。使君一笑万众喜,堂上酒行堂下舞。锦段银荷翠玉钿,意气扬扬皆自许。倘令被甲执蛇矛,恐可横行擒赞普。大胜吴宫申令严,两队宫娃啼且怖。阖闾台上呼罢休,将军虽贤亦鹵卤。岂知使君不忘战,聊以戎容娱罇俎。"③ 诗人李廌以"吴宫教战"立意,栩栩如生地刻画了汝阳使君哗众取宠的性情,刻意效法孙武,操练女兵,旌旗飘扬,万众欢呼。诗人尖锐地批评汝阳使君名不副实,如此宏大的操练阵容,原只为自己聊助酒兴。诗人李廌以汝阳使君反衬孙武的兵家形象。

---

① 北京大学古文献研究所编:《全宋诗》卷二六九,北京大学出版社1995年版,第3410页。
② 北京大学古文献研究所编:《全宋诗》卷三五六,第4417页。
③ 北京大学古文献研究所编:《全宋诗》卷一二〇二,第13595页。

四是陈造（1133—1203），淳熙二年（1175）进士，官至淮南西路安抚司参议。《全宋诗》有陈造的《观诸公射于城北书壁二首》，诗云："尘我玉蟾蜍，弦君金仆姑。分曹双壁立，中鬴万人呼。壮岁功名地，从渠山泽儒。他年玉音问，册府起孙吴。"① 诗人由观射场景，触发思绪，联想有朝一日朝廷会重用像孙武、吴起一样的人才。

五是程珌（1164—1242），光宗绍熙四年（1193）进士，曾任福建路招捕使。《全宋诗》有程珌的《奉送季清赴山东幕府》，诗云："黄云衔雪天模糊，有客飘然出上都。青丝络马银兜鍪，红锦韔弓金仆姑。剑光压匣照路隅，帕首百骑前诃呼。不知客本山泽癯，今胡为者意气粗。自言有将新孙吴，我欲与之同灭胡。呜呼亡胡岂难且，病兵怯将自逃逋。"② 诗中"胡人"是指女真族人，他们从上都出发，气势汹汹，猖狂扬言军中有像孙武、吴起一样的兵家角色。诗人程珌借少数民族将领狂妄的口吻，再现了孙武闻名遐迩的兵家形象。

其次，宋代诗人蔡襄把孙武刻画成一个借权逞威的嗜权者形象。蔡襄（1012—1067），学识渊博，书艺高深。《全宋诗》有蔡襄的《孙武篇》，诗云："入官无所解，因笑得君怜。岂知孙武子，自欲逞威权。"③ 诗人以"吴宫教战"为背景，从孙武执意不听吴王阖闾劝阻，执意杀掉吴王两个美姬这一史事出发，在孙武不听君王之命的议题上，大做文章。诗人蔡襄出人意料地把孙武烘托成一个借权逞威的嗜权者人物形象。当然，诗人蔡襄这种写法另有自己的用意，诗人借孙武这个独特的人物形象，讥讽朝中不学无术，巧言令色，取媚于上的狐假虎威者。

最后，宋代诗人汪韶把孙武描绘成一个巧妙进谏的谏言者形象。汪韶，度宗咸淳四年（1268）特奏名。《全宋诗》有汪韶的《孙武》，诗云："为忧玩色堕军实，故假陈兵去二姬。却恨此机深莫悟，后人不谏受西施。"④ 诗人汪韶对孙武"吴宫教战"杀姬的心理动机给出

---

① 北京大学古文献研究所编：《全宋诗》卷二四三一，第 28108 页。
② 北京大学古文献研究所编：《全宋诗》卷二七八八，第 33016 页。
③ 北京大学古文献研究所编：《全宋诗》卷三九一，第 4821 页。
④ 北京大学古文献研究所编：《全宋诗》卷三四三三，第 40858 页。

新的解读。诗人汪韶认定孙武杀吴王两美姬是出于担忧吴王阖闾喜好女色，贻误军国大事的缘故。在诗人汪韶的眼中，孙武是一个与众不同的谏言者。寻常之人，往往只是用言语进谏君王，而孙武却是以行动提醒君王。诗人对此感慨系之，平庸之人绝难见识孙武巧妙进谏的智慧。可见，宋代诗人普遍认可孙武的兵家形象，也有诗人独出心裁，借题发挥，从另外角度刻画孙武的人物形象。这使本来具有传奇色彩的孙武，变得更为多姿多彩，除英武的兵家形象之外，另叠加了一个嗜权者的形象，以及一个巧妙的谏言者的形象。

二 宋代诗人探寻《孙子兵法》的魅力

宋代诗人以多种视角探寻《孙子兵法》魅力。一是林光朝从商业角度展现《孙子兵法》魅力。林光朝（1114—1178），孝宗隆兴元年（1163）进士及第。宋室南渡后，倡伊、洛之学于东南。《全宋诗》有林光朝的《挽李制幹子诚》，诗云："千金治产似孙吴，珠箔银觥只自如。问我长风当夕起，数他极浦落帆初。自知汗简今千轴，更说生犀有几株。赤壁当年遇黄盖，周郎何惜借吹嘘。"[1] 诗人盛赞李子诚的经商之道，仿佛孙武、吴起用兵一样，财富源源不断而来。诗中林光朝非常感慨系之：古代典籍虽说不计其数，但记载经商之道的典籍却是极为罕见。宋代诗人林光朝对商业经营之道的写实与关注，表明当时繁荣的商业文化对诗人心理世界的冲击。值得注意的是，早在战国时代，《孙子兵法》便已应用于商业经营领域。《史记·货殖列传》记述商人白圭介绍经商之道："吾治生产，犹伊尹、吕尚之谋，孙吴用兵，商鞅行法是也。"[2] 林光朝诗中"千金治产似孙吴"的比喻，自然也是恰到好处。

二是宋代3位诗人从弈棋角度展现《孙子兵法》魅力。其一是徐铉（917—992），早年与韩熙载齐名，江东谓之"韩徐"。太平兴国初，直学士院。《全宋诗》有徐铉的《奉和御制棋二首》，诗云："常嫌群艺用心粗，不及棋枰出万途。妙似孙吴论上策，深如夔益赞谟

---

[1] 北京大学古文献研究所编：《全宋诗》卷二〇五二，第23070页。
[2] 《史记》卷一二九《货殖列传》，第3259页。

谟。静陈玉槛连琴榻，密映珠帘对酒壶。圣智纵横归掌握，一先终不费多图。"① 诗人赞扬弈棋之术千变万化，好似孙武、吴起论兵之策一样奇妙，犹如夔、益计谋一样高深莫测。博弈者的聪明才智尽现于棋，先手一招，便胜机在握。其二是陈宓（1171—1230），主管南北睦宗院。《全宋诗》有陈宓的《观棋》，诗云："对面孙吴开两阵，乘机胡越竞操戈。锱铢胜负何须较，喜败无人似老坡。"② 诗人陈宓描绘了精彩的对弈场面，他把弈棋比作孙武、吴起面对面布阵开战，强调常人对弈很难做到如苏东坡那般心胸，不计较对弈结局的胜败。其三是释善珍（1194—1277），俗姓吕。13岁落发为僧，16岁云游四方。《全宋诗》有释善珍的《门径》，诗云："门径莓苔古意深，闭门懒复事参寻。棋图静见孙吴法，樵唱真闻韶濩音。米尽有方烹白石，丹灵无意化黄金。花飞又是春将莫，小复风前拥鼻吟。"③ 诗人释善珍生活在幽静的佛家之地，闲暇之余，无意中发现弈棋图谱尽现《孙子兵法》与《吴子》两部兵书的用兵之术。诗人以佛家心境写景，显现了诗人静中有动的佛家心态。

三是宋代3位诗人从兵学角度展现《孙子兵法》魅力。其一是高登（？—1148），绍兴二年（1132）进士。得罪秦桧，被贬漳州。《全宋诗》有高登的《归途叹》，诗云："孙吴摅将略，申甫翰王家。腐儒要底用，归种东陵瓜。"④ 诗人假以兵家孙武、吴起的韬略被剥夺为喻，隐喻自己怀才不遇的命运。其二是吴芾（1104—1183），绍兴二年（1132）进士。《全宋诗》有吴芾的《送侄赴廷试》，诗云："经术传家几缙绅，孙吴决策旧无人。上将用武方留意，汝始程能遂发身。仁展六韬登上第，更资三釜及偏亲。两科自此增双美，何患衰宗不再振。"⑤ 诗人吴芾指明传统的经学世家仅能培养屈指可数的士大夫。《孙子兵法》《吴子》虽流传于世，但世上依然缺乏将帅之才。

---

① 北京大学古文献研究所编：《全宋诗》卷九，第123页。
② 北京大学古文献研究所编：《全宋诗》卷二八五五，第34057页。
③ 北京大学古文献研究所编：《全宋诗》卷三一五〇，第37790页。
④ 北京大学古文献研究所编：《全宋诗》卷一八〇四，第20096页。
⑤ 北京大学古文献研究所编：《全宋诗》卷一九六二，第21935页。

第四章 文学视野下的《孙子兵法》传播研究

宋代如今辟有文、武两种途径选拔人才，相互媲美。诗人激励侄儿努力求取功名，光宗耀祖。值得注意的一点是，诗人表达了个人一种深刻见识：培养武学人才，不仅需要优秀的兵学读本，还需良好的选拔制度。其三是释大观，宋理宗淳祐元年（1241）往临安府法相禅院为僧。《全宋诗》有释大观的《颂古十七首》，诗云："善战何如善用谋，孙吴兵法岂同俦。秋风古塞看形势，一样边声两样愁。"[1] 诗人释大观赞叹：善于作战比不上善于用谋。《孙子兵法》与《吴子》相比，兵学水准显然不在同一层次。《全宋诗》另有释大观的《颂古十七首》"自是兵家贵伐谋，鏖锋擒敌未为优。沈沈刁斗三更月，玉帐威行紫塞秋"[2]。他的诗中特别赞誉《孙子兵法》"伐谋"制胜的兵学思想。诚如《孙子兵法》云："上兵伐谋，其次伐交，其次伐兵，其下攻城。"[3]

四是宋代欧阳修、楼钥从历史角度检视《孙子兵法》魅力。其一是欧阳修（1007—1072），北宋一代文宗，诗风委婉。《全宋诗》有欧阳修的《圣俞会饮》，诗云："吾交豪俊天下选，谁得众美如君兼。诗工镵刻露天骨，将论纵横轻玉钤。遗编最爱孙武说，往往曹杜遭夷芟。关西幕府不能辟，陇山败将死可惭。"[4] 欧阳修《圣俞会饮》篇目中的"圣俞"是指"梅尧臣"（1002—1060）本人。《宋史·文苑列传五·梅尧臣》载："梅尧臣字圣俞"，"欧阳修与为诗友，自以为不及"[5]。欧阳修赞誉梅尧臣是天下最有才华的文人，夸赞梅诗巧夺天工，盛赞友人富有韬略纵横之术。欧阳修诗中特别提到梅尧臣嗜好《孙子兵法》，认真钻研这部兵书，即使备受世人推崇的曹操、杜牧两家，他们对《孙子兵法》的权威注解，也遭梅尧臣的删改。欧阳修在《孙子后序》中盛赞梅尧臣注解《孙子兵法》出类拔萃，多有发明。"后之学者，徒见其书，又各牵于己见，是以注者虽多，而少当也。

---

[1] 北京大学古文献研究所编：《全宋诗》卷三二六七，第38954页。
[2] 北京大学古文献研究所编：《全宋诗》卷三二六七，第38952页。
[3] 吴九龙：《孙子校释》，第37页。
[4] 北京大学古文献研究所编：《全宋诗》卷二八二，第3590—3591页。
[5] 《宋史》卷四四三《文苑传·梅尧臣》，中华书局1977年版，第13091页。

独吾友圣俞不然。"欧阳修吃惊梅尧臣注解《孙子兵法》富有创见，"后世之视其书者，与太史公疑张子房为壮夫何异？"① 其二是楼钥（1137—1213），隆兴元年（1163）进士，博通经史，讲求实学，纵贯古今，诗文雄奇壮美。《全宋诗》有楼钥的《背水阵诗》，诗云："十里当勍敌，临机事寖危。革山兵已遣，背水阵尤奇。前泽书诚有，行权我独知。正须投死地，何用恤群疑。拔帜终如约，传餐亦应期。孙吴非纸上，方略要从宜。"② 这首诗简直可以说是韩信背水阵史事的经典浓缩版，寥寥数语，展示了韩信活学活用《孙子兵法》的史事。诗人楼钥惟妙惟肖地叙述了韩信采用背水阵一举战胜赵军的戏剧性过程。诗人感叹背水阵出奇制胜的奥妙却只有韩信一个人知晓。诗人楼钥强调《孙子兵法》绝非纸上谈兵，关键在于活学活用。《史记·淮阴侯列传》记述了韩信与手下将士的精彩对白，将士问："兵法右倍山陵，前左水泽，今者将军令臣等反背水陈，曰破赵会食，臣等不服。然竟以胜，此何术也？"韩信回答："此在兵法，顾诸君不察耳。兵法不曰'陷之死地而后生，置之亡地而后存'？且信非得素拊循士大夫也，此所谓'驱市人而战之'，其势非置之死地，使人人自为战；今予之生地，皆走，宁尚可得而用之乎！"③ 韩信与手下将士一起探讨背水阵应用的奥妙所在，正是源于赫赫有名的《孙子兵法》，从中显示出韩信应用《孙子兵法》高人一筹。

五是宋代诗人从建筑艺术角度展现《孙子兵法》魅力。诗人方岳（1199—1262），理宗绍定五年（1232）进士，词风慷慨悲壮。《全宋诗》有方岳的《苻坚之苻从竹者非载赓呈似》，诗云："天与西头扫泽苻，飞英亦暗合孙吴。冰肌起粟愁云母，水骨浮槎立雪姑。竹丈夫哉能崛强，梅兄弟者亦清癯。一蓑谁傍篷笼宿，画出寒江独钓图。"④ 诗中方岳指出，飞英塔的建筑设计原理，暗暗合乎于《孙子兵法》《吴子》用兵计谋的奇妙之处。

---

① 杨丙安：《十一家注孙子校理》，第314页。
② 北京大学古文献研究所编：《全宋诗》卷二五四八，第29544页。
③ 《史记》卷九二《淮阴侯列传》，第2617页。
④ 北京大学古文献研究所编：《全宋诗》卷三二二四，第38479页。

第四章　文学视野下的《孙子兵法》传播研究

三　宋代诗人对待《孙子兵法》的态度

宋代诗人对待《孙子兵法》态度暧昧不清。其中有两位诗人不主张学习《孙子兵法》。

其一是司马光（1019—1086），仁宗景祐五年（1038）进士。《全宋诗》有司马光的《将军行》，诗云："赤光满面唇激朱，虬须虎颡三十余。腰垂金印结紫绶，诸将不敢过庭除。羽林精卒二十万，注听钟鼓观麾旗。肥牛百头酒万石，烂漫一日供欢娱。自言不喜读兵法，智略何必求孙吴。"[①] 诗人刻画出一位尊贵威武的大将军（霍去病），生活奢侈，夸口不喜《孙子兵法》。司马光借霍去病之口吻，指明不必要学习《孙子兵法》。宋代武学博士何去非认为霍去病不喜《孙子兵法》的原因是用兵之术不可以法相传，对之赞赏有加："信哉兵之不可以法传也。昔之人无言焉，而去病发之。此足知其为晓兵矣。"[②] 后世学者在《重刻孙子书序》中反驳其说，认为霍去病之言是英雄欺人："霍去病不喜《孙子兵法》"是"猥云方略何如不至学古兵法，英雄欺人，非通论也"[③]。笔者认为：司马光不主张学习《孙子兵法》，不仅仅是霍去病的影响，主要是司马光选拔"人才"理念与《孙子兵法》"重智重诈"的思想观念发生冲突。司马光《资治通鉴》强调选拔人才理念："德者，才之帅也。"[④]

其二是苏轼（1037—1101），北宋中期文坛领袖。他的诗题材广阔，清新豪健。苏轼也主张不学《孙子兵法》。《全宋诗》有苏轼的《赠青潍将谢承制》，诗中有"吾皇有意缚单于，槌破铜山铸虎符。骁将新除三十六，精兵共领五千都。周王常德须攘狄，汉帝雄才亦尚儒。君学本兼文武术，功名不必读孙吴"[⑤]。诗人鲜明指出：周王抵御夷狄依靠仁德，雄才大略的汉武帝崇尚儒术。苏轼劝说学习文武才艺

[①] 北京大学古文献研究所编：《全宋诗》卷四九八，第6010页。
[②] （宋）何去非：《何博士备论》，中华书局1985年版，第13页。
[③] 赵本学：《赵注孙子》，《孙子集成》第17册，谢祥皓、刘申宁辑，齐鲁书社1993年版，第673页。
[④] 《资治通鉴》卷一，威烈王二十三年，第14页。
[⑤] 北京大学古文献研究所编：《全宋诗》卷八三一，第9615页。

的谢承制,求取功名,不必学习《孙子兵法》。《全宋诗》另有苏轼的《奉和陈贤良》,诗云:"不学孙吴与六韬,敢将驽马并英豪。望穷海表天还远,倾尽葵心日愈高。身外浮名休琐琐,梦中归思已滔滔。三山旧是神仙地,引手东来一钓鳌。"① 诗人苏轼再次宣称不学《孙子兵法》《吴子》与《六韬》,同样也能逞英豪。苏轼为何口口声声,总是主张不学《孙子兵法》?可从苏轼《孙武论》见其分晓。原来,苏轼担心世俗社会普遍接受《孙子兵法》的诡诈之术,可能引发社会问题与社会危机。"今夫世俗之论则不然,曰:兵者,诡道也。非贪无以取,非勇无以得,非诈无以成。廉静而信者,无用于兵者也。嗟夫,世俗之说行,则天下纷纷乎如鸟兽之相搏,婴儿之相击,强者伤,弱者废,而天下之乱何从而已乎!"②

宋代有 4 位诗人认为《孙子兵法》值得学习。其一是陆游(1125—1209),南宋一代诗坛领袖。诗风雄奇,沉郁悲壮,洋溢着爱国激情。他有 4 首诗反映《孙子兵法》值得学习。《全宋诗》有陆游的《夜读兵书》,此诗篇题点明陆游夜读兵书的情景,陆游究竟读何兵书?他的诗中有"八月风雨夕,千载孙吴书。老病虽惫甚,壮气颇有余。长缨果可请,上马不踌躇。岂惟鏖皋兰,直欲封狼居。万乘久巡狩,两京尽丘墟。此责在臣子,忧愧何时摅。南郑筑坛场,隆中顾草庐。邂逅未可知,旄头方扫除"③。再现诗人风雨之夜,自己阅读流传千年的《孙子兵法》和《吴子》,洋溢诗人老当益壮的豪情,以及渴望报国雪耻的英雄气概。《全宋诗》有陆游的《思夔州二首》,诗中有"武侯八阵孙吴法,工部十诗韶頀音。遗碛故祠春草合,略无人解两公心"④。诗人指出诸葛亮的八阵法是学习《孙子兵法》与《吴子》智慧的结晶,杜甫的诗歌合乎韶、頀的音律,而诸葛亮、杜甫的内心世界却无人能理解,诗人倾诉自己难觅真正的知音。《全宋诗》另有陆游的《对酒》,诗云:"识字记姓名,击剑一人敌。孙吴相斫

---

① 北京大学古文献研究所编:《全宋诗》卷八○九,第 9372 页。
② 孔凡礼整理:《苏轼文集》,中华书局 1986 年版,第 92 页。
③ 北京大学古文献研究所编:《全宋诗》卷二一七三,第 24706 页。
④ 北京大学古文献研究所编:《全宋诗》卷二二二八,第 25574 页。

书，了解亦何益。不如黄金罍，潋潋春波碧。欣然对之笑，未饮愁已释。白头生黑丝，苍颜桃李色。金丹空九转，正恐无此力。朝饮绩五斗，暮饮髡一石。寄谢采芝翁，无为老青壁。"①诗人借用楚霸王项羽的言语"击剑一人敌"，点明识字只能记个人姓名，击剑只能战胜一个对手。诗人怨叹《孙子兵法》与《吴子》相互驳斥，发出了解它们有何用处的感慨。诗人本打算借酒浇愁，未饮之际，但幽怨之情悄然而逝。表明诗人无法对兵书割舍的挚爱之情。《全宋诗》另有陆游的《忆昔》，诗云："忆昔西征日，飞腾尚少年。军书插鸟羽，戍垒候狼烟。渭水秋风夜，岐山晓雪天。金羁驰叱拨，绣袂舞婵娟。但恨功名晚，宁知老病缠。虎头空有相，麟阁竟无缘。壮士埋巴峡，孤身卧海堧。安西九千里，孙武十三篇。袞叹苏秦弊，鞭忧祖逖先。何时闻诏下，遣将入幽燕。"② 年岁迟暮的陆游，追往忆昔，跟随大军远征。诗人遥想当年立志安边，努力学习《孙子兵法》十三篇。诗人忧虑自己像战国时的苏秦、东晋时的祖逖一样，壮志难酬。陆游注重学习《孙子兵法》，这与他深深的忧患意识，以及当时烽火四起的社会环境有密切联系。

其二是诗人姜特立（1125—?），工于诗，意境超旷。《全宋诗》有姜特立的《读范文正公上执政书靖康之祸正以人不知兵》，诗中有"经籍尽焚秦室乱，孙吴有禁本朝危。圣贤文字初何罪，群小盈庭事可悲"③。诗人姜特立大声疾呼：秦朝大肆焚书而秦朝变乱，宋朝把《孙子兵法》《吴子》列为禁书，导致宋朝危难局面。诗人姜特立依据历史客观事实，呼吁朝廷解禁兵书，让更多的人有机会学习兵书。姜特立主要针对宋初严禁兵书的制度有感而发。

其三是诗人赵汝回，宁宗嘉定七年（1214）进士。《全宋诗》有赵汝回的《送张敬甫常薄出守荆门》，诗云："前年匹马辞军幕，今年千骑从天落。座主门生合虎符，棠阴夹路春如昨。身名贵骤俗所

---

① 北京大学古文献研究所编：《全宋诗》卷二一六四，第 24480 页。
② 北京大学古文献研究所编：《全宋诗》卷二一八〇，第 24820 页。
③ 北京大学古文献研究所编：《全宋诗》卷二一四一，第 24151 页。

羡，使君夷然心澹泊。父书盈箧本孙吴，师灯一点传伊洛。莽莽丛榛乱草中，孤松昂昂立冰壑。自古十二取世官，换得青袍发几鹤。曾因穷达悟乘除，以宠为危不为乐。荆门形势衿喉地，新城突兀壕未凿。天子忧边复爱民，凿壕还恐妨犁种。谓君凤抱文武资，须君小试绥怀略。予闻卫国如卫身，痈疽甚毒肠胃薄。堂堂人物守边州，国中群盗令谁缚。"① 诗人赞扬张敬甫宠辱不惊，品行独立。特别提到张敬甫的父亲喜欢学习《孙子兵法》《吴子》，而后代的兴趣却是转向了伊洛之学。

其四是诗人陈杰，宋理宗淳祐十年（1250）进士，宋亡隐居。《全宋诗》有陈杰的《和钦第读予孙吴之作》，诗云："少狂拂剑指天山，中岁驱驰万险艰。射虎将军频出塞，堕鸢老子晚征蛮。莫夸兵法来圯上，但爱挈音出苇间。风后大鸿三引首，一波长乞白鸥闲。"② 诗人篇目《和钦第读予孙吴之作》点明诗人不仅喜爱阅读《孙子兵法》，而且还写阅读兵书的心得体会。诗人自诩一生征战沙场：不要夸耀圯上张良得来的兵书，从生死战场上锤炼得到的智慧更有价值。

宋代有些诗人对待学习《孙子兵法》有所选择，摇摆不定。

其一是诗人李觏主张有选择性地学习《孙子兵法》。李觏（1009—1059），是宋学当中"非孟"思潮的先驱者。《全宋诗》有李觏的《名男曰参鲁以诗喻之》，诗云："孔门有高弟，曾子以孝著。求诸圣人言，尚曰参也鲁。才敏谁不愿，顾恐难荷负。苟无德将之，何益于父母。昔如吴起者，善兵亚孙武。啮臂游诸侯，亲丧哀不举。杨彪有子修，器能颇可取。一旦以罪诛，舐犊徒虚语。吾生本薄祜，略无兄弟助。及汝又一身，不绝如线缕。祖母唯汝爱，无异所生乳。宁止托祭祀，亦欲兴门户。伎俩勿求名，适时乃有补。计虑勿尚巧，合义乃可处。持重尚寡过，摧刚庶无惧。内以保家族，外以扬名誉。高山在所仰，今人岂殊古。参鲁为汝名，其字曰孝孺。"③ 这是一首教

---

① 北京大学古文献研究所编：《全宋诗》卷三〇一二，第35872—35873页。
② 北京大学古文献研究所编：《全宋诗》卷三四五二，第41140—41141页。
③ 北京大学古文献研究所编：《全宋诗》卷三四八，第4299页。

第四章 文学视野下的《孙子兵法》传播研究

子诗。诗人李觏真心希望儿子像孔门弟子曾子一样,以孝著称。诗人李觏的眼中,有才比不上有德。诗人认为吴起的用兵之术屈居孙武之下。诗人不希望儿子像兵家吴起那样"举丧不哀",吴起母死不赴丧。诗人也不赞成儿子像文人杨修一样狂放不羁。诗人主张学习技艺不追求个人名声,而是要适合时代的需要,还要有补于自己。学习计谋不尚巧妙,贵在合乎义理。诗人这种家学教育,显然是为儿子何时学习《孙子兵法》,以及学习《孙子兵法》什么内容,设定了前提与标准。要么根据时机需要学习《孙子兵法》,要么学习《孙子兵法》合乎义理的东西。诗人李觏对待学习《孙子兵法》的态度,体现了注重义理的思想观念,折射出宋代社会理学思潮对《孙子兵法》传播的影响。

其二是持"先儒后兵"之念的诗人戴复古(1167—?),笃志于诗,风格豪放,有陆游之风。《全宋诗》有戴复古的《阿奇晬日》,诗云:"穷居少生涯,养子如种谷。寸苗方在手,想象秋禾熟。吾儿天所惠,骨相颇丰硕。娟娟怀抱中,一岁至周日。愿汝无灾害,长大庶可必。十岁聪明开,二十蚤奋发。胸蟠三万卷,手握五色笔。策勋文字场,致君以儒术。不然学孙吴,纵横万人敌。为国取中原,辟地玄冥北。他年汝成就,料我头已白。光华照老眼,甘旨不可缺。为子必纯孝,为人必正直。以我期望心,一日必一祝。勿为痴小儿,茫然无所识。胎教尚有闻,斯言岂无益。"[①] 同样也是一首教子诗。诗人戴复古把抚养孩子譬喻种谷,诗人希望孩子无灾无难,流露出温馨的舐犊之情。诗人首先希望儿子潜心学习儒术,学成之后货于帝王之家。倘若儿子学习儒学没有什么成效,退而求其次,就学万人之敌的《孙子兵法》,将来有一天,可以立功于疆场。可见,诗人受理学思潮的影响,重儒甚于重兵。戴复古学习《孙子兵法》的态度与李觏有所差异。李觏主张学习《孙子兵法》中合乎义理的内容,而戴复古主张在学不好儒学时,才去学《孙子兵法》。

其三是诗人方回(1227—1307),理宗景定三年(1262)进士,方回的诗多反映社会现实。诗人主张学习孙子文风,《全宋诗》有方

[①] 北京大学古文献研究所编:《全宋诗》卷二八一三,第33463页。

回的《追次仇仁近韵谩成三首》,"风云乘变化,微贱忽公孤。内足穷过达,多求智返愚。谈锋椎衍奭,笔阵扫孙吴。时彦当如此,吾归钓雪鲈"①。诗人指出:当时文人俊彦推崇具有雄锐之气的辩论风格,创作文章追求横扫孙吴之阵的气势。这是诗人对宋代文人学习《孙子兵法》创作风格的另类解读,"垂钓雪鲈鱼"表达了诗人淡泊名利的心境。

其四是黄庭坚(1045—1105),英宗治平四年(1067)进士。词风疏宕,豪放秀逸。诗人对待《孙子兵法》摇摆不定。《全宋诗》有黄庭坚的《和邢惇夫秋怀十首》,诗中有"庆州名父子,忠勇横八区。许身如稷契,初不学孙吴。荷戈去防秋,面皱鬓欲疏。虽折千里冲,岂若秉事枢"②。诗中折射出庆州父子因为向往稷、契的儒家之学,最初没有学习《孙子兵法》。等到战乱有事之秋,作为介胄之士驻守疆场,始终比不上那些掌握兵学枢机的人,诗人感叹《孙子兵法》大有用武之地。黄庭坚借庆州父子经历,点明后悔当初不学《孙子兵法》的心态。"苏门四学士"之一的黄庭坚,先前受业师苏轼的影响,不重视《孙子兵法》。后来由于时局的转变,黄庭坚对《孙子兵法》的态度发生了转变,重新审视《孙子兵法》的价值。

综上所述,《全宋诗》让后人感知宋代诗人身上特有的孙武与《孙子兵法》丰富的情感色度。第一,宋代诗人塑造了多姿多彩的孙武人物形象。以诗人石介为代表,把孙武刻画成英武的兵家形象。诗人蔡襄独出心裁,在权力意识上,借题发挥,把孙武勾勒成一个借权逞威的嗜权者形象。诗人汪韶对孙武心理动机给出新的解读,把孙武描绘成一个巧妙进谏的谏言者形象。第二,宋代诗人多方检视《孙子兵法》魅力。诗人林光朝从经商角度展现《孙子兵法》魅力,表明繁荣的商业文化对诗人心理世界的冲击。诗人徐铉从弈棋角度展示《孙子兵法》魅力,反映了宋代发达的文化艺术对诗人的影响。诗人吴芾从兵学角度展示《孙子兵法》魅力,强调培养武学人才,不仅需

---

① 北京大学古文献研究所编:《全宋诗》卷三四九四,第41639页。
② 北京大学古文献研究所编:《全宋诗》卷九八二,第11349页。

要优秀的兵学读本,还需要良好的武学人才选拔制度。诗人楼钥从历史角度再现《孙子兵法》往昔魅力,回顾了韩信背水阵中颇有戏剧性的结局,强调活学活用《孙子兵法》的重要性。宋代诗人方岳另从建筑艺术角度展示《孙子兵法》魅力。第三,宋代一些诗人对待《孙子兵法》态度暧昧。以苏轼为代表,担心世俗社会受《孙子兵法》诡诈之术的毒害和影响,力主不学《孙子兵法》。以诗人陆游为代表,出于山河破碎、民族危难的忧患意识,风雨之夜阅读《孙子兵法》,这是诗人力主学习《孙子兵法》真实的写照。诗人李觏深受理学思潮的影响,主张学习《孙子兵法》中符合义理的内容。戴复古亦受理学思潮的影响,强调先儒后兵,学习儒学没有什么成效,才去学习《孙子兵法》。诗人黄庭坚受师门的影响,先前不学《孙子兵法》。后由于时局变化,重新审视《孙子兵法》的价值。可见,"他们把学术探索同社会实践结合起来,匡教护道,力图在社会变革上表现经世济用之学。所以宋诗的议论特点在很大程度上表现了宋代士人阶层的政治动向、价值观念及生活情趣,它无疑是透视宋代社会的一大窗口"①。总之,宋代诗人在评判孙武与《孙子兵法》时,除了受"诗人自身的社会经历,以及复杂的社会环境变迁"②的影响之外。更显著地受宋代尊崇理学的社会思潮、繁荣的商业文化和发达的文化艺术的影响。

第三节 诗词曲赋视野下的孙子与《孙子兵法》

从汉至清,吟咏孙子及其兵术者,代不乏人。时空虽变,却对孙子与其兵书的眷顾之情经久不衰。关涉孙子与《孙子兵法》的诗词曲

---

① 张金花:《宋诗与宋代商业》,河北教育出版社2006年版,李华瑞:序言,第2页。
② 阎盛国:《唐代诗人笔下的孙武与〈孙子兵法〉》,《军事历史研究》2009年第4期。

赋不时地闪现出来,为后世留下了一笔比较独特的"孙子学"遗产。

最早吟咏孙子的作品,大概出自汉人的笔下。冯衍,东汉初期辞赋家,幼有奇才,早年曾投靠更始帝,后投降光武帝刘秀,不被重用,郁郁不得志。冯衍所作《显志赋》中有"疾兵革之浸滋兮,苦攻伐之萌生;沈孙武于五湖兮,斩白起于长平"①。孙武、白起本是先秦历史上杰出的军事人才,而冯衍却借古讽今,运用想象手法,控诉最高统治者不择手段除掉那些有才能者,借此表达自己怀才不遇的心境。赵晔(?—83)是东汉时期知名学者,曾拜经学大师杜抚为师,刻苦学习"韩诗",著有《吴越春秋》。该书记载了楚国乐师扈子痛恨楚平王妒贤嫉能,痛心楚昭王受难,援琴而作《穷劫之曲》。词曲中有"垂涕举兵将西伐,伍胥白喜孙武决。三战破郢王奔发,留兵纵骑虏荆阙"②。生动形象地再现了吴王阖闾对楚发动战争,三战皆胜,取得辉煌战绩的故事。突出伍子胥、白喜与孙子这三位历史人物,曾在吴楚之战的决策与指挥过程中发挥了极其重要的作用。目前,对于唐诗、宋诗中关涉孙子与《孙子兵法》的现象曾有过初步探讨。③ 本节旨在从诗词曲赋这一视角,管窥其对孙子与《孙子兵法》这两个重要元素的吸纳与吐新,借此关注这种传播方式对孙子与《孙子兵法》的影响。

一 吟咏孙子与《孙子兵法》诗词曲赋的状况

从篇幅来看,吟咏孙子与《孙子兵法》的诗词曲赋,既有只言片语,也有长篇宏论。傅玄(217—278),西晋时人,少孤贫,善属文,精通乐律,著有《古今画赞》。"画赞"是先画人物肖像,然后作文赞美画中人物形象。《古今画赞》短小精悍,仅有十六字:"孙武论兵,实妙于神,奇正迭用,变化无形。"④ 傅玄荟萃了孙子兵学思想之精华,给予孙子兵术以高度评价,"妙于神"三字,可谓最有力度。

---

① 《后汉书》卷二八下《冯衍传下》,第994页。
② 张觉:《吴越春秋校注》,岳麓书社2006年版,第93页。
③ 阎盛国:《唐代诗人笔下的孙武与〈孙子兵法〉》,《军事历史研究》2009年第4期;阎盛国:《宋代诗人笔下的孙武与〈孙子兵法〉》,《军事历史研究》2011年第3期。
④ 陈传席:《六朝画家史料》,文物出版社1990年版,第329页。

第四章 文学视野下的《孙子兵法》传播研究

长篇宏论则表现在赋文创作上，李铣的《孙武试教妇人战赋》[①]，尤其值得令人关注。李铣，唐宪宗时人，擅长书法，以赋见长。他以《史记·孙子列传》为蓝本，以孙子"武宫教战"为主题，洋洋洒洒，用了近五百字，对孙子"武宫教战"之始末，做了淋漓尽致的发挥，并对《孙子列传》意犹未尽之处，做了独到想象与发挥。一是对孙子拜见吴王阖闾的开场之言做了合理推想："昔孙武以兵术干吴王曰：'臣闻国之大，君之尊，法星象月，则乾效坤。盖材德之并用，故文武而兼存，所以安社稷、保子孙、恢霸图、虑并吞。臣实不敏，请尝试论。'"二是对吴王阖闾以宫女相试的内心世界做了合情合理的推断："（吴）王曰：'孤矢之利，以讨其贰。虽邦国之无虞，必干戈之有备。今者革车千乘，介马万辔，外多劲敌，敢旷戎事？诚愿陈五兵之道，用一鼓之气。虽寡人之不德，知将军之自试，闻女子之难令，岂习之而能致。不然者，则无以表将军之异。'"三是以生动的笔触叙述了孙子成功演练女兵的经过："（孙）武曰：'唯。唯大王之所示。'乃召内宰，出丽嫔，下高台，授武臣。皇皇兮其令已申，肃肃兮其气益振。今日宠不可恃，法有所遵，当秉心以受教，勿怙色而骄人。于是建主首，统诸妇，示其左右，约其先后，唯玉貌之自矜，念将军之何有？顾三令而却立，哂再麾而掩口，当兵法之必诛，虽君令之不受。既而易将更令，整行定伍，开天门，闭地户，审向背，分客主，角以持兵，金以节鼓，张奇正以导其进退，制方圆而必中规矩。"四是应用双方对白的方式对孙子果决的个性与吴王阖闾的大度胸怀进行了巧妙刻画："（孙）武曰：'彼如桃如李，皆如貔如虎，可以服楚越，摄齐鲁，惟大王之悉睹，岂独播于虚声，以妇人之讲武。'"而"（吴）王曰：'始也壮卿之术，今也信卿之效，将遇敌而可敌，故难教而可教。'"五是对孙子和吴王阖闾做出独特评价："（吴王）乃朝群臣，御正殿，授以斧钺，使其攻战，王不失王道，武不辱武战。戮二姬而颜色匪怍，制敌国而军声大变。于是孙子用兵有独断之名，尤不若吴王有割爱之善。"李铣认为，吴王的胸怀胜过孙子的个人独断

[①] 董诰：《全唐文》，中华书局1983年版，第7327页。

表现。此赋文背后暗含着李铣劝诫君王以大度胸怀笼络人才的意味。

从体裁来说，吟咏孙子与《孙子兵法》的诗词文赋，自不待言。值得注意的是，元杂剧中也有以"孙武子教女兵"为题的剧目：一是赵善宗创作的《孙武子教女兵》杂剧；二是周文质创作的《孙武子教女兵》杂剧。① 现今这两个剧目的内容已经散佚，但目前保存下来的杂剧，却有部分内容关涉孙子与《孙子兵法》。此处试举两例：一是无名氏《逞风流王焕百花亭》中的［得胜令］："笑孙武少神思，病白起不仁慈。赛韩信十功立，胜孔明八阵施。无半点瑕疵，展万里鲲鹏翅。真一表英姿，建千年龙虎祠。"作者以诙谐的语气，调侃孙子缺少神奇的思考，借此赞扬剧中为王焕申冤的经略大人的不凡才气。二是李文蔚《破苻坚蒋神灵应》中的［采茶歌］："我这里用机谋，在须臾，这个字可正是要分胜败定赢输。得意何须多计策，算来不索下功夫。（谢安云）谢玄，你岂不知孙武子兵书曰：'兵乃国之大事，死生之地，存亡之道，不可不察也。'今圣人选将用兵，以安社稷，抚养军民，全在于尔。今设此计，何须多言，你自己三思去，莫要误了我围棋也。（正末云）经有五事较之：'一曰道，二曰天，三曰地，四曰将，五曰法。道者令民与上同意，可与之死，可与之生，而不危矣。'凡此五者，为将者莫不闻乎？放心也。"② 李文蔚，元代戏曲作家，生卒年不详。作者以淝水之战东晋战局谋划为背景，借用东晋宰相谢安教导侄子谢玄的口气，大量征引《孙子兵法·计篇》原有的章句，把谢安塑造成一位精通《孙子兵法》运筹帷幄的政治家。值得留意的是，李文蔚虽是一名戏曲创作者，却显然对《孙子兵法》了如指掌。

从作者观察，吟咏孙子与《孙子兵法》的人士，角色多元，群星璀璨。既有一代文宗，也有杰出的政治家。前者如欧阳修，后者如司马光。既有文学家，也有史学家。前者如苏轼，后者如司马贞。司马贞在《史记索隐述赞》中说道："孙子兵法，一十三篇。美人既斩，

---

① 于汝波：《孙子学文献提要》，第276页。
② 张月中、王纲：《全元曲》，中州古籍出版社1996年版，第502页。

第四章　文学视野下的《孙子兵法》传播研究

良将得焉。"① 既有《孙子兵法》爱好者，也有《孙子兵法》践行者，前者如梅尧臣，后者如高适。既有戏剧创作者，也有小说家，前者如李文蔚，后者如冯梦龙。既有仰慕孙子者，也有孙子的后裔。前者如孔平仲，后者如孙星衍。既有评论家，也有辞赋家，前者如顾起纶，后者如冯衍。既有佛家僧人，也有武举应试者，前者有释大观，后者有汤鹏。总之，这些作者的身份远远超越了传统意义上的军人阶层，《孙子兵法》不再是将帅独享的"专利"。

二 吟咏孙子与《孙子兵法》诗词曲赋的氛围

综观吟咏孙子与《孙子兵法》的诗词曲赋，呈现出色彩斑斓的文化底色。这些诗词曲赋诞生在不同的时代背景和不同的情感氛围之下。有的诞生在承平之世。唐李涉的《送孙尧夫赴举》："自说轩皇息战威，万方无复事戎衣。却教孙子藏兵法，空把文章向礼闱。"② 军人谈兵论剑，乃是其职分。作者却以"强使孙子收起兵书"为喻，为太平年代不尚武事，深表自己的痛心。

有的作品诞生在战乱之际。王翰（1333—1378），字用文，历任庐州路治中、江西福建行省郎中等职。王翰的《夜雨》："官舍人稀夜雨初，疏灯相对竟何如？乾坤迢递干戈满，烟火萧条里社虚。报国每惭孙武策，匡时空草贾生书。手持汉节归何日，北望神京万里余。"③ 诗文描写了作者孤寂的心情与乱世萧条的景象，感叹其缺乏孙子的才略，无力济世救国，表达了作者不能匡时报国的无奈心情。王省山，清朝咸丰、同治年间人，五为县令，一任州掾。其时正值太平天国运动，他的《奉檄调赴军营途中杂书》，一方面描绘了清朝军队与将帅之无能，对平定太平军缺乏应有的谋略："四山围秣陵，高低列屏障。翘首观军容，连营屹相向。窃据石头城，贼垒纷附傍。坚壁不出战，经时未接仗。兵骄将吏懦，安坐久观望。主帅无筹策，师皆空糜饷。"另一方面，作者还以孙子等人为例，指出克敌制胜与以少

---

① 《史记》卷六五《孙子列传》，第2169页。
② 《全唐诗》卷四七七，第5436页。
③ 顾嗣立：《元诗选》，中华书局1987年版，第1754页。

《孙子兵法》经世致用研究

胜多的道理，关键在于治军有方。"我闻蒋子言，智勇兼为上。虽有百万师，吞敌原在将。奈何庸庸辈，临阵胆先丧。漫云兵力单，众寡不能抗。乐毅破强齐，孙武拔楚帐。韩信赵壁摧，曹操袁军荡。均以少克多，古人语岂诳。惟其军有法，是以气弥壮。怀古倍伤今，临风自惆怅"①。作者在结尾之时，慨叹时无古之将才，表达了诗人内心忧虑之情。

有的作品诞生于武科应试之际。法若真（1613—1691），学识不凡，颇有政声，享有"泰山北斗"之美誉。他的《送高霞卿武会试》②一诗，借送别友人参加武举会试之际，以定远侯班超不读《孙子兵法》照样立功于万里之外的事例，激励友人不受兵书的束缚，向前人学习，立功封侯。也表明作者对兵书的谨慎看法，认为兵书并不能解决一切问题。"年少谈兵万里余，秋风好送进贤车。汾阳自有封侯事，定远何须孙武书。雪尽碑磨西涑水，霜清箭射北平鱼。朝廷新勒燕然石，正看龙吟剑气嘘。"汤鹏（1800—1844），字海秋，自号浮邱子，为人狷介，其文章"震烁奇特"，不趋时媚俗。他的《顺天武闱监试作》③一方面指出，因为国家重视军事人才的选拔，全国各地出现了浓浓的尚武之风，讲武、习武已成为一种社会风尚："国家重材武，严穴纷扳要。弯弓集辕门，跨马横金镖。桓桓意气粗，娇娇膂力超。飞空挟猿臂，排坐谈豹韬。呼毬电影奔，插箭霜声号。萦回抱巨石，飒沓舞大刀。风晓翠旗寒，日暮金鼓骄。争先技有胜，人选理无淆。"另一方面，作者还主张国家既要重视武备，熟练讲读《孙子兵法》，从武科考试中选拔、培养廉颇、李牧一样的军事英才，也不可忽略文治的宣扬，表明了作者文武兼重的思想境界："训旅闻周篇，出师溯义爻。亮彼武士心，生当圣人朝。边隅今已清，将帅古所高。象垂麟阁赫，石勒燕然牢。熟讲孙武术，高摧颇牧标。慎莫负科目，端宜蓄雄虓。武备但从容，文治弥宣昭。诘朝毕兹役，抚然

---

① 张应昌：《清诗铎》，中华书局 1960 年版，第 320 页。
② 法若真：《黄山诗留》，清康熙刻本。
③ 汤鹏：《海秋诗集》，清道光十八年刻本。

第四章 文学视野下的《孙子兵法》传播研究

心为劳"。

有的作品诞生在友人离别之际。陶安(1315—1368),博涉经史,长于《易》学。他的《送孙别驾赴池阳》[1],一是赞扬了友人怀有李白一样不凡的才学,回想自己与友人的神交之谊:"青莲居士之后身,音节连篇古乐府。便从大雅论正葩,猗那为宗舜皋祖。两都三国差可数,南朝绮辞徒织组。隔江玉树夜无声,岩谷风生闻啸虎。神交直到开元上,光焰摩天出天语。飘飘云海超八极,金银台阁群仙侣。忽闻帝遣荧惑星,火斧虹旗镇南土。来向辕门拜明主,晓日麻衣光楚楚。"二是点明了友人非常喜欢谈兵,有祖上孙子的遗风,激励友人"仁惠存心",治理地方要努力创造非凡政绩:"幕中慷慨坐谈兵,何况传家有孙武。紫薇花下月满池,斗酒当筵珠玉吐。朝政方劳柱史记,王兖正赖贤臣补。人生会合苦不常,惊见屏星在门户。醉踏轻舟溯江去,杨柳飞花望牛渚。两崖烟雾湿天门,九朵芙蓉照秋浦。秋浦郡县待摩抚,吏者师模民父母。虽云官至刺史荣,半刺才能当独步。兵火疮残极哀苦,仁惠存心百废举。襦袴歌腾欢鼓舞,千里桑麻沐膏雨。勤敷治道追往古,再见唐虞运当午。挽河洗甲天宇清,坐听弦歌响邹鲁。"这首诗也反映出作者对人生聚散无常的感慨。

有的作品讥刺不良社会现象。宋人李廌在《汝州王学士射弓行》[2]诗中写道:"汝阳使君如孙武,文章绝人喜军旅。要知谈笑能治兵,戏教红妆乐营女。白毡新袍锦臂鞲,条脱挂弓腰白羽。彩错旌旗照地明,傍花映柳陈部伍。须臾观者如堵墙,仿佛如临矍相圃。一人中的万人呼,丝管呶嘈间钲鼓。臂弓上为使君寿,遍及四筵乐具举。使君一笑万众喜,堂上酒行堂下舞。锦段银荷翠玉钿,意气扬扬皆自许。傥令被甲执蛇矛,恐可横行擒赞普。大胜吴宫申令严,两队宫娃啼且怖。阖闾台上呼罢休,将军虽贤亦觕卤。岂知使君不忘战,聊以戎容娱罇俎。"作者以"吴宫教战"立意,生动地刻画

---

[1] 邱复兴:《孙子兵学大典》第二册《文物遗迹》,北京大学出版社2004年版,第122—123页。
[2] 北京大学古文献研究所编:《全宋诗》卷一二〇二,第13595页。

了汝阳使君哗众取宠的人物个性，一心效法孙子，操练女兵，军中旌旗飘扬，万人欢呼。诗人尖锐批评汝阳使君与孙子操练女兵根本无法相提并论，汝阳使君名不副实，如此宏大的阵容，原只为聊酒助兴。

有的作品是孙氏后裔对先祖的凭吊。孙星衍（1753—1818），字伯渊，号渊如，乾隆五十二年（1787）进士，历任刑部主事、山东布政使等职，辞官后，主讲于扬州安定书院、绍兴戢山书院。他是康乾时期著名的考据学家，在考据学方面取得重大成绩，对推动《孙子兵法》的研究，提升《孙子兵法》的影响力，竭尽个人所能。他整理出《孙子兵法》十家注本，留下了凭吊先祖孙子的多篇重要作品。孙星衍的《无题》不仅道出了孙子庙所在之处，而且对先祖孙子的功绩大力歌颂："孙子家庙何处寻，陈妫村北柏树林。堂前花木常春色，枝头黄雀鸣好音。庄严肃穆人起敬，兵家尊称武圣人。辅佐吴王天下计，两朝斩姬老将心。夫差色迷虚称霸，军中拂袖退隐身。"孙星衍并对孙子的后世遭遇进行了个人追溯："养童背着青囊书，云来雾去赤脚人。山压青松一片白，茅屋所破命归阴。"最后，孙星衍对孙子生不逢时感慨万千，借此抒发了自己身在兵部仕途遭遇的坎坷之情："可惜先师隐居死，常使英雄泪满襟。非同悟空石逢暴，前有父祖后继人。问其宗祠何处有，近处王侯古老村。相幕借风契头顶，脚趾高官传遗文。兵部当年被困时，许愿修庙谢孙武。"

三　吟咏孙子与《孙子兵法》诗词曲赋的精华

吟咏孙子与《孙子兵法》的诗词曲赋内容，主要表达了四种不同情怀。一是对孙武治兵才能的夸赞。孔平仲（1044—1111），长于史学，工于文词，诗歌富有现实感。他的《南卒》一诗批评当时军队怯弱不堪作战，严重缺乏战斗力："坐食者南卒，骄与子弟俱。负甲则俯偻，荷戈不能趋。嘈然金鼓鸣，气骇失所图。固无一技良，徒有七尺躯。"作者笔锋一转，极力赞叹孙子教兵有方，娇弱女子也能练成英武战士，流露出作者对孙子治兵才能的仰慕之情："吾闻孙子教，弱女成武夫。吾欲练汝辈，使之虤虎如。"作者还对朝廷禁止兵书表示不理解，对周边少数民族不断骚扰表现出忧虑之情："奈何天子诏，

第四章 文学视野下的《孙子兵法》传播研究

苦禁蓄兵书。军旅非素习，壮士心踟蹰。群蛮屡骚动，主将复佐除。有急何以报，思之可惊吁。"① 冯梦龙（1574—1646），明代著名文学家、戏曲家，擅长写历史小说和言情小说。他的《东周列国志》引史臣之言奖赞孙子料敌如神，又能明哲保身："孙子之才，彰于伍员；法行二嫔，威振三军。御众如一，料敌如神；大伸于楚，小挫于秦。智非偏拙，谋不尽行；不受爵禄，知亡知存。身出道显，身去名成；书十三篇，兵家所尊。"② 此外，《东周列国志》还引髯翁之作《咏孙武试兵》描绘孙子"武宫教战"的场景，赞誉孙子治兵之术的高明："强兵争霸业，试武耀军容。尽出娇娥辈，犹如战斗雄。戈挥罗袖卷，甲映粉颜红。掩笑分旗下，含羞立队中。闻声趋必速，违令法难通。已借妖姬首，方知上将风。驱驰赴汤火，百战保成功。"③ 张维屏（1780—1859），字子树，癖爱松树，号松心子，在嘉庆、道光年间，与黄培芳、谭敬昭，号称"粤东三子"。他的诗含蓄凝练，其《寒食有感》："闲来诸史自披翻，坐对陈编发浩叹。到眼始惊前辙覆，设身方识古人难。禁烟忽起中厨火，观水谁生大海澜？千载谈兵祖孙武，不知彼已莫登坛。"④ 作者以读史与现实相观照，指出古代中国兵学的一个固有传统是以孙子为师，特别强调登坛成为带兵将帅，要做到知彼知己。

二是对孙子兵学思想的赞叹。一些庆祝战争胜利的凯歌和乐章，也表达出对孙子用兵之术的夸赞。张华（232—300），西晋文学家，诗句庄重典雅。晋他的《凯歌二首》之一《劳还师歌》中云："獯狁背天德，构乱扰邦畿。戎车震朔野，群帅赞皇威。将士齐心旅，感义忘其私。积势如鞲弩，赴节如发机。嚣声动山谷，金光耀素晖。挥戈陵劲敌，武步蹈横尸。鲸鲵皆授首，北土永清夷。昔往冒隆暑，今来白雪霏。征夫信勤瘁，自古咏《采薇》。收荣于舍爵，燕喜在凯

---

① 孔文仲等：《清江三孔集》，齐鲁书社2002年版，第380—381页。
② 冯梦龙：《东周列国志》，太白文艺出版社1996年版，第809—810页。
③ （明）冯梦龙：《东周列国志》，第781页。
④ （清）张维屏：《张南山全集》，广东教育出版社1994年版，第148页。

《孙子兵法》经世致用研究

归。"① 这一曲凯歌以鲜明的战斗气势来体现赢得对北方少数民族战争胜利的整个过程。值得注意的是,曲中的"积势如彍弩,赴节如发机",便是取自于《孙子兵法·势篇》中的"势如彍弩,节如发机"②。诗人对孙子的"造势"与"发势"用兵思想做了经典演绎。明代《表正万邦舞曲》中的第四首《阵阵赢》:"不数孙,吴兵法良,神谋睿算合阴阳,八阵堂堂行天上,虎略龙韬孰敢当。俘囚十万皆疏放,感荷仁恩戴上苍。"③ 此乐曲之词赞扬孙子兵学包含神奇谋略,妙合阴阳之道。张协(?—307),字景阳,在西晋诗人中,除左思外,傲视群雄。他的《杂诗十首》之一云:"此乡非吾地,此郭非吾城。羁旅无定心,翩翩如悬旌。出睹军马阵,入闻鞞鼓声。常惧羽檄飞,神武一朝征。长铗鸣鞘中,烽火列边亭。舍我衡门衣,更被缦胡缨。畴昔怀微志,帷幕窃所经。何必操干戈,堂上有奇兵。折冲樽俎间,制胜在两楹。巧迟不足称,拙速乃垂名。"④ 诗人不主张动用干戈,推崇不战而屈人之兵,指出庙堂之上也能出"奇兵",他把《孙子兵法·作战篇》的"兵闻拙速,未睹巧之久也"⑤ 进行了巧妙加工,使孙子的"拙速"用兵思想更能深入人心。宋代僧人释大观《颂古十七首》有云:"善战何如善用谋,孙吴兵法岂同俦。秋风古塞看形势,一样边声两样愁。自是兵家贵伐谋,鏖锋擒敌未为优。沈沈刁斗三更月,玉帐威行紫塞秋。"诗人认定用谋胜过善战,兵家推崇的是伐谋制敌。萨都剌(1272—1355),元代诗人,字天锡,号直斋,泰定四年进士,有"虎卧龙跳"之才,人称"雁门才子"。他的《送宣古木》:"铁面小将军,旌旗照海门。兵机出孙武,胆气走桓温。社稷剑三尺,乾坤酒一樽。茫茫云汉内,此意与谁论。"⑥ 作者热情赞扬友人的用兵之道源自孙子的神妙兵术,拥有驱赶桓温的胆量,赞誉宣古木

---

① 《晋书》卷二二《乐志》,中华书局 1974 年版,第 691 页。
② 杨丙安:《十一家注孙子校理》,第 91 页。
③ 《明史》卷六三《乐志》,中华书局 1974 年版,第 1570 页。
④ 张怀瑾:《钟嵘诗品评注》,天津古籍出版社 1997 年版,第 531 页。
⑤ 杨丙安:《十一家注孙子校理》,第 31 页。
⑥ (元)元好问等:《元人十种诗》,中国书店 1990 年版,第 234 页。

第四章 文学视野下的《孙子兵法》传播研究

具有优秀的军事才能与不凡的胆气。祁文友,广东东莞人,顺治十五年进士,任工部主事。祁文友《诸将杂感》:"建国行师自古今,千秋理乱事相寻。云龙势合欃枪扫,汗马功成带砺深。不信蒯通能相背,可无孙武善攻心。山头廷尉空凝望,星拂招摇白日阴。"①《孙子兵法·军争篇》有"三军可夺气,将军可夺心"之言,诗人特别提到孙子善于"攻心"的用兵思想。

三是以孙子之写作风格创作、品评诗作。其一是以孙子风格评价诗人才气。黄彻,字常明,宋宣和进士,以论杜诗为长,注重作品的思想性,推崇杜诗关心民生疾苦,批评黄庭坚以诗陶冶情性。黄常明的《诗话》:"贾生、终童欲轻事征伐,大抵少年躁锐,使绵历老成,当不如此。昔人欲沉孙武于五湖,斩白起于长平,诚有谓哉!"黄常明认为贾谊、终军勇气有余,老成之气不足。"尝爱老杜云:'慎勿吞青海,无劳问越裳。大君先息战,归马华山阳。'又有'安得壮士挽天河,净洗甲兵长不用''安得务农息战斗,普天无吏横索钱',愿戒兵犹火,恩加四海深。不眠忧战伐,无力正乾坤'。其愁叹忧戚,盖以人主生灵为念。孟子以善言陈战为大罪,我战必克为民贼。仁人之心,易地皆然"。②作者透露出欣赏和平、反对战争的人生态度。其二是谢榛效仿孙子风格写作诗话。谢榛(1499—1575),号四溟山人,以布衣之士游历于文士之间,曾为明"后七子"领袖,所著《四溟诗话》是著名的诗歌理论之作。丁福保辑录的《历代诗话续编》收录了该书。谢榛指出诗的功用及其变化之妙:"诗乃模写情景之具,情融乎内而深且长,景耀乎外而远且大。当知神龙变化之妙,小则入乎微罅,大则腾乎天宇。此惟李杜二老知之。"他在评论诗词时说,各人悟性不同,因此所达到的境界也不相同。"古人论诗,举其大要,未尝喋喋以泄真机,但恐人小其道尔。诗固有定体,人各有悟性。夫有一字之悟,一篇之悟,或由小以扩乎大,因著以入乎微,虽小大不同,至于浑化则一也。或学力未全,而骤欲大之,若登高台而摘星,

---

① 房立中:《孙武子全书》,学苑出版社1996年版,第1072页。
② 吴文治:《宋诗话全编》,江苏古籍出版社1998年版,第8859页。

《孙子兵法》经世致用研究

则廓然无着手处。若能用小而大之之法,当如行深洞中,扪壁尽处,豁然见天,则心有所主,而夺盛唐律髓,追建安古调,殊不难矣"。谢榛还指出他本人创作诗说,就是用力学习《孙子兵法》的风格,以求学以致用。他曾自述写作诗话的意图:"予著诗说,犹如孙武子作《兵法》,虽不自用神奇,以平列国,能使习之者,戡乱策熏,不无补于世也。"① 其三是顾起纶以孙子风格评价文人创作风格。顾起纶(1517—1587),字更生,有文才,应制之文多称帝意,以罪罢归,豪于诗酒,著有《国雅品》。他对张文肃的评价是"才雄思赡,抽绪错彩,道绎华旷,江汉横流,岌然衡岳之秀也。公长于古风,其豪纵处如孙武将兵,甲队严整,鼓而为气,穷力破敌,特沈机轻袭,非所屑也"。诗人回忆自己与张文肃的交往,深切怀念他为国家尽心尽力,为他驾鹤西去而痛彻心扉:"初署官坊,素崇奖少隽。纶尝游其门,往往式我旅舍,晤言弥日。及其入相,款洽如一日,颇雅辱公深知。公七岁诵书,该博典籍,达通今古。虚怀高朗,论人贵实,临事果断。庚戌策士,多中时要,弗之讳。至西北大计,尤究心焉。是秋虏犯京师,犹力疾疏乞决白河御之。一夕梦跨鹤凌空,竟逝。悲夫!神骥当轴,长辔俄绝,纶尝哭之以律。"后作"平原客散多遗刺,新垅山深断扫门。想见墓前留鸟象,几人恸哭受知恩"及《署感知编后》咏曰:"张公副相日,慷慨问遗贤。平津嗟旧阁,南麓郁新阡。赤牍三朝事,青编四海传。何当中道绝,麟丧鲁人怜。"②

四是对孙子遗迹所发的幽思。隐啸园位于虎邱山,山脚之下有孙子庙,是宋代孙子后裔孙阳湖拓基所建,后隐啸园归孙星衍所有。姚燮(1805—1864),善长诗词曲文,长于绘画。姚燮的《孙氏隐啸园七章(选四)》③对隐啸园的美丽景色进行夸赞:"过墙澹黄柳,侧眼看春人。裙屐复今日,年华非去春。桐花白团扇,茜叶紫泥裯。高座传滙酒,醉歌聊及辰。翠栝蜷屏石,虚堂面石开。画厨生朽蠹,琴簟

---

① 陈志明:《谢榛生平及其〈四溟诗话〉述评》,人民文学出版社古典文学编辑室编:《中国古典文学论丛》(第五辑),人民文学出版社 1987 年版。
② 丁福保:《历代诗话续编》,中华书局 1983 年版,第 1107—1108 页。
③ 吴企明:《苏州诗咏》,苏州大学出版社 1999 年版,第 231—232 页。

第四章 文学视野下的《孙子兵法》传播研究

上初苔。遥夜青天月，谁斟白玉罍。"诗中"孙曼叔"是指孙星衍，诗人对隐啸园的主人孙星衍拥有这样的环境而发出感叹。作者借孙氏之园之景之人，巧妙地表达了作者对孙子的景仰之情："风流孙曼叔，绝迹吊龙媒。青戟美人营，匡窗荷万茎。鸳鸯迎榜出，翡翠蹑烟行。武子有新庙，阖闾无故城。指麾春女队，忆昔教吴兵。"孙星衍，作为孙子的后裔，多次寻访孙子墓和孙子祠，表达了后辈对孙子无尽的追念之情。他在《题巫门访墓图》中怀念孙子的一生，睹物思人，感慨历史总是让人捉摸不透："吾家吴将高绝伦，功成不作霸国臣。春秋三传佚名姓，大冢却在吴东门。吴人耕种少闲地，访墓雍仓一舟系。弯环惟见古柏存，遍览平畴失碑记。传家私印不可磨，阖闾冢侧祠巍峨。武成王庙废不举，东南淫祀何其多。君不见乌喙之邻施间谍，内嬖忽然消霸业。西施可惜入官迟，不付将军教兵法。"①孙星衍还为新建的孙子祠题写了铭文，据《吴将孙子祠堂碑记铭》云："桓桓我祖，传此韬钤。信赏必罚，不残以严。霸吴入楚，折冲樽俎。归功伍胥，荣名不处。兵经煌煌，名将之则。适道以权，我战则克。士有诵法，神有凭依。支族分布，崇祠在斯。左瞻巫门，北倚虎阜。魂无不之，死而不朽。废祀复举，武功右文。吴都永苾，潢池扫氛。"②此铭文以"左瞻巫门，北倚虎阜"八个字，大体点明孙子祠所处的地理位置，并对孙子不朽的功绩进行了歌颂。顾日新（1764—1823），号剑峰，清嘉庆年间贡生，天资聪颖，对历朝史实与是非成败尤其用心，引今据古，颇为自负。顾日新曾写下《孙武子祠》："一卷兵书动鬼神，济时话国胜儒臣。报功未极当年量，收效常为后世珍。毕竟元机非笔墨，可无遗庙慰荆榛。种花漫近庭前土，恐是吴宫旧美人。"诗人由孙子祠想到《孙子兵法》不可估量的价值，认为孙子当年未能全部施展个人才华，收效却在后世，其书被视为珍宝。清代诗人吴周玲《巫门墓》："巫门大冢传孙子，谁向苍茫吊遗址。崇祠新筑武丘

---

① （清）孙星衍：《孙渊如先生全集》，《万有文库本》，商务印书馆1935年版，第490页。
② 邱复兴：《孙子兵学大典》（第九册）《书录文献》，第101页。

旁，为有簪缨推本始。忆昔吴宫试将才，能使红颜甘赴死。军令如山观者惊，王曰'将军且休矣'。破楚功成身不居，神龙毕竟能潜尾。泛宅疑先范蠡踪，怒涛免逐胥江水。十三篇法至今垂，俎豆家山亦应尔。名园花木净尘氛，当暑轩窗面清泚。槛外芙蕖正吐华，犹似红妆百八美。采莲重忆故宫秋，落日苏台满荆棘。阖闾墓木亦荒凉，安得君臣同祭祀。"诗人面对孙子墓遗址，自然而然地联想到孙子辉煌而短暂的一生，由眼前之景想到昔日武宫教战场景，但这一切却成为历史的陈迹。吴嵩梁（1766—1834），字兰雪，自号澈翁，别号莲花博士，天赋聪敏，少年时以文才扬名于乡里。他在《孙武子祠》写道："临溪留一树，扩地改崇祠。阵法吴宫记，军谋伍相知。荒云迷大冢，阴雨见灵旗。铜印传家在，沉吟欠小诗。"[1] 诗人对孙子庙变迁的历程深表感慨，孙子的私人之印有幸被其后人孙星衍觅得，历史的遗物总是给人以浮想联翩，让人难以忘怀。顾广圻（1766—1835），别号思适居士，人称"万卷书生"。他在《孙武私印为渊如观察作二首》写道："宫中教战事依然，此印沈埋定几年。天与文孙重管领，猩红钤上十三篇。为有英威抵虎符，土花蚀处肯模糊。将军破梦功多日，别铸黄金斗大无？谛玩横增吊古情，乐安祖德最知兵。短衣匹马君何事？访遍巫门大塚平。"[2] 诗人为孙子之印出世大为赞叹，认为能增加后人吊古之情。诗人赞赏孙子最为知兵，顾惜孙子之墓湮灭很难找到其地。

四 吟咏孙子与《孙子兵法》诗词曲赋的情感

吟咏孙子与《孙子兵法》的诗词曲赋由于诞生的时代与环境各不相同，因而，它们从不同角度诠释了作者对孙子与《孙子兵法》复杂的情感。

一是借游览孙子园表达对孙子用兵之术的钦佩之意。吴泳，字叔永，生卒年不详，嘉定元年进士，累迁著作郎，兼直舍人院。应诏上

---

[1] 吴嵩梁：《香苏山馆诗集》，清木犀轩刻本。
[2] 顾广圻：《顾千里集》，中华书局2007年版，第53—54页。

第四章 文学视野下的《孙子兵法》传播研究

书,颇切时要。《孙子兵法·势篇》有言:"凡战者,以正合,以奇胜。"① 他的《柳梢青———孙园赏牡丹》以景抒情,对孙子"出奇制胜"的用兵之术大为赞叹:"元九不回,胡三不问,花说与谁。赖得东皇,调停春住,句管花飞。庭前密打红围。想孙子、兵来出奇。似恁丰神,谁人刚道,色比明妃。"②

二是借注解《孙子兵法》抒发独特之见。梅尧臣(1002—1060),字圣俞,世称宛陵先生,皇祐三年赐进士出身,为太常博士,因欧阳修推荐,为国子监直讲,累迁尚书员外郎。他曾为《孙子兵法》作注,他的《依韵和李君读余注孙子》对当时儒术盛行且成绩斐然进行评说,声明自己难以超越,唯独所注《孙子兵法》是人所罕论,指出为将者须尚文,为武者须仁义:"我世本儒术,所谈圣人篇。圣篇辟乎道,信谓天地根。众贤发蕴奥,授业称专门。传笺与注解,璨璨今犹存。始欲沿其学,陈迹不可言。唯余兵家说,自昔罕所论。因暇聊发箧,故读尚可温。将为文者备,岂必握武贲。终资仁义师,焉愧道德藩。挥毫试析理,已厌前辈繁。信有一日长,可压千载魂。未涉勿言浅,寻流方见源。庙谋盛夔离,正议灭乌孙。吾徒诚合进,尚念有新尊。"梅尧臣厌恶繁文缛词,寻根探源,努力推进《孙子兵法》的研究。

三是借《孙子兵法》批评形式主义。王逢,弱冠有文才,元至正年间,曾作《河清颂》,自号"最闲园丁",著有《梧溪诗集》。他的《忧伤四首上樊时中参政苏伯修运使》:"官柳场,青芒芒,野鹰交飞扑马骧。年年十月辕门张,元戎始来坐虎床。翼舒箕哆鱼丽行,鼓进金退兵家常。起伏见讥孙武子,句卒贻笑曹成王。千夫散尽旌旗定,偏裨队伍相呼应。几处私恩误主恩,一回酒令行军令。酒醉边隅事不闻,边隅扰扰多烟氛。"作者认为元代军队演兵阵势不合孙子演兵的要求,对官军每年十月军演中的形式主义进行了尖锐批评,认为这种徒有虚名的军演是由皇帝"私恩"造成的,极力反对军事上用人不当

---

① 杨丙安:《十一家注孙子校理》,第87页。
② 李谊:《历代蜀词全辑》,重庆出版社1992年版,第330页。

的腐败现象。

四是借伍子胥出兵来表现孙子凶恶威严的形象。郑廷玉，生卒年不详。元钟嗣成《录鬼簿》把他列入"前辈已死名公才人"，名位排在关汉卿、高文秀之后，位居第三。郑廷玉《大都新编楚昭王疏者下船（残本）》中的［赚煞］："他与那兄口竟萦心，借吴兵应口，离楚国青春，过昭关皓首。柳盗跖为先锋，孙武子为师首，恶嗽嗽，雄纠纠，早是状儿威严，可更精神抖擞。"①作者站在楚国的立场上，用"恶嗽嗽"评说孙子有凶气，用"雄纠纠"概括孙子很威严。

五是借《孙子兵法》感念先辈的军事才能。胡凤丹（1828—1889），初字枫江，后字月樵，广游京师，仗义疏财，名达内廷，荐为兵部员外郎。他的《挽香山何云畡封翁》回忆了自己与何封翁的深情厚谊，以及何封翁治蜀时不凡的政绩："忆昔皖江睹公面，末座追随朝暮见。逮来鄂渚送公归，杨柳垂青情依依。粤水楚山三千里，尺书问讯托双鲤。闻道起居健如恒，黄发番番犹壮齿。去年公寿登八旬，严冬急景如阳春。行看图形偕九老，岂知羽化骑星辰。一昨凶耗金陵至，惊定还疑非实事。暌违色笑方六年，慨想平生如梦寐。始公宦蜀著循良，蒸蒸吏治追龚黄。平反疑狱消牙角，至今遗爱留甘棠。"诗人特别指出，何封翁精通兵家韬略，尤其是熟谙《孙子兵法》十三篇，并成功地平定少数民族的叛乱："尤精韬钤古无比，兵法十三孙武子。声威所至平猓夷，立奸长蛇殄封豕。"②

六是借二妃之死委婉批评孙子。徐芝峰，清道光年间人。他的《二妃庙》云："兜眸脂粉笑逡巡，却叹将军戏作真。一剑骈诛君侧宠，沼吴偏见浣纱人。"《香山小志》记载，小横山的东北有尼姑庵，就是所说的古代二妃庙。诗人认为孙子练兵假戏真做，二妃无罪，命运值得同情，而吴国灭亡却又是美女西施促成的。

七是借镇海之战悲叹孙子战术思想为外敌通晓。张际亮（1799—1843），字亨甫，号华胥大夫、松寥山人，与魏源、龚自珍、汤鹏并

---

① （元）郑廷玉：《郑廷玉集》，中州古籍出版社1997年版，第291页。
② 胡凤丹：《退补斋诗文存》，清同治十二年退补斋鄂州刻本。

第四章 文学视野下的《孙子兵法》传播研究

称"道光四子"。张际亮目睹了镇海陷落,他在《镇海哀》中写道:"十日寇不攻,一攻弃城走。金鸡山险莫能守,飞弹扑城大如斗。四千甲兵同日逃,淫掠可怜遍童妇。乌虖置之死地而后生,避实击虚兵家情。孙吴之法夷虏明,嗟汝大帅徒专城。"① 该诗的背景是英国侵略者在入侵镇海时,每次用杉板船装载三百人登上海岸,然后把船弃置在海中,侵略者无不用力死战,正合乎《孙子兵法·九地篇》"投之亡地然后存,陷之死地然后生"② 之义。英国侵略者还在入侵镇海时利用奸细的引导,从小口登山,爬上海岸,进攻镇海,这又合乎《孙子兵法·虚实篇》"兵之形,避实而击虚"③ 的战术思想。诗人对《孙子兵法》《吴子》为外敌所通晓并且精熟运用而痛心疾首。相比之下,更为清兵之将弃城而逃,不懂用兵之术而痛心不已。

综上所述,后人对孙子的仰慕以及对《孙子兵法》的青睐,常常借助诗词曲赋倾诉这种认知。这些诗词曲赋诞生在不同的社会环境和情感氛围之下,千形万殊,不一而足。这些诗词曲赋富有音乐节奏感和艺术审美感。有的曲折婉转,有的铿锵有力。有的扣人心弦,有的娓娓道来。有的战火纷飞,有的恬静安谧。静态与动态,怀古与讽今,咏史与抒情,有机地融合在一起,色彩鲜明,情感真挚。从传播效果看,诗词曲赋更容易被普世大众接受与传诵。这些诗词曲赋大多数分散在史书、小说、文集、诗集、画作、碑铭之中,吸引了不同领域的阅读对象。复杂多样的作者群体,又把孙子与《孙子兵法》逐渐地引向层次多样的社会圈子。宋代僧人诗作中出现了对《孙子兵法》的关注,这表明宗教界人士也受《孙子兵法》的影响。元代杂剧内容引入孙子与《孙子兵法》两个重要因素,进一步加速了孙子与《孙子兵法》对普通民众的辐射影响力。在诗歌创作领域,明代文士的诗文注意吸纳《孙子兵法》的风格,以《孙子兵法》的写作风格来品评诗作也崭露头角。清人在凭吊孙子历史遗迹之际,多有慧心之作。

---

① 钱仲联:《近代诗钞》(一),江苏古籍出版社1993年版,第109页。
② 杨丙安:《十一家注孙子校理》,第261页。
③ 同上书,第124页。

这一切现象都表明孙子与《孙子兵法》已由兵学领域逐渐扩展渗透社会其他领域。这些诗词曲赋以一种独特的文化传播方式，不仅提升了孙子的社会知名度，而且有力地推动了《孙子兵法》的传播，使其兵学思想从上层精英人物逐渐向民间大众流布。

第四节 《水浒传》对《孙子兵法》的书写

《水浒传》作为中国古典文学名著，向来受到中外人士高度的赞誉。明人李贽的《读〈忠义水浒全传〉序》深赞《水浒传》价值之不菲，他倡言"有国者不可以不读""贤宰相不可以不读""兵部掌军国之枢，督府专阃外之寄，是又不可以不读也"①。新版《水浒传〈前言〉》引《大英百科全书》说："元末明初的小说《水浒》因以通俗的口语形式出现于历史杰作的行列而获得普遍的喝彩。"②"（孙）武书为百代谈兵之祖"。③《孙子兵法》占据中国古典兵学的巅峰地位，惠泽华夏，影响深远。它不仅对中国古代兵学，而且对中国古典小说也有一定的影响。《水浒传》带有浓郁的战争色彩，无形之中为《孙子兵法》巧妙嵌入提供了得天独厚的条件。《水浒传》流传的版本众多，主要有两大体系：一是繁本；二是简本。繁本中的百回本《水浒传》，成书相对较早，接近故事原貌。故此，本节以百回本《水浒传》为主要视点，从中梳理《水浒传》对《孙子兵法》书写的主要内容，旨在探讨《水浒传》对《孙子兵法》演绎过程中所隐含的内在哲理。由于这一问题尚未得到《水浒传》研究者们的重视，因此，很有必要提出并对之加以进行探讨。

一 《水浒传》对《孙子兵法》作者的书写

《水浒传》曾两次提及"孙武子"，分别在第二十二回与第二十

---

① 陈曦钟、侯忠义、鲁玉川：《水浒传会评本》，北京大学出版社1981年版，第29页。
② （元）施耐庵：《水浒传》，人民文学出版社1997年版，前言，第4—5页。
③ （清）永瑢：《四库全书总目·子部》，中华书局1960年版，第836页。

第四章 文学视野下的《孙子兵法》传播研究

四回。"子"是古人对成年男子的尊称,《水浒传》提及的"孙武子",实质是对《孙子兵法》作者"孙武"的尊称。由此可见,孙武这一著名历史人物很受《水浒传》作者尊崇。第二十二回《阎婆大闹郓城县,朱仝义释宋公明》描写宋江逃难,曾与其弟宋清一同投奔沧州横海郡的柴大官人柴进。在这一故事情节记载中,《水浒传》有一首词还刻意描写了柴进豪华的庄院——东庄。东庄景色幽雅,山水如画:"门迎阔港,后靠高峰。数千株槐柳疏林,三五处招贤客馆。深院内牛羊骡马,芳塘中凫鸭鸡鹅。仙鹤庭前戏跃,文禽院内优游。"《水浒传》这首诗词以无比真挚的情感夸赞了东庄主人柴进:"疏财仗义,人间今见孟尝君;济困扶倾,赛过当时孙武子。"①《水浒传》这首词专门提及了"孙武子"。

《水浒传》以词写景,极赞东庄景色之优美;还写物,极赞东庄之富有;又写人,极赞东庄主人"好客""仗义""济困"之侠义本色。词中"孟尝君"隐喻东庄主人"仗义"的个性。《史记·陈涉世家》云:"齐有孟尝,赵有平原,楚有春申,魏有信陵。"②《史记》这则史料提及战国时期赫赫有名的"四大公子":齐国的孟尝君、赵国的平原君、楚国的春申君、魏国的信陵君。《水浒传》词中提及的"孟尝君",正是《史记·陈涉世家》所言的"齐有孟尝",孟尝君居"四大公子"之首,曾养"食客三千",以"好客""仗义"而显名于当时诸侯国。《水浒传》以"孟尝君"隐喻东庄主人柴进"好客"与"仗义",自然恰到好处。最值得注意的是,《水浒传》还借"孙武子"这一人物形象,凸显东庄主人柴进"济困扶倾"的个性。孙武曾以兵法十三篇被吴王阖闾召见,吴王"知孙子能用兵,卒以为将。西破强楚,入郢,北威齐晋,显名诸侯,孙子与有力焉"③。从《史记》记载来看,孙武曾佐助吴王阖闾,以蕞尔小国吴国,最终击败强大的楚国,并威慑两个大国——齐国和晋国。司马迁所记这段史实彰

---

① (元)施耐庵:《水浒传》,第284—285页。
② 《史记》卷四八《陈涉世家》,第1962页。
③ 《史记》卷六五《孙子列传》,第2162页。

显了孙武"济困扶倾"的本事。历史上的兵家孙武,确实为吴国霸业的建树上尽过一臂之力。《水浒传》所谓"济困扶倾,赛过当时孙武子",这一经典用语,表面上是对东庄主人柴进的夸赞,却间接地倾诉了《水浒传》作者对孙武的钦佩之情。

《水浒传》第二十四回《王婆贪贿说风情,郓哥不忿闹茶肆》记述,西门庆存心想要勾搭潘金莲,却苦于自己无高明的主意,于是便厚着脸皮向王婆求教。王婆笑道:"大官人却又慌了。老身那条计,是个上着,虽然入不得武成王庙,端的强如孙武子教女兵,十捉九着。"[1] 小说中王婆的这句话有几个生僻的术语,不易理解。如"上着"是指下棋时的"妙着""高着",多用以比喻"上策""妙计"。"端的"是宋元时期的白话口语,意思是"真的、确实"。"十捉九着",是比喻十分的有把握。王婆的这句话还提及三个人物,其中的一个小说人物,即"大官人",就是西门庆,自不待言。另两个人物却是历史上鼎鼎有名的人物,即"武成王"与"孙武子"。"武成王"是指"姜尚",又名吕尚,颇有智谋,佐助周武王战胜殷纣,建立周朝,后世有的帝王还对姜尚追加封号,称之为"武成王"。《元史·祭祀志五》记载:"武成王立庙于枢密院公堂之西,以孙武子、张良、管仲、乐毅、诸葛亮以下十人从祀。"[2] 这则史料为《水浒传》中王婆所言的"武成王庙",提供了一个非常好的注解。《元史》中所说的"孙武子",便是前文提到的"孙武"。值得一提的是,王婆所说的"孙武子教女兵"的轶事,司马迁《史记》对此有详细的记载:孙武以《孙子兵法》十三篇而被吴王阖闾召见,吴王对《孙子兵法》十三篇,赞不绝口。同时,吴王阖闾又怀疑《孙子兵法》真正的实用价值,提出了当面检验孙武的带兵才能。甚至提出以身边的宫女来检验孙武的带兵本领,孙武不得不选取吴王阖闾最为宠爱的两个美姬担任队长,进行演兵。孙武三令五申,宫女们嬉笑不已。孙武为了严明军纪,杀掉了吴王两位美姬,演兵才得以有序进行。孙武演练女兵,

---

[1] (元)施耐庵:《水浒传》,第318页。
[2] 《元史》卷七六《祭祀志》,中华书局1976年版,第1903页。

第四章　文学视野下的《孙子兵法》传播研究

最终获得圆满成功。这就是流传千古的"吴宫教战",有时又称之为"孙武子教女兵"。

《水浒传》把"孙武子教女兵",与民间小人物王婆联系在一起,这种书写安排是否合理妥当?从《水浒传》产生的时代背景来看,却是合情合理的。宋元时代杂剧广泛流传,令人惊讶的是,元代杂剧中保留下的曲名,居然有以"孙武子教女兵"为主题命名的杂剧。目前来看,这一时期至少有两部杂剧是以"孙武子教女兵"为主题:一是赵善宗的《孙武子教女兵》杂剧;二是周文质的《孙武子教女兵》杂剧。① 据《录鬼簿》记载,赵善宗人名有误,应为"赵善庆",又名赵文宝,饶州乐平人。善长占卜之术,曾任阴阳学正。他所创作的元杂剧多以历史为题材,据《录鬼簿》记载,主要撰有《孙武子教女兵》②《唐太宗骊山七德舞》等剧目。周文质,字仲彬。体貌清秀,学问渊博。禀性工巧,文笔新奇。善丹青,能歌舞,明曲调,谐音律。据《录鬼簿》记载,主要撰有《孙武子教女兵》③《春风杜韦娘》《持汉节苏武还乡》等剧目。从王婆白话口语"端的"(宋元杂剧常用口语)的运用,以及"孙武子教女兵"为主题流传的杂剧文本,再结合《水浒传》诞生的元末明初的时代背景来看,《水浒传》这种写法,不是空穴来风,而是结合了当时社会宋元杂剧广为传播的时代风情。《水浒传》的作者构思巧妙,他以民间小人物王婆受杂剧《孙武子教女兵》的影响为认识基点,才会塑造出王婆脱口而出"端的强如孙武子教女兵,十捉九着"。从中可见,宋元杂剧对《孙子兵法》传播亦有推波助澜的作用。

王婆爱钱,西门庆好色。王婆与西门庆在《水浒传》中扮演了极不光彩的角色。在小说人物角色对比中,王婆比西门庆有过人之处,在于她诡计多端,为西门庆出谋划策,促成了西门庆"猎色"计划得以成功地实现。《水浒传》作者却匠心独用,一方面写王婆老奸巨猾;

---

① 于汝波:《孙子学文献提要》,第276页。
② (元)钟嗣成:《录鬼簿》,《中国古典戏曲集成(二)》,中国戏剧出版社1959年版,第132页。
③ 同上书,第128页。

另一方面又借王婆之口,使世俗之人夸赞孙武的情感,溢于言表。《水浒传》的作者巧借他人之口,颂扬孙武教练女兵胸有成竹的气度。这说明孙武不仅受当时精英人物的重视,而且也受平民俗子的关注。"孙武子"之称亦见于《宋史》,而《宋史》却系元代人编纂。《宋史·张威传》有言:"古之善兵者,若孙武子,亦吴人也。"[1] 可见,《水浒传》中"孙武子"的说法,大致符合元末明初对"孙武"习惯性的称谓。总之,《水浒传》不仅以词的形式,而且以王婆与西门庆对话的方式来表现"孙武子"的个人行为。《水浒传》这两种不同的表现风格,始终却以"孙武子"来尊称"孙武",透露出《水浒传》作者对孙武无比崇敬的个人情结。

二 《水浒传》对《孙子兵法》版本的书写

《水浒传》曾两次提及"《孙吴兵法》",分别在第二十回与第五十七回。第二十回《梁山泊义士尊晁盖,郓城县月夜走刘唐》记述,林冲杀死王伦后,在梁山泊聚义厅尊晁盖为寨主,想以吴用作为军师,因而推举吴用为第二座主。而吴用深表谦让之意:"吴某村中学究,胸次又无经纶济世之才,虽只读些《孙吴兵法》,未曾有半粒微功,怎敢占上。"[2] 值得注意的是,吴用这番推辞之言,其中有一个非常重要的信息:就是吴用亲口说自己读过"《孙吴兵法》"。而第十四回《赤发鬼醉卧灵官殿,晁天王认义东溪村》却有首词《临江仙》称赞吴用:"万卷经书曾读过,平生机巧心灵。六韬三略究来精。胸中藏战将,腹内隐雄兵。谋略敢欺诸葛亮,陈平岂敌才能。略施小计鬼神惊。名称吴学究,人号智多星。"[3]《临江仙》词文极力夸赞吴用足智多谋,可与诸葛亮、陈平相媲美。精通兵家韬略《六韬》《三略》,有"智多星"的雅号。《六韬》相传姜尚所撰,集先秦兵学思想之大成,以周文王、周武王与姜尚的对话方式,来阐述治国、治军的方略,姜尚也被誉为兵家权谋的始祖。《三略》相传是黄石公所赠

---

[1] 《宋史》卷四〇三《张威传》,中华书局1977年版,第12216页。
[2] (元)施耐庵:《水浒传》,第249页。
[3] 同上书,第180页。

第四章 文学视野下的《孙子兵法》传播研究

张良的一部兵书,是部专门讨论政略与战略的兵书,分上略、中略、下略。小说以《临江仙》深赞吴用精通《六韬》《三略》。而吴用亲口说他本人"只读些《孙吴兵法》"。显然两者发生了根本性的冲突,笔者认为,这可能是由于小说编撰者不同所导致的。在分析《水浒传》吴用用兵计谋时,理应依据《孙吴兵法》,这是因为他人所赞,不足为信。明明是吴用自己亲口说他"只读些《孙吴兵法》"。

《水浒传》第五十七回《徐宁教使钩镰枪,宋江大破连环马》记述,宋江依据《孙吴兵法》,想出了在山林当中伏击呼延灼的计谋:"《孙吴兵法》却利于山林沮泽。却将步军下山,分作十队诱敌,但见军马冲掩将来,都望芦苇荆棘林中乱走。"接着利用埋伏的钩镰枪军兵来活捉呼延灼,"却先把钩镰枪军士埋伏在彼,每十个会使钩镰枪的,间着十个挠钩手。但见马到,一搅钩翻,便把挠钩搭将人去捉了"[1]。《水浒传》作者安排宋江对《孙吴兵法》的应用,可以不妨做这样的推理,《水浒传》作者如此考虑:"近朱者赤,近墨者黑。"吴用身为军师,常常陪伴在宋江的身边,又因他对《孙吴兵法》的熟悉与不断地应用,潜移默化地影响了宋江。如此这样,《水浒传》的这种巧妙安排就不难被人理解了。

《水浒传》虽只两次提及《孙吴兵法》,但却涉及两个重要人物角色:一是吴用;二是宋江。这两个人物角色对《水浒传》整体布局有举足轻重的影响,《水浒传》的作者有意安排这两个人物对《孙吴兵法》的掌握,自然对《水浒传》中梁山泊所使用的用兵方略有全局性的统领作用。这也暗示《水浒传》作者熟悉《孙吴兵法》,具备这方面的知识素养。《孙吴兵法》是《孙子兵法》与《吴子兵法》的"合称",或者准确地说是"合本"。《孙子兵法》是由孙武所创,而《吴子兵法》是由吴起所创。《孙子兵法》和《吴子兵法》早在战国时期就在地处中原地带的韩国颇为流行,《韩非子·五蠹》云:"境内皆言兵,藏孙、吴之书者家有之。"[2] "孙之书"就是《孙子兵法》,

---

[1] (元)施耐庵:《水浒传》,第 753 页。
[2] (清)王先慎:《韩非子集解》,中华书局 1998 年版,第 452 页。

《孙子兵法》经世致用研究

"吴之书"就是《吴子兵法》。《史记·卫将军骠骑列传》又记载汉武帝曾建言霍去病学习"孙吴兵法":"天子尝欲教之孙吴兵法,对曰:'顾方略何如耳,不至学古兵法。'"从《韩非子》和《史记》的记载来看,至少在西汉武帝以前,《孙吴兵法》就一直受到兵学爱好者的重视,那么,《孙吴兵法》作为《孙子兵法》的一个特定版本,大概早已在那一时代就开始流传。不然就不会把它们两者总是相提并论。

《孙子兵法》在传播过程中,刊行版本固然很多。就国内而言,《孙子兵法》重要的版本分为两大系统:一为传本,以《十一家注孙子》和《武经七书》本为代表;另一为简册文书,1972年山东银雀山汉墓出土的竹简本《孙子兵法》,是现存"最早的本子"①。就国外而言,有樱田迪古文本《孙子》,是日本樱田迪于1851年刻印,为唐贞观年间的一个写本,是由日本学者吉备真备在8世纪从大唐带回日本。这个写本有不少文字与中国现行传本有一定的差别,自然有一定价值。从《韩非子》《史记》和《水浒传》的记载综合来看,学界似乎忽略、低估了《孙吴兵法》这一版本的重要性及其对社会的影响,而《孙吴兵法》可能早在战国时期就已形成"合本",并开始流传。而银雀山汉简《孙子兵法》出土于西汉时人的墓葬当中,但也不能排除《孙吴兵法》这一版本早于银雀山汉简本《孙子兵法》之前出现的可能性。《孙吴兵法》这一版本影响深远,这可从后世史书的记载中得到印证。宋代抗金名将岳飞喜好《孙吴兵法》,就是一个很好的证明。《宋史·岳飞传》记载岳飞:"少负气节,沈厚寡言,家贫力学,尤好《左氏春秋》、《孙吴兵法》。"②《武经七书》早在宋神宗时代就被确立为"兵经",但《水浒传》却不以《武经七书》本《孙子兵法》为底本来写,而独以《孙吴兵法》来写,这说明当时社会上《孙吴兵法》比《武经七书》的影响更为广泛,更受社会各界人士的欢迎,包括《水浒传》作者在内的社会底层文人都深受其影响。《水浒传》以吴用、宋江来谈说、应用《孙吴兵法》,突出《孙吴兵法》

---

① 杨善群:《孙子兵法鉴赏辞典》,上海辞书出版社2012年版,第285页。
② 《宋史》卷三六五《岳飞传》,第11375页。

第四章　文学视野下的《孙子兵法》传播研究

这一版本在《孙子兵法》传播过程中所起的重要作用。

三　《水浒传》对《孙子兵法》战术的书写

《水浒传》有意识地吸纳了《孙子兵法》的战术思想精髓。《水浒传》第五十七回《徐宁教使钩镰枪，宋江大破连环马》提到宋江曾用《孙吴兵法》计败呼延灼，但没有具体指明宋江究竟使用的是《孙子兵法》，还是《吴子兵法》？最根本的一点是，《孙子兵法》和《吴子兵法》是合本，因而没有必要具体指明。实际上，宋江使用的是《孙子兵法》战术思想。何以见得？这是因为宋江所言的"《孙吴兵法》却利于山林沮泽"这句话中的"山林沮泽"，是一种省略性的说法，它恰恰来自《孙子兵法·九地篇》："行山林、险阻、沮泽，凡难行之道者，为圮地。"① 因此说，宋江伏击呼延灼正是采用《孙子兵法》的战术思想，却不是采用《吴子兵法》的战术思想。

《水浒传》第七十九回《刘唐放火烧战船，宋江两败高太尉》记述，济州老吏王瑾给太尉高俅出了一个奸诈的毒计，在招安梁山泊义士的诏书中留有一个"后门"，妄图算计宋江、卢俊义。当时，高俅邀请参谋闻焕章一同计议此事的得失。《水浒传》专门称赞闻焕章："深通韬略，善晓兵机，有孙、吴之才调，诸葛之智谋。"言外之意，闻焕章有孙武、吴起一样的干才。他劝谏高俅："堂堂天使，只可以正理相待，不可行诡诈于人。倘或宋江以下，有智谋之人识破，翻变起来，深为未便。"从闻焕章的这番言语来看，显然认为该策略有些不妥当。闻焕章所持理由：一是天子之使要言而有信，不可行欺骗之事；二是担心宋江部下有聪明人识破计谋。高俅执意认为，闻参谋的分析毫无道理，根本没有必要去采取光明正大的行为，高俅这样认为："自古兵书有云：'兵行诡道。'岂可用得正大？"② 值得注意的一点是，高俅所言的"古兵书"却正是指的《孙子兵法》。高俅所说的"兵行诡道"，正是源于《孙子兵法·计篇》："兵者，诡道也。"③

---

① 杨丙安：《十一家注孙子校理》，第238页。
② （元）施耐庵：《水浒传》，第1025页。
③ 杨丙安：《十一家注孙子校理》，第12页。

《孙子兵法》既讲"正道"以治国，又讲"诡道"以胜敌。"诡道"之术是《孙子兵法》最为精妙独到的战术思想之一，《孙子兵法》有著名的"诡道"十二法。正如有的学者给予很高的评价：以便收到伪装欺敌、机动应敌、突袭扰敌的效果。诡道心法的根本原理是"攻其无备，出其不意"①。值得注意的是，《水浒传》作者以太尉高俅间接引用《孙子兵法》"兵行诡道"之言，来演绎高俅通晓《孙子兵法》，这一书写内容的安排，完全吻合高俅作为宋廷最高军政长官的身份。

《水浒传》对《孙子兵法》"虚实"战术应用有独到的书写。《孙子兵法》专门辟有《虚实篇》。《孙子兵法·虚实篇》讲究用兵打仗，知敌之虚实，努力做到避实击虚："夫兵形象水，水之形，避高而趋下，兵之形，避实而击虚。"② 这种战术主张在《水浒传》中发挥得淋漓尽致。百回本《水浒传》中"虚实"一词的应用，多达 26 次。试举几个用兵了解虚实重要性的例子：第七十七回《梁山泊十面埋伏，宋公明两赢童贯》记述，酆美劝谏童贯不可轻易用兵："枢相，彼必有计，不可亲临险地。且请回军，来日却再打听虚实，方可进兵。"③ 第七十八回《十节度议取梁山泊，宋公明一败高太尉》记述："宋江、吴用商议，必用着一个人去东京探听消息虚实，上山回报，预先准备军马交锋。"④ 第七回《混江龙太湖小结义　宋公明苏州大会垓》有一首诗，又从反面的角度来嘲笑方貌不知虚实，盲目用兵："兵知虚实方为得，将识存亡始是贤。方貌两端俱不省，冥驱八将向军前。"⑤

《水浒传》对《孙子兵法》"火攻"战术有多次书写。《孙子兵法》有著名的《火攻篇》，《水浒传》中"火攻"一词，曾出现两次：一是第六十七回《宋江赏马步三军，关胜降水火二将》赞扬单廷圭善于水攻，魏定国擅长火攻："单廷圭那厮，善能用水浸兵之法，人皆

---

① 程国政：《孙子兵法知识地图》，当代中国出版社 2013 年版，第 32 页。
② 杨丙安：《十一家注孙子校理》，第 124 页。
③ （元）施耐庵：《水浒传》，第 998 页。
④ 同上书，第 1007 页。
⑤ 同上书，第 1197 页。

第四章 文学视野下的《孙子兵法》传播研究

称为圣水将军;魏定国这厮,熟精火攻兵法,上阵专能用火器取人,因此呼为神火将军。"①《孙子兵法》中的《火攻篇》,不仅讲求"火攻"战术,而且还注重"水攻"战术:"以火佐攻者明,以水佐攻者强。"②《水浒传》对"火攻""水攻"战法,两者兼重,《水浒传》这种书写方式与《孙子兵法》中的《火攻篇》的主张完全一致,是《孙子兵法》"火攻""水攻"战术的具体演绎。二是第六十九回《东平府误陷九纹龙,宋公明义释双枪将》有一首诗,特地赞扬宋江仁义大度,而且擅长火攻战术:"神龙失势滞飞升,得遇风雷便不情。豪杰相逢鱼得水,英雄际会弟投兄。千金伪买花娘俏,一让能成俊义名。水战火攻人罕敌,绿林头领宋公明。"③而《水浒传》对"火攻"场面的描写,实际却远远不止上述"两次",又如孙二娘等人在祝家庄放火与宋江等人里应外合攻打祝家庄等。正是由于《孙子兵法》的一些战术思想有机融入《水浒传》故事情节中,因而使得《水浒传》的战例异彩纷呈,如在眼前。敌我双方的胜败结局水到渠成,不再是空中楼阁、空穴来风。《水浒传》也正是通过吴用、宋江、闻焕章、高俅等人在多种场合下应用《孙子兵法》,精致地展示、证明了《孙子兵法》特有的兵学魅力。

综上所述,《水浒传》对《孙子兵法》有独具特色的书写,这种书写方式使《水浒传》的战争艺术描写更上了一层楼,对后人学习战争艺术有一定的借鉴价值。《水浒传》以《孙子兵法》来推演战争活动,有声有色,显示出小说作者对《孙子兵法》深刻地理解与精妙的把握。中国古典小说四大名著已有三部被证明不同程度上渗透了《孙子兵法》的影响,《西游记》尚且除外。其中,《孙子兵法》对《三国演义》的影响最为直接而又明显④。《孙子兵法》对《红楼梦》的

---

① 同上书,第881页。
② 杨丙安:《十一家注孙子校理》,第281页。
③ (元)施耐庵:《水浒传》,第903页。
④ 杜贵晨、周晴:《试论〈三国演义〉为通俗小说体兵书——〈三国演义〉对〈孙子兵法〉的推重与演绎》,《学术研究》2013年第6期。

影响比较隐晦，不易让人觉察①。相比之下，《孙子兵法》对《水浒传》的影响，却是介于两者之间，或隐或显，给人一种"朦朦胧胧"的感觉。这也同时让人看到，《孙子兵法》穿越文学时空的力量，足以令世人震撼。

令人值得赞叹的是，《水浒传》对《孙子兵法》的书写，还演绎出两种不同人物类型对《孙子兵法》的应用。一类是正面人物形象宋江，他在应用《孙子兵法》战术思想上有非凡的表现。另一类是反面人物形象高俅，他应用《孙子兵法》"诡道"战术思想，妄图算计宋江、卢俊义，却被有心人闻焕章识破。《水浒传》特意采用这种对比写作手法，让世人感受到《孙子兵法》在传播过程中，既给仁人君子提供了智慧的源泉，也为奸佞小人提供了害人的伎俩。《水浒传》以隐喻的方式阐释了《孙子兵法》应用的双极效应。它以一种独特的方式提醒世人：《孙子兵法》尽管作为一种兵学理论，但却是一种实用性很强的理论工具，其服务的对象没有限制，最主要的限制在于学习者对《孙子兵法》的体悟程度。《水浒传》以辩证哲理的思维高度告诫世人，《孙子兵法》虽为"至宝"，但其本身应用却有两面性。

第五节 《孙子兵法》对《红楼梦》的影响

《孙子兵法》与许多文学作品有千丝万缕的联系，魏晋时期就已显露端倪。如左思《魏都赋》有"毕出征而中律，执奇正以四伐""朝无刓印，国无费留"②，其中的"奇正""费留"这两个特定词语，分别来源于《孙子兵法》的《势篇》与《火攻篇》。文学评论家刘勰的《文心雕龙》有"孙武《兵经》，辞如珠玉，岂以习武而不晓文也！"③ 此处提及的"孙武《兵经》"，就是指的《孙子兵法》。此外，

---

① 阎盛国：《略论〈孙子兵法〉对〈红楼梦〉的影响》，《河北师范大学学报》（哲学社会科学版）2013年第4期。
② 高步瀛：《文选李注义疏》，中华书局1985年版，第1382页。
③ 王利器：《文心雕龙校证》，上海古籍出版社1980年版，第292页。

第四章　文学视野下的《孙子兵法》传播研究

《孙子兵法》对唐代诗歌有重要的影响，《孙子兵法》对宋代诗词的影响也不例外，有的小说甚至受《孙子兵法》的影响，典型的例子莫过于《三国演义》，其"思想倾向、战争人物形象的典型塑造和战争描写等方面都受到《孙子兵法》潜移默化的影响"①。这些情况表明《孙子兵法》对文学创作有着不可忽视的影响。尤其令人值得注意的是，《孙子兵法》还影响到了《红楼梦》与曹雪芹本人。本节尝试分析《孙子兵法》对《红楼梦》的影响，并对这一现象展开更深层次的解读。

一　《孙子兵法》影响《红楼梦》的证据

究竟有何直接的证据证明《孙子兵法》影响了《红楼梦》？笔者正是通过曹雪芹《红楼梦》第七十三回的有关情节与《孙子兵法·九地篇》《孙子兵法·计篇》相关材料，两者进行比较分析之后所得出的结论。这三则材料分别如下所示：

材料1：《红楼梦》第七十三回：谁知探春早使了眼色与侍书，侍书出去了。这里正说话，忽见平儿进来。宝琴拍手笑道："三姐姐敢是有驱神召将的符术？"黛玉笑道："这倒不是道家法术，倒是用兵最精的所谓'守如处女，出如脱兔'，'出其不备'的妙策。"二人取笑。宝钗便使眼色与二人，遂以别话岔开。②

材料2：《孙子兵法·九地篇》：是故政举之日，夷关折符，无通其使，厉于廊庙之上，以诛其事，敌人开阖，必亟入之，先其所爱，微与之期，践墨随敌，以决战事。是故始如处女，敌人开户；后如脱兔，敌不及拒。③

材料3：《孙子兵法·计篇》：攻其无备，出其不意。此兵家之胜，不可先传也。④

材料1与材料2两相比较，就会发现材料1的《红楼梦》中林黛

---

① 陈颖：《〈三国演义〉与〈孙子兵法〉——中国战争小说与兵学文化关系研究之一》，《福建师范大学学报》（哲学社会科学版）2001年第4期。
② （清）曹雪芹、高鹗：《红楼梦》，人民文学出版社1964年版，第952页。
③ 杨丙安：《十一家注孙子校理》，第264—266页。
④ 同上书，第18—19页。

玉所说的"守如处女，出如脱兔"这句话，倒与材料2的《孙子兵法·九地篇》"始如处女，敌人开户；后如脱兔，敌不及拒"有明显的巧合之处。最显眼的地方，无论林黛玉，还是孙子，无一例外都使用了"如处女""如脱兔"这两个相同的比喻。《孙子兵法·九地篇》有两个重要的比喻：一是"如处女"；二是"如脱兔"。阅读《孙子兵法》，就会感受到孙子讲究修辞方式的使用，一个鲜明的表现是孙子善于应用比喻。《孙子兵法·军争篇》还有这样生动的比喻："其疾如风，其徐如林，侵掠如火，不动如山。"而《孙子兵法·九地篇》"始如处女，敌人开户；后如脱兔，敌不及拒"中的两个比喻独具一格，与众不同。一个是"如处女"，形容作战开始要像"处女"一样文静，藏形而不露。另一个是"如脱兔"，形容要善于把握作战时机，行动迅速，使敌人措手不及。孙子的这两个非同寻常的比喻，表达的不只是一种战术思想，其背后还隐藏着诡谲的权谋之术。

　　《孙子兵法》影响《红楼梦》的证据已被初步发现，这难道仅仅是一种巧合吗？显然不是。《红楼梦》还有其他证据可以证明林黛玉援引的是《孙子兵法》。这又是如何分析出来的？第一，我们需要注意材料1提供的另外一个重要信息。材料1中有林黛玉所说的前半句话："这倒不是道家法术，倒是用兵最精的所谓……"林黛玉显然否定了薛宝琴所说的道家之术，特别强调是与用兵有关，是兵家之术。"所谓"这两个字却又揭示出林黛玉是援引他人之说，"用兵最精的"，又非《孙子兵法》莫属。这是《孙子兵法》影响《红楼梦》提供了另外一个重要证据。第二，再比较材料1与材料3，就会发现材料3的《孙子兵法·计篇》中的"出其不意"与材料1的《红楼梦》中林黛玉所说的"出其不备"，不仅在文字表述上相似，而且在意思上完全相近。换句话说，林黛玉所说的"出其不备"，正是《孙子兵法》所谓的"出其不意"的翻版。"出其不意"本是《孙子兵法》一个重要的战术指导思想。而林黛玉"出其不备"的说法，虽没有像前边的两个比喻"如处女""如脱兔"那样的引人注目，但却能引发人的思考与联想，让我们再次发现《孙子兵法》与《红楼梦》发生了直接的关联。以上三个重要的证据，再加上林黛玉所说的"用兵最精

第四章 文学视野下的《孙子兵法》传播研究

的"这个大前提,足以证明《孙子兵法》的确影响了《红楼梦》。也许有人会反驳说:林黛玉的援引与《孙子兵法》故有的章句不完全的一致,这倒也是客观事实。但我们要认识到,林黛玉的身份不是文献学家,也不是考据学家,完全没必要去要求她恪守原有的章句。更何况引用本身就分为两种:一是直接引用,不改变原有文字的引用;二是间接引用,师其意而用之。在不改变原文文意的基础上,对文字适当地进行修正,来适应自己的风格。显然,《红楼梦》中林黛玉的援引不属于直接引用,而是属于灵活的间接引用,体现的是一种适合林黛玉的身份与人物个性的风格。由上可见,《孙子兵法》影响《红楼梦》有三个重要的证据。一是"出其不意"(林黛玉用"其出不备"),比较隐晦。另外两个证据最鲜明:一是"如处女";二是"如脱兔"。

《孙子兵法》中"如处女""如脱兔"的两个比喻用以书写人物的行动风格,显然《红楼梦》不是最早,司马迁《史记》曾用这两个比喻来形容人的独特行动风格。《史记·田单列传》:"太史公曰:兵以正合,以奇胜。善之者,出奇无穷。奇正还相生,如环之无端。夫始如处女,敌人开户;后如脱兔,敌不及距:其田单之谓邪!"[1] 司马迁借用《孙子兵法》两个比喻"如处女"与"如脱兔",来形容齐国田单在抗击燕军的过程中独特的行动风格。唐人司马贞对《史记·田单列传》中"如处女"的注解是"言兵之始,如处女之软弱也"。对"如脱兔"的注解是"言克敌之后,卷甲而趋,如兔之得脱而走疾也。敌不及距者,若脱兔忽过,而敌忘其所距也"。由此可见,《红楼梦》借用《孙子兵法》"如处女""如脱兔"两个比喻形容探春的处事风格,真是恰到好处。曹雪芹正是看中《孙子兵法》这一思想精髓,以简洁、生动的笔法,淋漓尽致地展现了探春的个性风格,手腕高明,计谋巧妙,吻合《孙子兵法》的用兵之道。

二 《孙子兵法》影响《红楼梦》的原因

挖掘《孙子兵法》对《红楼梦》影响的原因非常重要,这是我

---

[1] 《史记》卷八二《田单列传》,第2456页。

们考察两者发生最终联系的关键性纽带，对于认识传统文化影响小说创作者的思维方式有重要意义。在曹雪芹生动而又灵敏的笔下，两位智谋型的女性人物被大书特书：一是王熙凤；二是探春。王熙凤与探春有一个共同的特点是擅长管理，治家有方。古人有"家国一体"的观念，修身、齐家则可治国、平家下。显而易见，曹雪芹刻意塑造这两位人物形象，揭示其内心蕴藏着一种经国济世的学术情怀，这另可从《红楼梦》人物言语中领略一二。最经典的体现是，曹雪芹在《红楼梦》第四十二回借薛宝钗之口吐露情怀。宝钗所说的这两句话非同凡响，令人回味无穷。一是"男人们读书不明理，尚且不如不读书的好"。二是"男人们读书明理，辅国治民，这才是好"①。这些画龙点睛之笔，再次反映出曹雪芹本人经国济世的情怀。这种情怀使得曹雪芹格外欣赏《孙子兵法》的谋略思想。因而，他才会在创作当中有意识地把《孙子兵法》的一些特色元素与谋略思想巧妙地移植到《红楼梦》中。现代心理学把人的情感内驱力与外界压力之间的对峙和纠葛称为"情结"。创作就是"情结"的排解、疏泄、转移、升华。这种理论有助于揭示作家创作的深层心理奥秘。② 可以看出，曹雪芹的心理奥秘就是把自己的经国济世的学术情怀，巧妙地寄托在王熙凤与探春两个女子身上。从中可见，《孙子兵法》影响《红楼梦》的原因之一，是曹雪芹经国济世的情怀。

  王熙凤心计多端，为人熟知。探春是一位有胆有识、才华出众的人物。"她的聪明能干不亚于王熙凤。"③ 值得一提的是，探春在处理"累金凤"事件上，有不同凡响的表现。首先是震慑住了嚣张的玉柱儿媳妇。但最妙的是，探春灵活机警，善于把握时机，及时请来平儿，在不惊动凤姐的情况下，平儿代行凤姐之权，大事化小，小事化了。探春正是通过及时请来平儿，最终八面玲珑地处置了"累金凤"事件，成功保全了事件各方人物的脸面。而"累金凤"事件中的一个

---

① （清）曹雪芹、高鹗：《红楼梦》，第519页。
② 刘上生：《〈红楼梦〉的真甄假贾和曹雪芹的创作情结（下）》，《红楼梦学刊》1997年第2期。
③ 毛保安：《曹雪芹笔下的探春》，《红楼梦学刊》1999年第3期。

第四章 文学视野下的《孙子兵法》传播研究

精彩插曲，就是《红楼梦》第七十三回所言："探春早使了眼色与侍书，侍书出去了。这里正说话，忽见平儿进来。"对于探春处置"累金凤"事件的行动风格，曹雪芹有经典性的描述，那就是《红楼梦》中林黛玉援引《孙子兵法》"如处女"的比喻，形容探春在处理"累金凤"事件之初，文静而不动声色。又使用《孙子兵法》"如脱兔"的比喻，形容探春行动敏捷，善于把握时机。林黛玉这一精彩点评，显示探春处事风格具有兵家神奇之理，先前是"如处女"的神态，后边是显露"如脱兔"的本色，从而使《孙子兵法》与《红楼梦》微妙地联系到一起。曹雪芹正是看中《孙子兵法》这一谋略思想精髓，以简洁、生动的笔法，淋漓尽致地展现了探春的个性风格，手腕高明，计谋巧妙，吻合《孙子兵法》的谋略之道。《孙子兵法》与《红楼梦》看似风马牛不相及，最终却有契合之处。无一例外，两者契合之处全都体现了谋略思维的应用。无论《红楼梦》，还是《孙子兵法》，它们当中都蕴含了浓厚的谋略思维。由此可见，《孙子兵法》影响《红楼梦》的原因之二，是中国古代"尚谋轻技，尚谋轻力"[①]的文化传统所造成的。

有学者考证认为："曹雪芹的祖上曹锡远，早在后金时期就加入了满洲族籍，隶属满洲正白旗。到了曹雪芹这一代，曹家已经在满族中生活了100多年，满族文化已经渗透了曹家的方方面面。不论从曹雪芹自身，还是从其著作《红楼梦》中都可以找到与满族文化千丝万缕的联系。曹雪芹应该是满化了的汉族人，也可以说就是满族人。"[②] 由此延伸出来的一个问题：曹雪芹作为一个满族人，有了解《孙子兵法》客观的社会条件吗？这种疑问是完全可以解答的。清初就已出现了多种满文版本的《孙子兵法》。"根据统计，顺（治）、康（熙）、雍（正）三朝共计有41种关于《孙子兵法》的著作刊刻行世。"[③]《孙子兵法》在当时有着广泛的传播，不仅有汉文本，而且还有满文

[①] 李零：《兵以诈立——我读〈孙子〉》，中华书局2006年版，第45页。
[②] 赵志忠：《曹雪芹民族身份辩析》，《社会科学家》2010年第8期。
[③] 于汝波：《孙子兵法研究史》，第156页。

本、蒙文本。于汝波主编的《孙子学文献提要》一书，对此种情况做了具体而又翔实的说明。清代有"满汉合璧孙子，（明）王世贞评释（清）佚名译"[①]。内容是分上下两栏，下栏抄录《孙子》十三篇原文及王世贞评释文字；上栏为《孙子》原文的满文翻译，具体内容参见王世贞《孙子评释》。另有"（满蒙汉合璧）孙子兵法二卷，译者不详"。内容是《孙子兵法》满文、蒙文、汉文对照排列。有"（满汉合璧）孙子十三篇，（清）三格译"。内容是《孙子兵法》满文、汉文对照。有"（满汉合璧）孙子十三篇吴子六篇，佚名译"。内容是《孙子兵法》满文、汉文两相对照。由于当时已有多种文本的《孙子兵法》，即使曹雪芹是满族人，同样具备了熟悉《孙子兵法》的客观社会条件。由此看出，《孙子兵法》影响《红楼梦》原因之三是《孙子兵法》多种文本的广泛传播。

三 《孙子兵法》对曹雪芹个人素养的影响

《孙子兵法》的谋略思想直接影响《红楼梦》的情节创作，侧面表明曹雪芹熟知《孙子兵法》。无独有偶，《红楼梦》另有其他的故事情节显示曹雪芹重视用兵谋略，这是体现在《红楼梦》第七十八回，贾政与其幕友分外感慨恒王用兵失败，"姽婳将军"——林四娘英勇献身的动人一幕。贾政细细讲述了这一轶事的来龙去脉。历史上曾有这样一位恒王，奉朝廷之命出镇青州。但这恒王最喜女色，公务之余，爱好武事。因此，恒王选了许多美女，日日练习武事。每每公务之余，连日摆设宴席，下令众美女进行作战演练，熟悉战争攻拔之事。其中，有一位美姬，姓林排行老四，她的姿色冠盖群芳，而且武艺精湛，人人称之为林四娘。恒王对她最为得意，于是乎，恒王超常越级提拔林四娘，让她统辖这支美女之军，特称为"姽婳将军"。谁知事情就在第二年发生了，"黄巾""赤眉"残余势力聚集乌合之众，在太行山以东一带抢掠。而恒王骄傲轻敌，认为"黄巾""赤眉"残余之部实属犬羊之辈，不必征发大军，便率领轻骑前去围剿。万万没有料到的是，"黄巾""赤眉"的首领颇有诡谲智谋之术，恒王接连

---

① 于汝波：《孙子学文献提要》，第149页。

第四章 文学视野下的《孙子兵法》传播研究

两次交战不胜,于是被"黄巾""赤眉"部众杀死。当时青州城内所有的文武官员,人人都说:"恒王尚且不能战胜敌人,你我等人怎能有所作为?"于是文武官员便要准备献出城池,投降"黄巾""赤眉"。林四娘听到恒王战死的消息,于是召集女军将士,她发令说:"你我等人一向蒙受恒王的大恩大德,即使感天戴地,也不能报答万分之一。如今恒王既然殉身于国家,我们也应当献身于恒王。你们当中有愿意跟随我者,到时请同我一起前往,与敌人决一死战;有不愿意前去者,也请早早离散。"众位女军将士,听林四娘这么一说,异口同声说:"愿意!"于是林四娘率领这些女军将士,连夜出城,一直杀到敌营,里面的敌人猝不及防,就被林四娘等人斩杀了几个首领。后来,敌人发现来犯者只不过是几个娇弱女子,料她们不能成就什么大事,于是回头进行反攻,奋力厮杀,把林四娘等人一个不曾留下,林四娘等人全部战死的消息传到朝廷当中,上至天子,下至文武百官,无不为之叹息。

《红楼梦》主角贾宝玉就是以这个凄凉悲绝的战事为主题创作了《姽婳词》,贾宝玉以长赋体裁,把林四娘的故事情节发挥到了极致,栩栩如生再现了恒王战死、林四娘忠义献身之情景。《姽婳词》完整的内容是根据《红楼梦》相关情节整理如下:

> 恒王好武兼好色,遂教美女习骑射;秾歌艳舞不成欢,列阵挽戈为自得。眼前不见尘沙起,将军俏影红灯里;叱咤时闻口舌香,霜矛雪剑娇难举。丁香结子芙蓉绦,不系明珠系宝刀;战罢夜阑心力怯,脂痕粉渍污鲛绡。明年流寇走山东,强吞虎豹势如蜂;王率天兵思剿灭,一战再战不成功;腥风吹折陇中麦,日照旌旗虎帐空。青山寂寂水溘溘,正是恒王战死时;雨淋白骨血染草,月冷黄昏鬼守尸。纷纷将士只保身,青州眼见皆灰尘;不期忠义明闺阁,愤起恒王得意人。恒王得意数谁行:姽婳将军林四娘;号令秦姬驱赵女,秾桃艳李临疆场;绣鞍有泪春愁重,铁甲无声夜气凉;胜负自难先预定,誓盟生死报前王。贼势猖獗不可敌,柳折花残血凝碧;马践胭脂骨髓香,魂依城郭家乡隔。星驰

时报入京师,谁家儿女不伤悲!天子惊慌愁失守,此时文武皆垂首。何事文武立朝纲,不及闺中林四娘?我为四娘长太息,歌成余意尚彷徨![1]

尤其值得一提的是,《红楼梦》别有韵味提及"姽婳将军",这一称谓,很是特别。根据启功的注解,"姽婳"是指"女子神态安闲、容颜美好的样子"[2]。显然,"姽婳将军"本意是指那些容颜美好的将军,实际上是讽刺那些中看不中用的将军。笔者认为,单纯赞赏巾帼英雄林四娘,显然不是曹雪芹的本意。这是因为"《红楼梦》基本特色的'虚实离合'相映衬。比如诸联《红楼评梦》以'实者皆虚'和'虚者皆实'评说《红楼梦》"[3]。细细琢磨贾宝玉《姽婳词》的内容,正是曹雪芹有意借贾宝玉之口说出:"何事文武立朝纲,不及闺中林四娘?"曹雪芹嘲讽那些文武百官在忠义上比不上林四娘,这仅仅是其用意之一。用意之二是,曹雪芹对用兵无术、骄傲轻敌的恒王进行了专门讽刺,恒王表面上喜好军事,但却华而不实,没有真正的统兵本事和指挥作战的军事才能,只是哗众取宠。曹雪芹悲悯林四娘虽然忠义可嘉,但到头来和恒王一样,兵败身亡,殒身于疆场。显而易见,曹雪芹内心还蕴藏着经国济世的学术情怀,强调用兵之术中智谋的重要性。曹雪芹意在告诉人们一个重要的道理:用兵打仗仅仅依靠鲁莽和勇敢是无济于事的。这种认识与《孙子兵法》是一致的,《孙子兵法》把将帅的智谋排在第一位,而不是把勇敢排在第一位。《孙子兵法·计篇》:"将者,智、信、仁、勇、严也。"[4] 无论恒王,还是"姽婳将军"林四娘,他们虽然称得上勇敢,但最终却只能以失败而告终。相比而言,曹雪芹更钟情于《孙子兵法》的谋略之术,所以,他才会对探春妙施巧计,另眼相看。曹雪芹钟爱《孙子兵

---

[1] (清)曹雪芹、高鹗:《红楼梦》,第1028—1030页。
[2] (清)曹雪芹、高鹗:《红楼梦》,第1027页。
[3] 张方:《在历史与虚构之间的索隐及解读——〈红楼梦〉评论的小说虚实观》,《云梦学刊》2002年第5期。
[4] 杨丙安:《十一家注孙子校理》,第7页。

第四章 文学视野下的《孙子兵法》传播研究

法》的感情,于是乎,便寄托在"多病西施"林黛玉的身上。《红楼梦》中,曹雪芹巧借黛玉之口赞誉《孙子兵法》的用兵之道:"倒是用兵最精的。"至此,曹雪芹欣赏《孙子兵法》,对《孙子兵法》怀有特殊的情结,也就不难被人理解了。因而,《孙子兵法》与《红楼梦》的结缘,还可以证明曹雪芹熟知《孙子兵法》,其本人具有一定的兵学素养。

综上所述,《孙子兵法》对《红楼梦》有鲜为人知的影响。《孙子兵法》是兵学圣典,而《红楼梦》是一部百科全书式的集大成之作,诗书琴画自不必说。令人叹为观止的是,《孙子兵法》谋略思想在《红楼梦》之中熠熠生辉。仔细分析《红楼梦》的一些情节内容,会发现一个很少为人关注的重要信息:林黛玉评点探春时,援引了《孙子兵法》两个重要比喻。黛玉借此对探春做了精彩点评,使《孙子兵法》与《红楼梦》微妙地联系在一起,《红楼梦》影响《孙子兵法》的两个最鲜明证据是"如处女""如脱兔",从中显露出庐山真面目。这一重要现象的发现,一方面,显示出探春处事风格具有兵家神奇之理,吻合《孙子兵法》的用谋之道。另一方面,又暗示曹雪芹熟知《孙子兵法》。曹雪芹不仅学识渊博,而且具有一定的军事素养,内心蕴藏着经国济世的学术情怀。同时,侧面反映出《孙子兵法》在当时满族贵族社会中间传播的客观现实。总之,《红楼梦》潜伏着《孙子兵法》的影响,《孙子兵法》中的一些特色元素被巧妙地嵌入了《红楼梦》故事情节。令人不得不叹服《孙子兵法》影响之广泛、深远,以及曹雪芹独具匠心的安排。

第五章 《孙子兵法》古代应用个案研究

第一节 从《孙子兵法》审视项羽巨鹿之战的致胜因素

项羽年轻的时候，追随叔父项梁避难于江淮地区。这一期间，项羽曾经在项梁的指导下学习研究过兵法。司马迁《史记》记载："项籍少时，学书不成，去学剑，又不成。项梁怒之。籍曰：'书足以记名姓而已。剑一人敌，不足学，学万人敌。'于是项梁乃教籍兵法，籍大喜，略知其意，又不肯竟学。"① 此处重点关注的信息是"项梁乃教籍兵法"，项梁所教项羽的"兵法"是指《孙子兵法》。主要推断证据有三：其一，战国时代，《孙子兵法》已经广泛传播。《韩非子》云："境内皆言兵，藏孙、吴之书者家有之。"② 孙之书就是指孙武所创作的《孙子兵法》，吴之书就是指吴起的《吴子》。《孙子兵法》对军事将领的吸引力很大，司马迁这样评述，"世俗所称师旅，皆道《孙子》十三篇"③。出身于军事世家的项梁，拥有和通晓《孙子兵法》，自然是合乎情理的。项梁本人深谙兵法，"每吴中有大徭役及丧，项梁尝为主办，阴以兵法布勒宾客及子弟，以是知其能"。其中"阴以兵法布勒"④，就是项梁通晓兵法最有力的证明。其二，是

---

① 《史记》卷七《项羽本纪》，第295—296页。
② 王先慎撰，钟哲点校：《韩非子集解》卷一九《五蠹》，第452页。
③ 《史记》卷六五《孙子吴起列传》，第2168页。
④ 《史记》卷七《项羽本纪》，第296页。

第五章 《孙子兵法》古代应用个案研究

"项羽年轻时就学习过'兵法'。古人多称《孙子兵法》为'兵法'"①。其三，是项羽用兵之法可以佐证他学习的是《孙子兵法》。学者陈业新如此评价项羽"用兵神速、以少击众和布阵严整、长于力战"②。同《孙子兵法》追求"兵之情主速"③ "以少合众"④ "堂堂之阵"⑤ "侵掠如火"⑥ 数种战术动作是相一致的，这些都极其符合项羽用兵的特点。

对于项羽学习《孙子兵法》的效果，历来多有褒贬。有人批评项羽学习《孙子兵法》不用力。有人赞扬项羽学习《孙子兵法》的效果好。如明人何孟春曾这样认为："项籍喜兵法，略知其意而不肯竟学，是真能学兵法者。"⑦ 但这一说法自然难以令人信服，笔者认为，项羽学习《孙子兵法》自然是有所得，亦有所失。"得"是说项羽"略知其意"，大体粗略懂得《孙子兵法》，具体体现在项羽重点学习了《孙子兵法》战术思想，领会了孙子的战术思维，因此"身七十余战，所当者破，所击者服，未尝败北"⑧，这也说明项羽战术水平一流。"失"是说项羽"不肯竟学"，浅尝辄止，没有把《孙子兵法》战略核心思想学到家。由此可见，项羽虽学了《孙子兵法》，但战略思想学而不精，战术思想却炉火纯青。做一个优秀的战术家要比做一个优秀的战略家要容易得多，项羽仅仅停留在一个战术家的水平层次上。这为他赢得杰出战术家桂冠的同时，也最终让他失去执掌天下的权杖。众所周知，项羽一生当中最辉煌的战绩就是巨鹿之战，因为他

---

① 于汝波：《孙子兵法研究史》，第59页。《史记·项羽本纪》记载，项羽年轻时就学习过"兵法"。古人多称《孙子兵法》为"兵法"。如《尉缭子》、《鹖冠子》、《黄帝内经》等都是如此，《史记》、《汉书》记载秦汉时人对《孙子兵法》的称谓也多简称为"兵法"。即使当时人所言"兵法"不是专指《孙子兵法》者，其泛指的"兵法"一般也都应包括《孙子兵法》在内。所以，项羽所学兵法应有《孙子兵法》，当是不成问题的。
② 陈业新：《试论项羽兵法》，《浙江学刊》2000年第2期。
③ 杨丙安：《十一家注孙子校理》，第245页。
④ 同上书，第224页。
⑤ 同上书，第152页。
⑥ 同上书，第143页。
⑦ 凌稚隆辑校、李光缙增补：《史记评林》第2册，天津古籍出版社1998年版，第2页。
⑧ 《史记》卷七《项羽本纪》，第334页。

《孙子兵法》经世致用研究

在这一战役当中把战术水平发挥到极致。本节旨在从《孙子兵法》的视角来审视项羽巨鹿之战制胜的主要因素。

一 从《孙子兵法》审视巨鹿之战的地理因素

地理因素是影响战争胜败的重要因素之一。《孙子兵法》清晰地指出地理环境一定程度上影响到作战行动,孙子的《地形篇》作了具体的论述。孙子把常见的地理环境分为六种:"地形:有通者,有挂者,有支者,有隘者,有险者,有远者。"① 通形是指"我可以往,彼可以来"的这种地理环境。在这种环境下,要事先占据高处向阳有利于生存的地势,保持粮道畅通,作战就会有利。"挂形"是指"可以往,难以返"的这种地理环境。在挂形环境下,当敌人没有防备的情况下,可以"出而胜之",当敌人有了防备的情况下,出击敌人就不能取胜。这种地理环境难以返回,对作战行动不利。"支形"是指"我出而不利,彼出而不利"这种地理环境。在支形地理环境下,敌方的行动虽然有利于我方,我方也不能前出。要让敌人离开这种地理环境,让敌人出到一半时攻击敌人是有利的。对于"隘形"这种地理环境,当我们事先占据的情况下,一定要兵力充足等待敌人前来进攻。当敌人事先占据的情况下,如果敌人兵力充足就不要攻击。如果敌人的兵力不足,可以进攻。对于"险形"的地理环境,在我方事先占据的情况下,一定要占据高处向阳有利于生存的地方等待伏击敌人;如果敌人事先占据,要"引而去之",不要进行攻击。对于"远形"这种地理环境,双方势均力敌的情况下是很难进行挑战的,在远形的地理环境下作战是不利的。总之,孙子阐明了一个重要道理:不同的地理环境,采取的作战行动不一样。同样一种地理环境,当面临的实际情况不一样时,采取的行动也应当是不一样的。关键的一点是要做到"因地而变",就是因环境而变。这是孙子关于地理环境影响人行为活动的科学性论述。

巨鹿之战的地理因素有些不同寻常之处。巨鹿之战这一战役名称显而易见是从地名上命名的,在一定程度上,也说明巨鹿之战的地理

---

① 杨丙安:《十一家注孙子校理》,第217—218页。

第五章 《孙子兵法》古代应用个案研究

环境有一定的特殊性。对于巨鹿之战发生地的周边地理环境，在一些史籍当中有一些具体的描绘。《吕氏春秋》云："何谓九薮？吴之具区，楚之云梦，秦之阳华，晋之大陆，梁之圃田，宋之孟诸，齐之海隅，赵之巨鹿，燕之大昭。"高诱注"赵之巨鹿"："广阿泽也。"① 顾祖禹《读史方舆纪要》详细说明广阿泽的情况：广阿泽，县北五里。亦曰大陆，亦曰巨鹿，接赵州隆平县界。《吕氏春秋》："晋之大陆，赵之巨鹿也。"《十三州志》："广阿泽，即唐、虞时大麓地，东西广二十里，南北三十里，葭苇鱼蟹之利，充牣其中。"② 由此可知，古时巨鹿的北面是广阔的湖泽。关于古代巨鹿的行政区划设置的情况，班固《汉书·地理志》云："巨鹿郡，秦置。属冀州。户十五万五千九百五十一，口八十二万七千一百七十七。县二十；巨鹿，《禹贡》大陆泽在北。纣所做沙丘台在东北七十里。"这里得到一个重要的信息：除了大湖泽之外，就是东北七十里曾建有沙丘台，地势比较险要。关于《汉书·地理志》巨鹿之"鹿"的注解云："应邵曰：'鹿，林之大者也。'臣瓒曰：'山足曰鹿。'师古曰：'应说是。'"③ 大致可以说明巨鹿周边曾有大片森林。有大片森林存活的地方，往往必然有大山存在。因而，臣瓒的说法也不是没有一定的道理。由此可见，古代巨鹿的地理环境大致情况是，北边有大湖泽，旁边有大山、大森林。另外，《读史方舆纪要》云："故巨鹿县城，即平乡县治也。"顾祖禹引《括地志》："县境左舒而右缩，洺河在境上，沙河在境外。"④《畿辅通志》对巨鹿的军事战略要地的价值有深刻的认识："东控堂阳巨鹿，西连冰井三台，为天雄信都之孔道，山左右之通衢。"因此，巨鹿之战的主战场的地理环境很特殊，不是一般常见的地理环境。

孙子指出："夫地形者，兵之助也。"⑤ 尽管地理因素很重要，但

---

① 《吕氏春秋》卷一三《有始览》，上海书店1985年版，第125页。
② （清）顾祖禹：《读史方舆纪要》卷一五《北直六》，贺次君、施和金点校，中华书局2005年版，第670页。
③ 《汉书》卷二八上《地理志上》，中华书局1962年版，第1575页。
④ 顾祖禹：《读史方舆纪要》卷一五《北直六》，贺次君、施和金点校，第668页。
⑤ 杨丙安：《十一家注孙子校理》，第226页。

孙子明确指出地理环境对于作战只起辅助作用，孙子彻底否定了"地理环境决定论"的思想。虽然有时地理环境不利，但"人"具有主观能动性，可以主动地选择地理环境，使之有利于自己的行动。巨鹿之战的周边地理环境是非常特殊的，这样特殊的地理环境优势最初既不属于项羽军队，也不属于诸侯军，而是被章邯、王离的军队所占据。"章邯引兵至邯郸，皆徙其民河内，夷其城郭。张耳与赵王歇走入巨鹿城，王离围之。"① 当时陈馀北收常山之兵数万人，驻军巨鹿北面。"章邯军巨鹿南棘原，筑甬道属河，饷王离。王离兵食多，急攻巨鹿。"② 面对秦军占据的地理环境的有利条件，项羽采用了孙子"夺其所爱"③ 的战术思想，"项羽兵数绝章邯甬道，王离军乏食，项羽悉引兵渡河"④。至此，项羽完成了由作战被动向作战主动的根本性转变。

二　从《孙子兵法》审视项羽部下的心理因素

《孙子兵法》关注人的心理对于军事作战的影响，孙子特别强调"人情之理，不可不察"⑤。要求统帅一定时时刻刻关注部下的心理活动，不可忽视部下心理状态的剧烈变化。

巨鹿之战的前夕，诸侯军及项羽军队本身所处的地理和作战环境极为不利，章邯的凌厉攻势让诸侯军畏敌如虎。更为严重的是，诸侯军面对咄咄逼人的秦军攻势，恐惧心理笼罩着诸侯军全体上下。当时的情况可见诸史书的记载：巨鹿城中兵少食尽，张耳多次派人向陈馀求助，陈馀考虑兵少，"不敌秦，不敢前"⑥。当时，燕军、齐军、楚军听说赵国危急，都来救援。张敖北收代地之兵，有万余人，"来，皆壁（陈）馀旁，未敢击秦"⑦。另外，刘邦、项羽的军队也不例外，恐惧心理十分严重，这可从刘邦与项羽的对话当中见其分晓。刘邦、

---

① 《史记》卷八九《张耳陈馀列传》，第 2578 页。
② 同上书，第 2579 页。
③ 杨丙安：《十一家注孙子校理》，第 245 页。
④ 《史记》卷八九《张耳陈馀列传》，第 2579 页。
⑤ 杨丙安：《十一家注孙子校理》，第 254 页。
⑥ 《史记》卷八九《张耳陈馀列传》，第 2579 页。
⑦ 《史记》卷八九《张耳陈馀列传》，第 2579 页。

第五章 《孙子兵法》古代应用个案研究

项羽相互商议："今项梁军破，士卒恐。"① 一个"恐"字，生动形象地表明刘邦、项羽军队人人心中充满了恐惧感。

此时项羽军队的恐惧心理主要来自三个方面的影响。一是受楚军大战严重失利的影响。事情要追溯到项梁从东阿起兵往西到定陶的进兵，一路上可谓屡战屡胜，大破秦军，项羽也是战绩不同凡响，"斩李由（李斯之子）"，由于接连不断的胜利，冲昏了项梁的头脑，项梁便产生轻视秦军的心理。其时，秦廷动员大量军队补充章邯，秦军"夜衔枚"，突然袭击楚军，"大破之定陶，项梁死"②。主帅战死，楚军元气大伤。二是受胜利前景十分渺茫的影响。刘邦与项羽的联军"去外黄攻陈留，陈留坚守不能下"③。本来刘邦和项羽想通过打个小胜仗提高一下部下的士气，结果却不能达到目的，反而更挫伤部下的作战士气，更增加了将士们对秦军的恐惧感。三是受各诸侯军畏惧秦军的恐惧心理的感染。章邯军队屡挫诸侯军，"破项梁军"，"渡河击赵，大破之"④。陈馀曾经做出有限的努力，"使五千人令张黡、陈泽先尝秦军，至皆没"⑤。结果使其他的诸侯军也不敢贸然主动进攻秦军，因此带来的畏惧心理进一步感染了楚军将士。于是包括项羽在内的整个河北之军，都是畏缩不前。

可见，包括项羽在内的军队都是异常的恐惧。从心理学的角度观察，恐惧是一种人类及生物心理活动的状态，通常被称为情绪的一种。恐惧是因为周围有不可预料和不可确定的因素而导致的无所适从的心理或生理的一种强烈性的反应，它是只有人与生物才出现的一种特有的心理现象。不克服恐惧的心理，将会可能一无所有，或者失去所有。恐惧会导致人的精神高度紧张，表现出遇事善惊、胆怯等症状。法国的米歇尔·沃维尔在《死亡文化史》中指出："瘟疫与死

---

① 《史记》卷七《项羽本纪》，第 303 页。
② 同上。
③ 同上。
④ 同上书，第 304 页。
⑤ 《史记》卷八九《张耳陈馀列传》，第 2579 页。

《孙子兵法》经世致用研究

亡,曾会引发人性的危机、偏见以及毫无理性的恐惧。"① 如果恐惧心理不能有效地消解,必然会产生消极的影响。成语"草木皆兵""风声鹤唳",最经典地说明人的心理如果恐惧到极点,就会产生不良的幻觉,最终转变为一种消极的活动行为。对于一支军队来说,就面临着逃跑或者投降的两种前景。巨鹿之战前夕,项羽对部下的"恐惧"心理因素还是把握得十分准确到位,因为史实记载:"沛公、项羽相与谋曰:'今项梁军破,士卒恐。'"② 在当时情况下,首先是如何消除自己军队士卒内心的恐惧心理,这显然是摆在项羽面前的一个最为重大的挑战。项羽显然也是看到了这一点,他也进行过努力尝试,但效果不佳,恐惧心理依然支配着项羽军队。

三 从《孙子兵法》审视项羽的战术思维因素

《孙子兵法》特别指出将士们的心理还受特定环境的影响,这种表述就是"投之无所往,死且不北;死焉不得,士人尽力。兵士甚陷则不惧,无所往则固,深入则拘,不得已则斗。是故,其兵不修而戒,不求而得,不约而亲,不令而信"③。这里需要重点提示的是孙子所说的"甚陷则不惧",意思是说如果周围环境危险到极点的时候,这时人的心理反而不惧怕了。这样的环境用《孙子兵法》固定的术语来讲,那就是"死地"。孙子认为:当人完全明白自己处于"死地"环境的时候,那么他就变得无所畏惧了。巨鹿之战的前夕,项羽一是认识到当时面临的作战周边环境对楚军非常的不利;二是项羽洞察到诸侯军及自己的军队充满了恐惧心理。对于项羽来说,这些都是极其危险的信号,如果不能及时迅速采取有效的措施,自己的军队就会被秦军打败或者彻底消灭,其他的诸侯军也是前景暗淡渺茫。在这种情况下,项羽又是如何摆脱这种困境的呢?项羽巧妙地借助了巨鹿这一特殊地理环境,应用《孙子兵法》的战术思维,成功地创造出《孙子兵法》所说的"死地"环境。而且,正如孙子所说:"夫众陷于

---

① 林天宏:《当死亡恐惧袭来时》,《中国青年报》2009年2月11日第11版。
② 《史记》卷七《项羽本纪》,第303页。
③ 杨丙安:《十一家注孙子校理》,第247—248页。

第五章 《孙子兵法》古代应用个案研究

害,然后能为胜败。"① 当把许多人放在极度危险的环境下,反而有时能转败为胜。

项羽下定决心创造"死地"环境,就是这样拉开了巨鹿之战的序幕。项羽创造"死地"环境主要是通过三个步骤来实现的。第一步是项羽"遣当阳君、蒲将军将卒二万渡河"②。这一举动是项羽创造"死地"的前奏曲,因为蒲将军英勇的作战,"战少利",为项羽全军渡河创造了安全条件。没有项羽先遣队"渡河"这一步,就不能顺利在对岸建立接应"渡河"部队的立足点。而且,很容易在项羽后来军队"渡河"过程中遭遇秦军的攻击。第二步是项羽"乃悉引兵渡河"③。这里值得特别注意的是,项羽"渡河"这一不同寻常的举动,已经差不多就把项羽军队置于"死地"的环境下了。孙子说"无所往者,死地也"④。现在项羽军队的背后就是大河阻隔。这种做法也是汉代历史上创造"死地"环境的经典战例,我们同时也可以联想到后来汉军统帅韩信的"背水阵",也是军队背后有大河阻挡。但我们要注意的是,大河背后阻隔,这仅仅具备"死地"环境所需要的客观地理条件。但"死地"这种环境还有人为因素作用其中。因而,《孙子兵法》特意辟有《九地篇》,指明"用兵之法:有散地,有轻地,有争地,有交地,有衢地,有重地,有圮地,有围地,有死地"⑤。重点讲解人为创造和界定的各种地理环境,孙子以此强调不能仅仅单纯考察客观地理环境,还要联系人们的心理去研究作战的周边环境。所以,"死地"这种环境是叠加人的心理因素在里面。如何才能把真正的"死地"环境完全营造出来。第三步是项羽采用"破釜沉舟"的办法。项羽"皆沈船,破釜甑,烧庐舍,持三日粮"⑥,项羽把全部的渡船沉到河中,把所有的炊具打碎,把军队的驻舍焚毁,只带三天

---

① 杨丙安:《十一家注孙子校理》,第263页。
② 《史记》卷七《项羽本纪》,第307页。
③ 同上。
④ 杨丙安:《十一家注孙子校理》,第256页。
⑤ 同上书,第234页。
⑥ 《史记》卷七《项羽本纪》,第307页。

的干粮。船毁意味着项羽的军队再也不能幻想坐船渡河逃跑了，炊具破坏了意味着不能再生火做饭了，驻舍烧毁掉了意味着已经没有容身的地方了，三天干粮意味着三天以后要想生存，那么就必须自己想办法了。到了这一步完成的时候，可以说项羽把真正的"死地"环境给创造出来了。而且，值得注意的是，《孙子兵法》中恰好也有这样的话："焚舟破釜，若驱群羊，驱而往，驱而来，莫知所之。"① 似乎就是在为项羽的这种做法做恰当的注脚一样。

既然"死地"环境已经显现，那么项羽下一步应该采取如何行动。孙子指出："死地，吾将示之以不活。"② 意思是说当一支军队处于"死地"环境下，统帅必须指明这种环境是一种不能侥幸生存的环境。从这一点来看，项羽确实是这样做的，而且做得非常正确、及时。在"死地"出现了的时候，项羽"以示士卒必死，无一还心"③，项羽清楚地告诉部下当前他们正面临着极度危险和死亡之神降临，只有拼死一战，再也没有第二条路可以选择了。在"死地"环境下，如何才能生存下来？孙子讲得十分清楚："疾战则存，不疾战则亡。"④ 只有迅速猛烈作战才能生存，不然就会灭亡。我们再来考察项羽的做法，也是如出一辙。项羽于是"至则围王离，与秦军遇，九战，绝其甬道，大破之，杀苏角，虏王离"⑤。于是，项羽军队九次与秦军展开连续性的激战，制造出一连串的战争胜利的奇迹。为什么会出现这种出人意料的结局？是因为人处于"死地"环境下，人的心理会发生根本的转化。正如《孙子兵法》所描述的一样："投之无所往，死且不北；死焉不得，士人尽力。兵士甚陷则不惧，无所往则固，深入则拘，不得已则斗。是故，其兵不修而戒，不求而得，不约而亲，不令而信。"意思是说，在"死地"环境下作战，由于极度危险，生死悬于一线。但越是到了最危险的时候，反而却不害怕。这时候的军队心

---

① 杨丙安：《十一家注孙子校理》，第254页。
② 同上书，第258页。
③ 《史记》卷七《项羽本纪》，第307页。
④ 杨丙安：《十一家注孙子校理》，第239页。
⑤ 《史记》卷七《项羽本纪》，第307页。

第五章 《孙子兵法》古代应用个案研究

理反而由恐惧走向了团结一致，这是为了每个个体的生存目标。这样环境下的军队反而能自己管理自己，作战时人人发挥出最大的潜力。孙子指出"投之无所往者，诸、刿之勇也"①。当一支军队处于"无所往"的死地环境下，就会爆发出像古代勇士专诸、曹刿一样的勇敢士气。"故一人必死，十人弗能待也；十人必死，百人弗能待也；百人必死，千人不能待也；千人必死，万人不能待也；万人必死，横行乎天下。"②试看项羽率领下的"楚战士无不一以当十，楚兵呼声动天，诸侯军无不人人惴恐"。正是反映了孙子所说这种情况，结果自然就出现了《孙子兵法》所讲的"投之亡地然后存，陷之死地然后生"③的结局。清人郑板桥栩栩如生地刻画了巨鹿之战："项羽提戈来救赵，暴雷惊电连天扫。臣报君仇子报父，杀尽秦兵如杀草。战酣气盛声喧呼，诸侯壁上惊魂逋。项王何必为天子？只此快战千古无！"④与楚军形成鲜明对比的是，巨鹿之战时，诸侯军的表现实在令人不齿，"诸侯军救巨鹿下者十余壁，莫敢纵兵。及楚击秦，诸将皆从壁上观"⑤。只有章邯引兵撤退的时候，诸侯军队才"敢击围巨鹿秦军，遂虏王离。涉间自杀"。司马迁认为"卒存巨鹿者，楚力也"⑥。如果没有项羽带头发起的巨鹿之战，那么巨鹿之围就将成为绞杀赵军的无形绞索。然而，巨鹿之战的意义何至于此，顾祖禹所评更为精准："秦之季也，章邯去楚而攻赵，巨鹿一败，秦不复振。"⑦ 有一点值得不容忽视：当时"杀卿子冠军，威震楚国，名闻诸侯"的项羽已是楚军心目中的偶像，尽管项羽的军队最初存有心理恐惧，但对项羽敬畏三分，对他的命令还是唯命是从。这是巨鹿之战主角项羽得

---

① 杨丙安：《十一家注孙子校理》，第250页。
② （西汉）刘向：《说苑校证》卷一五《指武》，向宗鲁校证，第370页。
③ 杨丙安：《十一家注孙子校理》卷下《九地篇》，第261页。
④ 王锡荣：《郑板桥集详注·诗钞·巨鹿之战》，吉林文史出版社1986年版，第19页。
⑤ 《史记》卷七《项羽本纪》，第307页。
⑥ 《史记》卷八九《张耳陈馀列传》，第2579页。
⑦ （清）顾祖禹：《读史方舆纪要》卷一五《北直六》，贺次君、施和金点校，第658页。

《孙子兵法》经世致用研究

以逐步成功创造"死地"的外在重要条件。由此可见，巨鹿之战项羽正是按照《孙子兵法》战术思维进行实施的，巨鹿之战显示了项羽善于利用巨鹿这一特殊的战场地理环境的不利因素，紧紧把握孙子"以患为利"[1]的战术思维，通过"破釜沉舟"的方式，创造"死地"环境，将自己军队的恐惧心理转化为誓死作战的心理，最终追求"投之亡地然后存，陷之死地然后生"的作战效果。由此可知，《孙子兵法》中的战术思维对项羽赫赫战功产生了不同寻常的影响。

总而言之，巨鹿之战是项羽运用《孙子兵法》战术思想最为精彩的华章。项羽紧紧把握孙子"以患为利"的战术思维，既有效利用巨鹿这一特殊的战场地理环境的不利因素，又充分考虑到自己部下将士恐惧心理因素的有效转变和利用。项羽通过"破釜沉舟"的方式，成功地创造了"死地"这种环境，最终达到了孙子"投之亡地然后存，陷之死地然后生"的战术效果。这是项羽巨鹿之战取得成功的最根本因素。另外，唐代诗人孟郊《和令狐侍郎郭郎中题项羽庙》有"碧草凌古庙，清尘锁秋窗。当时独宰割，猛志谁能降。鼓气雷作敌，剑光电为双。新悲徒自起，旧恨空浮江"[2]。诗人杜牧《洛中送冀处士东游》诗中有"武事何骏壮，文理何优柔。颜回捧俎豆，项羽横戈矛"[3]。项羽在这些诗人眼里始终是一个冲锋陷阵的勇将形象。美国战略家马汉曾援引小哈里·萨默斯的话说："战术水平救不了一个战略思想错误而身居险境的将军。"[4] 知晓此理，自然多少明白为什么战术一流的项羽最终失败覆亡。值得关注的一点是，战术是项羽的强项，战略是项羽的弱项。尽管如此，巨鹿之战却依然值得大书特书，因为它是项羽应用《孙子兵法》战术思维最经典、最精彩的战例。

---

[1] 杨丙安：《十一家注孙子校理》，第135页。
[2] 《全唐诗》卷三八〇，第4261页。
[3] 《全唐诗》卷五二〇，第5943页。
[4] 永华：《名家论兵》，海潮出版社2002年版，第75页。

第二节 《孙子兵法》对汉武帝的影响

汉武帝雄才大略，人所皆知，但汉武帝巧妙应用《孙子兵法》制胜众多超级对手，却鲜为人知。综观学界对汉武帝的研究，取得了丰硕的成果。而这些研究成果大多是从政治、经济、军事、外交、民族、文化等视角进行剖析，却几乎很少有人关注汉武帝的知识结构，即使是专门研究汉武帝军事思想的学者，也未从中发掘汉武帝知识结构中的《孙子兵法》这一特殊的兵学素养。① 本节正是立足于汉武帝知识结构中的《孙子兵法》这一独特现象，以此作为研究汉武帝的一个重要视角，重新审视汉武帝对内政治斗争与对外汉匈战争中如何巧妙地应用《孙子兵法》，如何为其本人的伟大功业不断增添重要砝码。

一 汉武帝知识结构中包含着《孙子兵法》

知识结构指一个人知识体系的构成情况与组合方式。② 从知识结构的特点观察，汉武帝知识结构具有多元性。

一是汉武帝深受儒家文化的浸润。这主要受其师卫绾的影响："上（汉景帝）立胶东王为太子，召（卫）绾拜为太子太傅。"③ 建元元年（前140）卫绾上奏汉武帝："所举贤良，或治申（不害）、商（鞅）、韩非、苏秦、张仪之言，乱国政，请皆罢。"④ 武帝随即采纳建议。汉武帝在卫绾的引导和辅佐之下，身上显现了浓厚的儒家文化色彩。汉武帝最初理政行为就已显露端倪。汉武帝即位之初，"乡儒术，招贤良，赵绾、王臧等以文学为公卿，欲议古立明堂城南，以朝诸侯"⑤。汉武帝"举贾生之孙二人至郡守"⑥。"贾生"是指"贾

---

① 陈梧桐：《西汉军事史》，《中国军事通史》第5卷，军事科学出版社1998年版。
② 王咏红：《青年干部修养学》，东南大学出版社1989年版，第145页。
③ 《汉书》卷四六《卫绾传》，第2201页。
④ 《汉书》卷六《武帝纪》，第156页。
⑤ 《史记》卷一二《孝武本纪》，第452页。
⑥ 《史记》卷八四《贾生列传》，第2503页。

谊",汉武帝推举贾谊的两个孙子担任郡守。贾谊是西汉早期有名的儒生,可惜英年早逝,汉武帝对其充满景仰之情,故而以高官厚禄推举贾谊之孙。从汉武帝"举贾生之孙二人至郡守",到任用"文学之士"公孙弘为丞相,再到采纳大儒董仲舒的思想主张,以儒术作为治国主导思想。这一系列行为的背后,反映出汉武帝具有深厚的儒家文化底蕴,以及对儒家文化的挚爱之情。

二是汉武帝受神仙道术文化的熏陶。这主要来自祖母窦太后潜移默化的影响。窦太后喜欢黄老道家之术。早年的汉武帝生活在祖母身边,无形中受到窦太后的影响。因而,汉武帝在后来的人生历程中对神仙道术文化异常迷恋。"孝武皇帝初即位,尤敬鬼神之祀"[1]。例如,方术士李少君"以祠灶、谷道、却老方见上,上尊之"[2]。汉武帝相信齐人公孙卿之言:"黄帝且战且学仙。"[3] 任命公孙卿为郎官。汉武帝行为的背后,表明了汉武帝对神仙道术文化的向往与追求。

三是汉武帝受《孙子兵法》影响很大。汉武帝对《孙子兵法》的喜爱可能与韩嫣有很大关系。韩嫣字王孙,是弓高侯颓当的孙子。当年,汉武帝身为胶东王时,韩嫣"与上学书相爱。及上为太子,愈益亲嫣。嫣善骑射,聪慧。上即位,欲事伐胡,而嫣先习兵,以故益尊贵"[4]。从这则史料看出:汉武帝与韩嫣是同窗同学,两人亲近友爱。而韩嫣擅长骑射,精通军事,深受汉武帝的尊崇。汉武帝研习《孙子兵法》,很可能是韩嫣引导的结果,这是由于《汉书》明确提到韩嫣"先习兵",其时,韩嫣为了迎合汉武帝的伟大梦想,提前研习了《孙子兵法》。在此之后,汉武帝步其后尘,逐步掌握了《孙子兵法》。汉武帝热衷于《孙子兵法》,也受特定时代氛围的影响。在笔者看来,主要是受那个时代氛围的影响,战国至汉初,儒家文化远远没有兵家文化受世人的重视。正如《汉书》所言:"重遭战国,弃

---

[1] 《史记》卷一二《孝武本纪》,第451页。
[2] 同上书,第453页。
[3] 同上书,第468页。
[4] 《汉书》卷九三《佞幸传·韩嫣》,第3724页。

第五章 《孙子兵法》古代应用个案研究

笾豆之礼,理军旅之陈,孔氏之道抑,而孙吴之术兴。"① 号称"滑稽之雄"的东方朔,也曾研习过《孙子兵法》。他在上汉武帝书中提到:"十九学孙吴兵法,战阵之具,钲鼓之教,亦诵二十二万言。"② 这一说法点明东方朔早在十九岁时就研习了《孙子兵法》和《吴子兵法》,并对战争之道颇为熟悉。

不管汉武帝学习《孙子兵法》是韩嫣引导的结果,还是汉武帝受其影响自学的《孙子兵法》。总之,汉武帝学习过《孙子兵法》,令人不容质疑。这是因为《史记》有两则材料可以证明汉武帝研习过《孙子兵法》:最明显的一个证据是,汉武帝曾向爱将霍去病推荐《孙子兵法》:"天子尝欲教之孙吴兵法,(霍去病)对曰:'顾方略何如耳,不至学古兵法。'"③ 这则史料提及的汉武帝推荐的"孙吴兵法",是指《孙子兵法》和《吴子》。以往对这则史料的解读,多站在霍去病的角度,强调不学古兵书也可打胜仗。笔者则是立足于汉武帝的角度解读这则史料,一个"教"字的背后,却表明汉武帝对《孙子兵法》和《吴子》很熟练,他自己很自信,甚至试图要把自己所学的《孙子兵法》与《吴子》来教导霍去病,而霍去病却委婉拒绝了。

另一个证据比较隐晦,汉武帝在其诏书中不经意地引用了《孙子兵法·作战篇》中的"因粮于敌"④。孙子"因粮于敌"作战思想,强调从敌人那里获取粮食,提高自己生存作战能力。同时,减少敌人粮食储备,降低敌人生存作战能力。《史记》载元狩四年(前119)春,骠骑将军霍去病率五万骑兵,与大将军卫青相同,却没有裨将。霍去病以李敢等人权当裨将,出击代郡、右北平之地一千余里。斩捕敌人的功劳,远远超过了大将军卫青。霍去病的军队凯旋而归,汉武帝下诏书嘉奖:"骠骑将军去病率师,躬将所获荤粥之士,约轻赍,绝大幕……封狼居胥山,禅于姑衍,登临翰海,执卤获丑七万有四百

---

① 《汉书》卷三六《楚元王传》,第 1968 页。
② 《汉书》卷六五《东方朔传》,第 2841 页。
③ 《史记》卷一一一《卫将军骠骑列传》,第 2939 页。
④ 杨丙安:《十一家注孙子校理》,第 33 页。

四十三级，师率减什三，取食于敌，卓行殊远而粮不绝。"① 从汉武帝对霍去病的赞美来看，汉武帝所言的"取食于敌，卓行殊远而粮不绝"，显然充分肯定了霍去病在汉匈战争中采用了孙子的"因粮于敌"的作战思想。值得注意的是，汉武帝是以"取食于敌"取代"因粮于敌"，这种引用《孙子兵法》的方法，显而易见，这是属于间接引用，"师其意而用之"。但汉武帝更显现出自己的灵活性。汉武帝为何要以"取食于敌"取代"因粮于敌"？汉武帝有其令人信服的理由。这是由于孙子所谓"因粮于敌"的"粮"，主要针对的是中原地区所讲的，而匈奴地区却是以"奶酪"和"肉食"为主。汉武帝若以"因粮于敌"赞美霍去病此次远赴匈奴之地作战，与"取食于敌"相比，显然是逊色三分。汉武帝所用"食"字更具广泛性，恰恰是从匈奴之地的饮食情况出发。汉武帝正是根据新的作战环境（匈奴地区）对《孙子兵法》固有的作战思想"因粮于敌"作出新的诠释，改"因粮于敌"为"取食于敌"，这种有意识的改写，更为精准，更见高明，更能体现出应用者的灵活性。这使孙子的"因粮与敌"的作战思想，不仅得到有效继承，而且适应了新的作战环境。由此可见，汉武帝不是一味固守《孙子兵法》原有的章句，而是灵活应用。另外，值得注意的是，尽管霍去病也曾说过："不至学古兵法。"但这并非一定就是事实。理由是《史记》曾记载霍去病的个性"为人少言不泄"②，说明霍去病很懂得保守秘密。明人梁见孟认为，霍去病所说的"不至学古兵法"这番话是"英雄欺人，非通论也"③。真实情况是霍去病不愿把研习《孙子兵法》《吴子兵法》的情况透露于外界，不希望更多的人，以及少数民族人士来关注学习这两部重要兵书。

不同知识结构将影响一个人吸收知识的快慢、深度与广度，以及这个人创造力的大小。现代知识结构理论认为，知识结构的基本模式

---

① 《史记》卷一一一《卫将军骠骑列传》，第2936页。
② 《史记》卷一一一《卫将军骠骑列传》，第2939页。
③ 赵本学：《赵注孙子·重刻孙子书序》，谢祥皓、刘申宁辑：《孙子集成》第17册，齐鲁书社1993年版，第673页。

主要分六种。一是"金字塔"模式。二是"网络型"模式。三是"树状"模式。四是"T"字型模式。五是"干"字型模式。六是"飞机型"模式。① 从知识结构基本模式考察，汉武帝的知识结构应属于"金字塔"模式。汉武帝知识结构的宽阔塔基是"儒家文化"，较大塔身是"道家文化"，尖细塔尖是"孙、吴兵学文化"。而《孙子兵法》则是作为军事文化的前沿，居于汉武帝知识结构的最高端，在汉武帝知识结构中具有独特地位。这是因为与汉武帝同一时代的人，能像汉武帝具有"金字塔"模式这样知识结构模式的人极其少见。据相关研究成果认为，具有"金字塔"知识结构模式的人士，其头脑灵敏，思路开阔，基础宽厚，有很强的创造力，可能做出重大理论突破。汉武帝具有独特的知识结构，不仅使其在思想领域独树一帜，而且在国内政治领域和对外军事活动当中均受益匪浅。

二 汉武帝在政治斗争中巧妙应用《孙子兵法》

西汉有位特殊人物赵王刘彭祖（前166—前92），他处在诸侯王位的时间长达六十余年，几乎历经整个景帝、武帝主政时期。他所在这一历史时期，正值汉代中央政府着手解决同姓诸侯王国问题的时间节点上，身为赵王，刘彭祖自然不能置身"局"外，曾为赵国政治管治权与中央政府展开激烈较量。

赵王作为汉武帝的"同父异母"之兄，具有独特的多重性格：一是奸诈机巧；二是谄媚逢迎；三是内心严酷；四是喜好法律；五是善于诡辩伤人。这种多重个性使其在众多场合击败对手。赵王"奸诈机巧"的个性容易欺骗对手；"谄媚逢迎"的个性容易让对手获得好感，使之放松警惕；"善于诡辩"的个性却使之在是非面前颠倒黑白；"喜好法律"的个性使之只讲法，不讲情，以法绳人；"内心严酷"使之总是置对手于死地。赵王邪恶个性的极端表现，凡是被中央派到赵国监督其政务的国相和二千石官员都受其陷害："无能满二岁，辄以罪去，大者死，小者刑。"② 路过赵国的朝廷使者也是提心吊胆，不

---

① 谢圣明、黄立平主编：《中国青年百科全书》，华夏出版社1992年版，第119页。
② 《汉书》卷五三《景十三王传·赵敬肃王》，第2420页。

敢停留:"诸使过客,以彭祖险陂,莫敢留邯郸。"① 此时赵王彭祖管治下的赵国,俨然成为中央政府的法外之地,不受任何约束。

　　汉武帝在与赵王的较量斗争中,又是如何巧妙应用《孙子兵法》来制胜对手呢?在汉武帝看来,赵王彭祖之所以能以全力抗衡中央,并拥有独立自主的政治管治权。关键在于以赵王彭祖为中心形成了一个强大的政治集团,这个政治集团几乎能"呼风唤雨",触角已伸向中央。彭祖利用自己的财富随心所欲收买人心,培植个人势力。赵王的野心引起汉武帝的警觉,对于如何制服兄长彭祖,汉武帝是"避实击虚",不是直接打击赵王,而是采用《孙子兵法·九地篇》的一个颇为高明的战术:"先夺其所爱,则听矣。"② 孙子认为,只要剥夺了敌人的"所爱",敌人就会乖乖听话。《孙子兵法》"所爱"的含义,是指具有重要影响的战略因素,包含四个属性层面:一是指重要的战略区域;二是指重要的战略资源;三是指重要的依靠力量;四是指重要的精神象征。③

　　在汉武帝看来,"太子丹"就是赵王彭祖之"所爱",因为他是赵王彭祖重要的依靠力量,是彭祖得力能干最重要的助手。汉武帝借江充告发之机,果断行动:"遣使者发吏卒捕丹,下魏郡诏狱,治罪至死。"④ 从赵王彭祖对待太子丹的态度可观察出汉武帝的判断是准确的:一是太子丹"下魏郡诏狱"时,赵王彭祖"上书冤讼丹,愿从国中勇敢击匈奴,赎丹罪"。二是后来彭祖入朝,"因帝姊平阳隆虑公主,求复立丹为太子"⑤。显然,太子丹很讨赵王彭祖喜欢,也是赵王彭祖重要的心腹人士,必须给予致命打击。毫无疑问,汉武帝"夺其所爱"这一目标的选择,是十分正确的。孙子认为,主动造成敌方"所爱"的丧失,可使敌人遭受致命的精神打击和心理破坏,有利于夺取和控制斗争的主动权。经过这一回合的较量,赵王彭祖心理遭受

---

① 《汉书》卷五三《景十三王传·赵敬肃王》,第2420页。
② 杨丙安:《十一家注孙子校理》,第245页。
③ 阎盛国:《〈孙子兵法·九地篇〉"所爱"新解》,《滨州学院学报》2008年第2期。
④ 《汉书》卷五三《景十三王传·赵敬肃王》,第2421页。
⑤ 同上。

第五章 《孙子兵法》古代应用个案研究

致命打击，再也不敢与中央政府对抗了。汉武帝与赵王彭祖的斗争中巧妙应用《孙子兵法》，最终使赵国政治管治权成功收归中央政府。

三 汉武帝在汉匈战争中巧妙应用《孙子兵法》

汉匈战争中，汉武帝应用《孙子兵法》，成效格外显著。这主要表现在两方面。

一是汉武帝以《孙子兵法》智者行事的标准来考虑重大问题。《孙子兵法·九变篇》云："智者之虑，必杂于利害。杂于利，而务可信也；杂于害，而患可解也。"[1] 即智者行事时，要把"利"与"害"结合起来同时考虑，这是因为考虑"利"可以坚定胜利的信心和信念，考虑"害"可以提前采取预防措施来消除祸患。曹操注解孙子这一说法："在利思害，在害思利。"这无疑抓住了孙子思想精髓。受降匈奴浑邪王最终能够圆满成功，汉武帝就是以《孙子兵法》智者行事的标准来考虑问题的。

元狩二年（前121）秋，匈奴单于因浑邪王、休屠王所守之地被汉军杀虏数万人，想要召唤两人加以诛杀。浑邪王与休屠王感到忧惧，便谋求投降汉朝，派遣使者在边境拦遮汉人，告知汉朝。"天子闻之，于是恐其以诈降而袭边，乃令骠骑将军将兵往迎之。"[2] 当汉武帝获知浑邪王、休屠王想要投降时，面对这突如其来的"利"，汉武帝没有忘乎所以，反而担心匈奴利用诈降袭击汉朝边境，这说明汉武帝在看到"利"的同时还考虑到"害"。为保证受降的安全，汉朝做了充分心理准备和军事准备。第一，汉武帝选择最具实战经验和指挥能力的骠骑将军霍去病作为此次受降活动的全权负责人。第二，汉武帝让霍去病全副武装率军前去进行受降活动。[3] 从史实记载看，受降活动开始时，浑邪王手下许多裨将内心感到恐惧，发生动摇，有些便要逃跑。"骠骑既渡河，与浑邪王众相望。浑邪王裨将见汉军而多欲不降者，颇遁去。"[4] 面对受降活动发生的突然变故，霍去病异常镇

---

[1] 杨丙安：《十一家注孙子校理》，第173页。
[2] 《史记》卷一一一《卫将军骠骑列传》，第2933页。
[3] 阎盛国：《秦汉招降战略战术研究》，人民出版社2010年版，第278页。
[4] 《史记》卷一一一《卫将军骠骑列传》，第2933页。

《孙子兵法》经世致用研究

静,随即与投降的浑邪王取得联系,"骠骑乃驰入与浑邪王相见",果断采取措施,"斩其欲亡者八千人",控制住了随时有可能发生的失控局面。这种迹象反映出霍去病所率汉军的阵容强大,汉朝政府准备充分。霍去病对浑邪王与匈奴降军采取了"分而治之"的办法。此次受降匈奴浑邪王虽一波三折,但最终取得圆满成功,关键在于汉武帝以孙子智者行事的标准去考虑受降重大问题。正如孙子所说的,消除了祸患,取得了成功。汉朝政府成功受降匈奴浑邪王,带来巨大的胜利成果:降者"四万余人,号称十万。"① 汉匈边境赢得了少有的安定局面:"汉已得浑邪王,则陇西、北地、河西益少胡寇。"②

　　二是汉武帝把《孙子兵法》的"造势"思想发挥到极致。孙子应用比喻的方式说:"激水之疾,至于漂石者,势也。"③ 大意是说,湍急的水流能漂移石头,这是由于水势很强大的缘故。而善于指挥作战的人能创造出险峻的态势,就犹如弓弩张满一样,蓄势待发。孙子还指出,善于造势的人如同从八千尺之高的山巅上转动圆形的石头飞滚下来一样,势不可挡:"善战人之势,如转圆石于千仞之山者,势也。"④ 关于"造势"取得的优势,正如有的学者所言:"有了这样居高临下、高屋建瓴之势,制胜权自然掌握在自己的手中。"⑤

　　有两件事情最能展示汉武帝善于"造势":一件事情是元狩二年(前121),"匈奴浑邪王率众来降,汉发车二万乘"⑥迎接。史实中提到的"二万乘"这一数字,耐人寻味,值得关注!"对敌宣传的一个重要因素是创造传递暗示给敌人的方式和手段。"⑦ 汉武帝不失时机而又巧妙地利用浑邪王投降作为"宣传素材",制造出"规模浩大"的汉朝礼遇匈奴人的声势。汉武帝所造"声势"到底有多大?我们不妨

---

① 《史记》卷一一一《卫将军骠骑列传》,第 2933 页。
② 《史记》卷一一〇《匈奴列传》,第 2909 页。
③ 杨丙安:《十一家注孙子校理》,第 90 页。
④ 同上书,第 99 页。
⑤ 刘伯健:《孙子兵法与领导决策方略》,北京图书馆出版社 2000 年版,第 358 页。
⑥ 《史记》卷一二〇《汲黯列传》,第 3109 页。
⑦ [美]哈罗德·D·拉斯韦尔(Harold D. Lasswell):《世界大战中的宣传技巧》,张洁、田青译,展江校,中国人民大学出版社 2003 年版,第 149 页。

第五章 《孙子兵法》古代应用个案研究

大略估算一下，黄志禄在《资阳日报》发表的《中国汉代第一车——资阳铜车马完成修复》一文中，为我们提供了汉代一个车辆的标准长度：2005年12月21日，在雁江区雁江镇资溪村出土的资阳汉代青铜车马，被誉为"中国汉代第一车"。而整个铜车马修复后，铜马残高114厘米（马头暂缺），宽51厘米，长117厘米，重41.5公斤。铜车长133厘米，宽104厘米，高87厘米，重47公斤。铜车马组装后长184厘米。值得注意一点是，资阳地区出土的"铜车马组装后长184厘米"，这大致是汉代车马的标准长度规格，便于我们参照，这为计算汉武帝用车"二万乘"的总长度，提供了一个相对比较合理的数据：184厘米×20000＝3680000厘米＝36.8公里。这是纯粹不计算车与车之间的距离，汉武帝则是以36.8公里的车队前去欢迎匈奴人投降。实际上车与车必须有一定的间隔，如果每辆车间隔100厘米，那么这个车队的总长度则变为3680000厘米＋（100厘米×19999）＝5679900厘米＝56.799公里＝103.598里。这意味着汉武帝是以"百里"长的车队迎接浑邪王投降。汉武帝的这一"出奇"行为，不仅符合贾谊主张向匈奴人"谕陛下之爱"。同时，借迎接浑邪王降汉车队的隆重场面表达汉朝欢迎匈奴人归附，借此巧妙表达汉朝愿意招降匈奴军民的潜在用意。汉武帝"少而聪明有智术"[①]，确实不负其名。"善于将自己的观点和倾向性隐含在精心选择的新闻事实里，这样的人被认为是高明的宣传家。"[②] 从这一点来看，汉武帝的确是非常善于"造势"的高明"宣传家"。

第二件事情是汉武帝亲自"勒兵十八万骑"巡边，扬言要与匈奴寻求决战。孙子"造势"思想强调，要善于运用已有的力量，创造出一种有利于己而不利于敌的宏大态势。元封元年（前110）冬十月，汉武帝诏告匈奴："南越、东瓯咸伏其辜，西蛮北夷颇未辑睦，朕将巡边垂，择兵振旅，躬秉武节，置十二部将军，亲帅师焉。"汉武帝

[①] （汉）班固：《汉武故事》，景印文渊阁《四库全书》，第1042册，台北商务印书馆1986年版，第283页。

[②] ［美］哈罗德·D·拉斯韦尔（Harold D. Lasswell）：《世界大战中的宣传技巧·译者序》，张洁、田青译，展江校，中国人民大学出版社2003年版，第17页。

随后亲自巡边，做出要与匈奴单于决一雌雄的姿态，整个行程很长："行自云阳，北历上郡、西河、五原，出长城，北登单于台，至朔方，临北河。"汉武帝所造的声势如此浩大："勒兵十八万骑，旌旗径千余里。"① 勒兵"十八万骑"与旌旗"千余里"，充分点明这种声势，前未所有。大大超过了先前迎接匈奴浑邪王降汉时"造势"的规模，是其"十倍"。由于匈奴多次遭受汉军沉重打击，故而汉武帝这一行动，很好地达到了震慑匈奴的效果，史书明确记载，汉武帝此行是"威震匈奴"②。与之同时，汉武帝还派遣使者郭吉正告匈奴单于："南越王头已悬于汉北阙。今单于即[能]前与汉战，天子自将兵待边；单于即不能，即南面而臣于汉。何徒远走，亡匿于幕北寒苦无水草之地，毋为也。"③ 尽管郭吉劝说匈奴臣服汉朝的行动最终没有成功，但汉武帝通过汉军强大的外在声势，威慑了匈奴。汉武帝这种"造势"行为带来了积极效果："单于终不肯为寇于汉边，休养息士马，习射猎，数使使于汉，好辞甘言求请和亲。"④ 从汉武帝这两次"造势"活动观察，体现出了"造势"的四大原则：一是要以实力为依托；二是要有"奇异"性；三是要有可操作性；四是要选择好事件、时机与策略。汉武帝在这些方面做得有声有色，并取得绝佳效果。

综上所述，《孙子兵法》对汉武帝影响非同寻常，对缔造汉武帝伟大功业作出积极贡献。这与汉武帝知识结构多元性特点与知识结构"金字塔"模式有密切的关系：一是受儒家文化浸润；二是受神仙道术文化熏陶；三是受孙、吴兵学文化影响。在汉武帝的身上，体现出"外儒道，内为兵"的个性特质，汉武帝巧妙地借助儒家文化和道家神仙文化作掩护，暗地却在应用《孙子兵法》与各种对手较量，让其对手无法察觉，无法正确判断他的决策与行动。若无儒家文化和道家神仙文化的外在掩护，他人就可能以《孙子兵法》的思维方式来揣摩汉武帝，这就为汉武帝事业的胜败留下诸多变数。霍去病扬言不屑于

---

① 《汉书》卷六《武帝纪》，第189页。
② 同上。
③ 《史记》卷一一〇《匈奴列传》，第2912页。
④ 同上。

第五章 《孙子兵法》古代应用个案研究

学习《孙子兵法》，可能有更深一层用意，那就是让更多的人远离《孙子兵法》，这样人为降低了《孙子兵法》的影响力，加上汉朝一度禁止《孙子兵法》在民间的传播，西汉时期"《孙子兵法》在社会上的公开地位受到压抑，其流传是被严格限制的"[①]。这就为汉武帝巧妙应用《孙子兵法》提供了得天独厚的历史条件。因而，《孙子兵法》成为汉武帝制胜众多对手的一个重要法宝，而对手却始终没有机会去掌握这一法宝。从种种迹象来看，汉武帝深受《孙子兵法》的影响，并注意因人（赵王彭祖）、因地（匈奴地区）、因时（浑邪王降汉）巧妙地应用。故此，在种种较量场合，汉武帝的对手们缺乏当时这种极为高端的兵学素养，自然在其知识结构上不占优势，这为其决策高下定下了鲜明基调。总体来看，汉武帝是汉朝历史上第一个对《孙子兵法》深入实践应用的帝王，也是应用《孙子兵法》卓有成效的一位帝王。《孙子兵法》为汉武帝的雄才大略提供了重要智慧源泉。这种隐秘情形不可令人忽视。

第三节 《后汉书》李贤注对孙子与《孙子兵法》的诠释

李贤是有唐一代著名史学家，他的杰出贡献在于为范晔《后汉书》作了精致注解，其史学成就斐然，历来受学者高度评价。学界对《后汉书》李贤注从多个方面做了细致研究，多有创获。时至今日，尚未见到有关《后汉书》李贤注对孙子与《孙子兵法》的诠释方面的研究成果。李贤《后汉书》注对孙子与《孙子兵法》多有诠释，从中可见先秦孙子兵学对李贤的重要影响。本节主要以《后汉书》李贤注为观照视点，从中分析李贤这一诠释风格背后所反映出的若干问题，借以管窥孙子与《孙子兵法》对唐代史学领域的重要影响。

---

① 于汝波：《孙子兵法研究史》，第63页。

《孙子兵法》经世致用研究

一 《后汉书》李贤注对孙子本人生平的诠释

《后汉书》李贤注多次对孙子本人生平作诠释，不仅使人留意于孙子这一著名人物形象，而且有助于加深对孙子这一重要人物的了解。

《后汉书》记载，刘秀在经营黄河以北时，他的手下诸将商议给他上尊号，劝其称帝。马武曾劝说刘秀，"天下无主，如有圣人承敝而起，虽仲尼为相，孙子为将，犹恐无能有益"。马武劝说刘秀这番言语中，提到两位重要人物：一是"仲尼"，即孔子；二是"孙子"。李贤未对"仲尼"作注，孔子是儒家圣人，为读书人熟知。对其作注，实乃多此一举。而李贤却对"孙子"做了注解："孙子名武，吴王阖闾将，善用兵，有《兵法》十三篇。"① 从李贤注解来看，他介绍了孙子的生平履历。孙子曾是春秋时代吴王阖闾手下一名将军。李贤还强调孙子"善用兵"这一非同寻常的军事才能，点明其创作《孙子兵法》十三篇的事实。李贤这一注解让人初步了解了孙子本人的生平情况，进而诱发人关注孙子的兵书。李贤这一注解还有助于认识《后汉书》马武这一人物形象：马武从《孙子兵法》汲取养分，成为东汉初年一位杰出将领。马武把"孔子"与"孙子"相提并论，说明他对孙子的推崇。在儒家思想占据统治地位的当时，马武能有这样的见识，实属难能可贵。

冯异有"大树将军"的雅号，《后汉书》记述他"好读书，通《左氏春秋》《孙子兵法》"。冯异早年喜读书，通晓《左传》与《孙子兵法》。李贤未注解《左氏春秋》，《左氏春秋》是儒家经典之一，读书人比较熟悉，故此未加作注。而《孙子兵法》虽是兵学经典，但对大多数读书人来说，却属陌生领域，因而，李贤专门针对"《孙子兵法》"做了注解："孙子名武，善用兵，吴王阖闾之将也，作《兵法》十三篇。见《史记》。"② 表面上看，李贤似乎对孙子生平作了重复介绍。其实不然，李贤这一注解又与前一注解有明显不同之处：李

---
① 《后汉书》卷一上《光武帝纪上》李贤注，中华书局1965年版，第20页。
② 《后汉书》卷一七《冯异列传》，李贤注，第639页。

— 166 —

第五章 《孙子兵法》古代应用个案研究

贤在重复介绍孙子生平的同时，还指明了其诠解内容出自《史记》。李贤所谓的"见《史记》"之说，就是明证。确切来说，是出自司马迁《史记》中的《孙子列传》。司马迁对孙子的生平事迹，尽管记述的不够详细完整，但在《孙子列传》中有过一些具体记载。由此可见，李贤对孙子这一历史人物的关注，是受史学前辈司马迁的影响，司马迁如此看重孙子，对李贤触动很大。他在注解《后汉书》时，凡涉及"孙子"这一历史人物时，就借用司马迁《孙子列传》来注解。

《后汉书》记载，冯衍曾晓之以理、动之以情来劝说鲍永抗衡刘秀。具体而言，一是冯衍表达对鲍永用兵懈怠与并州不能防守的忧虑之情。他说：用兵长久则气力屈，人愁则变乱生。今邯郸之贼未灭，真定之地骚扰不安，而大将军所统领区域不过百里，守城不能休息，军队作战不停，战争不断，百姓震动，为何对自己的懈怠，不感到深深忧虑？他还说，并州之地，东连名关，北近强胡，年谷丰熟，百姓多家资，这是四战之地，攻守的战场。如果不加防备，如何应对？二是冯衍指出并州防守必须依靠优秀人才。仁德平时不积累，人就不为其所用。平时未有预备，难以应付突然发生的事情。百姓生命，悬于将军之手，将军所依靠的，必须是优秀人才，应更换那些不适合的人，选举贤能之人。十家之邑，必有忠信之人。虽是山泽之人，无不感恩戴德，乐为使用。三是冯衍建议鲍永以屯田之策加强防卫。"选精锐之兵，发屯守之士，三军严整，兵器已备，观察丰饶土地，观察有利泉水，制定屯田之策，教习战射，威风远扬，人安其业。若镇守太原，安抚上党，收百姓之心，树名贤之佐，天下无变，足以显声誉，一朝有事，则可建大功。"四是冯衍激励鲍永从历史经典中借鉴智慧，创立不朽功业。"大将军开日月之明，发深渊之虑，监《六经》之论，观孙、吴之策。"李贤对冯衍所说的"观孙、吴之策"作了注解："孙武，吴王阖庐将；吴起，魏文侯将；并著兵书也。"[①] 李贤这一注解不仅介绍了孙子的身份，而且介绍了吴起的身份。孙子和吴起都是杰出的军事家，李贤重点突出了孙子和吴起在兵学上的贡

---

① 《后汉书》卷二八上《冯衍列传上》，李贤注，第969页。

献。值得注意的是，冯衍劝说鲍永时，还间接引用了《孙子兵法》，那就是冯衍所说的"用兵长久则气力屈"，本源自《孙子兵法·作战篇》"其用战也胜，久则钝兵挫锐，攻城则力屈"①。可是李贤并未注意到这一间接引用，未对其诠释。从这点来看，李贤对《后汉书》所涉《孙子兵法》诠释并不全面，对《孙子兵法》章句并不完全熟谙于心，不能做到百分之百地掌握。

《后汉书》载冯衍在《显志赋》中悲叹："疾兵革之寖滋兮，苦攻伐之萌生；沉孙武于五湖兮，斩白起于长平。"李贤对"沉孙武于五湖兮"作了注解："孙武，吴王阖闾将也。善用兵。《越绝书》曰：'太湖周三万六千顷。'虞翻云：'太湖有五道，故谓之五湖。'（隔）[滆]湖、洮湖、射湖、贵湖及太湖为五湖，并太湖之小支，俱连太湖，故太湖兼得五湖之名，在今湖州东也。"②李贤这一注解，再次介绍了孙子的生平履历，并对"五湖"作了详细解释。值得注意的是，冯衍只是基于现实对孙子的历史人生命运重新给出设定，"沉孙武于五湖"并不是客观事实。

《后汉书》记载，东汉后期羌族叛乱，曾是政府面对的一个重要祸患。先零羌众多部落攻陷了汉军的营寨和坞壁。熟悉羌族事务的皇甫规，立志报效国家。他向朝廷上书说，为臣受任以来，用尽志气，虽个性愚钝，仰赖兖州刺史牵颢的清猛，中郎将宗资的信义，得以指挥。他希望朝廷赏赐他一官半职，宣扬国威，平定羌族叛乱。臣平时有疾病，恐怕年老体弱，不能报效国家，期望能有一个冗官之职，备单车之使，抚慰三辅，宣扬国家威德，以所了解的地形兵势，佐助诸军作战。皇甫规还指出解决羌族叛乱问题的一个重要方略："力求猛敌，不如清平；勤明吴、孙，未若奉法。"李贤对皇甫规所言的"力求猛敌，不如清平；勤明吴、孙，未若奉法"做了注解："吴起，魏将也。孙武，吴将也。言若求猛（敌）[将]，不如抚以青（清）平

---

① 杨丙安：《十一家注孙子校理》，第30页。
② 《后汉书》卷二八下《冯衍列传下》，李贤注，第997页。

第五章 《孙子兵法》古代应用个案研究

之政；明习兵书，不如郡守奉法，使之无反也。"① 从李贤的注解看，他不仅指明"吴、孙"这两个历史人物，而且对皇甫规之言解释：与其寻求猛将，不如以清平之政来治理国家。与其通晓学习兵法，不如地方郡守奉公守法，不使其造反。吴起、孙武都是杰出军事家，《后汉书》注中李贤两次为孙武与吴起作注，说明李贤对他们的生平经历较熟悉。李贤这一注解有助于认识皇甫规本人的孙子兵学素养。这一诠释还说明皇甫规本人既了解《吴子兵法》，也了解《孙子兵法》。

二 《后汉书》李贤注对孙子兵学理论的诠释

李贤通过诠释《后汉书》历史人物对孙子兵学理论的应用，使人进一步认识到孙子兵学理论的宝贵价值。

一是李贤为孙子的"庙算"兵学理论作注。建武七年（31），刘秀下诏书，征召申屠刚。申屠刚借此写信劝说隗嚣归顺刘秀：信己者孤立，拒谏者闭塞，孤立闭塞的政治作风，必是亡国之风。顺人者昌，逆人者亡，这是古今不易之理。将军以布衣之身为乡里所推，"廊庙之计，既不豫定，动军发众，又不深料"。隗嚣却未听从申屠刚之劝。李贤对申屠刚所言的"廊庙之计"做了注解："廊，殿下屋也；庙，太庙也。国事必先谋于廊庙之所也。"② 从李贤这一注解来看，虽未指出"廊庙之计"乃孙子的重要思想，但却指明谋划国家大事须在廊庙之所进行。这种特定的做法，最主要的是包含了保密因素在里面。班勇赞扬汉明帝长于"庙策"，"孝明皇帝深惟庙策。乃命虎臣，出征西域，故匈奴远遁，边境得宁"。《后汉书》李贤注对"庙策"做了注解："古者谋事必就祖，故言'庙策'也"③。李贤这一注解，解释了"庙策"的由来。古代君王谋划国家大事的习惯性做法，告知祖先，祈求祖先的保佑。从中可见，中国古代社会早期浓厚的"敬祖"之风。

东汉末年，张角借助宗教宣传，天下百姓归之如流水。司徒杨赐

---

① 《后汉书》卷六五《皇甫规列传》，李贤注，第2133页。
② 《后汉书》卷二九《申屠刚列传》，李贤注，第1016页。
③ 《后汉书》卷四七《班超列传》，李贤注，第1588页。

《孙子兵法》经世致用研究

召集掾属刘陶说,张角虽遇赦免,却不改悔,他手下部众不断发展,假如下令州郡讨捕,恐怕更是骚动不安,势必招致祸患。打算责令地方官员拣择流民,护送回归本地州郡,借以孤立、削弱张角的势力,然后借机诛杀其首要人物,不烦用兵而定祸患,你看此计策如何?刘陶回答说:"此孙子所谓不战而屈人之兵,庙胜之术也。"杨赐上书建议朝廷实施此策,正赶上其被免官职,此事不了了之。《后汉书》李贤注对刘陶所谓"庙胜之术"做了注解:"孙子曰:'未战而庙胜,得算多也。未战而庙不胜,得算少也。'"[1] 从李贤注解来看,他详细解释了孙子的"庙胜之术":未开战之前,庙算可以战胜敌人,是因为计算周密,胜利的条件多。未开战之前,庙算不能战胜敌人,是因为计算不够周密,胜利的条件少。通过《后汉书》李贤注,习史者可认识到刘陶是位通晓《孙子兵法》的官员,深知孙子"庙算"之术的重要性。李贤虽未对孙子的"不战而屈人之兵"作注,只是注解了"庙胜之术"。但也可从中得到一种启示,"庙胜之术"即是实现"不战而屈人之兵"的一种手段。综上可见,李贤对孙子"庙算"理论从不同称谓和文化内涵上做了注解,表明孙子"庙算"理论在谋划国家大事时所体现出的慎重性、保密性、前瞻性。

二是李贤对孙子"造势"兵学理论作注。朱勃上书为马援申冤,他述说马援战功卓著,曾经奉命出使敌国,抚慰边防守军,招纳豪杰,晓喻羌戎,计谋如涌泉之多,"势如转规,救倒悬之急,存几亡之城",兵全师进,"因粮于敌",甘陇、冀州之地略为平定,而独守穷空之郡,出兵有功,举师则胜。李贤引用孙子之言对朱勃所说的"势如转规"做了注解:"规,员也。《孙子》曰:'战如转员(圆)石于万仞之山者,势也。'"[2] 孙子曾以比喻方式形容作战时所创造的强大态势,犹如在高山之巅转动圆石一般,势不可挡。李贤这一注解凸显马援在作战时善于"造势"。美中不足的是,《后汉书》李贤注对朱勃赞扬马援将军所用的"因粮于敌"的战法未加以注解,"因粮

---

[1] 《后汉书》卷五四《杨震列传》,李贤注,第1784页。
[2] 《后汉书》卷二四《马援列传》,李贤注,第848页。

第五章 《孙子兵法》古代应用个案研究

于敌"的战法本源自孙子《作战篇》"取用于国,因粮于敌,故军食可足也"①,却被李贤忽略掉了。从这一注解来看,朱勃也是东汉时期一位通晓《孙子兵法》的人士。

三是李贤为东汉文学作品中渗透的孙子兵学理论作注。京兆人第五永出任督军御史,奉命督察幽州地区。朝内百官集会,到长乐观为之饯行。议郎蔡邕等人为之赋诗,高彪独自创作箴言:"文武将坠,乃俾俊臣。整我皇纲,董此不虔。古之君子,即戎忘身。明其果毅,尚其桓桓。吕尚七十,气冠三军,诗人作歌,如鹰如鹯。天有太一,五将三门;地有九变,丘陵山川;人有计策,六奇五间。总兹三事,谋则咨询。无曰己能,务在求贤,淮阴之勇,广野是尊。周公大圣,石碏纯臣,以威克爱,以义灭亲。勿谓时险,不正其身。勿谓无人,莫识己真。忘富遗贵,福禄乃存。枉道依合,复无所观。先公高节,越可永遵。佩藏斯戒,以厉终身。"蔡邕等人赞美其文,认为无人可及。《后汉书》李贤注对高彪箴言中"地有九变"作了详细注解:"《孙子·九变篇》曰:'用兵有散地,有轻地,有争地,有交地,有衢地,有重地,有氾地,有围地,有死地。诸侯自战其地,为散地。入人之地而不深,为轻地。我得则利,彼得亦利者,为争地。我可以往,彼可以来,为交地。诸侯之地三属,先至而得众,为衢地。入人地深,倍城邑多,为重地。行山林、阻沮泽,难行之道,为氾地。所由入者隘,所从归者少,彼寡可以击吾众者,为围地。疾战则存,不疾战则亡,为死地。通九变之利,知用兵矣。'"②《后汉书》李贤注通过大篇幅引用《孙子兵法》,诠释有关孙子"九地"的兵学理论思想,同时指出只有精通孙子"九变"之术,才算得上真正懂得用兵打仗。另外,李贤还对高彪箴言中"六奇五间"做了详细的注解:"陈平凡六出奇策。《孙子》曰:'用间有五,有因间,有内间,有反间,有死间,有生间。五间俱起,莫知其道,是谓神纪,人君之宝也。因间者,因其乡人而用之也。内间者,因其官人而用之也。反间者,因

---

① 杨丙安:《十一家注孙子校理》第33页。
② 《后汉书》卷八〇下《文苑列传·高彪》李贤注,第2651页。

其敌间而用之也。死间者，为诳事于外，令吾间知之而得于敌者也。生间者，反报者也。'"李贤《后汉书》这一注解，重在对"五间"作出解释，指明了间谍的种类，强调间谍使用的重要性，从中阐述了孙子的"用间"思想，并分别解释了这些间谍的使用特点。《后汉书》李贤这两个注解，清晰揭示出文士高彪谙熟《孙子兵法》，能把孙子的文意高度提炼概括、灵活应用到文学创作当中。

班固《燕然山勒功铭》云："元戎轻武，长毂四分，云辎蔽路，万有三千余乘。勒以八阵，莅以威神，玄甲耀日，朱旗绛天。"《后汉书》李贤注对"八阵"作了注解："兵法有八阵图。"①《周礼正义》注："《孙子》八陈有苹车之陈。"②"陈"通"阵"，由此可知，"苹车之陈"乃孙子的"八阵"之一，八阵具体情形，长期缺乏史料佐证，出土的银雀山汉简再次提及孙子的"八阵"："孙子曰：知（智），不足将兵，自侍（恃）也。勇，不足将兵，自广也。不知道，数战，不足将兵，幸也。夫安正万乘国，广万乘王，全万乘之民命者，唯知道。知道者，上知天之道，下知地之理，内得其民之心，外知敌之请（情），陈（阵）则知八陈（阵）之经，见胜而战，弗见而诤，此王者之将也。"③ 这则材料说明孙子"八阵"并非杜撰，实有其事。阵法理论在古代颇受重视，《读史方舆纪要》对所谓的"八阵"作了详细考述，较为清晰地说明"八阵"的大致演变历程。《读史方舆纪要》卷六十九《四川四·夔州府》云："汉时都肄已有孙吴六十四阵，窦宪常勒八阵击匈奴；晋马隆用八阵以复凉州，陈勰持白虎幡以武侯遗法教五营士；后魏柔然犯塞，刁雍上表采诸葛八阵之法为平地御寇之方；李靖对太宗言，六花阵法本于八阵；是则武侯之前既有八阵，后亦未尝亡也。"④ 这说明早在诸葛亮之前已有孙子的"八阵"，而因《孙子兵法》附图本的散佚而不见其情形。

---

① 《后汉书》卷二三《窦融列传》李贤注，第816页。
② 孙诒让：《周礼正义》，中华书局1987年版，第2195页。
③ 银雀山汉墓竹简整理小组：《银雀山汉墓竹简〔壹〕》，文物出版社1985年版，第60页。
④ 顾祖禹：《读史方舆纪要》卷六九《四川四》，第3253页。

第五章 《孙子兵法》古代应用个案研究

范晔评论隗嚣时说："援旗纠族，假制明神，迹夫创图首事，有以识其风矣。终于孤立一隅，介于大国，陇坻虽隘，非有百二之势，区区两郡，以御堂堂之锋，至使穷庙策，竭征谣，身殁众解，然后定之。则知其道有足怀者，所以栖有四方之桀，士至投死绝亢而不悔者矣。夫功全则誉显，业谢则衅生，回成丧而为其议者，或未闻焉。若嚣命会符运，敌非天力，虽坐论西伯，岂多嗤乎？"《后汉书》李贤注对"以御堂堂之锋"做了注解："言光武亲征之也。魏武《兵书》云：'勿击堂堂之阵。'"① 李贤这一注解引曹操兵书作注，却不知晓"勿击堂堂之阵（陈）"本出自《孙子兵法·军争篇》"无邀正正之旗，勿击堂堂之陈，此治变者也"②。李贤这一注解说明其引用的是曹操所注的兵书《孙子略解》，曹操曾给《孙子兵法》作注，开创《孙子兵法》注释的先河。

四是李贤为东汉人士应用孙子兵学理论作注。《后汉书》记载，袁绍兼并四州之地，拥众数十万人，骄傲之心日长，选择精兵十万人，骑兵万人，出攻许昌，以审配、逢纪总管军务，以田丰、荀谌、许攸为谋士，颜良、文丑为将帅。沮授进谏说，近来讨伐公孙瓒，师出多年，百姓疲弊，仓库空虚，赋役不断，此国之深忧。应当先遣使向天子献捷，发展农业，使百姓安逸。若不能通达，则告天下，曹操阻隔我朝拜君王之路，然后进军黎阳，逐步经营黄河以南，制作更多船只，修缮器械，派精锐骑兵，抢掠其边境，令其不得安宁，我则安逸。三年之内，事情就可坐着完成。郭图、审配说："兵书之法，十围五攻。"两军相敌则能战。今以明公之神武，联合河朔地区的强兵，讨伐曹操，势如翻手一般。如不及时攻取，后则难以图谋。沮授反驳说，救乱诛暴，称之为义兵。恃众凭强，称之为骄兵。义者无敌，骄者先灭。曹操奉迎天子，建都许昌。现今举兵南向，于义则违。况且庙胜之策，不在强弱之兵。曹操行法令，士卒精练，不似公孙瓒坐受围困。今放弃万全之策，而兴无名之师，私下为袁公担忧。郭图等人

---

① 《后汉书》卷一三《隗嚣公孙述列传》李贤注，第 532 页。
② 杨丙安：《十一家注孙子校理》，第 152 页。

却说，周武王伐纣，不算不义。何况加兵于曹操，怎么能说师出无名！况且袁公兵精将勇，不早早奠定基业，所谓"天与不取，反受其咎"。这就是越国之所以称霸，吴国之所以灭亡的原因。沮监军的计策，过于保守，未注意到时机的变化。袁绍最后采纳了郭图、审配的建议。《后汉书》李贤注对郭图、审配所说的"兵书之法，十围五攻"做了注解："十倍则围之，五倍则攻之。"① "十围五攻"本是《孙子兵法·谋攻篇》"十则围之，五则攻之"②的省略性说法。有了《后汉书》李贤这一注解，习史者更容易明白这一省略性的说法原来出自《孙子兵法》。由此可见，郭图、审配用《孙子兵法》军事理论支持袁绍出兵曹操，而从袁绍失败的结局来看，这种分析方法显然不足取。观察一支军队，不应只看其数量，更要看其质量。从表面上看，袁军数量占据绝对优势，而曹操却最终通过应用智慧与谋略弥补了自身劣势。由此可见，《孙子兵法》的应用不能等闲视之，郭图、审配所谓对《孙子兵法》的理论应用，显然是十足的教条主义者。

《后汉书》记载刘璋率兵数万人与刘备相会，张松劝说刘备偷袭刘璋，刘备于心不忍。第二年，刘备出兵驻扎在葭萌关。广汉太守张肃害怕祸难及己，便把张松的计谋报告了刘璋，刘璋斩首张松。然后下令各关守卫，不要与刘备往来。刘备大怒，出兵攻璋，所战则胜。李贤引《益郡耆旧传》为张松兄弟做了注解："张肃有威仪，容貌甚伟。（张）松为人短小放荡，不持节操，然识理精果，有才干。刘璋遣诣曹公，公不甚礼。杨修深器之，白公辟松，不纳。修以公所撰兵书示松，饮宴之间，一省即便暗诵。以此异之。"③《后汉书》李贤注在介绍张松个人性格时，还提及了曹操创作的兵书。曹操在军事理论上有杰出的贡献，主要对《孙子兵法》深有研究：一是为《孙子兵法》作注，创作《孙子略解》；二是以孙子兵学为蓝本，创作了《兵法接要》。李贤这一注解从侧面说明了孙子兵学理论曾对曹操军事素

---

① 《后汉书》卷七四上《袁绍列传上》李贤注，第2391页。
② 杨丙安：《十一家注孙子校理》，第52—53页。
③ 《后汉书》卷七五《刘焉列传》李贤注，第2435页。

养产生了重要影响。

三 《后汉书》李贤注对孙子用兵之道的诠释

李贤对东汉人士应用孙子用兵之道作了多方诠释，习史者从中认识到这些人士的用兵之道实是受《孙子兵法》的影响。

一是李贤对应用孙子攻守之道的诠释。隗嚣乘胜派遣将领王元率两万多人从甘陇之地而下，派行巡夺取栒邑。冯异想占据栒邑，手下诸将一致认为，敌人军力强盛又处胜利之机，不可与之争锋。应在便利之地驻军，认真思考打败敌人的策略。冯异说，敌人临境，贪于小利，想要深入。敌若获得栒邑，三辅地区人心就会动摇，这是他本人的担忧。"夫'攻者不足，守者有余'。"现今先占据栒邑，以逸待劳，不和敌人争强。悄悄前往栒邑，关闭城门，放下旗鼓。行巡不知实情，快速进军栒邑。冯异乘其不意，突然击鼓，建帅旗而出。行巡军队惊慌奔逃，被追击几十里，大破敌军。李贤对冯异所说的"攻者不足，守者有余"做了注解："《孙子兵法》之文。"[①] 李贤这一注解点明了孙子一个重要的用兵之道：要进攻时，显示出自身兵力不足；要防守时，显示出兵力绰绰有余。李贤这一注解表明冯异在战胜对手时成功地应用了孙子的攻守之道。

凉州贼人王国围攻陈仓，左将军皇甫嵩督领前将军董卓，各率两万人抵御。董卓想快速进军陈仓，皇甫嵩却不同意他的行动。董卓说，智者不错过时机，勇者不优柔寡断。速救则城能保全，不救则城必灭亡，保全、灭亡之势，关键在此。皇甫嵩却说："百战百胜，不如不战而屈人之兵。是以先为不可胜，以待敌之可胜。不可胜在我，可胜在彼。彼守不足，我攻有余。""有余者动于九天之上，不足者陷于九地之下。"现今陈仓虽小，然而防守坚固，非九地之陷。王国虽然强大，却攻我所不救，不是九天之势。势非九天，攻者受害；陷非九地，守者不拔。王国今已陷受害之地，而陈仓保不拔之城，我可不烦兵动众，而取全胜之功，为何要救！皇甫嵩坚决不听董卓的建议。王国围困陈仓，从冬到春，八十多日，城池守备坚固，竟然不能攻

[①] 《后汉书》卷一七《冯异列传》李贤注，第651页。

下。敌人疲弊，果然撤退。皇甫嵩率兵击之。董卓说，这样用兵不行，"兵法，穷寇勿（追）[追]，归众勿（追）[追]"。现今追赶王国，是逼迫回归的敌人，是追击穷途末路的贼寇。困兽犹斗，蜂蛇有毒，何况大敌乎！皇甫嵩说，不是你所说的那样。先前不进攻敌人，是因为避敌精锐。现今攻击敌人，是等敌人士气衰落。攻击的是疲惫的敌人，而不是回归之敌。王国部众逃亡，没有斗志。以严整之军击衰乱之兵，这不是攻击穷寇。于是独自进军攻敌，让董卓在后防御。皇甫嵩连续作战，大破敌人，斩首一万多级，王国最终逃亡而身死。上述史实主要记述董卓与皇甫嵩激烈辩驳"救与不救陈仓"以及"追与不追撤退敌人"的情形。对于皇甫嵩所说的"百战百胜，不如不战而屈人之兵。是以先为不可胜，以待敌之可胜。不可胜在我，可胜在彼。彼守不足，我攻有余"。《后汉书》李贤注曰："孙子之文。"① 另外，李贤还对"有余者动于九天之上，不足者陷于九地之下"做出注解："《孙子兵法》曰：'善守者藏于九地之下，善攻者动于九天之上。'"② 由此可见，皇甫嵩用兵之道是《孙子兵法》用兵之道的灵活应用。其实，上述史实远远不止两处征引《孙子兵法》，董卓所说的"兵法，穷寇勿（追）[追]，归众勿（追）[追]"。亦是征引《孙子兵法》，董卓所说的"兵法"，就是指的是《孙子兵法》，董卓也是采用的孙子的用兵之道。实践证明，同样应用孙子用兵之道作战，其效果却是天壤之别。董卓根本无法与皇甫嵩媲美。令人遗憾的是，李贤并未对董卓应用《孙子兵法》做出明确注解。可能是由下述原因造成的。第一，当时所谓的"兵法"，是指《孙子兵法》，李贤认为没必要加以注解。第二，李贤对《孙子兵法》全书并不完全熟悉，于是"不知为不知"，未加注解。第三，也可能是李贤讨厌董卓为人，不愿把他与神圣的《孙子兵法》联系在一起，认为这是亵渎了伟大的孙子。

二是李贤对应用孙子"奇正"用兵之道的诠释。朱儁与黄巾军头

---

① 《后汉书》卷七一《皇甫嵩列传》李贤注，第 2305 页。
② 同上书，第 2306 页。

第五章 《孙子兵法》古代应用个案研究

领杜波才交战,结果战败,皇甫嵩进军保卫长社。杜波才率引大军围城,皇甫嵩兵力不足,部下非常恐惧。皇甫嵩召集部下对他们讲,"兵有奇变,不在众寡"。现今敌人结草安营,利于顺风放火。夜间纵火烧敌,敌人必定惊乱。出兵攻之,四面包围,可立下田单火攻敌人一样的功劳。那天夜晚正刮大风,皇甫嵩指令军士束苣守城,让精锐战士悄悄突围,放火大呼,城上举火响应。皇甫嵩击鼓攻击敌人,敌人惊惶逃走。李贤对皇甫嵩所说的"兵有奇变"作出注解:"《孙子兵法》曰:'凡战者,以正合,以奇胜者也。故善出奇,无穷如天地,无竭如江海。战势不过奇正。奇正之变,不可胜也。'"① 李贤这一注解说明了孙子"奇正"用兵之道的精髓之处,用兵打仗以常规战术来迎击敌人,以非常规战术来取胜敌人。善于出奇制胜的将帅,用兵变化犹如天地一样,无穷无尽;犹如江海一样,绵绵不绝。作战的态势,只不过是奇、正两种而已,但奇、正的变化却是无穷无尽的。李贤这一注解,使皇甫嵩善用《孙子兵法》"奇正"用兵之道表现得淋漓尽致。李贤这一注解还助于认识皇甫嵩擅长应用《孙子兵法》于作战。

曹操担心袁绍渡过黄河,因而率兵疾击刘备。刘备奔逃袁绍,袁绍进军许昌。田丰认为,既已失去前面时机,不应此时进军。他劝谏袁绍说:曹操既已打败刘备,那么许昌不再空虚。况且曹操善于用兵,变化无穷,人数虽少,但不可轻视。现今不如持久等待时机。将军占据山河之险,拥有四州之民,外结英雄,内修农战,选择精锐,"分为奇兵,乘虚迭出",骚扰黄河以南,"救右则击其左,救左则击其右",使敌疲于奔命,百姓不得安业,我未疲劳而敌已困,不到三年,坐可制胜敌人。现今不用庙胜之策而决成败于一战,若不如愿,后悔不及。袁绍就是不听。李贤对田丰所说的"奇兵"做了注解:"《孙子兵法》曰:'凡战者以正合,以奇胜也。'注云:'正者当敌,奇者击其不备。'"②《后汉书》李贤这一注解,既点明了"奇兵"之

---

① 《后汉书》卷七一《皇甫嵩列传》,李贤注,第2301页。
② 《后汉书》卷七四上《袁绍列传》,李贤注,第2393页。

《孙子兵法》经世致用研究

说源自《孙子兵法》，同时借鉴了曹操注解《孙子兵法》的成果。何以见得？李贤所谓"注曰"，乃是"曹操之注"。李贤所谓"正者当敌，奇者击其不备"，实际来源于曹操对《孙子兵法》的注解。李贤这一注解说明他不仅关注到了《孙子兵法》，而且还留意了曹操对《孙子兵法》的注解。

三是李贤对应用孙子"操控敌人"的用兵之道的诠释。曹操与袁绍官渡交战之际，曹操保有官渡，虽然即将取得胜利，但军粮就要用尽，曹操写信给荀彧商议，"欲还许以致绍师"。当时荀彧回信认为，目前粮食虽少，但不比楚汉相争时荥阳、成皋之战。那时刘邦与项羽不肯先退，认为先退则是势屈。如今以十分之一的军队，"画地而守之"，扼住袁军咽喉不使其前进已半年了。"情见势竭，必将有变，此用奇计之时，不可失也。"曹操听从了荀彧建议，坚壁防守。《后汉书》李贤注对曹操"欲还许以致绍师"做了注解："致犹至也。《兵法》曰：'善战者，致人不致于人。'"[1] 李贤这一注解，虽未点明借用《孙子兵法》，但实际上采用了孙子的用兵之道来解释曹操的作战构想，曹操打算归还许昌借以调动袁绍的军队，具体而言，体现的是《孙子兵法》"致人而不致于人"的用兵之道。《后汉书》李贤注对荀彧所说的"画地而守之"做了注解："言画地作限隔也。邹阳曰：'画地而不敢犯。'"[2] 值得注意的是，李贤这一注解不仅对"画地而守之"做了字面上的解释，而且引用邹阳之言作进一步解释。其实，"画地而守之"原本出自《孙子兵法·虚实篇》"我不欲战，画地而守之，敌不得与我战者，乖其所之也"[3]。由于李贤这一注解未明确注解出"画地而守之"的真正出处，不熟悉《孙子兵法》十三篇者，往往意识不到荀彧引用《孙子兵法》章句，那么对于认识"荀彧通晓《孙子兵法》"就会有一定的困难。

值得注意的是，中华书局点校本《后汉书》，凡是《志书》涉及

---

[1] 《后汉书》卷七〇《荀彧列传》，李贤注，第2286页。
[2] 同上书，第2287页。
[3] 杨丙安：《十一家注孙子校理》，第115页。

第五章 《孙子兵法》古代应用个案研究

的孙子与《孙子兵法》的内容，皆无注。《后汉书》记载："武官肄兵，习战阵之仪、斩牲之礼，名曰貙刘。兵、官皆肄孙、吴兵法六十四阵，名曰乘之。"①"孙、吴兵法"无相应的注解。《后汉书》记载："诸车有矛戟，其饰幡旄旗帜皆五采，制度从《周礼》。吴孙兵法云：'有巾有盖，谓之武刚车。'武刚车者，为先驱。又为属车轻车，为后殿焉。"②"吴孙兵法"也无注解。而"吴孙兵法云：'有巾有盖，谓之武刚车'"这一说法亦不见于现今《孙子兵法》十三篇，应是《孙子兵法》的佚文。这两则史料，前者提及"孙、吴兵法"，后者提及"吴孙兵法"。究竟是"孙吴兵法"，还是"吴孙兵法"？这是个值得探讨的问题。《后汉书》校点者，对此曾发表看法。校点者按：《校补》谓本书《皇甫规传》"勤明吴孙，未若奉法"，是作"吴孙"不误也。唯章怀注以为指吴起、孙武，而《通典》注则作孙子《兵法》，而不及吴起。夫二子不共为书，其书又不皆言武刚车制，志文何为并举？疑"吴孙"云者，专指吴孙武也。③李贤关注孙子与《孙子兵法》，为何对这些内容不加注解？笔者认为，其主要原因是李贤注解的范晔《后汉书》本无志。中华书局在点校《后汉书》时，收入了晋司马彪撰写的《后汉书》志书。南朝梁刘昭在补注《后汉书》诸志时，未对志书中涉及孙子与《孙子兵法》的内容作注，说明不同旨趣的史学家，诠释史书内容的风格会有很大的差异。由此可见，李贤对孙子与《孙子兵法》情有独钟。李贤对《后汉书》中孙子与《孙子兵法》内容做了多方面的诠释，折射出其本人具有一定的孙子兵学素养，间接表明孙子兵学对唐代史学有重要的影响，扩大了孙子与《孙子兵法》的社会影响力。正是由于李贤的这些注解，使更多的习史者认识到孙子这一重要人物，并清晰地了解了东汉历史上那些熟知与应用《孙子兵法》的历史人物。李贤这种性质的注解，虽有不全面、不到位之处，但其在史学著作中的开拓、引领作用，值得后人称

---

① 《后汉书》志五《仪礼中》，第3123页。
② 《后汉书》志二九《舆服志上》，第3650页。
③ 同上书，第3658页。

道。李贤这一独特的注解方式，为后世史学家树立了典范。

第四节　胡三省《通鉴注》征引《孙子兵法》现象考述

胡三省（1230—1302），字身之，台州（今浙江宁海）人。他在史学上最大的贡献是创作了《资治通鉴音注》（简称《通鉴注》）。司马光《资治通鉴》问世后，"注者纷纷，然乖谬弥甚，唯宋末元初胡三省独辟蹊径，以毕生精力注《通鉴》，卓然自立，为学人所称颂"[①]。胡三省《通鉴注》所引注的资料翔实："大到典章制度、地理沿革，小到草木虫鱼，十分广泛，具有很高的学术价值。"[②] 而且，胡三省《通鉴注》具有鲜明的特色，"始终贯穿着注家的个人感情与独立思考"。具有极高的思想理论价值，是"对历史上的成败兴亡、分合治乱、民族纷争等问题所进行的深入思索与探究"[③]。胡三省《通鉴注》进一步"阐发了司马光以史为鉴的'治道'思想，从中也表现出胡三省的安邦治国之道"[④]。学界对胡三省《通鉴注》的研究成果较为丰富多彩，但对胡三省《通鉴注》大量征引《孙子兵法》的现象却未给予充分关注。本节以胡三省《通鉴注》为主要观察视点，从中分析胡三省《通鉴注》征引《孙子兵法》现象及其背后的原因，借以加深对胡三省兵学修养的认知。

一　《通鉴注》注意点明《孙子兵法》征引情况

胡三省对于《通鉴》大量征引《孙子兵法》的情况颇为关注。

[①] 吴怀祺：《胡三省——注〈通鉴〉精义写胸中情怀》，瞿林东、杨牧之主编：《中华人物志（史学家小传）》，中华书局1988年版，第226页。

[②] 任崇岳主编：《中国文化通史——辽西夏金元卷》，中共中央党校出版社2000年版，第321页。

[③] 林嵩：《胡三省〈资治通鉴音注〉的价值》，北京大学中国古文献研究中心：《北京大学中国古文献研究中心集刊》第6辑，北京大学出版社2007年版，第227页。

[④] 胡克均：《胡三省生平及其〈资治通鉴音注〉》，胡正武主编：《台州人文研究选集》，华艺出版社2006年版，第253页。

第五章 《孙子兵法》古代应用个案研究

胡三省在《通鉴注》中以五种不同的风格加以标注。

一是胡三省以"《孙子兵法》之言"加以标注。例如，胡三省标注《通鉴》中唐太宗所云"此兵法所谓'城有所不攻'者也"："《孙子兵法》之言。"① 标注《通鉴》曹俊所说的"兵法十围五攻"："此《孙子兵法》之言。"② 值得注意的是，"十围五攻"是《孙子兵法》"十则围之，五则攻之"③的简略说法。胡三省使用的"《孙子兵法》之言"标注方式，阐明《通鉴》所引兵法不是来自其他兵书，而是来自《孙子兵法》。

二是胡三省以"《孙子兵法》有是言"加以标注。例如，胡三省标注《通鉴》中相州刺史高闾所言"《兵法》'十则围之，五则攻之'"："《孙子兵法》有是言。"④ 胡三省使用的"《孙子兵法》有是言"标注方式，特意指出《通鉴》历史人物引用的话语来自《孙子兵法》。

三是胡三省以"孙武子《兵法》"加以标注。例如，胡三省标注《通鉴》中孙膑所说的"《兵法》：'百里而趣利者蹶上将，五十里而趣利者军半至'"："此孙武子《兵法》也。"⑤ 标注《通鉴》中傅嘏所说的"敌逸能劳之，饱能饥之"："孙武子《兵法》之言也。"⑥ 值得注意的是，"孙武子"是孙子另外一个称谓。胡三省使用的"孙武子《兵法》"标注方式，借以表明《通鉴》中历史人物的言语出自孙子的兵书。

四是胡三省以"孙武子之言"加以标注。例如，胡三省标注《通鉴》中侯生所言的"将在外，君令有所不受"："孙武子之言。"⑦ 标注《通鉴》中息夫躬所说的"令匈奴客闻焉；则是所谓'上兵伐谋，

---

① 《资治通鉴》卷一九八，胡三省注，中华书局1956年版，第6228页。
② 《资治通鉴》卷二二六，胡三省注，第7300页。
③ 杨丙安：《十一家注孙子校理》，第52—53页。
④ 《资治通鉴》卷一四〇，胡三省注，第4378页。
⑤ 《资治通鉴》卷二，胡三省注，第59页。
⑥ 《资治通鉴》卷七五，胡三省注，第2399页。
⑦ 《资治通鉴》卷五，胡三省注，第181页。

其次伐交'者也"的出处："上兵伐谋，其次伐交，孙武子之言。"① 标注《通鉴》中光武帝刘秀所说的"以饱待饥，以逸待劳"："孙武子之言也。"② 标注《通鉴》中清河王慕容会所讲的"《兵法》曰：'归师勿遏。'又曰：'置之死地而后生'"："孙武子之言"③。胡三省使用的"孙武子之言"标注方式，指明了《通鉴》中历史人物引用的言语出自孙子，而不是别人。

五是胡三省以"孙子之言"加以标注。例如，胡三省标注《通鉴》中汉军军正闳与长史安所说的"《兵法》：'小敌之坚，大敌之禽也。'"："孙子之言，言大小不敌，小虽坚于战，终必为大所禽。"④ 标注《通鉴》王基所说"彼得亦利，我得亦利，是谓争地"："孙子之言，所谓九地，争地其一也。"⑤ 标注《通鉴》陈泰所言的"兵书曰：'修橹轒辒，三月乃成，拒堙三月而后已'"："此孙子之言也。孙子之说，以攻城为不得已。魏武《注》曰：修，治也；橹，大楯也。轒辒者，轒床也。轒床其下四轮，从中推之至城下也。杜佑曰：攻城战具，作四轮车，车上以绳为脊，生牛皮蒙之，下可藏十人，填隍推之，直抵城下，可以攻掘，金火木石所不能败，谓之轒辒车。"《注》又曰：距堙者，踊土稍高而前以附其城也。杜佑曰：土山，即孙子所谓距闉也。"⑥ 胡三省这一注解所言的"魏武"是指魏武帝曹操，《通鉴注》还引述了曹操与唐人杜佑对《孙子兵法》的注解成果。胡三省使用的"孙子之言"的标注方式，不仅指明《通鉴》中的历史人物引用的话语来自孙子，而且对孙子的某些话语做了进一步解释。

胡三省以五种不同风格标注《通鉴》征引《孙子兵法》的情况，集中反映出胡三省非常熟悉《孙子兵法》。否则不可能具体一一指出

---

① 《资治通鉴》卷三四，胡三省注，第1106页。
② 《资治通鉴》卷四〇，胡三省注，第1307页。
③ 《资治通鉴》卷一〇九，胡三省注，第3446页。
④ 《资治通鉴》卷一九，胡三省注，第620页。
⑤ 《资治通鉴》卷七六，胡三省注，第2422页。
⑥ 同上书，第2428页。

《通鉴》中诸多历史人物援引的话语是出自《孙子兵法》，也不会对孙子的有些话语作进一步的解释，更不会引用曹操与杜佑注解《孙子兵法》的成果来注解《通鉴》。

二 《通鉴注》援引史例检证《孙子兵法》理论

《通鉴》具有浓郁的兵学底蕴，胡三省援引《通鉴》中的具体史例检证《孙子兵法》理论，这种检证主要体现在三方面。

一是胡三省以《通鉴》具体史例检证《孙子兵法》谋略思想。《孙子兵法·计篇》云："佚而劳之，亲而离之。"[1] 胡三省以《通鉴》中石勒施恩信与段末柸结为父子为例，检证《孙子兵法》"亲而离之"的谋略思想。《通鉴》载晋怀帝永嘉六年（312），石勒招致段末柸，"与之燕饮，誓为父子"。在返回辽西的路上，段末柸一天向南叩拜三次。从此之后，段氏一心一意归顺了石勒，而王浚的势力却日渐式微。《通鉴注》对这一史例的解说："孙武所谓'亲而离之'，此其近之矣。"[2]

二是胡三省以《通鉴》具体史例检证《孙子兵法》战术思想。《孙子兵法·虚实篇》云："不得不与我战者，攻其所必救也。"[3] 胡三省以《通鉴》中刘秀"捣郯"行动为例，检证《孙子兵法》"攻其所必救"的战术思想。《通鉴》载建武四年（28），光武帝刘秀下敕令说，"可直往捣郯"，兰陵之围就会自动解除。《通鉴注》对刘秀"捣郯"战术的注解："此兵法所谓攻其必救也。"[4]

《孙子兵法·谋攻篇》云："上兵伐谋，其次伐交，其次伐兵，其下攻城。"[5] 孙子把攻城视为最下策。胡三省以《通鉴》中沈璞为例，检证《孙子兵法》攻城为最下策的战术思想。《通鉴》载宋文帝元嘉二十七年（450），魏兵南进，郡县守宰多弃城逃跑。有人劝沈璞返归建康。沈璞说，如果敌人因城小而不顾及，有何害怕！假如敌人前来

---

[1] 杨丙安：《十一家注孙子校理》，第17页。
[2] 《资治通鉴》卷八八，胡三省注，第2788页。
[3] 杨丙安：《十一家注孙子校理》，第114页。
[4] 《资治通鉴》卷四一，胡三省注，第1318页。
[5] 杨丙安：《十一家注孙子校理》，第46–48页。

《孙子兵法》经世致用研究

进攻，正是报国的好时机，也是各位立功封侯的好时机，何必逃跑！"诸君尝见数十万人聚于小城之下而不败者乎？昆阳、合肥，前事之明验也"。《通鉴注》对此做了注解："王寻、王邑以百万败于昆阳，诸葛恪以二十万败于合肥；故曰用兵之计，攻城最下。"①《通鉴注》把孙子"其下攻城"灵活变化为"攻城最下"，其所表述的兵学思想与《孙子兵法》是一致的。

《孙子兵法·形篇》云："昔之善战者，先为不可胜，以待敌之可胜。"②胡三省《通鉴注》以杨素作战的例子，检证《孙子兵法》"先为不可胜，以待敌之可胜"的战术思想。《通鉴》载隋文帝开皇十九年（599），杨素军与达头相遇，诸将考虑敌人骑兵冲击，"皆以戎车步骑相参，设鹿角为方阵，骑在其内"。《通鉴注》对此种战术使用的说明："此古法也，虽卫青、刘裕未之能易也，所谓先为不可胜以待敌之可胜者也。"③

《孙子兵法·军争篇》云："围师必阙，穷寇勿迫。"胡三省以《通鉴》李晟转移驻军的例子，检证《孙子兵法》"围师必阙"的战术思想。《通鉴》载唐德宗兴元元年（784），李怀光秘密勾结朱泚。李晟屡屡向唐德宗进奏，担忧不测之变的发生，请求军队移驻东渭桥。而唐德宗一心希望李怀光洗心革面，搁置李晟奏章不予回复。《通鉴注》对李晟"军队移驻东渭桥"这一战术动作的注解："李怀光既有异谋，李晟与之连营于咸阳，有不能一息安者，其奏请移军当也。然必归东渭桥者，晟之本规也。盖朱泚拥泾卒而据长安，其败也必当西奔，晟以师自东逼之，所以开其走路耳。兵法，围城为之阙，此其近之。"④《通鉴注》把孙子"围师必阙"灵活变化为"围城为之阙"，所揭示的战术原理与《孙子兵法》大体是一致的，只是目标由军队变成城池而已。

三是胡三省以《通鉴》具体史例检证《孙子兵法》"用间"思

---

① 《资治通鉴》卷一二五，胡三省注，第3958页。
② 杨丙安：《十一家注孙子校理》，第69页。
③ 《资治通鉴》卷一七八，胡三省注，第5564页。
④ 《资治通鉴》卷二三〇，胡三省注，第7402页。

第五章 《孙子兵法》古代应用个案研究

想。《孙子兵法·用间篇》对使用间谍的思想理论有精辟地总结。孙子曰："用间有五：有因间，有内间，有反间，有死间，有生间。"①胡三省以赵奢巧妙利用秦国间谍的例子，检证孙子的"反间"思想。"反间"是使敌人的间谍为我所用，其对敌杀伤力最大。《通鉴》载周赧王四十五年（前270），秦国间谍进入赵国军营，赵奢"善食遣之"。《通鉴注》中对赵奢这一用间史例的解释："此《孙子》所谓反间也。"②

胡三省以萧衍使用郑伯伦作为间谍的例子，检证孙子的"因间"思想。"因间"就是借用敌国人作间谍。《通鉴》载齐和帝中兴元年（501），陈伯之驻守城门，每当齐国降者出来，陈伯之都要与其窃窃私语。萧衍担心陈伯之怀有贰心，私下对陈说，城里人非常愤怒其举兵投降，想派刺客寻机刺杀他，陈伯之却不相信。恰逢齐国的将领郑伯伦来投降，萧衍"使伯伦过伯之"，对陈伯之述说城里有人对他非常愤怒，准备派使者引诱他投降，等他投降后，就活割他的手脚。若是不投降，就派刺客刺杀他。陈伯之便害怕了，从此再也不敢与齐国降者来往了。《通鉴注》对萧衍利用降者郑伯伦做间谍的史例做了解说："萧衍之使郑伯伦，此《孙子》五间所谓因间也。"③胡三省又以刘玄佐厚结李纳使者的例子，检证孙子的"因间"思想。《通鉴》载唐德宗贞元八年（792），李纳使者前来，宣武节度使刘玄佐素有威信与谋略，"厚结之，故常得其阴事，先为之备"。《通鉴注》对刘玄佐使用李纳使者的史例做了解释："《孙子》五间，有因间。因间者，因其乡人而用之。张预《注》云：因敌国人，知其底里，就而用之，可使伺候也。刘玄佐之制李纳，正用此术。"④值得注意的是，胡三省《通鉴注》还吸收了宋人张预注解《孙子兵法》的成果。

胡三省以《通鉴》具体的史例检证《孙子兵法》的谋略、战术、用间等思想，可谓是独具慧眼：一则在于《孙子兵法》理论得到验

---

① 杨丙安：《十一家注孙子校理》，第291页。
② 《资治通鉴》卷五，胡三省注，第156页。
③ 《资治通鉴》卷一四四，胡三省注，第4501页。
④ 《资治通鉴》卷二三四，胡三省注，第7526页。

证；二则突出了《通鉴》的兵学色彩，从而也展示了《孙子兵法》理论的精妙之处。

三 《通鉴注》援引《孙子兵法》解释《通鉴》内容

《孙子兵法》包含的兵学原理，博大精深，内涵丰富。胡三省有意识地引用《孙子兵法》来解释《通鉴》中有关兵学的一些内容，主要体现在三个方面。

一是胡三省引用《孙子兵法》解释《通鉴》中的军事术语。《通鉴》包含一些特定的军事术语，有些与《孙子兵法》密不可分。例如，《孙子兵法》有特定的军事术语"反间"，孙子曰："用间有五：有因间，有内间，有反间，有死间，有生间。"①《通鉴》载周赧王三十六年（前279），燕惠王作太子时，与乐毅有过不快经历。田单听说后，"纵反间于燕。"《通鉴注》对"反间"这一术语作详细注解："《孙子》五间，有反间，因其敌间而用之。又曰：敌间之间我者，因而利之，导而舍之，故反间可得而用也。"②

《孙子兵法》有特定的军事术语"死地"，《孙子兵法·九地篇》云："用兵之法：有散地，有轻地，有争地，有交地，有衢地，有重地，有圮地，有围地，有死地。"③《通鉴》载汉高帝三年（前204），诸将校验首级完毕，一起向韩信祝贺胜利，借此机会询问统帅韩信，《兵法》"右倍山陵，前左水泽"，将军却让我们背水为阵，且说"破赵会食"，我们内心不服。然而最终却取胜，这究竟使用何种策略？韩信说，"此在兵法，顾诸君不察耳！兵法不曰：'陷之死地而后生，置之亡地而后存？'"《通鉴注》对"死地"这一术语做出了注解："《孙子·九地》：疾战则存、不战则亡为死地。曹操《注》曰：前有高山，后有大水，进不得，退有碍者。"④ 值得注意的是，胡三省参考了曹操注解《孙子兵法》的成果。曹注《孙子兵法》，即《孙子略解》，在《孙子兵法》注解成果之中影响很大。有学者评价《孙子略

---

① 杨丙安：《十一家注孙子校理》，第291页。
② 《资治通鉴》卷四，胡三省注，第139页。
③ 杨丙安：《十一家注孙子校理》，第234页。
④ 《资治通鉴》卷十，胡三省注，第327页。

第五章 《孙子兵法》古代应用个案研究

解》："《孙子兵法》注解时代开始的标志，是曹操《孙子略解》的问世。"①

《孙子兵法》有特定的军事术语"奇正"，《孙子·势篇》云："战势不过奇正。"②《通鉴》载汉献帝建安五年（200），袁绍议攻许昌。田丰认为，曹操善于用兵，变化无穷。虽然兵少，却不可轻视，不如采用持久之计。占据山河之险，拥有四州之民，外结英雄，内修农战，然后"简其精锐，分为奇兵"。《通鉴注》对"奇正"这一术语做出注解："《孙子兵法》曰：凡战，以正合，以奇胜。《注》曰：正者，当敌；奇者，击其不备。"③ 这一注解当中，胡三省依然参考了曹操的《孙子略解》。

《孙子兵法》有特定的军事术语"挂"，《孙子兵法·地形篇》云："地形：有通者，有挂者，有支者，有隘者，有险者，有远者。我可以往，彼可以来，曰通。通形者，先居高阳，利粮道，以战则利。可以往，难以返，曰挂。"④《通鉴》载魏明帝太和二年（228），满宠说，曹休果敢明智，却很少带兵打仗，"今所从道，背湖旁江，易进难退，此兵之絓地也"。《通鉴注》对"挂"这一术语做出注解："《孙子·地形篇》曰：地形有通者，有挂者。我可以往，彼可以来曰通。可以往，难以返曰挂。"⑤

《孙子兵法》有特定的军事术语"轒辒"，《孙子兵法·作战篇》云："修橹轒辒，具器械，三月而后成。"《通鉴》载唐德宗建中四年（783），朱泚派兵叫嚣进攻南城。韩游瑰说，这是敌人试图分散我们的兵力，于是他率兵严守城的东北角。北风迅猛，朱泚军兵推着云梯，施放湿毡，悬挂水囊，载着壮士前来攻城，"翼以轒辒"。《通鉴注》对"轒辒"这一术语作出注解："轒辒，攻城车也。兵法，修轒

---

① 于汝波：《孙子兵法研究史》，第 75 页。
② 杨丙安：《十一家注孙子校理》，第 89 页。
③ 《资治通鉴》卷六三，胡三省注，第 2025 页。
④ 杨丙安：《十一家注孙子校理》，第 217 - 218 页。
⑤ 《资治通鉴》卷七一，胡三省注，第 2245 页。

辒距堙者，三月而后成。"①

二是胡三省引用《孙子兵法》解释《通鉴》中省略用语。《通鉴》中有一些省略用语，有些则是源于《孙子兵法》文义的省略。《孙子兵法·谋攻篇》云："是故百战百胜，非善之善者也；不战而屈人之兵，善之善者也。"②《通鉴》载魏邵陵厉公嘉平元年（249），姜维引兵从牛头山出兵救援，与陈泰相遇。陈泰说："兵法贵在不战而屈人。今绝牛头，维无反道，则我之禽也。"《通鉴注》对"不战而屈人"作出注解："孙子曰：百战百胜，非善之善者也；不战而屈人，善之善者也。"③《通鉴》中所说的"不战而屈人"，实质上是孙子"不战而屈人之兵，善之善者也"的省略用语。

《孙子兵法·计篇》云："夫未战而庙算胜者，得算多也；未战而庙算不胜者，得算少也。多算胜，少算不胜，而况于无算乎？"④《通鉴》载晋元帝永昌元年（322），参军李梁劝说甘卓，昔日隗嚣飞扬跋扈，而保有河西之地的窦融却归顺刘秀，最终享有荣华富贵。今将军名重天下，只要按兵不动，大将军若是成功，就会委以重任，若不成功，朝廷一定会以将军取代他，何愁不富贵，"而释此庙胜，决存亡于一战邪"？《通鉴注》对"庙胜"作出注解："孙子曰：未战而庙胜，得算多也；未战而庙不胜，得算少也。"⑤《通鉴》中所说的"庙胜"，实质上是孙子"庙算胜者"的省略用语。

《孙子兵法·谋攻篇》云："十则围之，五则攻之。"⑥《通鉴》载晋穆帝永和十二年（356），燕大司马慕容恪围攻段龛，诸将请求迅速进攻，慕容恪却说，用兵形势有缓有急，不可不察。若敌我势均力敌，外有强大的援兵，担心腹背之患，进攻敌人就不可不急。若我强敌弱，敌无外援，有力量可以制服敌人，就应围困敌人，等待敌人的

---

① 《资治通鉴》卷二二九，胡三省注，第7374页。
② 杨丙安：《十一家注孙子校理》，第45页。
③ 《资治通鉴》卷七五，胡三省注，第2383页。
④ 杨丙安：《十一家注孙子校理》，第20页。
⑤ 《资治通鉴》卷九二，胡三省注，第2895页。
⑥ 杨丙安：《十一家注孙子校理》，第52—53页。

灭亡。"兵法十围五攻，正谓此也。"《通鉴注》对"十围五攻"做出注解："孙子曰：用兵之法，十则围之，五则攻之。"①《通鉴》中所说的"十围五攻"，实质上是孙子"十则围之，五则攻之"的省略用语。

《孙子·用间篇》云："凡兴师十万，出征千里，百姓之费，公家之奉，日费千金。"②《通鉴》载唐高祖武德四年（621），李世民劝谕窦建德说，赵、魏曾为唐所有，后被足下侵夺。后因淮安之事，以礼相待，公主归还，释去仇怨。王世充虽与足下修好，但反复多变，今危在旦夕，花言巧语引诱足下，足下却以三军之众仰赖他人，"千金之资，坐供外费"。《通鉴注》对"千金"做出注解："《兵法》曰：兴师十万，日费千金。"③《通鉴》中所说的"千金"，实质上是《孙子·谋攻篇》"凡兴师十万，出征千里，百姓之费，公家之奉，日费千金"的省略用语。

三是胡三省引用《孙子兵法》解释《通鉴》中作战活动。《孙子兵法》蕴含丰富的战术思想，胡三省引用《孙子兵法》解释《通鉴》中的作战活动。例如，《孙子兵法·军争篇》云："围师必阙，穷寇勿迫。此用兵之法也。"④《通鉴》载光武帝建武二年（26），刘秀下诏命令邓禹班师，"慎毋与穷寇争锋！"《通鉴注》解释刘秀的作战活动："穷寇者，言其势已穷，势必致死也。《兵法》曰：穷寇勿追。"⑤而胡三省所谓《兵法》，就是指的《孙子兵法》。

《孙子兵法·军争篇》云："饵兵勿食，归师勿遏。"⑥《孙子兵法·九地篇》云："投之亡地然后存，陷之死地然后生。"⑦《通鉴》载汉献帝建安三年（198），曹军前后受敌夹攻，曹操夜间命人开凿险要之处伪装逃跑。刘表、张绣率军出击，曹操巧出奇兵，进行夹攻，

---

① 《资治通鉴》卷一〇〇，胡三省注，第3158页。
② 杨丙安：《十一家注孙子校理》，第289页。
③ 《资治通鉴》卷一八九，胡三省注，第5911页。
④ 杨丙安：《十一家注孙子校理》，第158—160页。
⑤ 《资治通鉴》卷四〇，胡三省注，第1307页。
⑥ 杨丙安：《十一家注孙子校理》，第156—157页。
⑦ 同上书，第261页。

大败对方。荀彧询问曹操破敌之策,曹操说,"虏遏吾归师,而与吾死地,吾是以知胜矣。"《通鉴注》解释曹操的作战活动:"《兵法》曰:归师勿遏。又曰:置之死地而后生。"①

《孙子兵法·形篇》云:"昔之善战者,先为不可胜,以待敌之可胜。"②《通鉴》载汉献帝建安十六年(211),诸将询问曹操,为何当初敌人防守潼关,渭水以北道路不通,却不从黄河以东出击冯翊而围守潼关,数日后却北上渡河?曹操说敌人防守潼关,若是进入黄河以东,敌人必引兵防守各个津渡,那么就不能渡过黄河,因而故意伪装大军攻击潼关,敌人南来全面防守,黄河以西就会空虚,二位将军便可以轻取黄河以西。然后引军北渡黄河,敌人就不能与我争夺黄河以西,此时二位将军在那里阻击敌人。"连车树栅,为甬道而南,既为不可胜,且以示弱"。《通鉴注》解释曹操这一作战行为:"《兵法》:先为不可胜以待敌之可胜。"③

《孙子兵法·谋攻篇》云:"知彼知己者,百战不殆。"④《通鉴》载宋孝武帝孝建元年(454),朱修之截断马鞍山通道,占据险要防守。鲁秀前来攻打,不能战胜,于是撤军回江陵,朱修之率兵紧随。有人劝朱修之急速追赶,朱修之说,鲁秀是骁勇之将,"兽穷则攫,不可迫也"。《通鉴注》解释朱修之的作战活动:"《兵法》有言:知彼知己,百战不殆。朱修之此战近之。"⑤

章学诚曾批评私人著史的不良风气:"私门著述,苟饰浮名,或剽窃成书,或因陋就简。"⑥胡三省借鉴前人成果,明确标注出处,表明其严谨谦虚的治学态度。胡三省引用《孙子兵法》解释《通鉴》的一些内容,既注重对《通鉴》中的军事术语和省略用语的解释,也注重对作战活动的解释。胡三省这种注解方式的好处在于:既为学习

---

① 《资治通鉴》卷六二,胡三省注,第2003页。
② 杨丙安:《十一家注孙子校理》,第69页。
③ 《资治通鉴》卷六六,胡三省注,第2108页。
④ 杨丙安:《十一家注孙子校理》,第62页。
⑤ 《资治通鉴》卷一二八,胡三省注,第4018页。
⑥ 章学诚著,叶瑛校注:《文史通义校注》,中华书局1985年版,第239页。

《通鉴》军事思想提供了极大方便,同时便于了解一些重要的作战原理和实际战例。

四 《通鉴注》应用《孙子兵法》评点《通鉴》

《通鉴注》不仅征引《孙子兵法》章句对《通鉴》内容作各种解释,而且,胡三省有时慧心独用,借用《孙子兵法》思想观点点评《通鉴》中一些重要内容,主要情形分为三种。

一是胡三省应用《孙子兵法》点评《通鉴》中历史人物。胡三省依据《孙子兵法》点评《通鉴》中历史人物,主要有魏明帝、慕容宝、安仁义。《通鉴》载魏明帝太和二年(228),魏明帝分析出兵时说,诸葛亮凭借山地险要,防守坚固,"今者自来,正合兵书致人之术,破亮必也。"在《通鉴注》中,胡三省评价魏明帝用计巧妙:"《兵法》曰:善战者致人。帝姑以此言安朝野之心耳。"[1] 胡三省所谓"善战者致人"的评价,正是依据的《孙子兵法·虚实篇》"善战者,致人而不致于人"[2]。胡三省借《孙子兵法》来评价魏明帝工于心计,应用兵法理论分析战况,借此安定人心。

《通鉴》载晋安帝隆安元年(397),并州监军丑提听说叔父没根投降燕,害怕被诛杀,率部回国叛乱。拓拔珪准备北上平叛,派相国涉延向燕求和,请以弟弟做人质。慕容宝"闻魏有内难,不许"。在《通鉴注》中,胡三省评价慕容宝才略:"《兵法》曰:知彼知己,百战不殆。慕容宝徒欲乘拓拔珪之有内衅而困之,而不知己之才略不足办也。"[3] 胡三省所谓的"知彼知己,百战不殆"的评价,正是依据《孙子兵法·谋攻篇》"知彼知己者,百战不殆"。胡三省借《孙子兵法》评价慕容宝想借拓拔珪内讧来使之陷于困境,这证明其才略不足。

《通鉴》载唐昭宗天复二年(902),钱镠派顾全武向杨行密告急求援,顾全武说,只是自己去,没有任何的用处,请以大王的儿子作

---

[1] 《资治通鉴》卷七一,胡三省注,第2241页。
[2] 杨丙安:《十一家注孙子校理》,第106页。
[3] 《资治通鉴》卷一〇九,胡三省注,第3439页。

为人质。钱镠让儿子钱传瑛作为仆人与他一同去广陵，一同向杨行密求婚。路经润州时，团练使安仁义喜爱钱传瑛清新秀丽，要以十个仆人交换，"全武夜半赂阍者逃去"。在《通鉴注》中，胡三省评价安仁义说："安仁义号淮南名将，居专城之任，而门关出入之禁不严，非善守者也。"① 胡三省所谓"非善守者"的评价，正是依据《孙子兵法·形篇》"善守者，藏于九地之下"②。意思是说，善于防守者，深不可测，不给他人以任何的机会。胡三省借《孙子兵法》来评价安仁义关城防守不严，徒有虚名。

二是胡三省应用《孙子兵法》点评《通鉴》中人物得失。胡三省格外看重司马光经世致用的思想，注重总结历史经验，诚如"因事之得失成败，可以知道之万世亡弊"③。例如，《通鉴》载汉献帝建安五年（200），袁绍骑兵越聚越多。曹操下令作战，当时骑兵不满六百人，纵兵出击，斩袁绍手下名将文丑。曹军再与袁军作战，擒捉全部敌人，"绍军夺气"。在《通鉴注》中，胡三省借用《孙子兵法·军争篇》"三军可夺气，将军可夺心"④ 的思想，评价曹操此次用兵之所以战胜袁军的原因："三军以气为主，气夺则其军不振。"⑤

《通鉴》载唐德宗兴元元年（784），陆贽默默无言，多次回头看李晟。李晟对李怀光说，主公身为元帅，独掌号令。而李晟仅率一军，只是受命而已。"至于增减衣食，公当裁之。"李怀光沉默不语，不想以自己的名义减少军队衣粮，结果设计好的计谋未能得逞。在《通鉴注》中，胡三省评价李晟"伐谋"成功的原因："李晟之答怀光，气和而辞正，故能伐其谋。"⑥《孙子兵法·谋攻篇》："上兵伐谋，其次伐交。"⑦ "伐谋"是孙子重要的用兵思想。胡三省正是借用了《孙子兵法》伐谋思想来评价李晟有理有节的回复使李怀光计谋夭折。

---

① 《资治通鉴》卷二六三，胡三省注，第 8583 页。
② 杨丙安：《十一家注孙子校理》，第 71 页。
③ 胡三省：《新注资治通鉴序》，第 28 页《资治通鉴》（第 1 册附录）。
④ 杨丙安：《十一家注孙子校理》，第 148－149 页。
⑤ 《资治通鉴》卷六三，胡三省注，第 2027 页。
⑥ 《资治通鉴》卷二三〇，胡三省注，第 7403 页。
⑦ 杨丙安：《十一家注孙子校理》，第 46—47 页。

第五章 《孙子兵法》古代应用个案研究

《通鉴》载后唐明宗长兴元年（930），董璋派兵士在剑门修筑了七个城寨，孟知祥派赵季良到梓州与其修好。《孙子兵法·九地篇》有"夫吴人与越人相恶也，当其同舟而济，遇风，其相救也如左右手"①。在《通鉴注》中，胡三省以"同舟遇风则胡、越相应如左右手"类似的说法来代替之，从中分析安重诲外交决策犯下的严重失误："先是董璋在东川，与孟知祥邻镇而未尝通问；天成三年，两镇因争盐利而有违言；去年璋遣使求昏于知祥，今知祥遣报使以修好，两释嫌怨以从讲解，惧朝廷加兵也。同舟遇风则胡、越相应如左右手，斯之谓矣。"《孙子兵法·计篇》有"亲而离之"的战术思想，胡三省改为"合则能离之"，借此点评安重诲这一重大外交失误所造成的危害，使原本是宿敌的董璋和孟知祥最终结盟共同来对抗中央政府。安重诲不善谋划的结果，只能对国家有百害而无一利。"安重诲患两川之难制，不能因其构隙而斗之，反从而合之，可以为善谋国乎！《兵法》曰：合则能离之。安重诲反是。"② 这一点评折射出胡三省"忠于国家和民族"③的政治品格。

《通鉴》载后晋高祖天福元年（936），张敬达修筑长围堰围困晋阳。安重荣、张万迪的降兵归属刘知远指挥，刘知远执法无私，一视同仁，降军始终没有贰心。石敬瑭亲自登城守卫，坐卧矢石下。刘知远说，观察张敬达等人高垒深沟，想为持久之计，无奇妙之策，不足为虑。"愿明公四出间使，经略外事。守城至易，知远独能办之。"在《通鉴注》中，胡三省借用《孙子兵法·谋攻篇》"上兵伐谋，其次伐交，其次伐兵，其下攻城"的思想，评点张敬达围攻晋阳最终失败之因："用兵之计，攻城最下。以敬瑭、知远之守，又有契丹之援，而敬达欲以持久制之，宜其败也。"④ 刘知远不仅防守有术，而且又有契丹援助。

三是胡三省应用《孙子兵法》点评《通鉴》战术理论应用。在

---

① 杨丙安：《十一家注孙子校理》，第251页。
② 《资治通鉴》卷二七七，胡三省注，第9038页。
③ 方如金：《论胡三省的治史态度和人格精神》，《安徽师范大学学报》（人文社会科学版）2006年第2期。
④ 《资治通鉴》卷二八〇，胡三省注，第9147页。

— 193 —

《孙子兵法》经世致用研究

《通鉴》原有战例的基础上，胡三省借用《孙子兵法》阐发自己独到看法，这种性质的点评在《通鉴注》中显得光彩夺目。例如，《通鉴》载汉高帝三年（前204），广武君李左车劝说韩信，将军西涉黄河，俘虏魏王，擒捉夏说，东下井陉，不用一天时间击破赵国二十万人，诛杀成安君，名闻海内，威震天下，农夫放下耕具，以丰衣美食待命，这是将军长处。然而部众疲劳，难以使用。将军想以"倦敝之兵顿之燕坚城之下，欲战不得，攻之不拔，情见势屈"。在《通鉴注》中，胡三省借此战例阐述他对"势"的理解："兵，诡道也，乘势以为用者也。见，显露也。屈，尽也。吾之情见则敌知所备，势屈则敌得乘吾之敝矣。"① 《孙子兵法》专门设有《势篇》，论述"造势"和"用势"的问题。胡三省主要对"势"的利用发表了自己独到的看法，强调善于借势而用之，我方势屈则使敌人有机可乘。

《通鉴》载齐东昏侯永元二年（500），萧颖胄派使者给萧衍送来刘山阳的首级，借口时机不利，要等明年二月进军。萧衍说："举事之初，所藉者一时骁锐之心。事事相接，犹恐疑怠；若顿兵十旬，必生悔吝。"在《通鉴注》中，胡三省借此战例说明自己对孙子"拙速"思想的看法："兵以气势为用者也，是以巧迟不若拙速。"②《孙子兵法·作战篇》曰："兵闻拙速，未睹巧之久也。"③ 胡三省认为，从用兵当中的"士气"和"势"来看，"巧迟"比不上"拙速"。

《通鉴》载唐德宗建中三年（782），朱滔一再请求深州隶属于他，朝廷不答应，因此而生怨恨之心。田悦听说此事，派判官王侑、许士悄悄到深州劝说司徒公朱滔，您奉诏讨伐李惟岳，不用一月就夺取束鹿、攻下深州，而李惟岳兵势日蹙，王武俊借司徒得胜之势，斩下李惟岳首级，这本应是司徒的功劳。天子下诏书，让占领李惟岳的城邑隶属司徒公管辖。如今却割深州给康日知，这是自食其言。如今皇上立志扫清河朔地区，不让藩镇世袭，以文臣取代武臣，"魏亡，

---

① 《资治通鉴》卷一〇，胡三省注，第328页。
② 《资治通鉴》卷一四三，胡三省注，第4477页。
③ 杨丙安：《十一家注孙子校理》，第31页。

第五章 《孙子兵法》古代应用个案研究

则燕、赵为之次矣；若魏存，则燕、赵无患。然则司徒果有意矜魏博之危而救之，非徒得存亡继绝之义，亦子孙万世之利也"。朱滔便与田悦合谋对抗唐代朝廷。在《通鉴注》中，胡三省借用这一史例，强调即使原本是仇敌的双方，如果面临生死存亡，也会联合起来为了生存而战。胡三省特意指出善于用兵的将帅一定要注意外交手段的应用："同舟遇风，则胡、越可使相救。是以善用兵者，必先离其交。"①《孙子兵法》包含了重要的"伐交"思想，主张使用外交手段战胜敌人。胡三省提出，善战者首先应当是离间敌人的外交关系。

《通鉴》载唐明宗天成三年（928），王都占据定州，严加防守，诸将中屡屡有人想要翻城投奔官军都未成功。唐明宗派使者催促王晏球攻城，王晏球与使者一同巡城，指着定州城说，"城高峻如此，借使主人听外兵登城，亦非梯冲所及。徒多杀精兵，无损于贼，如此何为！不若食三州之租，爱民养兵以俟之，彼必内溃"。唐明宗听从了王晏球的建议。在《通鉴注》中，胡三省借此史例，不仅点明了《孙子兵法·谋攻篇》"其下攻城"，而且也强调了孙子"攻城最难"的思想。正如胡三省所言的"用兵之术，攻城最难"。难能可贵的是，胡三省还提出两种行之有效的攻城办法："然攻城有二术：城有外援，则须悉力急攻，以求必克；城无外援，则持久以弊之，在我者兵力不损而坐收全胜。古之善用兵者皆知此术也。"② 由此可见，胡三省并未完全局限于《孙子兵法》的"攻城"思想，而是强调攻城要从实际情况出发，要考虑到敌人是否有外援，以此来决定采用何种攻城方法，从而进一步发展了孙子的攻城战术思想。

总的来看，胡三省借用《孙子兵法》点评《通鉴》人物和战例，可谓是"权其得失，求其利害"③。胡三省不仅对《通鉴》人物用兵得失作出客观的评价，而且有时借用《通鉴》史例对《孙子兵法》用兵思想作进一步地阐发。这对于一个史学家而言，却能在军事思想

---

① 《资治通鉴》卷二二七，胡三省注，第7320页。
② 《资治通鉴》卷二七六，胡三省注，第9024页。
③ 刘知几著，浦起龙释：《史通通释》，上海古籍出版社1978年版，第132页。

上有新的见解，实属比较罕见。

胡三省在《通鉴注》中征引《孙子兵法》，并非尽善尽美。个别地方张冠李戴，沿袭前人的错误。例如，《通鉴》载东昏侯永元二年（500），萧衍对张弘策说，"用兵之道，攻心为上"。《通鉴注》对萧衍所说的"用兵之道，攻心为上"的注解："孙武子《兵法》有是言。"① 值得注意的是，胡三省这一注解张冠李戴，此话原本不是出自《孙子兵法》。诸葛亮《南征教》有"用兵之道，攻心为上，攻城为下；心战为上，兵战为下"②。但这也不是最早出处。《三国志》裴松之注引《襄阳记》：建兴三年（225），（诸葛）亮征南中，（马）谡送之数十里。亮曰："虽共谋之历年，今可更惠良规。"谡对曰："南中恃其险远，不服久矣……夫用兵之道，攻心为上，攻城为下，心战为上，兵战为下，愿公服其心而已。"亮纳其策，赦孟获以服南方。③ 由此可以推断，"用兵之道，攻心为上"，最早是马谡提出来的，而后来被诸葛亮收录到兵法教令中。胡三省错把诸葛亮兵法教令内容当作《孙子兵法》内容来注解。

再者，《通鉴注》有时不加以认真考辨，沿袭前人的错误，把本来出自《孙子兵法》的内容理解为其他兵书的内容。《通鉴》载汉灵帝中平六年（189），皇甫嵩进兵击之。董卓曰："不可！兵法，穷寇勿迫，归众勿追。"胡三省注解董卓所言"穷寇勿迫"：（李）贤注曰："《司马兵法》之言。"④《通鉴注》所谓的"贤注"是指《后汉书》李贤注⑤，"穷寇勿迫"本出自《孙子兵法·军争篇》"穷寇勿迫"⑥，而不是出自《司马兵法》。《司马兵法》是古兵书《司马法》的另一种称谓，李贤却未认真考究其出处，沿袭了李贤的错误注解，本来出自《孙子兵法》，却被胡三省认为是出自《司马法》，以讹传讹。

---

① 《资治通鉴》卷一四三，胡三省注，第4475页。
② 《诸葛亮集》，中华书局1960年版，第33页。
③ 《三国志》卷三九《蜀书·马谡传》裴松之注引《襄阳记》，中华书局1982年版，第983—984页。
④ 《资治通鉴》卷五九，胡三省注，第1892页。
⑤ 《后汉书》卷七一《皇甫嵩列传》李贤注，第2306页。
⑥ 杨丙安：《十一家注孙子校理》，第159页。

第五章 《孙子兵法》古代应用个案研究

值得注意的是，胡三省还十分关注孙子其人。他对孙子的生平家世与社会影响力进行了追溯。在《通鉴注》中，胡三省征引《姓谱》解说孙子的家世渊源："周文王子康叔封于卫，至武公子惠孙曾耳为卫上卿，因氏焉，后有孙武、孙膑，俱善兵。"① 胡三省这一注解不仅对孙子祖上世系作了解说，而且强调了孙子精通用兵之术。《通鉴注》还对孙子人生历程颇为关注，再现了孙子"武宫教战"的轶事。《通鉴》载唐玄宗开元二十四年（736），张九龄批曰："昔穰苴诛庄贾，孙武斩宫嫔，（张）守珪军令若行，（安）禄山不宜免死。"在《通鉴注》中，胡三省对"孙武斩宫嫔"做了详细注解：孙武以兵法见吴王阖闾，吴王曰："可以勒兵小试于妇人乎？"曰："可。"于是出宫中美女百八十人，分为两队，以王宠姬二人各为队长，皆令持戟。约束既布，三令五申，于是鼓之，右妇人大笑。孙子曰："约束不行，申令不熟，将之罪也。"复三令五申而鼓之，左妇人复大笑。孙子斩左、右队长以徇，用其次为队长而复鼓，妇人左右前后跪起皆中绳墨规矩。于是吴王知孙子能用兵，以为将。② 胡三省注解"孙武斩宫嫔"所用的资料，源于《史记·孙子列传》③ 对孙子传奇般人生经历的记载。胡三省还十分关注孙子的社会影响力，具体反映在《通鉴注》对"十哲"的注解：张良配飨，齐大司马田穰苴、吴将军孙武、魏西河太守吴起、燕昌国君乐毅、秦武安君白起、汉淮阴侯韩信、蜀丞相诸葛亮、尚书右仆射卫国公李靖、司空英国公李勣。④ 由此可见，唐代所赐封的前代十大杰出智慧之人，孙子排名第三。

《通鉴注》对《孙子兵法》和孙子其人如此关注，充分证明胡三省不仅熟悉孙子生平事迹，而且对《孙子兵法》怀有特殊情结。《资治通鉴》其书，"学者奉为宝书"⑤。而《孙子兵法》作为兵学圣典，胡三省却把两者有机融合于《通鉴注》当中。胡三省这种特有做法，

---

① 《资治通鉴》卷二，胡三省注，第51页。
② 《资治通鉴》卷二一四，胡三省注，第6814页。
③ 《史记》卷六五《孙子列传》，第2161—2162页。
④ 《资治通鉴》卷二一三，胡三省注，第6795页。
⑤ 胡克家：《重刊元本资治通鉴后序》，《资治通鉴》第20册《附录》，第189页。

《孙子兵法》经世致用研究

一则使《孙子兵法》思想理论得到检证；二则更加突出了《通鉴》的兵学色彩；三则展示了《孙子兵法》思想的精微之处；四则阐发了自己对《孙子兵法》深邃思考。胡三省《通鉴注》"谨严至极"①，首开了《通鉴》与《孙子兵法》相互释证的先河。《孙子兵法》对史学家胡三省有如此重要的影响，主要原因在于三方面。一是前辈史学家司马迁对兵家孙子的重视，更主要的是司马光"经世致用"思想的影响，这是由于《史记》与《通鉴》都渗透了《孙子兵法》的影响。二是宋元之际大动荡的社会环境强烈刺激了胡三省，时代呼唤史学家关注兵学，为现实服务。三是《孙子兵法》不朽的兵学价值使胡三省为之分外痴迷，使其倾心用《孙子兵法》来注解《通鉴》。

第五节　朱元璋对《孙子兵法》的评判及应用分析

《孙子兵法》在数千年的流传过程中，受其影响的社会角色是多元的。文人角色莫过杜牧："孙武所著十三篇，自武死后凡千岁，将兵者有成者，有败者，勘其事迹，皆与武所著书一一相抵当，犹印圈模刻，一不差跌。"②武将角色莫过岳飞，"尤好《左氏春秋》、《孙吴兵法》"。值得注意一点是，《孙吴兵法》是《孙子兵法》和《吴子》的合称。帝王角色莫过唐太宗，"朕观诸兵书，无出孙武。孙武十三篇，无出虚实"。③朱元璋一生独特，从平民走向帝王，他对《孙子兵法》情有独钟，集中反映在《明太祖宝训》一书当中。然而，《孙子兵法》对朱元璋军事思想的影响，显然没有引起学者们的重视，有的学者甚至如此评价朱元璋："他的军事指挥才能和军事思想是从战争实践中得来的。"④这种观点势必强化人们一种主观认识：朱元璋就

---
① 章钰《胡刻通鉴正文校宋记述略》，《资治通鉴》第1册《附录》，第23页。
② 杜牧：《樊川文集》，上海古籍出版社1978年版，第51页。
③ 吴如嵩、王显臣校注：《李卫公问对校注》，中华书局1983年版，第30页。
④ 王西崑：《论朱元璋的军事战略思想》，《郑州大学学报》（哲学社会科学版）1985年第1期。

第五章 《孙子兵法》古代应用个案研究

是一个纯粹从战场上锤炼出来的军事家。但从有关史书考证,"从战争实践中得来的"这种观点显然有些偏颇,它至少抹杀了朱元璋对《孙子兵法》鲜为人知的个人情结和应用。本节从明代帝王朱元璋与《孙子兵法》互动这一视角出发,探讨朱元璋对《孙子兵法》评判及其应用,借此纠正一些学者对朱元璋军事思想渊源认识上的不足。

一 朱元璋评判《孙子兵法》与作者

洪武七年(1374),翰林学士詹同和侍讲宋濂奏请明太祖朱元璋,仿照唐代《贞观政要》,辑录朱元璋的治军理政言论,颁示天下。这就是有明一代的治国蓝本——《明太祖宝训》。①《明太祖宝训》记载了朱元璋曾经与侍臣两次研讨《孙子兵法》。朱元璋对《孙子兵法》及其作者的评判主要体现在这两次研讨活动当中。

朱元璋第一次与侍臣研讨《孙子兵法》是在 1365 年正月,当时他和侍臣詹同主要探讨了孙武"杀姬教兵"与《孙子兵法》作者的问题。朱元璋对孙武"杀姬教兵"表示怀疑,他问詹同:"孙武杀吴王二宠姬以教兵,其事何如?"② 詹同回答说:此事记载在司马迁的《史记》一书中,自己认为可能有这么一回事。朱元璋对詹同的回答表示疑问。朱元璋认为,吴国人那么多,根本就不缺少孙武练兵所需要的那些人。朱元璋还指责吴王阖闾这样做不对。朱元璋认为当时想要证明孙武的军事才能,完全没有必要通过妇人来检验。在朱元璋看来,这与实际的情理相矛盾。但现在看来,朱元璋的这种怀疑是多余的。从银雀山汉墓出土的竹简《孙子兵法》中《见吴王》的内容记载来看,当时吴王执意以宫女检验孙武的治军本事,"不穀愿以妇人"。孙武也曾说:"妇人多所不忍。"③ 显而易见,孙武的初衷并不希望用妇人来证明自己的军事才能,也不忍心这样做,但吴王却执意

---

① [日]山根幸夫:《明太祖与宝训》,陈怀仁主编:《第六届明史国际学术讨论会论文集》,黄山书社 1995 年版。
② 《明太祖宝训》,《明实录》第 96 册附录之五,台北"中央研究院"历史语言研究所校印本,1962 年,第 290 页。
③ 银雀山汉墓竹简整理小组:《银雀山汉墓竹简孙子兵法》,文物出版社 1976 年版,第 106 页。

《孙子兵法》经世致用研究

让孙武去训练。于是才有了"孙武杀姬"的悲剧结局。朱元璋还对孙武个人军事才能表示质疑,"其教吴王兵法,取胜之道果何在?"① 在朱元璋看来,孙武虽然以用兵之道教导吴王阖闾,但孙武的用兵之道并没有得到实践的证明。詹同认为柏举之战,吴国大败楚国,吴国的军队占领楚国都城郢,就是孙武军事才能最好的证明。朱元璋认为,这是因为太宰嚭和伍员(伍子胥)两个人怀有复仇之心,才有了后来吴国大举进军楚国的胜利结果。这根本就不是孙武军事才能的体现。朱元璋反驳说,假设吴国军队占领楚国都城郢是孙武的功劳,为什么不久以后秦国救楚,吴国会有稷之败?在这些质疑不能得到满意解释的情况下,因此,朱元璋既对孙武"杀姬教兵"之事产生怀疑,也对孙武的军事才能产生怀疑,朱元璋继而对《孙子兵法》十三篇的创作者产生看法。他认为,孙武"杀姬教兵"是司马迁的猎奇之论。"至其十三篇,恐非自武作,抑亦有所授也。"② 他认为《孙子兵法》十三篇可能不是孙武创作的,而是由别人传授给孙武的。今天看来,朱元璋怀疑《孙子兵法》十三篇作者的这些理由,显然是站不住脚的。但值得强调的一点是,朱元璋和詹同两人对待孙武和《孙子兵法》是两种截然不同的态度。詹同唯书是从,朱元璋却"不唯书",敢于怀疑书上的东西,敢于提出自己的看法。

朱元璋第二次和侍臣们一起研讨《孙子兵法》是在洪武四年(1371)九月,主要讨论了《孙子兵法》的一些兵学思想特色。此次,朱元璋研讨《孙子兵法》,参加的侍臣比较多,而且许多侍臣都非常熟悉《孙子兵法》,研讨的场面比较热烈,"人各持其说"③。这些侍臣们积极评价《孙子兵法》,有的侍臣推崇《孙子兵法》的文学创作艺术,认为《孙子兵法》能够做到先易后难,言辞简洁,但内涵的意义却奥妙无穷,称赞《孙子兵法》:"其言约而要,故叩之而不穷,求之而益隐。"④ 有的侍臣推崇《孙子兵法》的战术思想,认为

---

① 《明太祖宝训》,《明实录》第96册附录之五,第290页。
② 同上书,第291页。
③ 同上书,第296页。
④ 同上。

第五章 《孙子兵法》古代应用个案研究

孙子既懂得坚持战术基本原则，又同时懂得根据实际情况灵活变化，有时实变为虚，有时虚变为实，使人感到变幻莫测，赞誉《孙子兵法》："机妙莫测，此用武之权衡，千古不可易也"。有的侍臣推崇《孙子兵法》的诡道制胜思想，但认为孙子的用间理论有其不可行的地方，比如对于那些亲密无间的君臣关系，想离间他们也是无能为力。还指认《孙子兵法》的局限性，"武之术以诡道胜，至于终篇而用间；曰计以情而生，情以间而得，苟遇不可间之君，无可乘之隙，将何以得其情哉？"这些侍臣各执一词，看法各不相同。朱元璋最后发表了自己意见。他认为，《孙子兵法》本质上属于计谋之书，不够纯正。朱元璋却非常欣赏孙子的用间思想，批评那些用兵之主不懂得使用间谍，朱元璋所谓的"不仁之至，非胜之主"[1] 这句话，源自《孙子兵法·用间篇》"相守数年，以争一日之胜，而爱爵禄百金，不知敌之情者，不仁之至也，非人之将也，非主之佐也，非胜之主也。"显然，朱元璋打破孙子固有的章句，以浓缩、精练的话语肯定孙子使用间谍的高明之处。朱元璋同时极力批评孙子的诡诈之术，认为它的负面作用大。认为孙子的诡诈之术浅陋，"特一时诡遇之术，非王者之师也。而其术终亦穷耳"。使用诡诈只能取胜一时，最终有其穷尽之时，不可过分依赖。朱元璋认为只有仁义之师才可以无敌于天下。朱元璋认为仁义的效果要远胜于诡诈。朱元璋再次推断说，《孙子兵法》必定是别人传授给孙武的。朱元璋的此种看法，显然受时代的影响。从南宋开始出现一种思潮，开始对《孙子兵法》的作者孙武产生怀疑。其中以叶适为代表，认为《孙子兵法》："皆辩士妄相标指，非事实"，"试以妇人，尤为奇险不足信"[2]。从朱元璋与侍臣们研讨《孙子兵法》的情况看，元末明初，朝廷当中熟悉《孙子兵法》的侍臣绝不在少数。这些侍臣绝大多数都对《孙子兵法》推崇备至，他们高度赞誉《孙子兵法》文学和兵学价值。朱元璋鹤立鸡群，与众不同。他明显与这些侍臣们不一样，他虽然欣赏孙子的兵学

---

[1] 《明太祖宝训》，《明实录》第 96 册附录之五，第 297 页。
[2] 叶适：《习学记言序目》，中华书局 1977 年版，第 675 页。

思想，但同时也批评了《孙子兵法》当中十分重要的诡诈兵学思想。由此可见，朱元璋不仅娴熟《孙子兵法》的兵学思想，而且并非总是恪守《孙子兵法》固有的兵学思想。另外，尽管朱元璋始终怀疑《孙子兵法》十三篇不是孙武所创作。怀疑总归怀疑，但朱元璋并未因此否定《孙子兵法》固有的兵学价值，他这种对待《孙子兵法》的态度，无疑是难能可贵的，超越了一般人对真伪作品的价值认定。一般而言，伪作就要否定其价值，或者价值打折扣。

此次参与朱元璋研讨《孙子兵法》的侍臣，《明太祖宝训》并没有具体说明是那些人。但是，从历史上看，元末明初朝廷当中精通《孙子兵法》的人也不少，著名的有朱升和刘寅。朱升有《孙子旁注》一书，1354年，他被朱元璋"召侍军门"，亲身经历了"剪除群雄"之战后才作成此书，可知其成书当在明建国（1368）前后，下限不超过1370年。朱升曾经"参赞帷幄，后授翰林侍讲学士，洪武元年（1368）进翰林学士"。[①] 此外，刘寅，洪武四年辛亥（1371）进士。元末避兵乱于山中，从菊斋处士学习《孙子张贲注》等兵书。[②] 他本人撰有《武经直解》一书。包括前面所提到的詹同，他们三人都十分熟悉并且精通《孙子兵法》，这些人都曾经待在朱元璋的身边，从时间上推算，他们极有可能参加了此次《孙子兵法》的研讨会，他们最有可能潜移默化地影响了朱元璋。可贵的是，朱元璋不仅了解《孙子兵法》，而且对《孙子兵法》的兵学思想有自己卓越的见解，朱元璋真不愧是一代开国之君。

二 朱元璋应用《孙子兵法》于治军

朱元璋应用《孙子兵法》于治军，集中表现朱元璋的用将方面。孙子认为懂得用兵的将帅，是人民命运的主宰者，是国家安危的主宰者。"知兵之将，生民之司命，国家安危之主也"[③]。战争决定国家命运，将帅决定战争命运。朱元璋对将帅的重要性认识非常具体、明

---

① 于汝波：《孙子学文献提要》，第47页。
② 同上书，第48页。
③ 杨丙安：《十一家注孙子校理》，第39页。

第五章 《孙子兵法》古代应用个案研究

确。当时群雄割据,军队的重要性要远远胜于其他,将帅主宰三军的命运。他说:"将者,三军之司命。"① 孙子主张精兵思想,"兵非益多也"②。孙子认为良将"进不求名,退不避罪,唯人是保,而利合于主,国之宝也"③。朱元璋与刘基谈论治兵,具体比较了孙子精兵与良将思想的高下,朱元璋认为精兵比不上良将,他指出:"克敌在兵,而制兵在将。兵无节制则将不任,将非人则兵必败。是以两军之间,决死生成败之际,有精兵不如良将。"④ 相比《孙子兵法》既有的思想,朱元璋又前进了一步。因为精兵与良将,两者绝大多数情况难以同时具备。朱元璋选拔将帅的标准与孙子有极大的相似之处。朱元璋把"智"作为首要的标准。吴元年(1367),明太祖在御戟门对千户赵宗说:"将有智谋,不战则已,战则必胜。"⑤ 朱元璋合乎孙子择将的第一项标准"智"。朱元璋有一次与侍臣讨论如何使用将领,前元朝进士秦裕伯提道:"古者帝王之用武臣,或使愚使贪。"朱元璋认为,这种说法"虽本于孙武,然其言非也。夫武臣量敌制胜,智勇兼尽,岂可谓愚?攻城战野,捐躯殉国,岂可谓贪?若果贪愚之人,不可使也"⑥。朱元璋认为贪婪、愚蠢之人不可使用,他反对使用贪婪和愚蠢的人担任将帅。需要指出的一点是,朱元璋犯了张冠李戴的错误。孙武从来没有主张择将"使愚使贪"的说法,倒是吴起有所谓的"愚将"之说。"此为愚将,虽众可获"⑦。古人习惯把孙武与吴起两人的兵书相提并论,南宋岳飞学习的就是《孙吴兵法》,而元末明初的朱元璋极有可能学习的也是《孙吴兵法》,所以把两者混淆也是情理当中的事情。孙子认为优秀的将帅应具有五德,"将者,智、信、仁、勇、严也"⑧。朱元璋与孙子略有不同,朱元璋不大看重孙子五德当中"信"

---

① 《明太祖宝训》,《明实录》第96册附录之五,第416页。
② 杨丙安:《十一家注孙子校理》,第202页。
③ 同上书,第227页。
④ 《明太祖宝训》,《明实录》第96册附之五,第420—421页。
⑤ 同上书,第413页。
⑥ 同上书,第67页。
⑦ 《吴子》,《诸子集成》第6册,上海书店1986年版,第8页。
⑧ 杨丙安:《十一家注孙子校理》,第7页。

《孙子兵法》经世致用研究

"严",朱元璋认为,选将"必择有识有谋、有仁有勇者。有识能察几于未形,有谋能制胜于未动,有仁能得士心,有勇能摧坚破锐。兼是四者,庶可成功"①。朱元璋最看重的是,君主如何使用将领,"然亦在人君任之何如耳"。充分说明朱元璋讲究经世致用。朱元璋强调任用将帅,必须懂得孙子的任将之道,充分信任将帅。朱元璋用历史上正反例子说明任将专与不专,两者有天壤之别。"任将之道固重,然必任之专,信之笃,而后可以成功。昔齐用司马穰苴,魏用乐羊,可谓任之专,信之笃,故能有功。若唐肃宗用鱼朝恩,宪宗用吐突承璀为监军,使诸将掣肘,以致败事者,是任将不专,信之不笃故也。"这种见识有助于朱元璋妥善协调将帅之间的关系,很好地驾驭将帅。

朱元璋告诫将士:"古云:将在军,君不与者胜。汝等其识之。"②朱元璋这种说法与《孙子兵法》大同小异,《孙子兵法·谋攻篇》有"君不御者胜"③。朱元璋能够透彻理解孙子倡导的"君不御者胜"的兵学思想。对于智勇双全的将帅,朱元璋让他们独立行事,对于不能独当一面的将领,朱元璋则给予他们战略战术上的指导。吴元年(1367)十月,朱元璋任命徐达为征虏大将军,任命常遇春为征虏副将军,率领军队二十五万人,由长江、淮河一带进入黄河流域,向北夺取中原。朱元璋召集手下的将领,告诫他们要老成持重,遵守纪律。朱元璋认为,战胜攻取,能识大将之大体者,其他将领比不上大将军徐达。抵挡百万之军,勇敢先登,冲锋陷阵,所向披靡,比不上副将军常遇春。朱元璋认为常遇春轻敌。在武昌时,朱元璋亲眼看见常遇春刚遇到几个骑兵挑战,就单身赴敌。常遇春身为大将,愿意与敌军小校争一高下。因此,朱元璋明确指明未来战略部署。若遇大敌,常遇春领前军。如果敌人势力强大,常遇春就与参将冯宗异分别作为左右两翼,各领精锐军队进攻。薛显、傅友德勇冠三军,可以各领一军,独当一面。如有孤城小敌,只派遣一位有胆略的将领,交付

---

① 《明太祖宝训》,《明实录》第96册附录之五,第484页。
② 同上书,第415页。
③ 杨丙安:《十一家注孙子校理》,第61页。

第五章 《孙子兵法》古代应用个案研究

于他全权指挥，就可以成功。朱元璋充分认识到孙子主张"君不御者胜"是有前提条件的，将领必须具有独立指挥的才能。作为君主才不去干预他的军事指挥，否则还是应该插手的。由此可见，朱元璋对《孙子兵法》兵学思想理解非常到位。一言以蔽之，治军根本在于治将，朱元璋对《孙子兵法》用将思想的透彻理解及其结合实践经验，通过严格择将，重在用将，主、帅协调，达到善于治军的境界。

三 朱元璋应用《孙子兵法》于实战

已故著名的孙子学专家于汝波在《孙子兵法研究史》一书中明确指出，"庙算"一词最早见诸《孙子兵法》。① 孙子的"庙算"思想完整的表述："夫未战而庙算胜者，得算多也；未战而庙算不胜者，得算少也。多算胜，少算不胜，而况于无算乎？"② 朱元璋重视孙子的"庙算"思想。何谓"庙算"？是指"古时候兴师作战，要在庙堂举行会议，谋划作战大计，预计战争胜负"③。于泽民高度评价孙子的庙算思想，"春秋战国初期，是我国古代战争和军事理论大发展时期，战略理论也比较系统地形成了。其重要标志是《孙子》这部具有划时代意义的'战略论'的问世和第一个战略概念'庙算'提出"④。由此可见，《孙子兵法》"庙算"思想在作战中的地位何等重要。朱元璋曾说："兵法以庙算胜者，得算多也。"朱元璋手下重要谋士刘基赞赏朱元璋"庙算"独具慧眼，"臣荷圣上厚恩，得侍左右。每观庙算，初谓未必皆然，及至摧锋破敌，动若神明，臣由是知任将在陛下，将之胜不若主之胜也。然臣观陛下常不拘古法而胜，此尤所难也"⑤。从侧面证明了朱元璋特别注重孙子战前"庙算"思想的应用，而且，朱元璋对战争态势具有深刻的洞察力。朱元璋应用孙子"庙算"思想最典型的例子，莫过于1368年十月朱元璋召开的北伐会议，

---

① 于汝波：《孙子兵法研究史》，第43页。
② 杨丙安：《十一家注孙子校理》，第20页。
③ 孙子注释小组：《孙子兵法新注》，中华书局1977年版，第10页。
④ 于泽民：《战略理论的奠基作——孙子兵法》，严晓星：《孙子二十讲》，华夏出版社2008年版，第213页。
⑤ 《明太祖宝训》，《明实录》第96册附录之五，第421页。

制定灭亡元朝的军事战略。朱元璋认为元朝建都百年，防守坚固。如果按大将常遇春所说，进行军事行动，就会孤军深入，势必不能立刻破敌，就会顿兵于坚城之下，粮饷运输接济不上，敌人援兵聚集，进不可以求战，退无去路，对自己没利。朱元璋认为，应当首先攻占山东，除去元朝的屏障。然后回师河南，斩断元朝的羽翼。攻下潼关，加以防守，占据元朝的门户。天下大势，就已被我掌控，然后向元朝大都进兵，那么元朝势孤援绝，可以不战而取。攻克元朝都城，向西进军，那么，云中、九原以及关陇地区就可以席卷而下。

朱元璋特别重视孙子"知彼知己"的作战原则。朱元璋在两次商讨军事作战的会议中提到了"知彼知己"。第一次是在吴元年（1367）正月，朱元璋在作战决策当中强调"知彼知己"，朱元璋指出"陈友定据闽已久，积粮负险，以逸待劳。若我师深入，主客势殊，万一不利，进退两难。《兵法》贵知彼知己，用力不此，万全之策，吾前已计之审矣。徐而取之，未晚也"[1]。第二次也是在吴元年（1367）正月，朱元璋再次指出善战者"知彼知己"。朱元璋对大都督府军将说："善战者知彼知己，察于未形，故不出庙堂，折冲千里。可语安丰、六安、临濠、徐、邳守将，严为之备，常如敌至，则无患矣。"[2] 由此可见，朱元璋在作战当中特别重视"知彼知己"，这是他不断取得军事胜利的重要前提条件。

孙子在《谋攻篇》中主张"上兵伐谋"[3]，最好的用兵方法是以谋伐敌，使敌屈服。朱元璋十分推崇孙子这种"伐谋"制胜思想。朱元璋强调计谋的重要性，他曾经对刘基说："兵者，谋也。"[4] 朱元璋讲到他本人曾经如何指导军队作战，又是如何在作战中重视计谋思想，"予揆天时，审人事，有可定之机，令师西出襄樊，东逾淮泗，首尾相应，击之必胜，而九事可定。伐敌制胜，贵先有谋，谋定事

---

[1] 《明太祖宝训》，《明实录》第96册附录之五，第56页。
[2] 同上书，第481页。
[3] 杨丙安：《十一家注孙子校理》，第46页。
[4] 《明太祖宝训》，《明实录》第96册附录之五，第421页。

第五章 《孙子兵法》古代应用个案研究

举，敌无不克矣"①。1363 年，明太祖朱元璋在鸡笼山检阅军队结束后，他召集军队指挥华云龙等人，教导他们军事作战指挥艺术。朱元璋再次强调孙子的善用兵者伐谋制胜的观点，"善用兵者，以少为众，以弱为强，逸己而劳人，伐谋而制胜。运乎阴阳，行乎鬼神，虽有勇者莫能施其力，智者莫能用其谋，斯为妙矣"②。"伐谋"制胜是朱元璋不断战胜其他割据势力的重要法宝之一。

朱元璋特别重视孙子战术思想的应用。朱元璋批评儒士戎简不知道随机应变，"况事有缓急，兵贵权宜。当陈氏兵败，我岂不知乘胜以蹴之？《兵法》曰：穷寇勿追。若乘胜急追，彼必死斗，杀伤必多，吾故纵之，遣偏师缀其后，防其奔逸。料彼创残之余，人各偷生，喘息不暇，岂复敢战？我以大军临之，故全城降服"③。朱元璋分析作战当中为什么自己不下令乘胜追击陈友谅败兵的原因，朱元璋的理论依据就是孙子的战术思想"穷寇勿追"。朱元璋所说的《兵法》就是《孙子兵法》。"穷寇勿追"源于《孙子兵法·军争篇》中"饵兵勿食，归师勿遏，围师必阙，穷寇勿追"。但需要注意的一点是，由于《孙子兵法》流传的版本不同，有的版本"迫"为"追"，"四库本与《武备志》'勿迫'作'勿追'，《孙子遗说》同。《百家类纂》《诸子品节》皆作'追'"④。朱元璋与陈有谅作战当中就是采用了孙子的"穷寇勿追"的战术思想。朱元璋认为采用孙子的"穷寇勿追"战术思想有三大好处：一是不使自己军队造成更多的伤亡；二是可以避免生灵涂炭；三是可以保全智勇之人。综合考察朱元璋运用孙子的"穷寇勿追"战术思想，可以发现朱元璋有些方面已经超越了孙子的兵学思想，朱元璋不主张立即追击残敌，而是稍微放缓速度追击，等敌人彻底丧失作战的意志，将其降服。朱元璋既考虑孙子"穷寇勿追"战术思想的有利一面，又避免了"纵虎归山"不利的一面，这一点似乎要比孙子考虑的更全面、更高明。由此可见，朱元璋在作战当中，不

---

① 《明太祖宝训》，《明实录》第 96 册附录之五，第 52 页。
② 同上书，第 401—402 页。
③ 同上书，第 402—403 页。
④ 吴九龙：《孙子校释》，第 126 页。

仅能够娴熟应用《孙子兵法》的兵学思想，而且根据具体的情况，灵活地把《孙子兵法》的兵学思想精髓应用到实战当中。值得称道的是，朱元璋在汲取《孙子兵法》精华思想的基础上，能够有所创新，有所发展。

综上所述，《明太祖宝训》作为铁证，再现朱元璋曾与侍臣两次一起研讨《孙子兵法》亮丽的风景。尽管朱元璋受时代氛围的影响，始终对孙武创作《孙子兵法》十三篇持怀疑的态度，尽管朱元璋也对《孙子兵法》中的一些兵学思想，特别是对孙子诡诈思想持批评的态度，但他并未因此否定《孙子兵法》固有价值。朱元璋是一个经世致用者，在实践当中，知道取其所长，去其所短，有所创新，有所发展。朱元璋评价及应用《孙子兵法》体现了其睿智的眼光。值得赞誉的是，朱元璋敢于批评《孙子兵法》的权威思想，这在北宋神宗以来普遍推崇和迷信《孙子兵法》的社会氛围当中，更加衬托出他鹤立鸡群，与众不同的思想特质。朱元璋是杰出的军事家，"能沉几观变，次第经略，绰有成算"①。同样也离不开中国古代优秀传统兵学思想《孙子兵法》滋养与哺育，占据中国古代兵学最高巅峰的《孙子兵法》和元末明初陪伴朱元璋身边的《孙子兵法》的爱好者，潜移默化影响了朱元璋，《孙子兵法》成为朱元璋军事思想成长的重要养分。朱元璋屡屡应用《孙子兵学》，用孙子兵学精髓思想指导治军与作战，注重孙子选将思想和庙算思想，这些情形有力地证明《孙子兵法》的不朽价值，以及朱元璋对《孙子兵法》浓厚的个人情结。

第六节 《孙子兵法》对王阳明兵学思想的影响

王守仁（1472—1528），字伯安，浙江余姚人。弘治十二年（1499）进士。曾谪居贵州龙场，居住阳明洞，世称阳明先生。明代

---

① 《明史》卷三《太祖本纪》，中华书局1974年版，第55页。

第五章 《孙子兵法》古代应用个案研究

学者薛侃评品王阳明,"具文武之全才,阐圣贤之绝学"①。近代梁启超评价王阳明,"阳明先生,百世之师"②。王阳明还是古代名将之一。《广名将传》是明末学者黄道周在张预《百将传》的基础上,增广而成,书中选录了西周至明代名将一百七十余人。在选定的名将群体当中,王阳明赫然名列其中③。现代学者刘宗贤赞誉王阳明的哲学"集中国心学之大成"④。有明一代,王阳明既是"心学"宗师,也是一位兵学大师。

一 王阳明接触《孙子兵法》

从王阳明生平履历中,初步可以探知王阳明学习兵学思想的历程。在王阳明《年谱》中,可以观察到他热心学习兵学理论的原因和经历。早年,王阳明心系国家安危,关心边防。十五岁时,王阳明寓居京师,出游居庸关、山海关,有经略四方之志。他纵览国家大好山川,慷慨赋诗:"询诸夷种落,悉闻备御策;逐胡儿骑射,胡人不敢犯。"⑤ 王阳明的爱国热情与忧患意识并未随年龄递增而消减。二十六岁时,他寄居京师。当时,天下危机四伏,边关急报不断,朝廷开始举荐将才,可是,会统兵打仗的人才却如凤毛麟角,可求而不可得。王阳明私下认为,明朝虽有武举选拔武官的制度,但实际上只能选拔一些善于骑射和擅长搏击的赳赳武夫,却很难选拔出精通兵家韬略的将帅之才。于是,王阳明"留情武事,凡兵家秘书,莫不精究"⑥。开始全身心地投入兵学理论的学习当中。而且,每每宾客宴席之上,王阳明"聚果核列阵势为戏"⑦,进行兵法推演,成为宴席中一道独特的风景线。

可是,王阳明学习的"兵家秘书",究竟是何种兵书呢?嘉靖年

---

① 《王阳明全集》卷三九《世德纪·附录》,王守仁撰,吴光编校:《王阳明全集》,上海古籍出版社1992年版,第1501页。
② 《王阳明全集》卷四一《序说·序跋》,第1631页。
③ 黄道周:《广名将传》,书目文献出版社1986年版,第342页。
④ 刘宗贤:《王阳明心学探微》,《云南社会科学》1984年第6期。
⑤ 《王阳明全集》卷三三《年谱一》,第1222页。
⑥ 同上书,第1224页。
⑦ 同上。

— 209 —

间，胡宗宪意外获得王阳明亲手批注的《武经》。问题真相大白。胡宗宪一介书生时，十分仰慕王阳明的理学勋名，认为王阳明的理学造诣堪称"前无古，后无今"，恨不得"生先生之乡，游先生之门，"执鞭以相从。后来，胡宗宪恰好被派到王阳明的家乡余姚做官。胡宗宪对王阳明心仪已久，于是，他四处寻访王阳明的遗物。功夫不负有心人，胡宗宪不但获得了王阳明的遗像，还与王阳明的弟子和他们的后辈一起游历。一天，他在当地寻购王阳明的遗书时，"龙川公出《武经》一编相示，以为此先生手泽存焉。启而视之，丹铅若新，在先生不过一时涉猎以为游艺之资，在我辈可想见先生矣"①。由此可知，王阳明接触了《武经》，并对《武经》做了评注。

此外，孙元化的言论也可以佐证王阳明研习并评注《武经》。孙元化是明代末期西洋火炮专家。一天，他与友人辞别时，偶然从书案上看到一部《武经》。他怦然心动，兴奋有余，展开阅读，原来是王阳明先生亲手所批，也是胡宗宪参阅过的那一部《武经》。孙元化对王阳明批注《武经》，赞赏有加，"大都以我说书，不以书绳我；借书揣事，亦不就书泥书；提纲挈要，洞玄悉微，真可倚官孙、吴而奴隶司马诸人者矣"②。睹物思人，孙元化遥想当年王阳明讨伐宁藩叛逆，平定剧寇，功名盖天地，智略冠三军，不过出此编之余绪。在孙元化的眼中，王阳明非常功名的创立，只不过是《武经》略加运用而已。

王阳明评注的《武经》，实际是《武经七书》的略称。《武经七书》是中国传统兵学思想的精华，由宋代国子监司业朱服、武学博士何去非校订而成的一部兵典，是兵法中的兵法。许保林在《武经七书刍议》一文中指出，《武经七书》包括《孙子》《吴子》《司马法》《李卫公问对》《尉缭子》《三略》《六韬》等七部兵书，或称《武学七书》，又简称《七书》。它是我国古代军事著作的代表作，是我国古代战争指导者智慧的集中体现和经验总结。《武经七书》对后代军

---

① 《王阳明全集》卷四一《序说·序跋》，第 1607 页。
② 同上书，第 1606 页。

事理论的发展和战争活动，都有过很大的指导作用。[1] 而且，尤其重要的一点是，"《武经七书》是自宋代以来封建社会武举试士的基本教材。能否谙熟《武经七书》，成为统治者选拔军事人才的一条重要标准"[2]。这符合王阳明学习兵学思想的初衷。宋代神宗年间，把《孙子兵法》列为《武经》之首，置《孙子兵法》于《武经七书》中的最高地位。由此证明，王阳明在青年时期接触到了《孙子兵法》，它是属于《武经七书》版本体系，与清代孙星衍校注的《孙子兵法》十家注版本体系，在篇名上略有不同。

二 王阳明评注《孙子兵法》

《孙子兵法》影响王阳明兵学思想至深，远超其他六种兵书。何以见得？这集中表现在王阳明评注《武经》时，对《孙子兵法》另眼相看，与其他六种兵书加以区别对待。需要强调指出的一点是，王阳明对《孙子兵法》十三篇，篇篇做了评注，而《武经》中的其他六种兵书，《吴子》《司马法》《李卫公问对》《尉缭子》《三略》《六韬》，却没有享受这份殊荣。具体来说，《吴子》中《开国》第一至《应变》第五没有评注。《司马法》中《仁本》第一没有评注。《李卫公问对》中《问对》上卷、中卷没有评注。《尉缭子》中从《天官》第一至《武议》第八没有评注；《原官》第十没有评注；《战术》第十二至《踵军》第二十没有评注；《兵教》下第二十二至《兵令》上第二十三没有评注。《三略》中《上略》没有评注。《六韬》中只评注了《文韬》《武韬》《龙韬》《虎韬》。即使如此，每韬评注的篇数也不全面。其中，《武韬》中《发启》第十三至《文伐》第十五没有评注；《龙韬》中《王翼》第十八至《奇兵》第二十七没有评注。《虎韬》中《三阵》第三十二至《军略》第三十五没有评注。[3] 从王阳明对《武经七书》评注情况看，可以证明，王阳明对《孙子兵法》的青睐程度，远胜其他六部兵书。

---

[1] 许保林：《〈武经七书〉刍议》，《军事历史》1983年第5期。
[2] 许保林：《中国兵书通览》，解放军出版社2002年版，第427页。
[3] 《王阳明全集》卷三二《补录·武经七书评》，第1185—1192页。

《孙子兵法》经世致用研究

　　王阳明评注孙子《始计》篇时，指出评估敌我双方情况，"校量计画，有多少神明妙用在"①。评注《作战篇》时，王阳明强调善用兵之将不应长期作战，消耗国家，疲劳百姓。评注《谋攻篇》时，王阳明强调"兵凶战危"，指出国家强盛不只在于将帅一个人的责任。评注《形篇》时，王阳明认为，之所以立于不败之地，是因为藏形不露。评注《势篇》时，王阳明认为，没有变化就不能产生奇正。评注《虚实篇》时，王阳明指出，只有调查比较，才能知敌虚实；只有知敌虚实，才能做到因敌制胜。评注《军争篇》时，王阳明分析指出战争中存在一种"有所争，有所不争"的辩证哲理，应当充分理解争与不争的奥妙所在。评注《九变篇》时，王阳明认为，如果国家真正能够选拔出"九变"之将，就会在战争中从容不迫，游刃有余，避免覆军杀将之危。评注《行军篇》时，王阳明认为"处军相敌"，是讲行军时需要注意的事情。"行令教民"是讲未行军时需要注意的事情。评注《地形篇》时，王阳明指出，带军之将只考虑个人功名，只考虑自己躲避罪责，就不能了解眼前的地形和实际敌情。只有那些胸怀报国之志的将帅，不求名，不避罪，才能头脑清醒，才能从容应对各种变化，才能料敌制胜。评注《九地篇》时，王阳明认为，只有激发每个战斗人员的斗志，才能发挥最大的作战潜能，才能为赢得胜利创造根本条件。评注《火攻篇》时，王阳明指出，火攻也是兵法当中的一种方法，用兵者不可不知，但也不能轻易实施。评注《用间篇》时，提出"乘间"一说。王阳明认为"用间"与"乘间"不同，"乘间"是因人而生，顺其自然，而"用间"是间谍为我所用。只要掌握"用间"与"乘间"的艺术，任何强敌、任何坚固的堡垒都能从中找到突破口。

　　王阳明评注《孙子兵法》倾注了一腔爱国热忱。他从爱国与爱民出发，研究用兵制胜之术。从评注内容看，王阳明虽推崇《孙子兵法》，但绝不迷信兵家权威之说，因而不时地对孙子的兵学理论阐幽发微。从评注的内容来看，王阳明认为《孙子兵法》意境深远，远超

---

① 《王阳明全集》卷三二《补录·武经七书评》，第1185页。

《吴子》。但实用程度,很难说得上与《吴子》相比。由于孙武、吴起两人创作兵书的动机不大一样。孙武是立言者,吴起是实践者。"彼孙子兵法较吴岂不深远,而实用则难言矣。想孙子特有意于著书成名,而吴子第就行事言之,故其效如此。"① 在评注《李卫公问对》时,王阳明认为李靖创立兵学,借鉴了《孙子兵法》,并未真正学到家,只能作《孙子兵法》《吴子》的注脚而已。"李靖一书,总之祖孙、吴而未尽其妙,然以当孙、吴注脚亦可。"② 表明王阳明独立思考、绝不盲从兵学权威的求知精神。

三 王阳明践行《孙子兵法》

王阳明运用《孙子兵法》制定治边方略。弘治十二年(1499),王阳明向朝廷上《陈言边务疏》,提出治边八项主张:一曰蓄材以备急;二曰舍短以用长;三曰简师以省费;四曰屯田以足食;五曰行法以振威;六曰敷恩以激怒;七曰捐小以全大;八曰严守以乘弊。③ 其中,六项主张的理论依据源于《孙子兵法》。其一,王阳明根据孙子《用间篇》,强调重视培养将帅。"何谓蓄材以备急?臣惟将者,三军之所恃以动,得其人则克以胜,非其人则败以亡,其可以不豫蓄哉?"孙子所谓"三军之所恃以动",本来是说间谍的重要性,王阳明却用此说明将帅的重要,巧妙地进行思想置换,实质是对《孙子兵法》的灵活运用。其二,王阳明根据孙子《作战篇》,提出精兵主张。"何谓简师以省费?臣闻之兵法曰:'日费千金,然后十万之师举。'夫古之善用兵者,取用于国,因粮于敌,犹且'日费千金';今以中国而御夷虏,非漕挽则无粟,非征输则无财,是故固不可以言'因粮于敌'矣"。王阳明鉴于时代和环境变化,打破了孙子"因粮于敌"的传统观念。值得注意的一点是,王阳明提到的"兵法"实际就是指的《孙子兵法》。其三,王阳明根据孙子《作战篇》,提出屯田主张。"何谓屯田以给食?臣惟兵以食为主,无食,是无兵也。边关转输,

---

① 《王阳明全集》卷三二《补录·武经七书评》,第 1188 页。
② 《明史纪事本末》卷四七《宸濠之叛》,第 1189 页。
③ 《王阳明全集》卷九《别录一》,第 285—286 页。

水陆千里，踣顿捐弃，十而致一。故兵法曰：'国之贫于师者远输，远输则百姓贫；近师贵卖，贵卖则百姓财竭。'此之谓也。"王阳明借此说明屯田对于边防养兵的重要性。其四，王阳明根据孙子《作战篇》，提出抚恤将士家属，激励士气。"何谓敷恩以激怒？臣闻杀敌者，怒也。今师方失利，士气消沮；三边之戍，其死亡者非其父母子弟，则其宗族亲戚也。今诚抚其疮痍，问其疾苦，恤其孤寡，振其空乏，其死者皆无怨尤，则生者自宜感动。"孙子主张用奖赏调动士气，王阳明使用抚恤方式，扩展了孙子调动士气的方法。其五，王阳明根据孙子《军争篇》，主张不以小利换取长远利益。"何谓捐小以全大？臣闻之兵法曰：'将欲取之，必固与之'；又曰：'佯北勿从，饵兵勿食'，皆捐小全大之谓也。"王阳明强调防止贪图眼前小利，忽视长远祸患。其六，王阳明根据孙子《军形篇》和《虚实篇》，一方面强调注意防守，另一方面主张寻找敌人薄弱之处，打击敌人。"何谓严守以乘弊？臣闻古之善战者，先为不可胜以待敌之可胜。盖中国工于自守，而胡虏长于野战。今边卒新破，虏势方剧，若复与之交战，是投其所长而以胜予敌也。"善于作战，首先要立于不败之地，然后寻找时机，以其所长，击其所短。"用奇设伏，悉师振旅，出其所不趋，趋其所不意；迎邀夹攻，首尾横击。是乃以足当匮，以盛敌衰，以怒加曲，以逸击劳，以坚破虚，以锐攻钝。所谓胜于万全，立于不败之地，而不失敌之败者也。"灵活运用多种战术，做到每战必胜，不被敌人打败。王阳明在《陈言边务疏》中直接引用《孙子兵法》的章句，属于明引。但值得注意的是，王阳明并不完全恪守孙子的章句，有时摆脱《孙子兵法》原有含义，体现了他理论运用的灵活性。

王阳明运用《孙子兵法》分析判断敌情。弘治十二年（1499）九月，王阳明在《议夹剿方略疏》中说："两省之兵既集，久顿而不进，贼必惊疑，愈生其奸，悍者奔突，黠者潜逃；老师费财，意外之虞，乘间而起，虽有智者，难善其后。"[①] 从文字上看，王阳明所谓"虽有智者，难善其后"，是孙子《作战篇》"虽有智者，不能善其

---

① 《王阳明全集》卷一〇《别录二》，第333页。

第五章 《孙子兵法》古代应用个案研究

后"换了种说法，而两者含义却有一定差别，前者严重程度不及后者。王阳明以此分析用兵迟缓的危害。王阳明在《攻治盗贼二策疏》中说："然而今此下民之情，莫不欲大举夹功，以快一朝之忿，盖其怨恨所激，不复计虑其他。必须南调两广之狼达，西调湖湘之土兵，四路并进，一鼓成擒，庶几数十年之大患可除，千万人之积怨可雪。然此以兵法'十围五攻'之例，计贼二万，须兵十万，日费千金。"① 王阳明"十围五攻"之说，实际是孙子《谋攻篇》"十则围之，五则攻之"②的省略说法。这种情况不是直接引用，属于暗引。

王阳明运用《孙子兵法》分析兵力情况。王阳明在《案行广东福建领兵官进剿事宜》中说："广东之兵，集谋稍缓，声威未震，意在倚重狼达土军，然后举事，利于持久，是亦慎重周悉之谋；谋贼闻之，虽相结聚，尚候土兵之集，以卜战期，其备必犹懈弛。若因而形之以缓，乘此机候，正可奋怯为勇，变弱为强。而犹执其持重之说，必候土军之至，以坐失事机；是徒知吾卒之未可击，而不知敌之正可击也。善用兵者，因形而借胜于敌；故其战胜不复，而应形于无穷；胜负之算，间不容发，乌可执滞。"③ 王阳明受孙子《地形篇》的启发，从中衍生出新的战术思维"徒知吾卒之未可击，而不知敌之正可击"。他批评将领低估自己，高估敌人，不知把握作战的大好时机。王阳明借用孙子《虚实篇》"故其战胜不复，而应形于无穷"，指出致胜战术不是唯一的，而应变化多端。只有通过灵活、外在的"示形"，才能把握作战的主动权。由此可见，王阳明汲取孙子兵学思想精髓，同时创新发展了孙子兵学思想。

王阳明运用《孙子兵法》表明忠主爱民之心。王阳明在《飞报宁王谋反疏》中说："候区画少定，各官略可展布，朝廷命师一临，亦遂遵照前旨，入闽了事，就彼归看父疾。进不避嫌，退不避罪，惟民是保，而利于主，臣之心也。"④ 王阳明依据孙子《地形篇》阐发新

---

① 《王阳明全集》卷九《别录一》，第315页。
② 杨丙安：《十一家注孙子校理》，第52—53页。
③ 《王阳明全集》卷一六《别录八》，第534页。
④ 《王阳明全集》卷一二《别录四》，第392页。

意，本来是说良将所应具有的将德，而王阳明却用来剖示自己忠主爱民之心。在孙子原义的基础上，略微加以改编，赋予新的内涵。

王阳明运用《孙子兵法》强调胜敌有术。弘治十二年（1499），王阳明在《横水桶冈捷音疏》中说："善战者，其势险，其节短。今我欲乘全胜之锋，兼三日之程，长驱百余里而争利，彼若拒而不前，顿兵幽谷之底，所谓强弩之末，不能穿鲁缟矣。"① 王阳明借用孙子《势篇》"善战者，其势险，其节短"。比喻善战者应创造一种险峻的态势，节奏短促，势不可挡。王阳明在《绥柔流贼》中说："盖用兵之法，伐谋为先；处夷之道，攻心为上；今各瑶征剿之后，有司即宜诚心抚恤，以安其心；若不服其心，而徒欲久留湖兵，多调狼卒，凭藉兵力以威劫把持，谓为可久之计，则亦末矣。"② 王阳明所说的"用兵之法，伐谋为先"。源于孙子《谋攻篇》"上兵伐谋，其次伐交，其次伐兵，其下攻城"。王阳明首选以谋胜敌，认为这样可以避免自己过分的伤亡，敌人也不会遭到过分的杀戮。一方面体现了王阳明的仁者之心，另一方面也体现王阳明以谋胜敌的思想。弘治十三年（1450），王阳明在《浰头捷音疏》中说："臣以为兵无常势，在因敌变化而制胜。今各贼狃于故常，且谓必待狼兵而后敢攻，此所以不必狼兵而可以攻之也。乃为密画方略，使数十人者各归部集，候我兵有期，则据隘遏贼。"③ "兵无常势"引自孙子《虚实篇》，王阳明以此强调敌我双方军事态势不是一成不变。"因敌变化而制胜"源于孙子《虚实篇》"兵因敌而制胜"，针对不同敌人，应当采取灵活变化的战术。

王阳明运用《孙子兵法》成功平定宸濠之乱。明正德十四年（1519），宁王朱宸濠企图突然叛乱，里应外合，夺取皇位。提督南赣军务都御史王阳明"移檄远近，暴露宸濠罪恶，起兵讨之"④。王阳

---

① 《王阳明全集》卷一〇《别录二》，第 346 页。
② 《王阳明全集》卷一八《别录十》，第 650 页。
③ 《王阳明全集》卷一一《别录三》，第 360 页。
④ 《明史纪事本末》卷四七《宸濠之叛》，谷应泰：《明史纪事本末》，中华书局 1977 年版，第 697 页。

第五章 《孙子兵法》古代应用个案研究

明"恐其速出,乃为计:佯为朝廷密旨,先知宁藩反状"①。为了欺骗宁王宸濠,延误其出兵时间。王阳明决定以朝廷名义,令两广、湖广都御史杨旦、秦金埋伏要害之处,等待叛军。王阳明为了让宁王上当,故意让一些人在衣絮中夹带公文,经过叛军防区,使叛军得到这个假情报。为了增加可信度,王阳明还让叛臣李士实的家属故意知晓朝廷已经闻知宁王叛乱的预谋,然后抽空放他逃走,向宁王汇报。孙子《计篇》说:"兵者,诡道也。"王阳明多方以误之,使宁王不得不相信朝廷早有准备。孙子《军争篇》说:"三军可夺气,将军可夺心。"王阳明以此对宁王宸濠实施孙子的心理战术,使宁王宸濠心理防线崩溃。英国著名战略家利德尔·哈特在《战略论》中说:"使敌人在心理上和物理上丧失平衡,常常是最后打败敌人的一个重要前提。"②孙子《计篇》说:"出其不意,攻其无备。"王阳明反向论证"攻其有备"。他在平乱决策中说:"兵家之道,急冲其锋,攻其有备,皆非计之得。我故示以自守不出之形,彼必他出,然后尾而图之。先复省城以捣其巢穴,俟彼还兵来援,然后邀而击之,此全胜之策也"③。而且,孙子《九地篇》主张"夺其所爱",争取主动权。王阳明夺取省城,直捣巢穴,就是《孙子兵法》"夺其所爱"兵学思想精髓的运用。在平定宁王宸濠叛乱后,王阳明上疏明武宗说明自己平叛过程,"臣于告变之际,选将集兵,振扬威武,先收省城,虚其巢穴,继战鄱湖,击其惰归"④。这说明王阳明采用孙子《军争篇》的战术,"避其锐气,击其惰归"。虽然"宁王善战"⑤,但终不抵孙子的"攻心"与"夺气"战术,在平定宁王宸濠叛乱中,王阳明运用孙子兵学思想,大显神威。宸濠之乱为王阳明一生增添无比风采,真正展示了孙子兵学思想影响下的智慧与果敢。

清人张廷玉评价王阳明,"终明之世,文臣用兵制胜,未有如守

---

① 《明史纪事本末》卷四七《宸濠之叛》,第698页。
② [英]利德尔·哈特:《战略论》,中国人民解放军军事科学院译,第13页。
③ 《明史纪事本末》卷四七《宸濠三叛》,第698页。
④ 同上书,第703页。
⑤ 同上书,第689页。

《孙子兵法》经世致用研究

仁者也"①。王阳明武功卓绝，绝非浪得虚名。他以一介书生，扬威于疆场。这很大程度归功于中国古代优秀传统兵学思想对王阳明无声浸润，这是他成就功名的一个重要外在因素。王阳明的兵学思想与他的理学宗师地位并不相悖，王阳明的"格物致知"之学与他的兵学思想相为表里。在他身上体现出"融心学于兵学之中的军事哲学思想"。②尤其值得注意的是，在王阳明的军事生涯与人生历练中，《孙子兵法》对王阳明影响至深。王阳明早年深入研究并全面批注了《孙子兵法》十三篇。在治边方略上，在疆场征战中，王阳明屡屡以《孙子兵法》的战略战术思想作为决策理论依据，并付诸于作战实践。综观王阳明一生，对孙子兵学思想既有继承，也有创新，不受兵学权威思想禁锢，从而发展了自己独具一格的兵学思想。王阳明一生中屡建奇功，集明代兵学、理学之宗于一身，这是历史上比较罕见的楷模式人物。

第七节　明代《孙子兵法》流布的高端化特征

享有"战略圣经""兵家圣典"美誉的《孙子兵法》，在长期流布的过程中，逐渐形成了中国古代独特的孙子兵学文化。关于明代《孙子兵法》研究的总体概况，《孙子兵法研究史》有精辟地概述：明代兵书之多，空前绝后。明代1000多部兵书当中，有关《孙子兵法》的就有200多部。而明代研究《孙子兵法》的重量级学者，更是星罗棋布于政界、军界、学界。于汝波先生高屋建瓴，把明代研究《孙子兵法》的总体思路归结为："《孙子兵法》疏解阐发时期。"③这一论点显然立足于《孙子兵法》研究成果显著成绩的基础上而做出的总体性概括。本节在汲取学界前期成果的同时，主要从"人"的角度

---

① 《明史》卷一九五《王守仁传》，第5170页。
② 于汝波：《孙子学文献提要》，第57页。
③ 于汝波：《孙子兵法研究史》，第133页。

第五章 《孙子兵法》古代应用个案研究

出发，尝试分析明代《孙子兵法》兵学文化在流布过程中所凸显出来的高端化特征。

一 明代政治巨子与《孙子兵法》流布

（一）朱元璋与《孙子兵法》流布

朱元璋（1328—1398），一生独特，从一介平民，崛起于疆场，最后成为大明帝国的开国之君。朱元璋对《孙子兵法》情有独钟，集中反映在《明太祖宝训》一书当中。[①]

《明太祖宝训》记载，朱元璋曾两次与侍臣研讨《孙子兵法》。朱元璋第一次与侍臣研讨《孙子兵法》是在1365年正月，当时他和侍臣詹同主要探讨了孙武"杀姬教兵"与《孙子兵法》的作者问题。君臣两人对《孙子兵法》这些问题存有很大的分歧。詹同作为传统的读书人，一味迷信权威之论，朱元璋却表现出大胆的怀疑精神。朱元璋第二次和侍臣们一起研讨《孙子兵法》是在洪武四年（1371）九月，"太祖与侍臣论《孙子》"[②]。从史实记载来看，有的侍臣从《孙子兵法》写作特色进行评价，"或曰：武之书自易以及难，其法先粗而后精，其言约而要，故叩之而不穷，求之而益隐"。有的侍臣从《孙子兵法》战术特色进行评价，"或曰：武之术，其高者在于用常而知变，若实在彼则变而为虚，虚在此则变而为实，机妙莫测，此用武之权衡，千古不可易也"。有的侍臣从《孙子兵法》兵学诡道原理进行评价，"或又曰：武之术以诡道胜，至于终篇而用间；曰计以情而生，情以间而得，苟遇不可间之君，无可乘之隙，将何以得其情哉？"此次参加朱元璋研讨《孙子兵法》的侍臣比较多，许多侍臣非常熟悉《孙子兵法》，研讨的场面比较热烈，"人各持其说"，是此次研讨会最精彩的写照。

两次研讨比较而言，朱元璋第一次研讨的性质显然是属于君臣私下的小范围研讨。在历史上，君臣私下研讨《孙子兵法》的记录，还

[①] 阎盛国：《朱元璋对〈孙子兵法〉的评判及应用分析》，《河南师范大学学报》（哲学社会科学版）2010年第5期。

[②] 《明太祖宝训》；《明实录》第九十六册附录之五，第296页。

有汉武帝和霍去病、唐太宗与李靖。朱元璋第二次研讨《孙子兵法》显然与第一次有显著的区别，属于公开性质的大范围的研讨，而且，此次研讨的规格远远超过第一次，参加的人数众多。在当时不能与世界学界信息沟通交流的大背景下，如此高级别、高规格地研讨《孙子兵法》显然是史无前例的，这次《孙子兵法》研讨会无疑从统治阶级上层内部扩展了《孙子兵法》的影响力。明代从制度上把包括《孙子兵法》在内的《武经七书》列入武学教科书，不能不说与朱元璋以身作则、率先垂范有一定的关系。朱元璋在位时就设立武学，教授武官子弟。《明史》载："武学之设，自洪武时置大宁等卫儒学，教武官子弟。"在弘治年间，明廷正式接受兵部尚书马文升的建议："刊《武经七书》分散两京武学及应袭舍人。"① 从此之后，《孙子兵法》正式成为明代贵胄之士的武学教科书之一，为《孙子兵法》在明代武官上层流布从制度上提供了根本性的保障机制。

（二）张居正与《孙子兵法》流布

张居正（1525—1582），字叔大，号太岳。嘉靖进士，隆庆元年（1567）入主内阁。他与太监冯保合谋，取代高拱任内阁首辅，专主国政10余年。为挽救明王朝统治危机，他从政治、经济、军事各领域推行重大改革，对促进社会发展起了积极作用，人称"救时宰相"。但张居正推动《孙子兵法》的普及工作却很少引起人们的重视。

根据于汝波主编的《孙子学文献提要》的初步统计，有三种版本的明代兵书是张居正编著的，而且内容无一例外都与《孙子兵法》相关。一是张居正增订的《武经直解·孙武子直解》（三卷）。这是张居正晚年增订刘寅《武经直解》的成果结晶，卷首有张居正于万历五年（1577）所写的序文。张居正为何要选取《武经直解》作为蓝本是有一定原因的。《武经直解》成书于明洪武三十一年（1368），作者刘寅，字拱辰，此书卷首有目录、凡例、读兵书方法、武经所载阵图等，并附兵法附录一卷。参用魏武帝、杜牧、张预、张贲四家之言，直解经文，以仁义节制为规矩准绳，出奇用巧则令学兵者多有所

---

① 《明史》卷六九《选举志》，第1690页。

第五章 《孙子兵法》古代应用个案研究

得。解意直接明白通俗，多有所发现。而"《直解》一书对有明一代孙子学说的运用与发展起到了重要的作用，对后世也有一定影响，是孙子书武经系统中重要版本之一"①。二是张居正辑著的《鳌头七书·孙子》（七卷），具体情况不详。三是张居正辑著的《武经直解开宗合参·孙子》（七卷），此书选取张居正《增订武经直解》与黄献臣《武经开宗》两书合参而成，故名《武经直解开宗合参》。注释《孙子兵法》大体没有超出张、黄两家。在体例上，包括解题在内的全部注释评点文字的"合参"，均置于上栏。下栏是《孙子兵法》十三篇原文，以张居正校定的《标题武经七书·孙子》作为底本，加以圈点，间或有文字的正误，训释《孙子兵法》有特色。张居正在《武经直解开宗合参·孙子》的序言中明确指出辑著此书的原因：当时天下承平日久，忧患意识不足，天下讲读《孙子兵法》的热烈氛围比建国初期大为降低，"洪惟御极，命天下官军子孙讲读武书"，"成平日久，表章无人，讲习终鲜"。同时，张居正对刘寅和《武经直解》佩服有加："前辈刘拱辰先生取注武经诸说，折衷为《直解》，悬之国门，靡可增减"，因此，他选取刘寅《武经直解》作为底本，"急出内阁所藏刘先生直解原本，详加订正"。张居正在序言最后说明自己辑著此书目的：无论贵族子弟，还是民间凡夫俗子，人人皆可得到《孙子兵法》的指导，那么国家兴师出兵，就可以有战必胜。"申明武学，俾使世勋子姓贵胄野人咸获指南，庶仁义节制之师，有弗战，战必胜矣。"②

可见，张居正一是订正《武经七书》系统的《孙子兵法》原文文字的讹误；二是发表自己对《孙子兵法》深刻点评。而张居正在《孙子兵法》的流布上的最大贡献是重视《孙子兵法》在全国范围内的普及工作，并提供精准的读本。

---

① 于汝波：《孙子学文献提要》，第49页。
② 张居正：《武经直解开宗合参·孙子》，《孙子集成》第11册，齐鲁书社1993年版，第574页。

二 明代思想大师与《孙子兵法》流布

（一）王阳明与《孙子兵法》流布

王阳明（1472—1528），字伯安，浙江余姚人。弘治十二年（1499）进士。曾谪居贵州龙场，居住阳明洞，世称阳明先生。有明一代，王阳明既是"心学"宗师，也是兵学大师。

王阳明提纲挈领地评注了《孙子兵法》十三篇，王阳明在评注《孙子兵法》时倾注了一腔爱国热忱。他从爱国与爱民出发，研究用兵制胜之术。从评注内容看，王阳明虽然推崇《孙子兵法》，但绝不迷信权威之说，能不时地对孙子的兵学理论阐幽发微，表明王阳明独立思考、绝不盲从兵学权威的求知精神。王阳明认为《孙子兵法》意境深远，远超《吴子》，但实用程度很难与《吴子》相比。这主要是因为孙武、吴起两人创作兵书的动机不同，孙武是立言者，吴起是实践者。而且，王阳明把《孙子兵法》应用到实战当中。王阳明运用《孙子兵法》主要表现在四个方面：一是王阳明运用《孙子兵法》制定治边方略；二是王阳明运用《孙子兵法》分析判断敌情；三是王阳明运用《孙子兵法》强调制敌有术；四是王阳明运用《孙子兵法》成功平定宸濠之乱。[①]

引人注目的是，王阳明对《孙子兵法》的流布做出很大的贡献。作为一代理学宗师如此推崇《孙子兵法》，直接影响了明朝一些重量级官员，最典型的就是胡宗宪。胡宗宪在《阳明先生批武经序》中说自己"退食丙夜读之，觉先生之教我者不啻面命而耳提也"。胡宗宪夜间所读的书正是王阳明批注的《武经》，当中就有对《孙子兵法》的批注。孙元化在《阳明先生批武经序》中叙述自己亲眼所见"王文成公所手批而胡襄懋公参阅"的《武经》，王文成公是王阳明的谥号，胡襄懋公是胡宗宪的谥号。孙元化不由发出这样的感慨："即厥后襄懋公诛徐海、擒汪直，几与文成争烈者，亦安知不从此编得力哉？"在孙元化看来，胡宗宪诛杀倭寇首领徐海，擒拿海盗首领汪直，取得功勋几乎可与王阳明相媲美。胡宗宪的功绩与《孙子兵法》不能

[①] 阎盛国：《〈孙子兵法〉对王阳明兵学思想的影响》，《史学月刊》2009年第9期。

第五章 《孙子兵法》古代应用个案研究

不说有一定的密切关系。另外，茅震东（茅元仪）在《武经评小引》中讲述自己祖上曾在胡宗宪幕下任职，亲眼目睹胡宗宪用兵合乎《孙子兵法》，"时有梅林胡公统戎讨贼，约先高祖为幕谋，抵掌运筹，如画地印沙，不崇朝而丑夷殄灭，斥其所出奇运智，往往与孙、吴合辙，而妙解其神。读书至此，乃真经济。已而携一《武经评》归，又梅林公所得于阳明先生之门者也"①。由此可见，茅震东祖上是从胡宗宪那里得到王阳明评注的《武经》，而胡宗宪又是从王阳明的弟子那里得到王阳明亲手所批注的《武经》。毫无疑问，受王阳明评注的《孙子兵法》影响的还包括王阳明的一些弟子在内。

（二）李贽与《孙子兵法》流布

李贽（1527—1602），字卓吾，别号温陵居士，绰号秃翁。他极力反对传统道学，是明代思想家中的另类。他认为《论语》《孟子》等儒家经典，只是当时弟子的记录，并非"万世至论"。李贽极力反对南宋以来"崇文抑武"的社会风习，他大声疾呼："吾独恨其不以七书与六经合而为一，以教天下万世也。"②李贽所说的"七书"是指《武经七书》，即《孙子兵法》《吴子》《司马法》《尉缭子》《李卫公问对》《三略》《六韬》。"六经"是指儒家六部经典：《诗经》《尚书》《周礼》《乐记》《易经》《春秋》。李贽认为，把华夏文化当中最为优秀的文武经典合于一书，将大大有利于培养经世治国的栋梁之材。

李贽在万历廿四年（1596）、廿五年（1597）创作了《孙子参同》一书，编著宗旨十分明确，"倡言文武合用、垂教天下，这才真正是李贽编著此书之目的"③。李贽特别看重《孙子兵法》，在《孙子兵法》的众多注解者中推崇曹操。"于兵法独取《孙子》，与注《孙

---

① 王守仁撰，吴光等编校：《王阳明全集》卷四一《序说·序跋》，第1608页。
② 李贽：《孙子参同》，《中国兵书集成》第12册，解放军出版社、辽沈书社1987年版，第518—519页。
③ 刘平、高峰：《略论李贽的〈孙子参同〉》，《湖南大学学报》（社会科学版）2002年第6期。

子》者独取魏武。"① 对于注解《孙子兵法》精微未到之处，李贽发表自己精彩的点评。李贽综论《计篇》："兵无定势，所谓诡道奇谋，此则临时因利而后制，不可先传也。"李贽综论《作战篇》："不得已而战，宁速毋久，宁拙毋巧，但能速胜，虽拙可也。"李贽一针见血指明：如果能够迅速取胜，作战方式笨拙也是可以的。李贽认为，并不是真正喜爱笨拙的作战方式，而是普通人不能知晓迅速才是灵巧极致的缘故。如果是"久于师者，是谓真拙矣"。这是李贽对孙子《作战篇》"兵闻拙速，未睹巧之久也"的慧心理解。李贽综论《谋攻篇》："乃所以为善战，所以为善谋攻耳。"告诫后世用兵之人，一定要慎重对待孙子的善于谋攻之法。李贽综论《形篇》：制胜的基础在于"常修为不可胜之道，而保吾必可胜之法"。李贽综论《势篇》："兵无一定之势，故奇正之兵，亦无一定之用。"强调奇正之兵使用要灵活多变。李贽综论《虚实篇》：兵家之势系于"虚实之端，奇正之术"，而且李贽认为，谈兵与谈禅本质上是一致的，他把兵道与佛道联系在一起。李贽综论《军争篇》：军争"本以为利，非以为危也，而众争皆不免于为危耳"。李贽综论《九变篇》：九变之中"自有奇正"。李贽综论《行军篇》：行军之道关键在于"察地形、识敌情、服士卒"。李贽综论《地形篇》："夫地形无不知，然后用兵计谋为不可测，无所往而不得地之利也。"李贽综论《九地篇》："众陷于害然后能为胜败，非虚言也。"李贽综论《火攻篇》：五火之变"有数存焉"，不可不知。李贽综论《用间篇》：用兵之道"尽在于人事"，鬼神之事"不过诡道奇谋"，将帅以此使用贪婪、愚蠢之人。李贽还强调"知彼知己"为将帅用兵第一要务，"必以先知彼己为急也，苟知己而不知彼，又何以胜敌而制其命乎？"

　　李贽好友梅国桢评价《孙子参同》："集兵家之大成，得《孙子》之神解。"② 同时发表了自己对《孙子兵法》的评价："使人知今古兵法，尽于七经，而七经尽于《孙子》。"李贽推崇《孙子兵法》："至

---

① 李贽：《孙子参同》，《中国兵书集成》第 12 册，第 522—523 页。
② 李贽：《孙子参同》，《中国兵书集成》第 12 册，第 523 页。

圣至神，天下万世无以复加焉者也。"① 李贽钦佩《孙子兵法》的热烈之情溢于言表。值得重视的是，文武经典合刊，教育天下士人，是思想家李贽最不凡的见解，具有特殊的历史辐射力和影响力，为《孙子兵法》的流布发出最强音的呐喊。

三　明代抗倭名将与《孙子兵法》流布

（一）戚继光与《孙子兵法》流布

戚继光（1528—1587）是明代著名的军事理论家和民族英雄。嘉靖年间，倭患深重，戚继光组建了英勇善战的"戚家军"。他的兵书与抗倭的辉煌战绩，使之永远名垂青史。尤其值得重视的是，戚继光的军事理论与军事实践与《孙子兵法》息息相关。

《孙子兵法》是历代许多名将必修的兵家韬略。戚继光对此亦是爱不释手，赞赏有加："孙武之法，纲领精微，为莫加焉。"② 由于《孙子兵法》博大精深，内涵丰富，在年青的戚继光眼中，自然是古代兵家当中的"上乘之教"。戚继光还认为，如果有人要想在兵学上有所成就的话，那么就"必宗孙、吴"。同时，他还强调学习《孙子兵法》和《吴子》，就要对兵学先祖孙武和吴起给予足够的尊重，要以弟子的标准严格要求自己，"是习孙、吴者，皆孙、吴之徒也"③。戚继光最终在汲取《孙子兵法》精华思想的基础上，并结合自己多年来带兵和作战的实践经验，创作了《练兵实纪》和《纪效新书》。这两部不同凡响的兵书，都渗透了《孙子兵法》的治军和作战思想，这从后来一些重要人物的评价当中可见其分晓。邢玠《重刻纪效新书序》中赞誉戚继光："闽之功可迹而蓟之功不可迹，可迹者伐敌，不可迹者伐谋。"④ 一方面，邢玠阐明戚继光平定福建倭寇和镇守蓟北的历史功绩。另一方面，也阐明戚继光在不同形势下采用《孙子兵法》不同的战略战术思想：一是伐敌；二是伐谋。他认为，戚继光在福建伐敌的历史功绩可以清楚地追寻，而其在蓟北伐谋的历史功绩却难以

---

① 同上书，第524页。
② 戚继光：《纪效新书》，中华书局2001年版，第8页。
③ 同上书，第24页。
④ 戚继光著，邱心田校释：《练兵实纪》，中华书局2001年版，第345页。

探寻。钱熙祚在《练兵实纪跋》中指出,戚继光《练兵实纪》与《纪效新书》的练兵方法有鲜明差异:"此书练兵之法,与《纪效新书》同异参半。盖倭寇乌合之众,得其节制,易于歼除;备边则劲敌当前,非百倍精严,未易言守。情事既别,方略亦殊。故言之尤详尤慎。"①

有学者总结戚继光学习和运用《孙子兵法》等军事理论著作的特点:"自觉不自觉地执行着一条认识、实践、再认识、再实践的思想路线。他首先是学习前人著作,先掌握兵法知识,然后去实践,在实践中充实知识,形成他自己的兵法。"②戚继光的军事理论价值得到军界同仁的认同。参与明军援朝战争,立下赫赫战功的总兵李如松宣称:"戚将军《纪效新书》,乃御倭之法。"总之,戚继光是一位精通《孙子兵法》,融《孙子兵法》战术思维于抗倭战争的一代名将,他在军界为《孙子兵法》的流布扩展了一定的影响,"所著《纪效新书》《练兵事实》,谈兵者遵用焉"③。

(二) 俞大猷与《孙子兵法》流布

俞大猷(1503—1580),福建晋江人,字志辅,号虚江。少好兵学,早年拜赵本学为师,赵本学既精通易学,又对《孙子兵法》颇有研究,《孙子书校解引类》就是最佳的见证。后来,俞大猷不负众望,在嘉靖乙未科(1535)会试中名列第五。

值得一提的是,俞大猷的会试策论《安国全军之道》映衬其非常熟悉《孙子兵法》。俞大猷所讲的"法曰不动如山,难知如阴,语难量也"。而其所谓"法"是指《孙子兵法》,"不动如山,难知如阴"引用孙子《军争篇》。另如,俞所讲"死者不可以复生,亡者不可以复存,武子于此盖危其辞以震天下也"。其中文句明显引自孙子《火攻篇》。俞大猷还在策论中发表独特见解:"吾国吾军之命,厥于是有所司之矣。安全之道岂有大于此哉!虽然武子惧天下不能忍而轻于愠

---

① 戚继光著,邱心田校释:《练兵实纪》,第349页。
② 杜超:《戚继光与〈孙子兵法〉——兼论经典理论著作的实际运用》,《滨州学院学报》2009年第2期。
③ 戚继光著,邱心田校释:《练兵实纪》,第348页。

第五章 《孙子兵法》古代应用个案研究

怒以致于危败。吾独惧天下苟安于忍辱而遂忘乎愠怒，其弊必至于委靡而不可收拾。"① 俞大猷头脑清醒，忧惧天下人苟且安于忍受耻辱，忘记愠怒，造成严重危害。俞大猷在《安国全军之道》中一再尊称"孙武子"为"武子"，表露出他对孙武的敬仰之情。同时，俞大猷对真理当仁不让，"惜乎！武子特以其所见之一偏者言之，而未闻乎中庸之大道也"②。由此可见，俞大猷用中庸之道解读《孙子兵法》的慎战观念，驳斥那种借口不怒不愠而懦弱怯战的行为。

俞大猷通晓《孙子兵法》，能够把《孙子兵法》战术思想应用在平定国内叛乱和倭寇战役当中，诸如孙子《谋攻篇》著名的"不战而屈人之兵"思想表述："是故百战百胜，非善之善者也；不战而屈人之兵，善之善者也。善用兵者，屈人之兵而非战也，拔人之城而非攻也，毁人之国而非久也，必以全争于天下，故兵不顿而利可全，此谋攻之法也。"俞大猷对孙子"不战而屈人之兵"思想洞然于胸，具体应用在作战当中，那就是适时地采用招抚战术，而不滥用招抚战术。林炳祥、周玉英系统地总结招抚战术的优势所在：招抚是一种不动刀枪的战斗，运用得法照样达到不战的目的。第一，招抚不仅可以减少敌对势力，甚至可以化敌为友，增加国家兵力。第二，招抚可瓦解敌志，分散敌人的力量，便于各个击破。第三，招抚亦可作为一种"疑兵"手段，麻痹敌人，使官军获得调兵增援时间，转被动为主动。第四，招抚可以避免战争的损失。③ 同时，俞大猷还指出招抚战术的局限性。由此可见，俞大猷在应用《孙子兵法》战术思维上遵循中庸之道，不走极端。总之，俞大猷"行师以律，算计如神"，与俞学习《孙子兵法》很有功效密不可分。俞大猷在《孙子兵法》流布上最大的贡献在于应用中庸之道解读《孙子兵法》的有关思想，再用实战去检证《孙子兵法》的价值。

---

① 俞大猷：《正气堂集》，清道光孙云鸿味古书室刻本，第92页。
② 俞大猷：《正气堂集》，第93页。
③ 杜炳祥、周玉英：《试论俞大猷的军事战略思想》，《福建师范大学学报》（哲学社会科学版）1994年第1期。

四　明代著名艺术家与《孙子兵法》流布

（一）罗贯中与《孙子兵法》流布

罗贯中（1330—1400），名本，字贯中，号湖南散人，生活在元末明初。罗贯中早年参加义军，曾在张士诚帐下充任幕僚，切身经历了一些重大的军事斗争，这对他后来创作《三国演义》有极大的影响。不可忽视的一点是，"《三国演义》是中国军事智慧在文学创作中的主要体现，它的战争描写在各个方面潜移默化地受《孙子兵法》的影响，二者之间有深厚的结缘关系"①。

这里需要指出的一点是，相关的研究成果并没有完全从《三国演义》的情节内容进行严格地考证，而《孙子兵法》对《三国演义》的直接影响主要表现在三个方面。第一，《三国演义》侧面关注了孙武的家世和"武宫教战"的轶事。《三国演义》第二回在介绍东吴开国奠基人孙坚时，指明孙坚："吴郡富春人也，姓孙，名坚，字文台，乃孙武子之后。"罗贯中提示江南英豪孙坚乃是孙武后裔，突出孙坚非凡的家世背景。而《三国演义》第九十六回在描绘孔明挥泪斩马谡一幕时，孔明如此讲道："昔孙武所以能制胜于天下者，用法明也。"罗贯中把孔明斩马谡的原因与孙武"武宫教战"的执法严明巧妙地联系在一起。第二，《三国演义》展现了曹操对《孙子兵法》的研究。《三国演义》第六十回在记述张松讥笑曹操："文不明孔孟之道，武不达孙吴之机"时，杨修命人"取书一卷，以示张松。松观其题曰：孟德新书。从头至尾，看了一遍，共一十三篇，皆用兵之要法"。他特意强调"此是丞相酌古准今，仿《孙子》十三篇而作"。罗贯中有意无意之中揭示了曹操研究《孙子兵法》的呕心沥血之作《孟德新书》。众所周知，正是曹操开了注解《孙子兵法》的先河。第三，《三国演义》大量征引《孙子兵法》。例如，《三国演义》第九十四回描写孔明推算孟达必死司马懿之手，令部下五体投地。而此处重点关注的是，孔明所说的推测逻辑"兵法云：'攻其不备，出其不意。'"罗贯中通过孙子《计篇》的"攻其不备，出其不意"，间接透露孔明

---

① 贾琼：《〈孙子兵法〉在〈三国演义〉中的运用》，《语文学刊》2008 年第 11 期。

第五章 《孙子兵法》古代应用个案研究

通晓兵家韬略《孙子兵法》。《三国演义》第九十九回描写刘晔批评司马睿泄露伐蜀事宜:"陛下伐蜀,乃国之大事,岂可妄泄于人?夫兵者,诡道也,事未发,切宜秘之。"罗贯中征引孙子《计篇》著名的经典章句"兵者,诡道也",强调国家战略决策需要高度保密。《三国演义》第一百一十二回记述了钟会反对裴秀坑杀吴国降军的建议:"古之用兵者,全国为上,戮其元恶而已。若尽坑之,是不仁也。不如放归江南,以显中国之宽大。"罗贯中正是通过孙子《谋攻篇》:"全国为上,破国次之",巧妙地衬托出孙子的全胜思想光辉的人道价值。

总之,罗贯中巧妙使《孙子兵法》神奇的兵学色彩与无与伦比的文学手法水乳交融地结合到一起。孙武与《孙子兵法》在成就《三国演义》独领风骚的军事文学作品的地位时无疑做出了不可磨灭的贡献,《三国演义》在传播过程中间接为《孙子兵法》的流布作出贡献,不断提高了《孙子兵法》知名度,扩散了《孙子兵法》的影响力。

(二) 程宗猷与《孙子兵法》流布

中华武术源远流长,少林武术,更是名扬天下。而光耀中华大地的少林武术却与杰出的武术宗师密切相关。他们创作的少林武术理论"深受《孙子兵法》的直接影响,这在明清武术典籍文献中记有许多精彩例证"[①]。明代著名的少林武术宗师程宗猷(1561—1636)就是典型的代表人物之一。程宗猷,字冲斗。他少年时期,不远千里,寻访名师。而少林寺又地处优雅环境,佛教禅宗与少林棍法并传不替,程宗猷深得名师指点,对少林棍法变化的机妙熟谙于心。而聪慧的程宗猷博取众家所长,闲暇之余,创作《少林棍法阐宗》。本书共分三卷,附插图五十五幅,歌诀五十二首。通俗易懂,此书在手,少林棍法赫然入目,历历可述。

程宗猷《少林棍法阐宗》充分吸纳《孙子兵法》的精髓,用于

---

① 陈青山、林鑫海:《〈孙子兵法〉与明代武术经典论著的比较研究》,《武汉体育学院学报》2002年第1期。

《孙子兵法》经世致用研究

少林棍法的指导。最鲜明的体现就是《少林棍法阐宗·总论》，程宗猷开宗明义："盖闻兵法有正有奇，有虚有实，度众寡强弱之势，决高下劳逸之机，识前后左右之局，审彼己主客之形，有长而匿短，有短而见长，有呼而动九天，有吸而静九地，能阴能阳，能柔能刚，可攻可守，可纵可横，今少林棍法，包罗变化，大类似焉。"① 首先，《总论》篇首之语点明：程宗猷创作的少林棍法理论借用了《孙子兵法》著名的战术思维理念，具体借用的战术思维理念主要有三：其一是"奇正"。正如程宗猷所说"盖闻兵法有正有奇"，而《孙子兵法·势篇》推崇："凡战者，以正合，以奇胜。"其二是"虚实"。正如程宗猷所说的"有虚有实"，而《孙子兵法·势篇》指明"兵之所加，如以碬投卵，实虚是也"。其三是"形势"，正如程宗猷所说"审彼己主客之形"，"度众寡强弱之势"，《孙子兵法·形篇》以此形容"形势"："胜者之战民也，若决积水于千仞之溪者，形也。"《孙子兵法·势篇》："故善战人之势，如转圆石于千仞之山者，势也"。另外，程宗猷也有不同于《孙子兵法》的所谓"机局"的战术思维理念。《总论》还点明：程宗猷具体借用了《孙子兵法》形象的比喻，具体借用的比喻有二：其一是"主客"。正如程宗猷所说："审彼己主客之形"，《孙子兵法·九地篇》有"凡为客之道，深入则专，主人不克"。其二是"九天、九地"，正如程宗猷所说："有呼而动九天，有吸而静九地"，《孙子兵法·形篇》有"善守者，藏于九地之下；善攻者，动于九天之上"。其次，程宗猷还在《总论》中指明少林棍法的招式又是如何与《孙子兵法》战术思维微妙契合："其兵法以其奇胜乎？分门定户，何其实也。虚枪诈败，何其虚也。"最后，程宗猷在《总论》之尾，感慨万千，如此讲道："微乎妙乎，讵谓棍法不合兵法乎？"他以点睛之笔指明少林棍法与《孙子兵法》相暗合。

至于程宗猷所说的"微乎妙乎"，又与《孙子兵法·虚实篇》："微乎微乎，至于无形；神乎神乎，至于无声"。何其相似，其语言风

---

① 程宗猷：《少林棍法阐宗》，武侠社版，中西书局，出版年不详。

第五章 《孙子兵法》古代应用个案研究

格也受到《孙子兵法》深刻的影响。总之，程宗猷是明代一位著名的集《孙子兵法》与少林棍法大成的武术宗师，他推进了《孙子兵法》在明代武术界的流布。

综上所述，明代《孙子兵法》的流布与发展，涉及领域广泛，精英人物辈出。在古代帝王群体中，虽有汉武帝与名将霍去病、唐太宗和爱将李靖研讨《孙子兵法》的轶事，但这两位帝王与爱将私下研讨《孙子兵法》，显然无法与朱元璋公开研讨《孙子兵法》的规格之高、参加人数之众相提并论。令人刮目相看的是，一代宰辅张居正刊正和增订《孙子兵法》。虽然也有古代诸多政治家推崇《孙子兵法》，如曾任唐代宰相的杜佑也曾注解《孙子兵法》，但他未拥有张居正那般的政治能量和影响力，也未曾如张居正把注意力落实在《孙子兵法》的普及工作之上。明代政治两巨星朱元璋、张居正率先垂范，为明代《孙子兵法》文化大繁荣开启新的契机。历史上，喜好《孙子兵法》的文人学者比比皆是，如杜牧、苏轼等人，但在思想领域的辐射力显然无法与王阳明、李贽两人比肩，心学大师王阳明不仅评注《孙子兵法》，而且运用实战之中。另类思想家李贽极力反对南宋以来出现的"崇文抑武"的不良思想倾向，疾呼《孙子兵法》与儒家六经合刊，教育天下士人。王阳明、李贽作为明代两大亮丽的思想巨星，他们以身作则，向世人鲜明昭示《孙子兵法》实乃中华兵学文化之瑰宝。中国历代受《孙子兵法》哺育的名将层出不穷，著名者像韩信、岳飞，虽然他们一生征战沙场，所向无敌，但他们并没有像戚继光、俞大猷一样留下系统的、渗透《孙子兵法》思维的军事理论之作。另外，明代《孙子兵法》在文化艺术领域的影响更是前所未有。罗贯中小说《三国演义》的情节内容与《孙子兵法》是如此的珠联璧合，在促成《三国演义》成为我国军事小说的巅峰之作有不凡作用。少林武术宗师程宗猷把《孙子兵法》战术思维融入武术理论《少林棍法阐宗》当中，使之成为少林棍法的经典指南。一言以蔽之，明代孙子兵学文化流布的高端化特征非常明显。"上有所好，下必甚焉。"明代一流人物引领《孙子兵法》理论与实践的发展，显然是促成明代《孙子兵法》兵学文化大繁荣的最根本因素。

第六章 《孙子兵法》现代应用个案研究

第一节 《孙子兵法》对徐向前兵学艺术的影响

《孙子兵法》享有"兵学圣典"的美誉,历代将帅悉心从中研究制胜韬略。延安时期的中共领导人非常重视学习研究《孙子兵法》。毛泽东"不但自己研究《孙子兵法》,而且还是解放区学习《孙子兵法》的发起人"[①]。中共军队的高级将领,诸如郭化若、刘伯承等人,都对《孙子兵法》有独到的研究。而且,他们应用《孙子兵法》克敌制胜,屡建奇功。毛泽东、郭化若、刘伯承这些研究《孙子兵法》的领军人物备受学界关注,而徐向前(1901—1990)对《孙子兵法》的青睐,却尚未引起学者们的重视。"在中华人民共和国的十大元帅中,被誉为'布衣元帅'的徐向前,有着传奇的军旅人生,更有着彪炳史册的历史功勋。"[②] 徐向前"在中国革命战争的烈火中,熔炼出精纯卓越的军事指挥艺术。他智勇兼备,特别善于指挥打大仗、打硬仗、打恶仗"[③]。本节以《徐向前军事文选》(以下简称《文选》)为视点,重点探讨《孙子兵法》对徐向前兵学艺术的影响。

---

① 于汝波:《孙子兵法研究史》,第184页。
② 牛力等:《徐向前元帅军事艺术》,解放军出版社2007年版,第1页。
③ 陈再道:《知形造势,奇谋善断——论徐向前指挥艺术》,《国防大学学报》1992年第8期。

第六章 《孙子兵法》现代应用个案研究

一 徐向前《文选》见证其独特《孙子兵法》情结

仔细阅读研究《文选》，就会发现《文选》中有 11 篇文稿征引《孙子兵法》，参见文后所附表 3《〈徐向前军事文选〉征引〈孙子兵法〉一览表》。按照文稿创作的时间顺序排列，分别是《孙祖战斗的总结》《晋中战役总结报告》《在军委常委扩大会议上的讲话（节录）》《后勤工作是决定战争命运的大问题》《用先进的军事理论武装指挥员的头脑》《围点打援，外线歼敌》《红四方面军的战斗作风》《川陕根据地的大练兵运动》《决战防御，大纵深迂回》《西路军失败的主要教训》和《夺取全国胜利的伟大进军》。其中，最早的一篇《孙祖战斗的总结》创作于 1940 年 3 月 25 日，当时正值抗日战争时期。这一具体时间证明徐向前至迟在抗日战争时期就已关注《孙子兵法》。此外，《晋中战役总结报告》也是徐向前在抗日战争时期创作的，由此可见，抗日战争时期是徐向前一生当中研究《孙子兵法》的重要阶段。其余征引《孙子兵法》的 9 篇文稿，则是诞生在改革开放后。改革开放后，国内研究《孙子兵法》渐成热潮。徐向前的这些文稿性质不同，应分为两类。一类是徐向前担任重要军事职务期间提出的指导军队建设的理论和建议，它们分别是《在军委常委扩大会议上的讲话（节录）》《后勤工作是决定战争命运的大问题》和《用先进的军事理论武装指挥员的头脑》。另一类是徐向前回顾和总结昔日作战的经验和教训，它们分别是《围点打援，外线歼敌》《红四方面军的战斗作风》《川陕根据地的大练兵运动》《决战防御，大纵深迂回》《西路军失败的主要教训》和《夺取全国胜利的伟大进军》。最晚创作的一篇《夺取全国胜利的伟大进军》是在 1990 年 3 月。其时，徐向前已 90 岁的高龄。这 11 篇文稿折射出徐向前应用《孙子兵法》的大致历程，见证了徐向前独特的《孙子兵法》情结。

另外，《文选》征引《孙子兵法》具有相当的广度，《文选》显示徐向前征引《孙子兵法》十三篇当中九篇，它们分别是《计篇》《作战篇》《谋攻篇》《形篇》《势篇》《虚实篇》《军争篇》《九变篇》和《九地篇》，仅有《行军篇》《地形篇》《火攻篇》和《用间篇》四篇未见征引，由此可见，徐向前基本上征引了《孙子兵法》

的主要篇目，这其实是比较保守的说法，这是因为《文选》尚不能完全囊括徐向前创作的全部军事文稿。《文选》还反映出徐向前征引《孙子兵法》各篇的具体情况：首先，征引《谋攻篇》次数最多，共有5次；其次，征引《九地篇》4次；其次，征引《作战篇》2次；最后，征引《计篇》《形篇》《势篇》《虚实篇》《军争篇》和《九变篇》均为1次。总计，《文选》共征引《孙子兵法》17次。征引《孙子兵法》频率最高的一句话是"知彼知己，百战不殆"①。有时徐向前明引《孙子兵法》，如"三军可夺气，将军可夺心"，这是引自《孙子兵法》中的《军争篇》。有时徐向前暗引《孙子兵法》，如"阵无常势，兵无常形"②，这是对《孙子兵法》中的《虚实篇》"兵无常势，水无常形"说法的间接应用。徐向前萃取《孙子兵法》精髓时体现出自身的灵活性。

二 徐向前应用《孙子兵法》分析作战经验与教训

徐向前应用《孙子兵法》分析一些战役的成败得失，从中汲取经验与教训。例如孙祖战斗是抗日战争时期山东纵队反击日军"扫荡"的一次正规化作战。他在《孙祖战斗的总结》中指出："当敌人进到铁峪时，我埋伏不动，使敌无从知我所在，即所谓'静如处女'。当敌离开铁峪村进到孙祖、铁峪间平坦地时，我伏击部队先以一部迅速抢占铁峪据点，造成以后突击敌人于无险可守的平原地上的有利条件，即所谓'动如脱兔'。这是当日作战胜利的第一要着。"③徐向前借用《孙子兵法》的"如处女"和"如脱兔"生动而又形象的比喻，阐释孙祖战斗胜利的关键在于善于把握作战时机，注意行动节奏。徐向前分析敌军"围剿"鄂豫皖革命根据地失利的根本原因时，再次应用了《孙子兵法》。徐向前在《围点打援，外线歼敌》中指明："那时，敌人虽在鄂豫皖革命根据地周围集中了很大兵力，准备第三次'围剿'，但尚未部署就绪，杂牌部队多，缺乏统一指挥，'卒离而不

---

① 徐向前：《徐向前军事文选》，解放军出版社1993年版，第286页。
② 同上书，第372页。
③ 同上书，第87页。

第六章 《孙子兵法》现代应用个案研究

集，兵合而不齐'。"① 徐向前用《孙子兵法》"卒离而不集，兵合而不齐"，形象地再现了敌人失败的根本原因是兵力分散，不能统一集中指挥。鄂豫皖革命根据地红军势力虽然较弱，但依然能够以弱胜强，战胜敌人。

徐向前重视《孙子兵法》"知彼知己"基本军事法则。他特别赞同红军早期将领曾中生将军对《孙子兵法》"知彼知己"的应用，"反'围剿'已成为一时代的特种战术，总结我们自己的经验，研究敌人对付红军的各种手段，有系统地练成反'围剿'的全国军事艺术，以推动革命战争的胜利，至为必要。'知彼知己，百战百胜'"②。在和平年代，徐向前依然注意加强外军研究工作，批评忽视《孙子兵法》"知彼知己"基本军事原则的不良倾向，"我们的干部能多看些外军资料，才能进行研究，不研究外军是不行的。孙子说'知彼知己，百战不殆'"③。徐向前着眼于未来的战争，关注未来的战争，认为未来主要作战对象的研究，不仅仅是军事方面，政治、经济诸方面都要研究。徐向前明确指出：过去我军了解敌人，就能掌握战争的主动权。"孙子说：'知彼知己，百战不殆'。不知道人家的情况怎么打？过去我们跟蒋介石打仗，他的情况我们很清楚，我们的情况他不清楚，所以主动权在我们手里。"④ 他特别强调，当今时代的后勤保障是军队的生命线，要求后勤保障工作紧跟时代步伐，满足军队未来作战的需求。"希望你们多研究自己的，同时再找些外国的资料看看，这就叫知己知彼，百战不殆。"⑤ 值得注意的是，徐向前所说"知己知彼，百战不殆"，与《孙子兵法》"知彼知己，百战不殆"略有不同，孙子强调"知彼"放在第一位，而徐向前强调"知己"放在第一位。难道是徐向前征引错误？其实不然，徐向前在其他场合的征引都是正确的。由此可见，徐向前是有意而为之。徐向前曾强调："古

---

① 徐向前：《徐向前军事文选》，第 327 页。
② 同上书，第 360 页。
③ 同上书，第 286 页。
④ 同上书，第 309 页。
⑤ 同上书，第 293 页。

往今来，没有一成不变的战略战术。"①徐向前在汲取《孙子兵法》思想精髓的同时，注意根据实际情况做出灵活变化。

徐向前不仅注重研究《孙子兵法》，而且热情鼓励年青一代的指战员从事《孙子兵法》研究。徐向前建议："团以上干部，应该有比较丰富的军事知识和其他方面知识。举例来说，中国历史上军事理论著作很多，《孙子兵法》就是世界出名的，还有什么《吴子》、《司马法》、《六韬》、《三略》、《李卫公问对》等等，都应该学习。"②徐向前强调："《孙子兵法》就是世界出名的"，表明他非常看重《孙子兵法》。徐向前殷切希望年青一代的指挥员继承老一辈研究《孙子兵法》的热情，薪火相传，把中华瑰宝进一步地发扬光大。1988年3月，徐向前同《军事历史》杂志社的谈话，再现了徐向前语重心长教诲年青一代的指战员多研究军事历史，多读些兵书。他说："我是喜欢看兵书的，现在年纪大了，精力不够了。我们的干部要认真读书，要读懂它，写点心得笔记，从中汲取宝贵的经验。"③他还特意赞扬张天夫，"写的《诸葛亮〈将苑〉注释》很不错，是下了一番功夫的。军事科学院搞的《孙子兵法新注》也不错，通俗易懂"。可见，徐向前是对兵书情有独钟，特别关注《孙子兵法》研究的动态。值得一提的是，徐向前谈论的《孙子兵法新注》，是新中国成立后军事科学院研究《孙子兵法》的代表性成果之一。此书"注释、译文平易畅达，严谨简洁，多有创见"④。

三 徐向前应用《孙子兵法》提升作战指挥艺术

徐向前应用《孙子兵法》提升作战艺术。徐向前以"铜井战例"说明孙子"攻其无备，出其不意"⑤战术思想的应用。他说："所谓出敌不意，攻敌不备，代价小而胜利大。这样的战法应在各级指挥员

---

① 徐向前：《历史的回顾》，解放军出版社1988年版，第192页。
② 徐向前：《徐向前回忆录》，解放军出版社2007年版，第447页。
③ 同上书，第427页。
④ 于汝波：《孙子学文献提要》，第200页。
⑤ 杨丙安：《十一家注孙子校理》，第18页。

第六章 《孙子兵法》现代应用个案研究

中大大发扬。"① 徐向前所谓的"出敌不意，攻敌不备"，显然是孙子"攻其无备，出其不意"换了种说法。在这次战役中，铜井之敌大举西犯我地，而铜井守敌薄弱，疏忽警戒，我军乘暇捣虚，把握良机。抓住敌人的弱点，轻装急进，直袭铜井，所以，能够一战攻入敌人寨内，捣毁敌人巢穴，烧毁敌人仓库，歼灭该地守军。徐向前应用《孙子兵法》创造强大的攻击力。"孙子兵法里所谓'若决积水于千仞之溪者'，'如转圆石于千仞之山者'，就是指的这种力量。懂得这种力量的重要性并不难，做起来却不容易。"② 徐向前借用《孙子兵法》中的比喻"若决积水于千仞之溪者"，"如转圆石于千仞之山者"，强调创造无可比拟的攻击能量。进攻时猛打猛冲，排山倒海。防御时以十当百，众志成城。攻击时宛如行蛇利刃。追击逃敌时摧枯拉朽。徐向前强调应用《孙子兵法》中"三军可夺气，将军可夺心"的心理战术，夺取作战的主动权。"从大进军的开脚一步起，以'百万雄师过大江'的先声夺人气势，对准国民党的战略防线和重兵集团，实施连续不断的突破、分割、追击、围歼，决不给敌人以任何喘息之机。'三军可夺气，将军可夺心。'我军决水千仞的强大攻势，愈加造成敌军在心理上、行动上的绝望、崩溃状态，兵败如山倒，完全丧失其行动自由权和抵抗力。"③ 值得强调的一点是，徐向前注重应用《孙子兵法》战术思想，但并不局限于《孙子兵法》，这是因为徐向前在《文选》中强调："向古人学，向敌人学，向别人学，自己学习，取人之长，除自己之短才行。"④ 徐向前在注重《孙子兵法》的同时，还超越了《孙子兵法》范畴。

徐向前应用《孙子兵法》提升指挥艺术。徐向前强调高级指挥员的作战心理要符合《孙子兵法》的要求。正如徐向前指出："孙武子说：'静如处女动如驰兔。'有些人说起话来滔滔不绝，打起仗来犹豫不决，另有些人勇敢是勇敢，打打打，不知如何打法。"他认为：作

---

① 徐向前：《徐向前军事文选》，第 85 页。
② 同上书，第 340 页。
③ 同上书，第 459—460 页。
④ 同上书，第 208 页。

《孙子兵法》经世致用研究

为高级指挥员指挥作战，一定要深思熟虑，但不要把深思熟虑变成犹豫不决。条件具备以后，一定要英勇果敢，不顾一切。他批评二十四旅某部从南庄撤退时，十三纵从张名退出战斗时，都缺乏坚持最后一口气的勇气，而这最后一口气的勇气，即是决定胜败的分水岭。徐向前赞扬万源战役的指挥员在指挥作战时，沉着冷静，果断决策，在生死存亡的危急关头，"没有被敌人貌似强大的攻势所迷惑，所吓倒，沉着冷静，审时度势，毅然决然'聚三军之众，投于险地'，实施万源决战防御。从而，又一次渡过了最大难关"①。徐向前还强调指挥作战要贯彻《孙子兵法》用兵指挥的灵活性。徐向前在《决战防御，大纵深迂回》中鲜明指出："阵无常势，兵无常形。战役进程中，交织着攻与防、进与退、伸与缩、分散与集中、被动与主动、包围与反包围、突破与反突破、阻击与追击等诸多战斗形态。战况异常曲折、复杂、惨烈，形势千变万化。这就要求我们在兵力的保存、集中和使用上，尤需保持高度的自主性和灵活性。"②徐向前所说的"阵无常势，兵无常形"是孙子"兵无常势，水无常形"进一步引申发挥，借此说明指挥的灵活性。

徐向前还以孙子思想来阐述军事指挥的独立性。他说："'将在外，君命有所不受'这句古话，指的就是军事指挥上的机断专行问题。寓于其中的经验教训，不知是用多少人的流血代价，才换来的。"③一支独立作战的军队的指挥员能否根据作战的任务和战场情况，机断专行，灵活制敌，往往能对战局产生决定性的影响。徐向前根据自己多年的实战经验和对兵书的学习，总结出一套指挥作战原则："我们的作战原则是：小打而不能大打；活打而不能死打；快打而不能慢打；稳打而不能蛮打。"④由此可见，徐向前是何等关注军队的灵活指挥问题。嘉陵江战役生动地展示了徐向前横扫千军如卷席的高超指挥艺术。无怪乎毛泽东评价徐向前打仗：又精又猛！可谓生动

---

① 徐向前：《徐向前军事文选》，第369页。
② 同上书，第372页。
③ 同上书，第380页。
④ 徐向前：《徐向前回忆录》解放军出版社2007年版，第447页。

第六章 《孙子兵法》现代应用个案研究

准确之极①。黄文欢在挽徐向前对联中说："身先士卒军心暖，威震沙场敌胆寒。"②

徐向前重视《孙子兵法》将帅的思想，强调未来的军队依然离不开得力的指挥员。徐向前在《用先进的军事理论武装指挥员的头脑》中指出："孙子讲'知兵之将，民之司命'，就是讲指挥员的重要性。作为指挥员，只有懂得现代战争的特点和战略战术，才能更好地发挥其他两个方面的作用，形成强大的战斗力量。"③ 他认为，军队现代化无非是把握三个方面问题：一是武器装备；二是熟练掌握现代化武器装备和作战方法的人，特别重要的是干部；三是人和武器的结合，要有科学的编制体制。

徐向前征引《孙子兵法》，娴熟自如，信手拈来。徐向前征引《孙子兵法》，但不恪守《孙子兵法》章句，师其意而用之。徐向前身经百战，更了解理论和实践应用的灵活性。徐向前所说的"静如处女动如驰兔"④。便是暗引《孙子兵法》中的《九地篇》"始如处女"，"后如脱兔"⑤。徐向前稍稍改动个别字眼，赋予新的思想内涵。考察《文选》，还会不时发现《孙子兵法》的一些兵学思想已融汇到徐向前的兵学艺术之中，达到水乳交融、浑然一体的境界。尤其是徐向前对《孙子兵法》"虚实"思想准确到位的理解："要善于虚虚实实。这就是说，主攻、佯攻、助攻，我们自己须分得清楚，但是不要使敌人看得出来。虚虚实实，在战术上讲就是有主攻、助攻、佯攻，譬如打临汾，只能有一个主攻方向，但可以有几个佯攻方向。"⑥ 如果单纯从征引《孙子兵法》的角度去分析，显然不能完全说明问题的本质，而徐向前确又实实在在地领会了孙子的"虚实"思想的核心，这是因为《孙子兵法》有著名的《虚实篇》，讲究用兵注意虚实，使之相互灵活转化。在《文选》中，我们时时可以觉察到徐

---

① 史延胜：《战斗的历程：中国工农红军长征中的十次经典战役》，海潮出版社2006年版，第210页。
② 《徐向前传》编写组：《徐向前传》，当代中国出版社2007年版，第358页。
③ 徐向前：《徐向前军事文选》，第307页。
④ 同上书，第208页。
⑤ 杨丙安：《十一家注孙子校理》，第266页。
⑥ 徐向前：《徐向前军事文选》，第148页。

《孙子兵法》经世致用研究

向前这种智慧的撒播。

综上所述,徐向前兵学艺术与《孙子兵法》关系密切,《徐向前军事文选》是其最好的见证。《文选》多次征引《孙子兵法》,而且,徐向前征引《孙子兵法》有相当的广度,涉及《孙子兵法》十三篇当中的九篇。徐向前格外推崇孙子"知彼知己,百战不殆"这一基本军事原则。徐向前热情地鼓励年轻一代的军队指战员注意研究《孙子兵法》,时时不忘关注《孙子兵法》研究的动态,殷切希望《孙子兵法》研究薪火相传。徐向前应用《孙子兵法》集中表现在两个方面。一是应用《孙子兵法》分析一些战役的成败得失,从中汲取宝贵的经验与教训。二是应用《孙子兵法》提升作战指挥艺术。值得称道的是,《孙子兵法》的一些兵学思想已融汇到徐向前的兵学艺术之中,达到水乳交融,浑然一体的境界。另外,从征引《孙子兵法》最早的文稿《孙祖战斗的总结》(1940年3月25日)考察,抗日战争的历史大背景与徐向前注重学习和研究《孙子兵法》密切相关,这恰恰又是延安时期中国共产党人热烈研究《孙子兵法》的时期。"1939年,毛泽东根据当时全国抗战形势,提出要学习古兵法,并把注释兵法的任务交给郭化若,同时就如何研读《孙子兵法》提出了具体意见。"[1] 引人注目的是,"毛泽东与郭化若以马克思主义为指导,对《孙子兵法》进行深入研究,继承了'克敌制胜'的军事思想,同时对其中不合时宜的糟粕进行了实事求是的分析评判"[2]。无疑,中共领导人研究《孙子兵法》卓有成效,"在整个解放战争期间,共产党的军队反复地利用孙子的教导教训了蒋介石垂头丧气的将军们"[3]。一言以蔽之,徐向前一生中战功卓著,不能不说,徐向前兵学艺术与《孙子兵法》有密切的关系。同时,徐向前青睐《孙子兵法》,也是当时中共军队领导高层注重学习研究《孙子兵法》的缩影。

---

[1] 于汝波:《孙子兵法研究史》,第184—185页。
[2] 黄延敏:《延安时期的中国共产党人与〈孙子兵法〉研究》,《首都师范大学学报》(社会科学版)2008年第2期。
[3] [美]格里菲思:《孙子兵法:美国人的解读》,育委译,第289页。

第六章 《孙子兵法》现代应用个案研究

表 3　　　　　《徐向前军事文选》征引《孙子兵法》一览表

发表时间	篇目	《文选》相关内容	征引《孙子兵法》出处
1940 年 3 月 25 日	《孙祖战斗的总结》	"此即所谓出敌不意，攻敌不备"	《计篇》"攻其无备，出其不意"
		即所谓"静如处女"；即所谓"动如脱兔"	《九地篇》"始如处女"；"后如脱兔"
1948 年 8 月 9 日	《晋中战役总结报告》	孙武子说："静如处女动如驰兔"	《九地篇》"始如处女"；"后如脱兔"
1980 年 3 月 11 日	《在军委常委扩大会议上的讲话（节录）》	孙武说"知彼知己，百战不殆"	《谋攻篇》"知彼知己者，百战不殆"
1980 年 4 月 5 日	《后勤工作是决定战争命运的大问题》	"这就叫知己知彼，百战不殆"	《谋攻篇》"知彼知己者，百战不殆"
1980 年 12 月 31 日	《用先进的军事理论武装指挥员的头脑》	"孙子讲知兵之将，民之司命"	《作战篇》"故知兵之将，生民之司命"
		"孙子说：'知彼知己，百战不殆'"	《谋攻篇》"知彼知己者，百战不殆"
		"'知彼知己，百战不殆'是基本原则"	《谋攻篇》"知彼知己者，百战不殆"
1984 年 4 月	《围点打援，外线歼敌》	"缺乏统一指挥，'卒离而不集，兵合而不齐'"	《九地篇》"卒离而不集，兵合而不齐"
1984 年 4 月	《红四方面军的战斗作风》	"孙子兵法里所谓'若决积水于千仞之溪者'"	《形篇》"若决积水于千仞之溪者"
		"'如转圆石于千仞之山者'，就是指的这种力量"	《势篇》"如转圆石于千仞之山者"
1985 年 10 月	《川陕根据地的大练兵运动》	"知彼知己，百战百胜"	《谋攻篇》"知彼知己者，百战不殆"
1985 年 10 月	《决战防御，大纵深迂回》	"一般说来，兵贵速，不贵久"	《作战篇》"故兵贵胜，不贵久"
		"毅然决然'聚三军之众，投于险地'"	《九地篇》"聚三军之众，投之于险"
		"阵无常势，兵无常形"	《虚实篇》"兵无常势，水无常形"

续表

发表时间	篇目	《文选》相关内容	征引《孙子兵法》出处
1985年10月	《西路军失败的主要教训》	"'将在外，君命有所不受'这句古话"	《九变篇》"君命有所不受"
1990年3月	《夺取全国胜利的伟大进军》	"三军可夺气，将军可夺心"	《军争篇》"三军可夺气，将军可夺心"

第二节 《孙子兵法·火攻篇》对太空战的启示

《孙子兵法》是世界第一兵书。在语言艺术上，《孙子兵法》享有文义兼美、绝出古今的美誉。尤其是《孙子兵法》言简义赅，内涵丰富，最值得称道。《孙子兵法》虽然距今时代久远，但是，依然可以从中锤炼一些战术思维的火花，给现代作战方式提供思路和启迪。本节旨在从孙子的《火攻篇》中的战术思想来归纳一些具体的战术思路，为未来太空战的作战方案提供几种可行的战术思路。

一 孙子《火攻篇》包含的作战思维分析

孙子在《火攻篇》中说："凡火攻有五：一曰火人，二曰火积，三曰火辎，四曰火库，五曰火队。"① 孙子所说的"火攻有五"，固然是讲的五种火攻方法。但值得注意的一点是，孙子本人所说的五种火攻方法，不是无本之木，无源之水。孙子乃是遵循了客观实际情况，创立了自己的火攻分类的标准。孙子火攻分类的标准究竟是什么呢？那就是依据火攻选择的具体目标及其目标归属的范畴进行分类。孙子正是总结前人火攻的经验，在当时战争实践的基础上而得出了个人的分类标准，因此可以说，孙子的火攻方法是根据火攻选择的不同目标而加以总结归纳出来的。具体来说，孙子的"火人"是以"人"为

---

① 杨丙安：《十一家注孙子兵法校理》，第276—278页。

第六章 《孙子兵法》现代应用个案研究

攻击目标，本质上可以归结为一种"攻人"的战术思维。这种"攻人"战术思维在《孙子兵法》当中很普遍，不新奇。孙子所说的"上兵伐谋，其次伐交，其次伐兵"，本质上皆可归结为"攻人"的战术思维，只是应用手段不同而已。孙子所说的"火人"，单纯以"人"为攻击目标。绝大多数的翻译者都习惯把"人"解读为"敌人"，这种译法似乎有些笼统，有些模糊。这里的"人"恰当的理解应当是，"与作战行为有密切关系的个人或群体"。而孙子所言的"火积""火辎""火库"，本质上可以归结为以"器"（物资）为攻击目标。这里的"积""库"却是代表了潜在的战争资源；而"辎"代表了正在使用的战争资源，因此，仅仅局限于原有的词义理解是不够的。对于"火队"的理解，《孙子校释》一书对"火队"的校解是：贾林、何延锡注曰："隧，道也。烧绝粮道及转运也。"① 此解释当为焚烧敌军事交通和转运设施，意在切断敌军事交通运输线。因而，"队"本质上是代表"人与器"的结合，"火队"是把辅助于作战的"人和器"同时作为攻击目标。

尤其值得强调的一点是，这里的"库"，某种程度上，还可以作为一种地点加以诠释，因此，孙子所说的"火库"，本质上还包含了一种"攻地"的战术思维。又由于"库"是静止不动的，这里又内涵有攻击处于静止状态下的战争资源的战术思维。而"辎""队"有时却是处于运动状态下，这里同时内涵有孙子主张攻击处于运动状态下的战争资源的战术思维。所以，孙子的《火攻篇》中蕴含着重要的"攻人""攻器""攻地"、攻"人与器"四种单一的战术思维。从总体上归结孙子的"火攻有五"，它实际上包含了一种"以敌人的作战资源为根本攻击目标"的复合战术思维，这种战术思维可以拓宽作战思路。就孙子"火攻有五"而言，孙子显然是使用了一种发散思维，而我们这里创立的"攻人""攻器""攻地"、攻"人与器"单一的战术思维，却是在重新归纳和演绎的基础上得来的。

俗话说，"工欲善其事，必先利其器"。这是说作为一名工匠，如

---

① 吴九龙：《孙子校释》，第223页。

果希望自己的工作顺利很好地完成，就必须使自己所使用的器械十分的精良。一言以蔽之，提升工作效率离不开精良的器械。就军队而言，如果要使战争顺利地进行，就必须拥有精良的作战装备以及作战人员所必需的一切物资，甚至包括一些重要的非军用物资，如粮食、军饷、医药等。所有这些物资能否有效地保障，都与战斗力是否能够持续发挥有密切关系。孙子《军争篇》说："军无辎重则亡，无粮食则亡，无委积则亡。"所以，一支军队假如没有补给，没有粮食的接济，或者没有仓库的储藏品的准备，这都足以陷全军于败亡的境地。

孙子在《作战篇》中提出了"因粮于敌"和"胜敌而益强"两种重要的战术指导原则，孙子这些指导原则着眼点在于提升自己的作战能力和生存能力。但是，孙子同时也没有忽略用各种手段去削弱敌人的作战和生存能力。其中，孙子的"攻器"战术思维，尤其关注敌人作战能力的消耗和破坏，就是要降低敌人的作战能力和剥夺敌人的作战能力。孙子以破坏敌人作战所需要的一切战争资源为目标，来主动地降低敌人的物资供应和保障能力。使敌人变的"手无寸铁"，或者使敌人"吃了这一顿，没有那一顿"，从而使敌人的作战潜力降低到最低的限度。这与唐代诗人杜甫在诗歌《前出塞》中主张的"射人先射马"有异曲同工之妙。"射人先射马"这种做法，表面看来，有他讲求人道主义的一面，但何尝不是一种作战方式。这种作战方式就是有效降低敌人的作战能力，剥夺敌人的作战能力。而且，孙子的"攻器"战术思维，浑然一体，有自己系统的、完整的理论体系。这主要表现在两个方面。一是孙子的"夺器"理论，孙子《作战篇》中包含这种理论的代表观点是，"更其旌旗，车杂而乘之"。要做到更换获得敌军战车上的旗帜，混杂使用，提升自己作战能力。唐人杜牧更是说得相当透彻，"因敌之资，益己之强"[①]。二是孙子倡导的"攻器"理论，孙子主张通过各种手段，消耗和破坏敌人的战争资源，诚如孙子所说的"火攻有五"中的"火积""火辎""火库""火队"，都是为达到毁灭敌人资源而实施的具体战术。

---

① 吴九龙：《孙子校释》，第31页。

第六章 《孙子兵法》现代应用个案研究

　　孙子的"火积""火辎""火库""火队",实际上就是一种典型的破坏活动。即有计划地毁坏敌人的战争资源。1916年德国人所遭到的一次奇怪的灾难,便是一个很好的例子。在靠近法国斯顿考特的一所弹药库里,德国人贮存了四十五万发装好了引信的重炮弹,但是不晓得怎样或为什么,这个弹药库爆炸了,所有炮弹完全毁掉。由于他们没有了重炮炮弹,在凡尔登战役中,德国人不能得到充分的弹药来满足大炮需要,这个"意外事件",对解凡尔登之围给了很大帮助。在1916年7月29日的夜间,德国人炸毁了纽约港自由神像对面的李海谷铁路货运终点站。三十七辆货车上的爆炸物、好几座储有食糖和食品的大仓库、十二艘驳船、轮船和一个完整的铁路停车场都被炸毁了。在1917年1月17日,在新泽西州金士兰的金士兰装配厂被德国破坏者炸毁了,"黑汤姆"厂是非常重要的,因为一切美国供应,最后都要在那里装箱由海道运往俄国。① 第一次世界大战中的这些破坏行动,实际上完全符合孙子主张的"火积""火辎""火库"战术思想,因而这种"以敌人作战资源为根本攻击目标"的复合战术思维依然不容令人忽视。

二 孙子《火攻篇》作战思维对太空战启示

　　时至今日,现代作战空间已经从陆、海、空延伸到外层空间。美国人詹姆斯·奥伯格的《天权论》的发表,预示了人类将把外层空间作为主战场,而太空战必然成为将来一种新的战争形态。孙子《火攻篇》蕴含着"攻人""攻器""攻地"、攻"人与器"单一战术思维,由此可以衍生出新的作战思路,创造性地开辟新的战场。它可以为未来的太空作战提供一些具体的作战思路。第一,孙子的"火人"(攻人)具体启示是,要有重点、有针对性地向太空战有密切联系的敌人发动攻击,通过各种手段和方法取缔敌人所拥有的太空战作战的有生力量。第二,孙子的"火积""火辎"(攻器)的具体启示是双重性的。虽然太空战的作战目标是通过各种手段破坏敌人太空战的作战武器平台,但要同时注重打击和摧毁敌人太空战中潜在准备使用的和正

---

① [美]拉·法拉戈:《斗智》,第184页。

在运行的武器作战平台。第三，孙子的"火库"（攻地）的具体启示是，可以打击和摧毁敌人太空作战武器存在的具体空间，包括地面与太空空间，使其空间不再适应太空武器的生存和储藏。第四，孙子的"火队"（攻人与器）的具体启示是，打击敌人在太空战当中的各种运输和传输系统，包括打击和摧毁辅助敌人作战的供电动力系统、信息指挥系统和物资能量输送系统。第五，与孙子的"攻器"理论相辅相成的理论有"夺器"理论。它的具体启示是，可以夺取和控制敌人的太空武器平台，操纵与控制敌人的军用卫星、航天飞机等飞行器用来武装自己，增强自己的太空作战和防卫能力。

综上所述，依据孙子《火攻篇》中五种火攻方法所针对的具体目标重新归类，重新加以组合，并进行归纳和演绎，可以探寻出孙子的《火攻篇》中蕴含着"攻人"、"攻器"、"攻地"、攻"人与器"单一的战术思维和"以攻击敌人作战资源为根本目标"的复合战术思维。这些战术思维应用的根本目的是削弱和降低敌人的作战和生存能力。从启示中可以获得一种新的"太空战"的战术思维，为未来的太空战提供新的作战思路，在太空战中可以开辟不同的战场和衍生不同的作战思路，以此削弱和降低敌人太空战的作战和生存能力。

第三节　《孙子兵法》精英战略思维在情报领域的运用

在东方社会，从战争视角关注精英在军事、政治、情报领域的重要作用，则属于中国古代伟大的军事家孙子。美国的格里菲思将军在他书的前言中说："《孙子兵法》远远不止是文物或古董，她是具有丰富的思想内涵和总括性的著作，数百年来，《孙子兵法》以其感悟力和想象力在中国军事文献经典中占有最重要的位置。"[1] 他显然见识到了《孙子兵法》所具有的非凡感悟力和想象力，这种感悟力与想象

---

[1]　［美］格里菲思：《孙子兵法：美国人的解读》，育委译，前言，第1页。

第六章 《孙子兵法》现代应用个案研究

力最终内化为独具特色的战略思维。战略思维是思维科学在斗争艺术领域的最高层次的体现，是高层次的思维活动。孙子独特的战略思维之一就是精英战略思维。《孙子兵法》格外关注精英角色，孙子既关注己方精英角色的各种活动，同时也关注敌方精英角色在军事、政治、情报领域的活动。善于运用精英战略思维，可以创造一种战略优良态势。[①] 而且，《孙子兵法》精英战略思维在情报领域同样有着重要指导作用，主要体现在四个方面。

一 培训一流的精英充当间谍

孙子《用间篇》说："昔殷之兴也，伊挚在夏；周之兴也，吕牙在殷。故惟明君贤将，能以上智为间者，必成大功。"孙子认为，从前商朝的兴起，关键在于伊挚，伊挚即伊尹，曾经在夏朝从事情况活动。周朝的兴起，关键在于吕牙，吕牙即姜尚，曾经在商朝从事情报活动。英明的君主，贤能的将帅，他们能以一流的精英（上智）从事卓有成效的情报工作，他们必定建立伟大的功业。何氏注解《孙子兵法》曰："今孙子引之者，言五间之用，须上智之人。"[②] 在何氏的视野中，凡是从事间谍活动的人，都必须是一流的精英。显然，何氏对孙子的间谍理论作了极端的发挥，但也侧面显示出一流精英从事间谍活动所具有的重要意义。

不可否认的是，被孙子称为"上智"的伊挚和吕牙，他们都是一流的精英人物。伊挚就是伊尹，吕牙就是姜尚，这两个人都是中国历史上著名的人物。而且，据当今著名学者李零考证，伊尹的确采取多种手段从事间谍活动。为了达到从事间谍活动的目的，伊尹曾五次投奔汤，五次投奔桀。汤为了获取夏国重要的情报，曾派遣伊尹进入夏国，为了使夏王桀相信是真实的，汤和伊尹故意设计了一个计谋，汤假装追射伊尹，从而使伊尹骗取了桀的信任。夏王桀本人十分好色。岷山氏的两个女儿，一个叫琬，一个叫琰，个个年轻漂亮。夏桀自从爱上她们之后，喜新厌旧，不愿搭理他的原配夫人喜氏。这三个女人

[①] 阎盛国：《论〈孙子兵法〉蕴涵的精英战略思维》，《管子学刊》2008年第3期。
[②] 杨丙安：《十一家注孙子校理》，第301页。

《孙子兵法》经世致用研究

在情场上互相争风吃醋,她们之间的矛盾恰好被伊尹利用,伊尹因而从喜氏那里得到许多重要的、有价值的情报。另外,帮助齐桓公称霸的管仲也曾提到,夏桀特别喜欢两个人:一个是内宠女华,就是琰;另一个是外宠曲逆。李零先生归纳他的结论说:"汤之阴谋"就是以这两个人作为内应,才得以实现。看来,伊尹的工作对象,是三个女的加一个男的。[①] 这些事实充分说明,伊尹在对夏王桀的情报活动中扮演了重要角色,他的出色间谍活动,最终成就了汤的丰功伟业。

吕牙就是太公吕尚,他是周文王的重要谋士。史书记载,周文王"与吕尚阴谋修德以倾商政,其事多兵权与奇计"[②]。至于吕尚本人从事间谍活动的史实,还是可以找到一鳞半爪。王充在《论衡·恢国》中云:"传书或称武王伐纣,太公阴谋,食小儿以丹,令身纯赤长大,教言殷亡。殷民见儿身赤,以为天神,及言殷亡,皆谓商灭。兵至牧野,晨举脂烛。奸谋惑民,权掩不备,周之所讳也,世谓之虚。取天下,无此虚言。"[③] 从王充的言论中可以看出,周代对太公吕尚从事间谍的事情比较忌讳,后人认为这个说法比较离奇,但王充认为实有其事。这也从一个侧面反映了吕尚在当时的确从事过"间谍"和阴谋活动。

1972 年在山东临沂银雀山汉墓出土的竹简《孙子兵法》中,还提到另外两个精英角色曾经从事间谍活动,一个是率师比,另一个是苏秦。"[□□□□] □衛师比在陘。燕之兴也,苏秦在齐。"[④] 虽然,率师比这个人的具体情况,目前不大清楚。但苏秦却是地地道道的精英人物,他的确从事过一系列的间谍活动。苏秦本是燕国的一名间谍,一直在帮助燕昭王从事颠覆齐国的活动。苏秦是战国时期著名的纵横家,曾随鬼谷子学习纵横捭阖之术。他曾以三寸之舌,游说六国,与秦为敌,一度使自己身挂六国相印。苏秦还扮演了另外一个重

---

① 李零:《兵以诈立——我读〈孙子〉》,第 378 页。
② 《史记》卷三二《齐太公世家》,第 1478 页。
③ 王充:《论衡》,《诸子集成》第 7 册,上海书店 1986 年版,第 192 页。
④ 银雀山汉墓竹简整理小组:《银雀山汉墓竹简孙子兵法》,文物出版社 1976 年版,第 89 页。

要角色，就是一名隐藏极深的间谍。他接受燕昭王的指示，暗地里从事颠覆齐国的活动。他借合适的时机以人质身份入齐，并且取得齐王信任。他凭借自己游说有方，说服了齐王归还燕国疆土十城，使齐王放松了对燕国的警惕。苏秦使用各种迷惑手法，使齐国"西劳于宋，南疲于楚"，最终使齐国在攻楚的过程中削弱自身实力。苏秦在外交上"明为攻秦，实则谋宋"。通过攻宋，让齐国与一些大国交恶，得罪周边大国。这使得齐国虽然在战场上取胜，却在外交上与秦楚等大国交恶，这就为后来五国联军合力破齐创造了外围条件，也为燕国复仇计划的实现奠定了基础。乐毅的辉煌军事战果宣告了苏秦间谍生涯的结束，苏秦在中国古代间谍史上虽然以悲剧结束，但他取得成绩无疑是显著的。正如有的学者对苏秦评价说，苏秦是在齐国的战略间谍，其积十六年之努力，旨在帮助燕王颠覆齐国并获得了成功。苏秦间谍案表明，一名战略间谍的成功运用对于战略格局和国际关系的演变具有举足轻重的作用。[①]

二 敌方精英是重要的情报源

孙子在《用间篇》中明确界定内间："内间者，因其官人而用之。"敌方官员是敌方精英群体的一个重要组成部分，收买敌方精英，可以进一步拓展情报来源的渠道。唐人杜牧对如何培养内间做了进一步地诠释："敌之官人，有贤而失职者，有过而被刑者，亦有宠嬖而贪财者，有屈在下位者，有不得任使者，有欲因败丧以求展己之材能者，有翻覆变诈、常持两端之心者，如此之官，皆可以潜通问遗，厚贶金帛而结之，因求其国中之情，察其谋我之事，复间其君臣，使不和同也。"[②] 杜牧精辟指出，收买敌方内部有离心倾向的各类精英，就可以获知敌方的各种情报信息，还可以发觉敌方针对自己采取的阴谋行动，而且能破坏敌人高层的团结。

从历史上看，收买敌方精英人物，确实可以有效开辟情报来源渠道。许多国家都在不遗余力地从事这项活动。最著名的就是战国时期

[①] 储道立、熊剑平：《苏秦间谍案述评》，《军事历史研究》2003年第4期。
[②] 杨丙安：《十一家注孙子校理》，第292页。

的秦国实施的"财剑兵"的这一重要的间谍政策。"财"是收买,"剑"是暗杀,"兵"是攻打,三者互相联系,环环相扣。① 秦王嬴政接受了李斯这种间谍策略,"卒用李斯之谋,阴遣辩士赍金玉游说诸侯,诸侯名士可下以财者厚遗结之,不肯者利剑刺之,离其君臣之计,然后使良将随其后,数年之中,卒兼天下"②。李斯策略当中提到的"诸侯名士",就是当时各个诸侯国的精英人物,秦国正是通过这一办法,大量收买各诸侯国的精英,开拓情报来源渠道,为自己的战略利益服务。

收买敌方精英作为重要的情报源,古今中外,屡试不爽。近代法国外交官杰·维克福就公开宣称:"向敌国部长和其他官员赠送礼物,在秘密工作武库中仍然占有重要地位。"③ 他在个人著作《大使及其职能》一书当中,甚至认为这是一种公认的惯例和国际法准则。他特别指出,收买人是一门艺术。有时需要金钱,有时需要其他东西,有时把它们作为礼品,馈赠给要收买的对象,有时需要改变办法,甚至以输牌的形式进行馈赠,有时也以旁人输牌的形式给以代赠,有时也可以授予收买对象以职位,有时也可以视其爱好进行馈赠。他举例说明,奥国首相考尼乌茨接受的礼物,就有绘画、马和特别罕见牌子的名酒。1796年,法国大使玫布阿曾先后企图收买洛尔德·斯金戈普,却被婉言谢绝。从这里可以看到,西方国家的外交活动中也特别注重对精英人物的收买,由于精英人物的活动能量大,他们掌握和接触各种有价值的信息。所以,无论东方,还是西方,在情报活动中,都把他们作为重要的情报源进行开发。

三 敌方精英是间谍攻击目标

孙子在《计篇》说:"亲而离之。"李荃注解其说:"破其行约,间其君臣,而后攻也。"④ 君主和臣子都属于精英人物之列,其中就包

---

① 吴如嵩:《孙子兵法新说》,解放军出版社2008年版,第191页。
② 《资治通鉴》卷六,始皇帝十年,第218页。
③ [苏联] E. 契尔尼亚克:《秘密战五百年》,傅师译,群众出版社1980年版,第247页。
④ 杨丙安:《十一家注孙子校理》,第17页。

含敌方精英是间谍攻击目标的意味。尤其对于精英领导层，如果他们团结一致，就要设法离间，加剧他们之间的矛盾，从内部给敌人形成巨大的杀伤力。

从中国古代历史上的间谍活动就可得以证实，一个国家中的政治精英和军事精英，常常是敌方间谍的攻击目标。在楚汉战争中，谋臣陈平给汉王刘邦所做的一番分析说明，楚国的军事精英是完全可以通过间谍活动进行攻击的。"顾楚有可乱者，彼项王骨鲠之臣亚父、钟离昧、龙且、周殷之属，不过数人耳。大王诚能出捐数万斤金，行反间，间其君臣，以疑其心，项王为人意忌信谗，必内相诛。汉因举兵而攻之，破楚必矣。"① 陈平认为，楚国当中最忠心耿耿的精英人物，只不过是亚父范增、钟离昧、龙且、周殷等少数几个人，通过反间计，就可以破坏他们内部的团结。刘邦认为切实可行，于是就拿出"四万斤黄金"给陈平，让他用于间谍活动的开销，但刘邦从不过问间谍活动中开支情况。陈平不负刘邦的期望，在楚军中间，以大量的金钱，收买间谍，实施反间计，谣言楚国将领钟离昧等人虽然作为楚国将军，功劳非常大，然而最终不能封地称王，准备与汉王刘邦联合起来，消灭项羽，封地称王。项羽果然听信其谣言，不再相信钟离昧等人。显而易见，在陈平的间谍活动中，楚国的一些军事精英成为陈平手下间谍的重点攻击目标。

四　收集敌方各种精英的情报

孙子在《九变篇》中说："覆军杀将，必以五危。"这里包含两层意思：一层意思是告诫将帅，必须防范自己个性当中致命的缺陷；一层意思是认为敌军将帅个性当中的致命缺陷完全可以利用，可以达到打败敌人、消灭敌人的目的。孙子特别关注将帅极端的个性所造成的危害，"将有五危：必死，可杀也；必生，可虏也；忿速，可侮也；廉洁，可辱也；爱民，可烦也"。孙子在《军争篇》中又有"悬权而动"之说，张预引用《尉缭子》中的话进行注解："权敌审将而后

---

① 《史记》卷五六《陈丞相世家》，第2055页。

举。"言权量敌之轻重，审察将之贤愚，然后举矣。① 孙子关注的将帅，正是军事精英。这里包含的潜台词是，要充分了解敌方军事精英的极端个性，就必须收集他们个人性格方面的情报。

在情报活动中，人物情报收集向来在情报工作中占有相当重要的比例。尤其是精英人物的各种情报的收集，其中，包括国家领导人及各阶层、各团体、各政党居领导地位或有潜在影响的核心人物的经历、家谱、派系、社会关系、社会地位、与国外的关系乃至个人性格、为人、嗜好、私生活和思想倾向等情报。② 这些都是情报工作收集的重点，了解敌方军事精英的性格，主要是指了解敌方军事精英的气质、性格、能力、意志、情感等各方面的特征。掌握敌方军事精英的思维规律是了解敌方军事精英的核心。要利用各种手段收集有关敌方军事精英的知识结构、实践经验、思维方式、气质风格等方面的情报信息，力争客观、深刻地了解敌方军事精英的思维变化规律。此外，孙子在《用间篇》中还说："凡军之所欲击，城之所欲攻，人之所欲杀，必先知其守将、左右、谒者、门者、舍人之姓名，令吾间必索知之。"这里孙子提到的守将，就是指的军事精英。王晳在注解这句话时说："不可临事求也。"③ 王晳一针见血地指出，收集敌方军事精英的情报不可临时去做，必须平时注意收集。

日本是一个传统上历来特别重视情报收集的国家，许多国家在情报工作收集的细致程度上望尘莫及。日本早在侵华战争发动之前，就有意识地应用各种手段收集中国各种情报，最主要采取的方法就是社会调查。日本情报人员主要调查的项目有：土地、被服、阵营、运输、粮食、燃料、兵制、兵工厂这些与军事十分密切的相关情报。此外，他们还对中国山川土地的形状，人口的疏密程度，住民的贫富程度，以及中国各地的社会风俗，以军事和经济的眼光进行实地调查。其中，特别注重收集中国国内各类精英人物的情报。日本情报机关特

---

① 杨丙安：《十一家注孙子校理》，第 145 页。
② 张殿清：《情报·间谍·保密》，宁夏人民出版社 1985 年版，第 25 页。
③ 杨丙安：《十一家注孙子校理》，第 299 页。

第六章 《孙子兵法》现代应用个案研究

别关注这些精英人物的信息，详细具体要求查明他们的姓名、年龄及其住所。他们把当时中国精英人物分为五大类。第一类精英人物是君子：其中，又把他们分为六个等级，第一等精英人物是志在拯救全世界；第二等精英人物是志在振兴东亚；第三等精英人物是志在改良政治，挽救国家；第四等精英人物志在鼓励后代，光宗耀祖；第五等精英人物是志在掌握国家权力；第六等精英人物是洁身自好，等待时机崛起。第二类精英人物是所谓的豪杰：又把他们分为八种：第一种豪杰是企图颠覆政府；第二种豪杰是企图起兵割据称雄；第三种豪杰是对居住中国国内的欧美人士不满，想驱逐他们出境；第四种豪杰是企图学习西洋技术，制造武器；第五种豪杰是有志于振兴民族工业；第六种豪杰是有志于强军；第七种豪杰是商业巨子；第八种豪杰是提倡发展农业。第三类精英是豪族：他们是名门望族的后裔，在一乡一镇中间是众望所归的人，只须得到这样一个人，就可以控制一乡一镇的人民。第四类精英是长者：指家庭富裕而喜欢接济穷人，在乡间排忧解难，在乡里被称为慈善之人，只须得到这样一个人，就可以控制一个乡镇的人民。第五类精英是侠客：指那些奋不顾身，而好打不平，解救人于危难之中，往往是血气方刚的年轻人所崇拜的对象。日本情报人员认为此种人，一旦有事，只要他们振臂一呼，就可四方响应。日本情报机关认为这些精英人物在各地一旦发现符合他们的需要，就要进一步探查他们的行动，还需要和他们加强来往，加强感情交流。把他们作为储备人才，一旦将来有事，就可以使用。显然，日本收集当时中国国内各种精英人物的情报，是为其将来侵略中国所使用。这种收集情报的方式方法不得不令人叹服，这就是日本对孙子精英战略思维指导下的情报收集活动的具体实践。

毛泽东是杰出的战略家、军事家。许多学者在研究他的情报思想时，却忽略了毛泽东特别注重收集国民党精英人物情报的这一事实。1940年9月6日，毛泽东曾指示周恩来、叶剑英、李克农、饶漱石等人，负责收集国民党党政军中各种精英人物的情报，同样也是以社会调查的方式进行收集。毛泽东还指明了具体的收集办法：将大资产阶级和民族资产阶级加以区别，以人为单位，每类每省调查数十人至一百人。将大地主与开明绅士加以区别，亦以人为单位每类调查数十人至一百人。"分省调查，请恩来负责调查四川、云南、贵州、湖南、湖北五省，克农负责调查广西、广东、福建三省及香港，小姚负责调查江西、浙江、安徽、江苏四省及上海。""每人为立一小传，要有籍贯、年龄、出身、履历、派别、资产活动、嗜好、政治动向、对我态度等项。""关于军官调查，总司令、军长、师长、团长四项，每人立一小传，传内亦有履历、派别、资产活动、政治动向、对我态度等项。""以上调查统称名人录，先从经济、军事两方着手，将来可发展到政治、文化方面。"① 毛泽东责令收集全国范围内国民党党政军中间各种精英人物的情报，为后来的解放战争的胜利奠定了坚实的基础。

综上所述，孙子既关注己方精英在情报领域的活动，同时也关注敌方精英角色在情报领域的作用和影响。无论从古代东方中国的间谍活动考察，还是从西方国家的情报活动理论进行观察，无一例外地证明，精英人物一直在情报领域主演了重要的角色。《孙子兵法》精英战略思维在情报领域有着重要的指导价值，这集中表现在四个方面。其一，在谍报人才培养方面，孙子主张培训一流的精英从事间谍活动。其二，在情报来源上，孙子认为敌方精英也是重要的情报源。其三，在间谍活动中，敌方精英也是本国间谍的攻击目标。其四，在情报收集内容上，孙子重视收集有关敌方精英的情报。因此而言，在情报斗争领域，充分运用《孙子兵法》精英战略思维，指导开展各项情报活动工作，无疑有着十分重要的现实意义。

第四节 《孙子兵法》对灾害预警及其灾害救助的启示

灾害防治的研究日益受到关注，灾害预警和灾害救助是灾害防治

---

① 《关于调查地主资产阶级和国民党军官的通知》，《毛泽东文集》第 2 卷，人民出版社 1993 年版，第 298—299 页。

第六章 《孙子兵法》现代应用个案研究

研究中的两个重要层面。现有的灾害预警研究成果主要从区域灾害和全国性灾害预警入手，现有的灾害救助研究成果主要从灾害救援、灾害治理进行研究。战争本身是一种人为制造的灾害，因而从古代兵学著作中获取灾害预警和灾害救助有价值的启示，显然是切实可行的。因而，从享有盛誉的《孙子兵法》中汲取有益借鉴，自然不是牵强附会。这种借鉴很有必要。第一，加强灾害预警和灾害救助的研究是现代社会发展迫切的需要。中国自古以来就是一个灾害频发的国家，科学而有效地完善灾害预警和灾害救助机制是抵御各种自然和社会灾害的重要保障，理论上需要加强这方面的研究。第二，从兵学理论视角出发，对于拓展灾害学的研究有积极意义。第三，《孙子兵法》对于灾害预警和灾害救助机制有重要启示意义，不仅表现在思想意识，而且表现在组织管理。这种研究有助于进一步延伸《孙子兵法》在灾害防治领域的运用。系统总结《孙子兵法》对灾害预警和灾害救助的可取之处，有助于为当今灾害预警和灾害救助管控机制提供一些新的思路。

一 孙子计划原理对灾害预警的启示

《孙子兵法·计篇》："夫未战而庙算胜者，得算多也；未战而庙算不胜者，得算少也。多算胜，少算不胜，而况于无算乎。吾以此观之，胜负现矣。"孙子大意是说：凡在未开战之前，预计可以打胜仗的，是因为自身胜利的条件充分；凡在未开战之前，预计不能打胜仗的，是因为自身胜利的条件不充分；条件充分的能胜利，条件不充分的不能胜利，何况毫无条件呢？根据双方条件对比来看，胜败就可以推测出来。李浴日据此总结出孙子的计划原理。[①]

《孙子兵法》计划原理对灾害预警启示主要表现在三个方面（如图1所示）。第一，灾害预警要有科学性。孙子主张"校计索情"，进行科学分析。在灾害预警方面具体的做法是，着手建立地方灾情样本电子数据库和全国灾情样本电子数据库，从而可为灾害预警提供参考依据。从理论层面来看，通过自然灾害电子数据档案收集与整理工作，可以建立中国各地的灾情样本电子数据库。充分认识这些电子数

---

① 李浴日：《孙子新研究》，总论，第13页。

据灾害档案资源的宝贵价值,利用电子档案建立灾情样本数据库,对于预测和减少灾害发生有重要意义。我国自然灾害的种类多样,有干旱、洪涝、海啸、蝗害、风灾、雹灾、泥石流和山体滑坡、疫病、地震等,因此,要多方地收集整理各地的灾害档案,统计自然灾害的发生频次、区域分布,创建比较完整、科学的电子数据灾害档案资料库。采用时间、地域、灾情种类等多种序列分法,既可以创建一个时期特定地区的灾情样本电子数据库,也可以建立一个长时期特定地区的灾情样本电子数据库;既可以创建一个地方灾情样本电子数据库,也可以创建全国性的灾情样本电子数据库;还可以创建不同类型的灾情样本电子数据库,从而形成一个资料翔实的灾害档案电子数据库,便于灾害研究者和国家灾害管理部门进一步研究灾害产生的固有特点和变化规律。

第二,灾害预警要有多元性。孙子《军争篇》曰:"掠乡分众,廓地分利,悬权而动。"其中,孙子所说的"悬权而动",就是主张要审时度势,伺机而动,力求追求最好的效果。这种认识显然是对原来设定方案的灵活修正。因此,根据灾害种类和灾害可能引发的危害程度不同,实施不同的灾害预警方案。因而,当前灾害预警网络建设的须从三个方面着手:一是要注意建立灾害预警网络系统应急的电源;二是做到通信、发放灾害预警的信号采取有线和无线相结合,保证安全可靠;三是要通过有线、无线手段对灾害预警的台站实行连点成片、点片结合的控制方法,从而形成灾害预警既联网成片又有相对独立的态势。[①]

第三,灾害预警要有周密性。计划原理:这是说,在未战之先,必须定下周密的作战计划。然计划生于先知。前已言之,因为作战计划的良否,即周密或疏漏,对于全战役,既有至大关系,且常决乎胜败之事。[②]如何才能周密地实施计划,孙子《形篇》:"兵法:一曰

---

① 赵廷禄:《地震灾害对防空警报建设的启示》,《中国国防报》2009年2月9日第3版。
② 李浴日:《孙子新研究》,总论,第13—14页。

度，二曰量，三曰数，四曰称，五曰胜；地生度，度生量，量生数，数生称，称生胜。"那就是通过一系列严格规范的动作保证计划的周密性。在当今警报设备的配置上，要努力做好"三个结合"，即电动、电声灾害报警与手式摇动灾害报警平台相结合，固定台站和移动灾害报警平台相结合，联网成片与单点配置相结合，以此来灵活应对各种复杂灾害情况。对于灾害警报平台设置点的选择也要注意高低分布结合，不仅在较高的地理空间上要配置较大功率灾害报警装置，还应在较低地理空间的街道路口、居民小区、学校、城市广场及其他人口稠密的重要场所配置高音量报警平台，比如用音箱、喇叭等作为末端灾害报警装置，从而确保灾害警报音响全方位覆盖、立体式传播到各个角落，不留任何死角，消除报警盲点，让广大人民群众能在第一时间收到灾害报警的讯息，为人民群众赢得最多的灾害应急准备时间。建设和完善灾害警报网络系统，要特别注重增强其独立能力和生存能力的建设和维护。

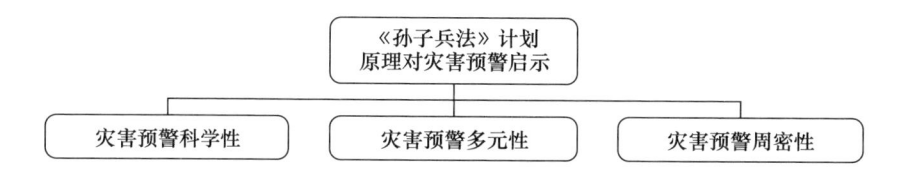

图1 《孙子兵法》计划原理对灾害预警启示结构示意图

二 孙子迅速原理对灾害预警机制的启示

孙子《作战篇》强调用兵打仗追求疾战，迅速获取胜利，否则，就会带来意想不到的后果："其用战也胜，久则钝兵挫锐，攻城则力屈，久暴师则国用不足。夫钝兵挫锐，屈力殚货，则诸侯乘其弊而起，虽有智者不能善其后矣。故兵闻拙速，未睹巧之久也。夫兵久而国利者，未之有也。"这充分体现了孙子迅速原理的重要性。孙子迅速原理用最经典的一句话来概括，就是"兵贵胜，不贵久"。孙子《九地篇》还强调："兵之情主速，乘人之不及，由不虞之道，攻其所不戒也。"孙子以比喻的修辞手法来形容作战行动之迅速，如"脱兔"一般。孙子《军争篇》"始如处女，敌人开户，后如脱兔，敌不及拒"。孙子讲究进攻迅猛，正如其所言，"故其疾如风，侵掠如火"。李浴日曾专门阐释《孙子兵法》的迅速原理。孙子原是主张'不战而屈人之兵'，倘若不利已而战，则以速战速胜，把战事结束得愈速为愈佳。不然，拖延下去，演成长期的持久战，这不独生命经济牺牲浩大，且酿成'渔人得利'之虞。因此，在作战上，必须采择迅速的行动。现代的速战速决主义，实胚胎于此。①

《孙子兵法》迅速原理对灾害预警机制的启示，主要由灾害信息检测、灾害风险综合评估、灾害危机等级认定、应对灾害快速反应四大环节构成（如图2所示）。《孙子兵法》的信息检测思想，主要表现在孙子《地形篇》提到的，"知彼知己，胜乃不殆；知天知地，胜乃不穷。"其中，彼、己一方面是说"人"的因素。另一方面，还涉及"天""地"两个因素。这与《孙膑兵法》的指导思想有异曲同工之妙，"天、地、人三者不得，虽胜有殃"。《孙子兵法》对这种信息综合检测的重要性有画龙点睛的评价，"所以动而胜人，成功出于众者，先知也。"灾害信息检测离不开全方位的灾害信息收集，灾害信息从"天"（气象条件）、"地"（地理环境）、"人"（灾区民众）三方面进行综合收集。由于我国多样地质条件等因素影响，总是雪灾频发，每次受灾影响人数都是众多，财产损失十分严重，造成的危害非常巨大。2008年年初，我国的南方遭遇了新中国成立后一场十分罕见的大雪和冻雨灾害，因这次灾害而直接经济损失151615亿元。因此，利用灾害预警系统对纷繁复杂的灾害信息进行系统化的处理和管制，对灾害发生进行及时预警，从而能够预测和防范一些自然和人为的灾害，应是灾害预警的当务之急。平时注重建立基于网络的突发性灾害联动预警及救灾系统，很有必要。

《孙子兵法》有关风险综合评估的论述，体现在孙子《九变篇》"智者之虑，必杂于利害，杂于利，而务可信也；杂于害，而患可解也"。对于灾害风险评估，具体要全面调查我国重点区域各类自然灾害风险和减灾能力，具体要查明客观存在的灾害风险与隐患，大体摸

---

① 李浴日：《孙子新研究》，总论，第17—18页。

第六章 《孙子兵法》现代应用个案研究

清我国各地减灾、抗灾能力的底数。对我国重点区域的各类自然灾害风险进行仿真评估,编制全国灾害高风险区及重点区域灾害风险地图,以此作为基础,开展对重大灾害防治项目的灾害综合风险评估试点工作。

《孙子兵法》有关危机等级认定的论述,比如孙子《九变篇》提到的"死地则战"。当处于"死地"时,应当采取殊死决战的行动。预警机制就是一种预先发布警告信息的制度,是危机管理的四大机制之一。危机等级认定实际上是一种危机预警。危机预警是指危机管理者在危机潜伏期阶段进行的有效预防、警示工作,根本的目的是防患于未然。快速及时发现、收集并科学处理这些灾害信息,对可能发生的灾害作出准确的预测和判断。[①] 只有将自然灾害监测预警预报体系建立作为一项重要工作去抓,那么气象、海洋、水文、地质、地震、农作物病虫害、森林防火和森林病虫害等方面的灾害监测预警系统建设才能得到进一步的落实和加强,各种自然灾害的预警信息发布的覆盖面才会得到提高,为灾害危机等级认定打下良好的基础。这种预警系统可以自动、半自动地进行不同灾害等级的分类,发出灾害预警警

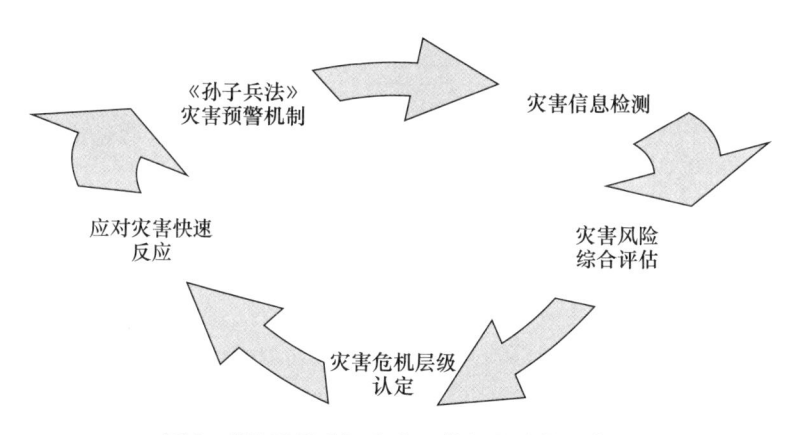

图2 《孙子兵法》灾害预警机制结构示意图

---

① 吴保生、丘丽红:《论我国自然灾害预警机制的建立与完善》,《兰州学刊》2009年第3期。

报，并在此基础上结合气象条件对灾害诱发条件进行预报，完善灾害预防工程技术与措施。①

《孙子兵法》对快速反应有形象的比喻，如孙子《九地篇》中提到的，"后如脱兔，敌不及拒"。孙子《地形篇》追求行动的最佳效果，希望各种行动能达到"动而不迷，举而不穷"。这对于灾害预警反应来说，则要根据有关部门提供的灾害信息，结合可能受灾地区的自然条件、人口和社会经济等情况，进行综合分析和评估，及时对可能受到自然灾害威胁的相关地区做出灾情预警，从而在灾害预警方面作出快速反应，可有效防范灾害的沉重打击。

三 孙子控制原理对灾害救助机制的启示

《孙子兵法》渗透了控制思想，孙子的控制原理独具一格。诚如有的学者指出：战争控制是战争指导者对战争的发生、发展、规模、强度及后果等有意识地加以限制和约束的行为。而且，一代兵学大师孙武对战争控制问题给予了较高的重视，并对之做了多方面的论述。如孙子的"安国全军"的整体控制观、"致人而不致于人"的主动控制观、"战胜强立"的实战控制观、"全争天下"的综合控制观等四个方面对孙子的战争控制观加以阐释。②

《孙子兵法》控制原理对灾害救助机制有多方面的启示：一是表现为灾害信息控制；二是表现为灾害决策控制；三是表现为灾害危机控制（如图 3 所示）。

孙子《九地篇》所谓的"禁祥去疑"，强调对于有害的信息要禁止传播。这一说法鲜明地表明孙子的信息控制思想。对于灾害救助而言，设立灾害信息发布权威中心和具体布布的权威渠道，不为谣言提供传播渠道和机会。具体做法是完善灾情统计标准，建立我国自然灾害灾情统计体系，建成一个合理而且完善的国家、省、市、县四级灾情上报系统，完善健全灾情信息快报、核报工作的有效机制。灾害信

---

① 万鲁河、曹姗姗、赵贺：《基于网络的突发性灾害预警及救灾系统——以雪灾为例》，《自然灾害学报》2009 年第 5 期。

② 张杰锋：《略论孙子战争控制观》，《军事历史研究》2006 年第 2 期。

息控制的关键是建立一个防治灾害综合委员会，作为全权指挥机构，从中进行多方协调。另外，创建一个多部门的灾害信息沟通、会商、通报机制，各种灾害信息做到完全可控。

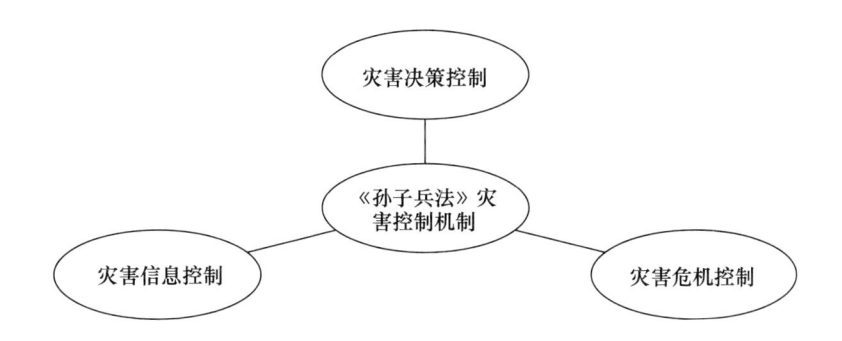

图 3 《孙子兵法》灾害控制机制结构示意图

孙子《九变篇》所言的"君命有所不受"，表明一个将帅的决策、指挥不受国君的干扰。这是代表孙子在决策上达到独立控制的目的，不受其他外在因素的干扰。充分利用相关部门提供的地理基础信息、经济社会专题信息和灾害信息，有意识地在平时创建一个灾害信息共享及发布平台，加强灾害信息的分析、处理和应用。特别要加强中央级灾害信息管理系统建设，指导地方灾害信息平台的建设，并将灾害管理覆盖省、地、县三级救灾通信网络，确保中央和地方各级政府及时准确掌握重大自然灾害信息。充分发挥地理环境与重大自然灾害监测和预报，发挥小卫星、气象卫星、海洋卫星、资源卫星等多种监测系统的作用，建立基于遥感和地理信息系统技术的灾害监测、预警、评估以及灾害应急辅助决策系统。最终确保救灾指挥中心的灾害救助决策不受其他外在因素的干扰和影响。

孙子《火攻篇》所说的"凡军必知有五火之变，以数守之"。对于应对各种火攻变化情形，孙子主张要有适合的策略加以回应。这代表了孙子应对危机进行有效控制的一种思想观念。从历史角度看，危机处理理论是从战争理论中脱胎而来的。战争实质上是社会危机的一种特殊形式，其过程的突变性、前景的不明朗性、威胁的严重性、后果的连锁性以及决策的紧迫性,都居于各种社会危机之首。因此,借鉴《孙子兵法》中精辟的战争理论,可以提高领导者应对和处理现代社会危机的能力和水平。[1] 处理灾害危机,最怕就是贻误灾害有效的处理时机。如果一开始救灾工作就做不好,要想再恢复元气就困难得多。能否成功化解灾害形成的危机,或许只是救灾工作开始几天,就应当马上采取行动,而不是在犹豫不决的拖延行动上。

四 孙子协调原理对灾害救助机制的启示

阎勤民对孙子的协调原理和方法有比较明确的认识。他指出:协调方法是《孙子兵法》的一个重要内容。《孙子兵法》蕴含了军事学中的战役学、经济管理学中的协调学。协调原理是指对组织结构中各分系统实现调节控制,正如人的神经系统对人体的动作行为协调一样,对人体的动作行为进行协调,它将决定组织的能量状态、虚实状态、效率状态、整一状态和适应状态。[2]

孙子的协调原理表现在多个方面,孙子本人对组织协调有独到的见解。诚如孙子《势篇》曰:"凡治众如治寡,分数是也;斗众如斗寡,形名是也。"即管理多数人,如同管理少数人一样,这是由于组织管理好。指挥多数人作战,如同指挥少数人作战一样,这是由于有规定好了的信号来作指挥。[3] 孙子这种组织协调原理集中体现在编制一定要科学合理,指挥号令一定要清晰明确。否则,组织协调将是无本之木,无源之水。组织协调是一切行动的基础。因而,在灾害救助时,首先要做到良好的组织协调工作。

孙子《九地篇》说:"齐勇若一,政之道也,刚柔皆得,地之理也。故善用兵者,携手若使一人,不得已也。"在组织协调的基础之上,还要做到部门之间的协调,各个部门由于自身的利益、动机、目标不一样,因而,客观上往往存在矛盾和摩擦。孙子同样注重部门之间的协调,这种部门之间的协调,孙子是通过一个形象的比喻来说明

---

[1] 孙远方:《〈孙子兵法〉对现代危机处理的启示》,《领导科学》2008年第12期。
[2] 阎勤民:《孙子兵法制胜原理》,第123页。
[3] 郭化若:《孙子译注》,上海古籍出版社1984年版,第47页。

的。孙子在《势篇》中说:"纷纷纭纭,斗乱而不可乱也;浑浑沌沌,形圆而不可败也。"这是因为部门之间协调对于整个群体一致行动尤为重要。没有部门之间的良好协调,灾害救助就会出现部门之间相互扯皮、推诿的现象,结果使灾害救助各项工作变得一团糟。

孙子除了关注组织协调、部门协调之外,还特别看重每个成员能力的协调,如果能力不能协调,就不能集中所有的力量朝向一个特定的目标,同样所发挥出来的效力也是有限度的。故此,孙子专门阐明能力协调的重要性。孙子是以一个生动形象的比喻来说明的,他用率然之蛇来说明动作上的协调一致。《孙子兵法·九地篇》:"故善用兵者,譬如率然;率然者,常山之蛇也。击其首则尾至,击其尾则首至,击其中则首尾俱至。"只有最终能力协调一致,才能取得"犯三军之众,若使一人"的良好效果。在灾害救助之际,不仅需要组织、部门之间有效协调,而且还应做到在应变能力上协调一致。

因此,在遇到重大灾害发生时,应由政府成立临时救灾领导机构,如"救灾委员会"或是"救灾指挥部",与常设的民政部一起来做灾害救助的组织协调工作。按照"条块结合,以块为主"的原则,灾害救助工作虽然是以地方政府为主,但必须有上级部门的有效参与。灾害发生之后,乡、县、地、省四级人民政府和相关部门要根据灾情,按照分级管理、各司其职的原则,启动相关层级和相关部门的应急预案。充分做到灾害救助的部门协调工作。做好灾民紧急转移安置和生活安置工作,努力做好抗灾、救灾工作,做好灾害监测、灾情调查、评估和报告工作,最大程度地减少人民群众生命和财产损失。根据突发性自然灾害的危害程度等因素,国家相应设定四个灾害响应等级,便于有效开展救灾工作。即一级灾害响应、二级灾害响应、三级灾害响应和四级灾害响应。上述问题指明灾害救助多方面协调工作的重要性(如图4所示)。

五 孙子运筹原理对灾害救助机制的启示

《孙子兵法》包含的思维模式充分证明了中国人智慧的科学性和深邃性。《孙子》的决策——运筹思维模式包含了科学化、民主化、

《孙子兵法》经世致用研究

程序化、效益化的现代运筹学四大要素的基本内容。[①]《孙子兵法》首篇《计篇》特地指出了运筹的重要作用,他把天文、地理、人文、法律等都纳入了运筹学的范围。《孙子兵法》可以说是一部运筹学的集大成之作。不但深刻指出了运筹的重要性,同时指出了运筹者所必须具备的条件,更重要的是对正确进行运筹的方法做了科学的阐述。[②]

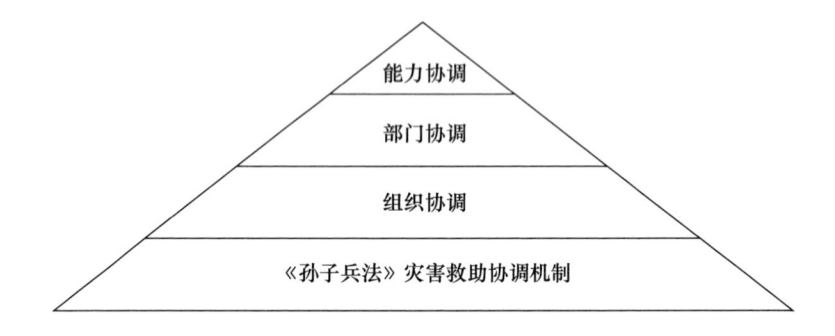

图4 《孙子兵法》灾害救助协调机制结构示意图

《孙子兵法·形篇》中有许多关于军事运筹学的论述,孙子把度、量、数、称等数理概念引入了军事领域,通过双方对比计算,从而进行战争胜负的预测分析。《孙子兵法·计篇》中的"算"有"筹划"之意。11世纪学者沈括的《梦溪笔谈》进一步论证了孙子"因粮于敌"的科学性,他根据军队的数量和出征的距离,筹算所需粮草的数量,将人的背运和各种牲畜驮运的几种方案与在战场上"因粮于敌"的方案进行了比较,得出了取粮于敌是最佳方案的结论,反映了《孙子兵法》多方选优的运筹原理。

孙子运筹原理对灾害救助机制的启示主要表现在四方面:一是探寻灾害救助环境;二是模拟灾害救助方案;三是选择灾害救助方案;四是检讨灾害救助方案(如图5所示)。孙子《地形篇》所言,"夫

---

① 阎勤民:《〈孙子〉决策——运筹思维模式初探》,《哲学动态》1990年第8期。
② 周大雄:《论〈孙子兵法〉的运筹思想》,《湖南师范大学社会科学学报》2000年第4期。

第六章 《孙子兵法》现代应用个案研究

地形者,兵之助也"。强调了地形是用兵的辅助条件,同样在灾害救助过程中,探寻灾害发生地的地理环境是进行灾害救助的先行步骤。

《孙子兵法》提出了四种最基本的致胜模式,那就是伐谋、伐交、伐兵与攻城。既可以单独使用,也可以组合使用,甚至还可以混合使用。《孙子兵法》当中共有15种致胜理论运用模式,《孙子兵法》当中共有64种致胜实践运用模式。[①] 这为我们选择灾害救助方案多种选择提供了非常有意义的启示。2007年,民政部一共启动了灾害救助应急响应49次,其中,灾害救助二级响应1次,灾害救助三级响应6次,灾害救助四级响应42次。在灾害救助过程中,通过对救灾应急供应链特征的分析,努力做到了应急供应链可选择纵向与横向配置,具体运用弹性策略与其相互之间匹配。

《孙子兵法·火攻篇》提出"合于利而动,不合于利而止"的观点,这为灾害救助方案的选择提供了重要参照标准,面对多样化的灾害救助方案,应当选择最有利的灾害救助方案,最大程度保证受灾地区的人民生命和财产的安全。

《孙子兵法·九变篇》提及:"覆军杀将,必以五危,不可不察也。"孙子强调对战争重要问题要进行细致研究,认真检讨,吸引以往的经验教训。在灾害救助工作实施过程中,要注意对灾害救助工作进行反思和检讨,这是为了今后的灾害救助工作取得更大成效而做的努力工作。以汶川大地震为例,这次地震使我们一些灾害救助工作,暴露出短板,有些地方很值得我们去检讨。例如,四川汶川大地震发生后,各保险公司在第一时间便启动了重大灾害事件的应急机制,派出工作组赶赴灾区指挥理赔工作。保险公司还纷纷采取实际行动,免费承保抗震救灾一线人员的人身意外风险,免除他们的后顾之忧。中国人寿、中国人保财险、人保寿险、新华人寿、泰康人寿、平安养老各个保险机构,分别通过武警总队、公安部及消防局、卫生部、中国地震局、中国记协等机构为参与此次抗震救灾的一线人员,提供抗灾

---

① 阎盛国:《〈孙子兵法〉致胜战略运用模式分析》,《临沂师范学院学报》2009年第4期。

期间每人 20 万元保额的人身意外伤害险或意外医疗险保障，上述保险目前都已承保出单。但值得注意的是，我国还没有制定关于社会救助的专门法律，社会救助的相关知识只在某些法律提及，比如在社会保障法等法律中才有所体现出来。社会救助缺乏具体的法律制度来规范调整，影响和制约了贫困人员权利的享有和诉求，不能够从根本上保证社会救助的法制化运行和规范化管理。社会救助的建立和实行缺乏法律规制。[①] 从法律层面上来看，我国灾害救助运筹工作还有很长的路要走。总之，《孙子兵法》在灾害预警与灾害救助方面提供了多方面的启示，有助于推动灾害防治工作更好地进行。

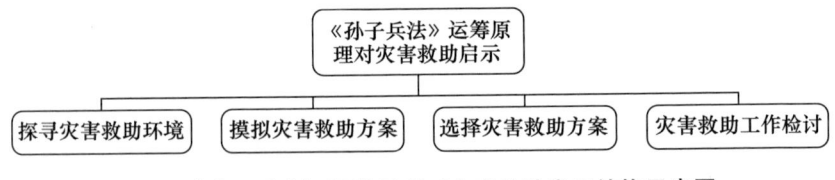

图 5　《孙子兵法》运筹原理对灾害救助启示结构示意图

第五节　运用《孙子兵法》构建企业文化科学发展机制

《孙子兵法》对于塑造本民族企业文化有着重要的指导作用。司马迁笔下的战国商人白圭，"乐观时变，故人弃我取，人取我予"，"与用事僮仆同苦乐，趋时若猛兽鸷鸟之发"，白圭介绍成功经验时说："吾治生产，犹伊尹、吕尚之谋，孙吴用兵，商鞅行法是也。"[②] 白圭吸收运用《孙子兵法》的精华思想，早已成为我国古代企业文化成功的一个经典案例。惜乎！由于古代重农抑商的传统，以及私门传

---

① 刘传刚、王学珍：《社会救助机制中政府责任的完善》，《法制与社会》2009 年第 36 期。
② 《史记》卷一二九《货殖列传》，第 3258—3259 页。

第六章 《孙子兵法》现代应用个案研究

宗,独家秘技不轻易示人的缘故,这种早期优秀的企业文化既没有全面完整的记录保留下来,也没有构建起一个科学的企业文化发展机制。这使后人在扼腕叹息之余,希望重新开启先人未竟的事业,积极探索,开辟独具民族特色的企业文化新天地。企业文化是社会文化体系中的一种重要文化形态。它是企业在长期生产经营活动中汲取传统文化的精华,结合先进的管理思想,融汇、凝聚、培育而成的一种反映企业自身传统和特色,对企业发展具有重要推动作用的群体观念和意识及其外在形式。本节旨在汲取《孙子兵法》的精华思想,构建具有本民族企业文化的科学发展机制。在《孙子兵法》指导下的企业文化科学发展机制,它可以系统分解为四大机制的构建。

一 运用《孙子兵法》构建企业文化和谐机制

一些学者从《孙子兵法》内容当中发掘"和谐"理念,用于多个社会领域的研究。如学者张金路指出,以兵家经典《孙子兵法》为例,尽管未明确提出"和谐"概念,但十三篇中蕴含着丰富的和谐思想,对其进行深入发掘,对构建社会主义和谐社会具有重要的启迪和指导作用。[1] 军队学者张明聪提出自己鲜明观点:作为中华传统文化的重要文献,《孙子兵法》蕴含有丰富的和谐思维。它在关于如何实现战争和国家系统的和谐共荣,如何实现军队内部的和谐统一,如何实现战争与战场环境的和谐一致等方面有着非常深刻的论述。[2] 这些观点可以清楚证明一点,《孙子兵法》包含和谐理念,在多个领域已经得到研究与探索。毋庸置疑,运用《孙子兵法》构建企业文化和谐机制,绝不是缘木求鱼,空穴来风,而是合情合理的。

《孙子兵法》强调一个特定组织,作为一个整体,自身要做到和谐有序。孙子在《九地篇》中明确提出,要通过有效治理来创造组织和谐,"齐勇若一,政之道也"[3]。他还指出好的领导应具有创造组织和谐的能力,"善用兵者,携手若使一人"[4]。而且,这种和谐有序,

---

[1] 张金路:《孙子兵学思想与和谐社会的构建》,《滨州学院学报》2006 年第 2 期。
[2] 张明聪:《论〈孙子兵法〉的和谐思维》,《军事历史研究》2009 年第 1 期。
[3] 杨丙安:《十一家注孙子校理》,第 251 页。
[4] 同上书,第 252 页。

不单单表现在静态方面,而且还表现在动态方面。组织和谐最终体现在方向上一致,"投之无所往,死且不北"①。另外,孙子指出这种组织和谐追求目标上一致,行动上一致,思想上一致。"纷纷纭纭,斗乱而不可乱也;浑浑沌沌,形圆而不可败也。"② 正如孙子所说的"士人尽力"③,凝聚集中,团结合作,"上下同欲"④。不过有一点需要值得注意,这种组织和谐是有前提条件的。一是领导平时关爱部下,部下心甘情愿与之同生共死。孙子在《地形篇》中说:"视卒如婴儿,故可与之赴深溪;视卒如爱子,故可与之俱死。"⑤ 二是"令之以文,齐之以武"⑥。领导会恩威并用,用严明的刑罚和良好的纪律教育约束部下。这种组织和谐的最佳境界是孙子在《九地篇》中高度赞扬的,"其兵不修而戒,不求而得,不约而亲,不令而信"⑦。孙子反对破坏组织和谐,那就是要"禁祥去疑"⑧,把不利于组织和谐的各种因素化解掉,或者消灭在萌芽状态之中。三是组织行动和谐一致必须具有适合的编制和清晰的指挥号令。孙子指出:"凡治众如治寡,分数是也;斗众如斗寡,形名是也。"⑨

《孙子兵法》强调组织行动要与环境之间和谐一致。只有做到与环境和谐一致,才能达到孙子在《九地篇》中所说的"刚柔皆得,地之理也"。张预对此注解恰如其分,"得地利,则柔弱之卒亦可以克敌,况刚强之兵乎?刚柔俱获其用者,地势使之然也"⑩。是说组织行动与环境和谐一致,可以提升自身战力,弱者变强,强者更强。《孙子兵法》强调行动如果不能与环境和谐一致,当组织面对危机时,就会出现秩序混乱。诚如孙子在《虚实篇》提到的,"不知战地,不知

---

① 杨丙安:《十一家注孙子校理》,第 427 页。
② 同上书,第 92 页。
③ 同上书,第 248 页。
④ 同上书,第 60 页。
⑤ 同上书,第 227 页。
⑥ 同上书,第 203 页。
⑦ 同上书,第 248 页。
⑧ 同上书,第 249 页。
⑨ 同上书,第 85 页。
⑩ 同上书,第 252 页。

第六章 《孙子兵法》现代应用个案研究

战日,则左不能救右,右不能救左,前不能救后,后不能救前,而况远者数十里,近者数里乎?"① 孙子要求领导人要从追求行动与环境之间和谐出发,制定科学的决策。他在《九地篇》中指出,"料敌制胜,计险隘、远近,上将之道也"。孙子认为熟悉环境,行动有利。不熟悉环境,不要盲目行动。孙子在《虚实篇》中指出:"知战之地,知战之日,则可千里而会战"②。"不知山林、险阻、沮泽之形者,不能行军"③。孙子主张通过利用熟悉当地环境的人,充分利用环境的有利之处。他在《军争篇》指出:"不用乡导者,不能得地利。"④ 与环境和谐相处,有利于组织自身生存。正如孙子在《行军篇》中提及的"凡军好高而恶下,贵阳而贱阴,养生而处实,军无百疾,是谓必胜"⑤。

《孙子兵法》强调战争与社会之间要和谐一致。这是因为战争乃"存亡之道,不可不察也"⑥。孙子在《计篇》中强调最高领导人要与社会的主体人民和谐一致,"道者,令民与上同意也"。只有这样,才能在患难的情况下,显示出强大的战斗力,"故可以与之死,可以与之生,而不畏危"⑦。孙子反对毫无遏制的战争,过分耗费国家与人民物资财富,不顾惜人民的生命。因此,他要求降低战争烈度,维护社会和谐的物资保障。孙子在《作战篇》中说:"善用兵者,役不再籍,粮不三载"⑧。不同的社会环境需要不同的作为,孙子在《九地篇》中指出:"围地则谋,死地则战。"⑨ 孙子十分关注领导人与人民如何和谐相处。他在《行军篇》中指出:"令素行以教其民,则民服"。紧接着,他指出这种根本原因,"令素行者,与众相得也。"⑩

---

① 杨丙安:《十一家注孙子校理》,第 119 页。
② 同上书,第 118 页。
③ 同上书,第 259 页。
④ 同上书,第 141 页。
⑤ 同上书,第 189 页。
⑥ 同上书,第 1 页。
⑦ 同上书,第 3 页。
⑧ 同上书,第 33 页。
⑨ 同上书,第 243 页。
⑩ 同上书,第 204 页。

孙子还在《形篇》提出"修道而保法"①，实质上是军队与社会之间和谐相处的根本保证。企业也要"修道而保法"，不能如同三鹿公司一样，见利忘义，完全不顾及企业与社会和谐，最终自绝于社会。

企业犹如军队，市场犹如战场。《孙子兵法》架起一座桥梁，它为构建新的企业文化发展路径提供了有益借鉴。《孙子兵法》企业文化和谐机制是一个完整的体系，具体包括企业组织自身和谐、企业与环境之间和谐、企业与社会之间和谐（如图6所示）。它是三位一体，相辅相成，相互影响。它是企业在市场环境中生存的基本保障机制。

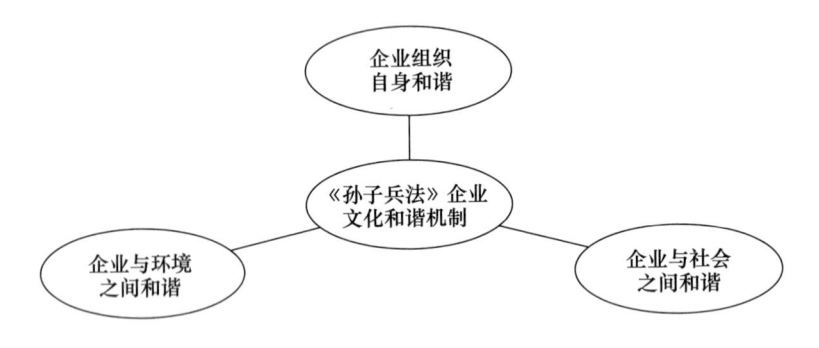

图6 《孙子兵法》企业文化和谐机制结构示意图

上海国际会议中心是一个成功案例的典范。它是一家以会展见长、集餐饮住宿、健身娱乐为一体的五星级酒店，总面积11万平方米，拥有豪华客房260套间，各类会议室26个，会议设施配套齐全。七楼上海厅可同时容纳3000人，是国内目前最大的无柱型多功能宴会厅，别具特色的上海菜、总统宴深受各方好评。它成功运营有力地证明《孙子兵法》企业文化和谐机制的重大价值。第一，上海国际会议中心的领导层特别注重培养企业的团队精神。举行龙舟竞技活动，不忘帮困救助，把员工的冷暖放在心上，这些行动都是为了追求企业组织自身和谐。第二，上海国际会议中心追求企业与环境之间和谐。它地处浦东陆家嘴金融贸易中心，坐落在美丽的黄浦江畔，毗邻东方

---

① 杨丙安：《十一家注孙子校理》，第76页。

第六章 《孙子兵法》现代应用个案研究

明珠电视塔,与外滩建筑群隔江相望,酒店交通便利,地铁 2 号线、车行隧道、游艇码头近在咫尺,黄浦江人行隧道与酒店地下停车库紧紧相连,至虹桥国际机场仅需二十五分钟车程,至浦东国际机场也仅需四十分钟的车程。上海国际会议中心独特的建筑造型成为上海标志性的景观建筑,被评为新中国成立五十年来上海市十大经典建筑之一。第三,上海国际会议中心追求企业与社会之间和谐。上海国际会议中心举行"东方明珠助学金"捐助仪式,还举办隆重的军民迎春联谊晚会,创造"军民共建,鱼水相依"良好氛围。它注重企业各级员工集训机制。这些行动促进了上海国际会议中心与社会之间和谐共荣。自 1999 年开业以来,出色完成 1999 年《财富》论坛年会、APEC 系列会议、亚行年会、福布斯全球行政总裁会议、全球扶贫大会等国际重大会议及三十多位国家元首的接待任务,为世界著名企业 IBM、SUN、柯达等公司成功举办各类会议,多次举办千人以上的超大型、高规格宴会,酒店的会议功能和举办会展经验在国内外享有盛誉。

二 运用《孙子兵法》构建企业文化完美机制

《孙子兵法》既是充满美的意蕴的文学作品,也在思想上追求完美制胜。诚如孙子在《谋攻篇》中提倡的"兵不顿而利可全"[1],"凡用兵之法:全国为上,破国次之;全军为上,破军次之;全旅为上,破旅次之;全卒为上,破卒次之;全伍为上,破伍次之"[2]。"百战百胜,非善之善者也;不战而屈人之兵,善之善者也"[3]。

《孙子兵法》追求程序美,具体体现在孙子的《形篇》,"兵法:一曰度,二曰量,三曰数,四曰称,五曰胜。地生度,度生量,量生数,数生称,称生胜"[4]。孙子通过严格的程序追求,达到胜利的既定目标,体现的是一种程序美。企业作业需要严格的程序管理,才能达到企业追求的最终目标。《孙子兵法》追求质量美,集中体现在孙子

---

[1] 杨丙安:《十一家注孙子校理》,第 52 页。
[2] 同上书,第 44—45 页。
[3] 同上书,第 45 页。
[4] 同上书,第 77—78 页。

的《行军篇》中指出的"兵非益多也"①。事物的量虽然重要，但质更为重要。《孙子兵法》追求产品美，这体现在孙子的《九变篇》中指出的"无恃其不来，恃吾有以待也"②。孙子还在《形篇》中指出："其战胜不忒"③。这些反映出孙子注重打造军队这个特殊产品。《孙子兵法》追求服务美，集中体现在孙子的《火攻篇》中指出的"夫战胜攻取，而不修其功者，凶，命曰'费留'"④。完美的善后服务，可以有效巩固和扩大胜利战果。企业要有良好的售后服务，维护自身的信誉形象，巩固自己已经取得的市场。

《孙子兵法》企业文化完美机制，不是单一的，而是复合的。这要求企业在追求完美的基础上，寻求真、善、美的有机统一，它不是追求虚无缥缈的形式美、外在美，而是追求一种实实在在的美。即程序美、质量美、产品美、服务美（如图7所示）。程序美是保证，质量美是目标，产品美是贡献，服务美是品牌。四者是相辅相成，不可分割的一个整体，每一个环节是后一个环节的基础。因而，可以说《孙子兵法》企业文化完美机制是有机统一的，如同《孙子兵法》本身所寻求的整体美是一致的。这种对整体美追求是一个严格执行的过程，是不打折扣的。

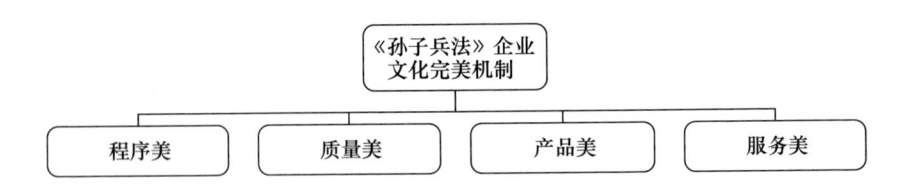

图7 《孙子兵法》企业文化完美机制结构示意图

陈鸿桥在《90%的玄机》一文中，运用数学原理形象地证明现代企业文化追求完美的重要性。很多人认为"把工作做到60%太危险，

---

① 杨丙安：《十一家注孙子校理》，第202页。
② 同上书，第175页。
③ 同上书，第74页。
④ 同上书，第282页。

会被公司炒鱿鱼；做到100%太辛苦，也不太现实；把工作做到90%就不错了"。这种说法似乎很有道理，但工作的过程是由一个一个细微的环节串联而成的，每个环节都是以上一个环节为基础，各个环节之间相互影响的关系以乘法为基准最终产生结果，而不是百分比的简单叠加。环环相扣的一系列过程结束后，"很不错"的90分最终带来的结果可能是59分——一个不及格的分数，这就是过程控制效应。一个集约化的现代经营过程需要经过构思、策划、设计、讨论、修改、实施、反馈、再修正等诸多环节。如果你不能在每个环节认真对待，对每一个环节及时反馈和修正，不致力于每一个环节的完美，而是想当然地认为"结果不会有太大问题"，那么，最终的结局可能就是这个环节你做到了90%，下一个环节还是90%，在5个环节之后，你的工作成绩就不是平均值90%，而是59%——一个会被激烈的竞争环境淘汰的分数。在有些情况下可能还会低于这个分数，甚至变成负数！到了这个时候，你再回过头来按照100%的标准进行"检修"，就可能意味着整个项目、整个工程都需要"推倒重来"，意味着时间和资源的浪费，意味着效率低下和错失时机，意味着先前的努力付诸东流。90%×90%×90%×90%×90%＝59%，这个简单的等式数学之外的意义就是——执行过程不能打折扣。[①] 由此可见，《孙子兵法》企业文化完美机制，是企业开拓未来，赢得全面科学发展的直接驱动力。

三 运用《孙子兵法》构建企业文化创新机制

《孙子兵法》包含多种创新思想。诚如著名的《孙子兵法》研究专家黄朴民教授所指出的，"《孙子兵法》的创新包含观念的创新，战法的创新，思维的创新等多个层次，多个方面"[②]。创新是人类不断进步的动力。新的信息、新的观念、新的方法、新的工具和新的结构，形成人类改造世界的"内在尺度"。汤因比把它称为"文化之光"。人类历史的任何进步、人类的任何发明创造，都有赖于新的信

[①] 陈鸿桥：《90%的玄机》，《读者》2008年第20期。
[②] 黄朴民、高润浩：《孙子兵法新读》，长春出版社2008年版，第208页。

息提供的光芒照亮黑暗的未知世界，开辟前进的道路。① 创新对社会的进步，对企业的发展不言而喻。

《孙子兵法》企业文化创新机制主要包括管理创新、技术创新、理念创新三个层面。孙子的管理创新思想，主要体现在《谋攻篇》中提倡的，"将能而君不御者胜"②。在《势篇》中倡导，"择人而任势"。这些充分反映了孙子发挥有能力的一线指挥者才干的思想。孙子在《军争篇》中举出的，"夜战多火鼓，昼战多旌旗"③，代表的是孙子的技术创新思想。孙子在《九地篇》中提到的著名论断："投之亡地然后存，陷之死地然后生"④，代表的是孙子的理念创新思想。

《孙子兵法》企业文化创新机制犹如一座金字塔（如图8所示），它的发展趋势是由低端逐渐走向高端。低端创新主要包括管理创新、技术创新；高端创新的标志是理念创新。"发展是企业的最高目标，创新是企业永恒的主题。在建设企业文化的过程中，要注重建立以创新、发展为核心的企业价值观。实践告诉我们，要想在竞争激烈的市场中生存与发展，就必须勇于开拓创新。"⑤ 而理念创新是最具影响力的创新。

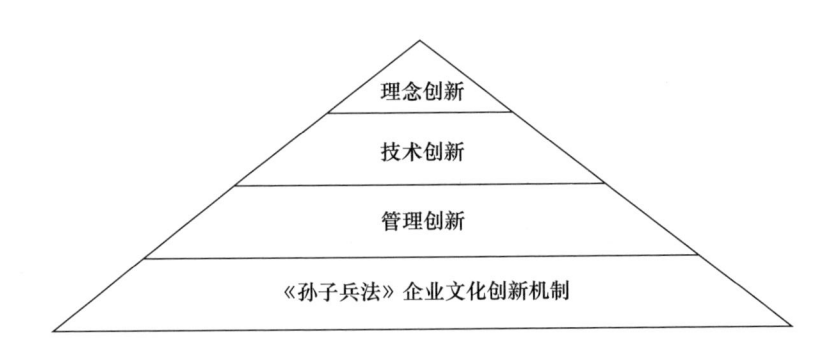

图8 《孙子兵法》企业文化创新机制结构示意图

---

① 阎勤民：《孙子兵法制胜原理》，第413页。
② 杨丙安：《十一家注孙子校理》，第61页。
③ 同上书，第147页。
④ 同上书，第261页。
⑤ 王磊、吴彬：《如何科学构建特色企业文化》，《财政监督》2006年第22期。

第六章 《孙子兵法》现代应用个案研究

香港新世界发展有限公司（集团）主席、周大福企业有限公司主席郑裕彤，成功地检验了《孙子》企业文化创新机制的有效性。郑裕彤在 2007 年公布的福布斯富豪榜上，个人资产达 65 亿美元。他从一个金铺伙计最后发展成为亚洲珠宝大王和地产大亨。郑裕彤特别敢于创新、善于创新，他使自己的企业发展从小到大，由弱到强。他的成功之路，在于勇敢坚持走企业文化的创新之路。第一，郑裕彤善于走管理创新之路，提升管理水平。抗战胜利后，郑裕彤到满目疮痍的香港进行创业，当时最早的店铺是在香港皇后大道中 148 号。店面 40 多平方米，主卖金器。郑裕彤首先给在周大福雇佣的打工的伙计改了名分，不叫"伙计"，统一改称"经理"，这在香港珠宝金饰行业可以说是头一家。1960 年，郑裕彤将"周大福珠宝行"改组为股份有限公司，使员工成为公司股东，结果员工们拼命为公司赚钱，公司当年利润突破 500 万元。第二，郑裕彤着眼于技术创新，提升卖品的知名度。使周大福在香港名声大振的是"9999 足金"，当时龙凤手镯受宠，但是含金量却不足八成，郑裕彤做出大胆想法。决定周大福要卖"9999 金"（即含金量 99.99%，相当足金），有许多分行的经理纷纷反对，99 金就已经比别人分量足了，现在四条九，又不能比别人贵，一年少赚好多钱。郑裕彤认为这些投入相当做广告。当时很多人买金器做保值手段，资金周转不灵就去当铺典当，周大福的金器成色好，当铺付的价格较高，一传十，十传百，不到半年，周大福的口碑就出来了，由于郑裕彤先走一步，不仅赚回成本，还赚取了先机，商业拓展迅猛。企业立足市场，信誉最重要。这种技术创新，成就周大福的信誉。第三，郑裕彤在理念创新上，也是独具一格。1982 年 9 月，英国首相撒切尔夫人访问北京，中国要收回香港的传言盛行，当时香港社会一下子爆发信心危机，整个股市地产陷入低潮。地产商们担心香港回归后，产权会丧失，投资会打水漂。唯独郑裕彤信心十足，他亲自出马，与香港贸发局洽谈，愿意独资兴建香港国际会展中心，给香港最美丽的维多利亚海湾镶嵌一颗璀璨的明珠。1988 年，会展中心落成，成为亚洲同类设施中规模最大，现代化水平最高的会展中心，并于当年入选"全球十大最佳国际会议展览中心"。1997 年 7 月 1 日，香港回归庆典就在这里成功举行，璀璨的烟花照亮了维多利亚的夜空，使香港国际会展中心一时成为世界著名的建筑。这个宏大的项目最初无人青睐，无人问津。郑裕彤独资兴建香港国际会展中心被视为冒险之举。郑裕彤之眼光独到，不得不让人折服。郑裕彤说："现在回头看，用27亿元建成会展中心非常超值，这个项目还包括君悦酒店和万丽海景酒店，我还未出售，所以也算不清赚了多少。"① 努力推进《孙子兵法》企业文化创新机制，有助于企业提高核心竞争力，是企业生命力旺盛不衰的保证。

四　运用《孙子兵法》构建企业文化灵变机制

孙子在《九变篇》中有一个鲜明的观点："将通于九变之地利者，知用兵矣。"② 指挥者只有知道在不同情况下灵活变化，才真正谈得上懂得用兵。孙子在《军争篇》中提到的"悬权而动"，杜牧注解其说："如衡悬权，称量已定，然后动也。"③ 就是要求指挥者权衡利弊得失，做出综合判断，采取科学而合理的行动。孙子在《虚实篇》说："水因地而制流，兵因敌而制胜。故兵无常势，水无常形，能因敌变化而取胜者，谓之神。"④ 这些说法都是《孙子兵法》本身推崇灵变机制的有力佐证。

《孙子兵法》还对灵变机制做了非常到位和非常形象的比喻。常而有变，变而有常，变化莫测。孙子说："善出奇者，无穷如天地，不竭如江河。终而复始，日月是也；死而复生，四时是也。声不过五，五声之变，不可胜听也。色不过五，五色之变，不可胜观也。味不过五，五味之变，不可胜尝也。战势不过奇正，奇正之变，不可胜穷也。奇正相生，如循环之无端，孰能穷之？"⑤ 孙子形容这种灵变机制的极致时说："形兵之极，至于无形；无形，则深间不能窥，智者不能谋。因形而错胜于众，众不能知。人皆知我所以胜之形，而莫知

---

① 张翼鹏：《投资内地最多的港商》，《环球人物》2007年第33期。
② 杨丙安：《十一家注孙子校理》，第172页。
③ 同上书，第145页。
④ 同上书，第124—125页。
⑤ 同上书，第88—90页。

第六章 《孙子兵法》现代应用个案研究

吾所以制胜之形。故其战胜不复，而应形于无穷"①。《孙子兵法》舍事而言理，对孙子的灵变机制做了最经典的概括——"战胜不复，而应形于无穷。"②

拿破仑说，应变力也是战斗力，而且是重要的战斗力；韩国三星集团董事长李建说，除了妻儿，一切都要变；达尔文说，得以生存的不是最强大或最聪明的物种，而是最善变的物种。国务院发展研究中心研究表明，具有国际竞争力的企业家所应具备的四种能力是：创新力、应变力、公关力、协调力。杰克·韦尔奇说，变化正在以比企业反应更快的速度发生着……，必须主动变革，以适应新的市场环境，否则就会成为别人的手下败将；《谁动了我的奶酪》的作者斯宾塞·约翰逊说：再完善的计划也时常遭遇不测，生活并不是笔直通畅的走廊，我们要及时地调整，去适应变化。③ 投资有风险，市场有挑战。企业发展不可能一帆风顺，市场环境的大风大浪，关系企业的生死存亡，时时都有可能发生。运用《孙子兵法》构建企业文化灵变机制不仅是可行的，而且合乎企业科学发展的规律。

《孙子兵法》企业文化灵变机制，主要是由企业信息综合检测、企业风险效益评估、企业危机安全认定、企业快速全面反应四大环节构成（如图9所示）。《孙子兵法》的信息综合检测思想，主要表现在孙子在《地形篇》提到的，"知彼知己，胜乃不殆；知天知地，胜乃不穷"④。其中，彼、己是说人的因素，另外，还涉及天、地两个因素。它与《孙膑兵法》的指导思想有异曲同工之妙，"天时、地利、人和，三者不得，虽胜有殃"⑤。这些因素全面综合检测离不开全方位的信息收集。信息综合检测的重要性，在《孙子兵法》中也有画龙点睛的评价："所以动而胜人，成功出于众者，先知也"⑥。《孙子兵法》

---

① 杨丙安：《十一家注孙子校理》，第122—123页。
② 同上书，第123页。
③ 孙志远、于学恭、孙景峰、伍志明：《提高应变能力引领企业发展》，《北京石油干部管理学院学报》2006年第1期。
④ 杨丙安：《十一家注孙子校理》，第230页。
⑤ 银雀山汉墓竹简整理小组：《孙膑兵法》，文物出版社1975年版，第57页。
⑥ 杨丙安：《十一家注孙子校理》，第290页。

的风险效益评估思想,既体现在孙子在《计篇》中的庙算思想:"夫未战而庙算胜者,得算多也;未战而庙算不胜者,得算少也。多算胜,少算不胜,而况于无算乎?"① 这种风险效益评估思想也表现在孙子《九变篇》中提出的,"智者之虑,必杂于利害。杂于利,而务可信也;杂于害,而患可解也"②。孙子坚决反对那种轻视对手,不把对手放在眼里,而且个人头脑单纯的想法。他在《行军篇》中指出:"夫惟无虑而易敌者,必擒于人"③。他也反对感情用事的领导者,不能依靠理智约束自己的行动,如孙子在《火攻篇》中提到的,"主不可以怒而兴师,将不可以愠而致战"。《孙子兵法》的危机安全认定思想,是孙子在《火攻篇》中提到的,"非危不战"④,"合于利而动,不合于利而止"⑤。《孙子兵法》快速全面反应思想,是孙子在《九地篇》中提到的"后如脱兔,敌不及拒"⑥。孙子希望最后达到《地形篇》中提到"动而不迷,举而不穷"⑦ 的最佳反应效果。

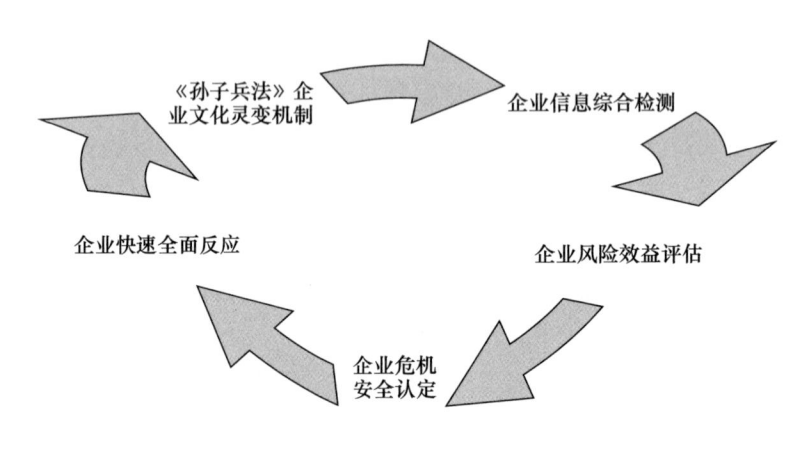

图 9 《孙子兵法》企业文化灵变机制结构示意图

---

① 杨丙安:《十一家注孙子校理》,第 20 页。
② 同上书,第 173 页。
③ 同上书,第 203 页。
④ 同上书,第 283 页。
⑤ 同上书,第 284 页。
⑥ 同上书,第 266 页。
⑦ 同上书,第 229 页。

第六章 《孙子兵法》现代应用个案研究

李嘉诚可以说是《孙子兵法》企业文化灵变机制的检验者。他说："灵活的制度要以实事求是、能自我修正的机制为基础。我指的不单纯是会计系统，而且是在张力中释放动力，在信任、时间、能力等范畴内建立不呆板、能随机应变的制度。我曾说过，企业应在稳健中寻找跳跃式的发展，大标题下的小要点包括开源对节流、监督管治对创意与授权、直觉对科学、知止对无限发展，但又不能局限于此"[1]。追踪李嘉诚几十年的商业生涯之路，商业环境的风云突变并不罕见。他历经两次石油危机、"文化大革命"、亚洲金融风暴等历史性的重大危机，李嘉诚却能够在长达五十年的经营中，从未有一年的亏损，直到最近几年仍能保持两位数的利润增长，如果用"幸运"来解释显然远远不够。李嘉诚的灵变机制，成就了他商业巨子的显赫地位。在这场席卷全球的金融危机面前，人们更加关注有着"华人巴菲特"美誉的李嘉诚和他对全球经济环境的判断。特别是在全球经济前景不景气的当下，这个最富有的中国商人会怎样运筹帷幄，渡过这次难关。

李嘉诚注重风险效益评估，在企业危机安全认定上反应快速。李嘉诚在顺境时居安思危，巧妙布局，在关键时刻突发奇兵。在李嘉诚投资之中，这样富有长线战略眼光的经典案例比比皆是，赫斯基只不过是最近才显示出远见魅力的一个个案。多多"思考未来"，才能看清方向，把握商机。一个企业家能否引领企业胜利远航，关键在于其是否能够把握市场发展趋势，看清前进方向，超前对市场变化的走势、进程和结果做出正确的判断，李嘉诚正是由于"经常思考未来"，才在经营中如有神助，屡创奇迹。李嘉诚在评估趋势、拿准时机上一向眼光独到。在这次源于美国次贷问题的全球金融海啸全面爆发之前，他已不止一次针对股市泡沫和全球经济前景提出警告。能够笑对此次金融危机，并非运气。在两年前，嗅觉敏锐的李嘉诚似乎就感觉到了危机即将来临，因此其集团在重大政策及发展均非常小心，没有

---

[1] 张雪心：《李嘉诚的经营管理之道》，《建筑设计管理》2007 年第 1 期。

收购其他资产，只在本行内继续发展。① 宁宇在《经营分析让企业快速应变》一文中特别关注中国移动分析预测机制，"在日趋激烈的市场竞争环境中，每个企业都希望能预测用户需求，进而针对这些需求做出相应的变化。中国移动从2001年开始筹划建设经营分析系统就是为了达到这一目标"②。由此可以看出，《孙子兵法》企业灵变机制是建立在企业面对各种危机而做出的快速全面反应行动的基础上，而这种快速全面反应行动本身是有条件的，它首先在于企业具有完善的信息综合检测系统。企业文化灵变机制同时必须有专业的企业效益风险评估人才，科学准确认定企业危机安全状态，适时做出灵活适当的反应行动。《孙子兵法》企业灵变机制有助于企业科学决策，在机遇面前抓住时机，在风险面前有效化解危机。

综上所述，《孙子兵法》对于塑造本民族企业文化有着重要的指导作用，尤其对于构建企业文化科学发展机制有着重要的借鉴价值。一是可以运用《孙子兵法》构建企业文化和谐机制。它的目标在于培养企业组织自身和谐，促进企业与环境之间和谐，追求企业与社会之间和谐。它的功效在于企业能够增强自身抵御各种风险的能力，有效服务社会。二是可以运用《孙子兵法》构建企业文化完美机制，它的目标在于追求一种实实在在的企业文化之美。即程序美、质量美、产品美、服务美。它是企业开拓未来，赢得全面科学发展的直接驱动力。三是可以运用《孙子兵法》构建企业文化创新机制，它包含管理创新、技术创新、理念创新三个层面，它是企业生命力旺盛不衰的保证。四是可以运用《孙子兵法》构建企业文化灵变机制，它包含企业信息综合检测，企业风险效益评估、企业危机安全认定、企业快速全面反应四个联动环节。这有助于企业科学决策，在机遇面前抓住时机，在风险面前有效化解危机。总之，在《孙子兵法》指导下的企业文化科学发展机制的构建，有助于企业提升核心竞争力，化解未萌危机，使企业在激烈的市场竞争环境下立于不败之地。

---

① 姜含笑：《李嘉诚金融风暴中独善其身》，《经营者》2008年增刊第4期。
② 宁宇：《经营分析让企业快速应变》，《每周电脑报》2007年第14期。

参考文献

一 文献资料

1. 吴九龙等：《孙子校释》，军事科学出版社1991年版。
2. 杨丙安：《十一家注孙子校理》，中华书局1999年版。
3. 《吴子》，《诸子集成》（第6册），上海书店1986年版。
4. 《尉缭子》，丛书集成初编本，中华书局1985年版。
5. 《黄石公三略》，丛书集成初编本，中华书局1985年版。
6. 吴如嵩、王显臣：《李卫公问对校注》，中华书局1983年版。
7. 孙诒让：《周礼正义》，中华书局1987年版。
8. 杨伯峻：《列子集释》，中华书局1979年版。
9. 黄怀信：《鹖冠子校注》，中华书局2014年版。
10. 焦循：《孟子正义》，中华书局1987年版。
11. 王先慎：《韩非子集解》，中华书局1998年版。
12. 黎翔凤：《管子校注》，中华书局2004年版。
13. 王先谦：《荀子集解》，中华书局1988年版。
14. 刘文典：《淮南鸿烈集解》，中华书局1989年版。
15. 黄怀信等：《逸周书汇校集注（修订本）》，上海古籍出版社2007年版。
16. 杜预：《春秋左传集解》，上海人民出版社1977年版。
17. 杨伯峻：《春秋左传注》（修订本），中华书局2009年版。
18. 贾谊撰，阎振益校注：《新书校注》，中华书局2000年版。
19. 刘向集录：《战国策》，上海古籍出版社1998年版。
20. 司马迁：《史记》，中华书局1982年版。
21. 范晔：《后汉书》，中华书局1965年版。

22. 陈寿：《三国志》，中华书局 1959 年版。
23. 房玄龄：《晋书》，中华书局 1974 年版。
24. 刘昫：《旧唐书》，中华书局 1975 年版。
25. 脱脱：《宋史》，中华书局 1977 年版。
26. 宋濂：《元史》，中华书局 1976 年版。
27. 张廷玉：《明史》，中华书局 1974 年版。
28. 董诰：《全唐文》，中华书局 1983 年版。
29. 司马光：《资治通鉴》，中华书局 1956 年版。
30. 陈传席：《六朝画家史料》，文物出版社 1990 年版。
31. 何去非：《何博士备论》，中华书局 1985 年版。
32. 顾祖禹撰，贺次君、施和金点校：《读史方舆纪要》，中华书局 2005 年版。
33. 赵本学：《孙子书校解引类》，《中国兵书集成》第 12 册，解放军出版社、辽沈书社 1990 年版。
34. 李贽：《孙子参同》，《中国兵书集成》第 12 册，解放军出版社、辽沈书社 1990 年版。
35. 赵本学：《赵注孙子》，谢祥皓、刘申宁辑：《孙子集成》第 17 册，齐鲁书社 1993 年版。
36. 永瑢：《四库全书总目·子部》，中华书局 1960 年版。
37. 茅元仪：《武备志·兵诀评》，《中国兵书集成》第 27 册，解放军出版社、辽沈书社 1989 年版。
38. 张居正：《武经直解开宗合参·孙子》，《孙子集成》第 11 册，齐鲁书社 1993 年版。
39. 杜牧：《樊川文集》，上海古籍出版社 1978 年版。
40. 王守仁撰，吴光等校：《王阳明全集》，上海古籍出版社 2006 年版。
41. 戚继光著，范中义校释：《纪效新书》，中华书局 2001 年版。
42. 戚继光著，邱心田校释：《练兵实纪》，中华书局 2001 年版。
43. 叶适：《习学记言序目》，中华书局 1977 年版。
44. 张觉：《吴越春秋校注》，岳麓书社 2006 年版。

45. 张月中、王纲：《全元曲》，中州古籍出版社1996年版。
46. 彭定求：《全唐诗》，中华书局1960年版。
47. 北京大学古文献研究所：《全宋诗》，北京大学出版社1998年版。
48. 孔凡礼：《全宋词补辑》，中华书局1999年版。
49. 顾嗣立：《元诗选》，中华书局1987年版。
50. 张应昌：《清诗铎》，中华书局1960年版。
51. 法若真：《黄山诗留》，清康熙刻本。
52. 汤鹏：《海秋诗集》，清道光十八年刻本。
53. 俞大猷：《正气堂集》，清道光孙云鸿味古书室刻本。
54. 程宗猷：《少林棍法阐宗》，武侠社初版，出版年不详。
55. 冯梦龙：《东周列国志》，太白文艺出版社1996年版。
56. 施耐庵：《水浒传》，人民文学出版社1997年版。
57. 孔文仲等：《清江三孔集》，齐鲁书社2002年版。
58. 张维屏：《张南山全集》，广东高等教育出版社1994年版。
59. 元好问等：《元人十种诗》，中国书店1990年版。
60. 吴文治：《宋诗话全编》，江苏古籍出版社1998年版。
61. 任中敏：《元曲三百首》，中华书局1945年版。
62. 张怀瑾：《钟嵘诗品评注》，天津古籍出版社1997年版。
63. 王锡荣：《郑板桥集详注》，吉林文史出版社1986年版。
64. 凌稚隆辑校，李光缙增补：《史记评林》（第2册），天津古籍出版社1998年版。
65. 苏洵撰，曾枣庄笺注：《嘉祐集笺注》，上海古籍出版社1993年版。
66. 孔凡礼点校：《苏轼文集》，中华书局1986年版。
67. 钟嗣成：《录鬼簿》，《中国古典戏曲集成》（二），中国戏剧出版社1959年版。
68. 罗贯中：《三国演义》，人民文学出版社1973年版。
69. 曹雪芹、高鹗：《红楼梦》，人民文学出版社1964年版。
70. 刘熙载：《艺概》，上海古籍出版社1978年版。
71. 黄道周：《广名将传》，书目文献出版社1986年版。

72.《明太祖宝训》,《明实录》(第 96 册附录之五),台北"中央"研究院历史语言研究所校印本 1962 年版。

73. 曹锦炎、沈建华:《甲骨文校释总集》卷一,上海辞书出版社 2006 年版。

74. 银雀山汉墓竹简整理小组:《银雀山汉墓竹简[壹]》,文物出版社 1985 年版。

75. 银雀山汉墓竹简整理小组:《孙膑兵法》,文物出版社 1975 年版。

76. 银雀山汉墓竹简整理小组:《银雀山汉墓竹简孙子兵法》,文物出版社 1976 年版。

二 重要著作

1. 于汝波:《孙子学文献提要》,军事科学出版社 1994 年版。
2. 于汝波:《孙子兵法研究史》,军事科学出版社 2001 年版。
3. 中国人民解放军军事科学院战争理论研究部《孙子》注释小组:《孙子兵法新注》,中华书局 1977 年版。
4. 郭化若:《孙子今译》,上海人民出版社 1977 年版。
5. 李零:《兵以诈立——我读〈孙子〉》,中华书局 2006 年版。
6. 黄朴民、高润浩:《〈孙子兵法〉新读》,长春出版社 2008 年版。
7. 陈学凯:《制胜韬略——孙子战争知行观论》,山东人民出版社 1992 年版。
8. 杨少俊:《孙子兵法的电脑研究》,解放军出版社 1992 年版。
9. 杨先举:《孙子管理学》,中国人民大学出版社 2005 年版。
10. 阎勤民:《孙子兵法制胜原理》,中州古籍出版社 1992 年版。
11. 邵青:《民国时期孙子学研究》,军事科学出版社 2011 年版。
12. 永华编:《名家论兵》,海潮出版社 2002 年版。
13. 穆志超:《孙子学文存》,白山出版社 2010 年版。
14. 杨善群:《孙子兵法鉴赏辞典》,上海辞书出版社 2012 年版。
15. 谭一青:《毛泽东决胜之道》,中国青年出版社 2011 年版。
16. 钮先钟:《孙子三论:从古兵法到新战略》,广西师范大学出版社 2003 年版。
17. 李浴日:《孙子新研究》,《民国丛书》第四编第 8 册,上海书店

1992 年版。

18. 杨杰：《孙武子》，《民国丛书》第四编第 8 册，上海书店 1992 年版。
19. 房立中：《孙武子全书》，学苑出版社 1996 年版。
20. 余日昌：《法计合韵：孙子兵法与三十六计》，中国人民大学出版社 2003 年版。
21. 张金花：《宋诗与宋代商业》，河北教育出版社 2006 年版。
22. 邱复兴主编：《孙子兵学大典》，北京大学出版社 2004 年版。
23. 黄朴民：《春秋军事史》，《中国军事通史》（第二卷），军事科学出版社 1998 年版。
24. 《中国军事史》编写组：《中国军事史》第二卷《兵略（上）》，解放军出版社 1986 年版。
25. 《中国军事史》编写组：《武经七书注译》，解放军出版社 1986 年版。
26. 陈梧桐：《西汉军事史》，《中国军事通史》（第五卷），军事科学出版社 1998 年版。
27. 许保林：《中国兵书通览》，解放军出版社 2002 年版。
28. 牛力：《徐向前元帅军事艺术》，解放军出版社 2007 年版。
29. 任崇岳主编：《中国文化通史——辽西夏金元卷》，中共中央党校出版社 2000 年版。
30. 乔良、王湘穗：《超限战》，中国社会出版社 2005 年版。
31. 宫玉振：《取胜之道：孙子兵法与竞争原理》，北京大学出版社 2010 年版。
32. 赵海军：《孙子学通论》，国防大学出版社 2000 年版。
33. 魏鸿：《宋代孙子兵学研究》，军事科学出版社 2011 年版。
34. 蔡英杰：《〈孙子兵法〉语法研究》，商务印书馆 2006 年版。
35. 李零：《唯一的规则：〈孙子〉的斗争哲学》，生活·读书·新知三联书店 2010 年版。
36. 吴如嵩：《孙子兵法新说》，解放军出版社 2008 年版。
37. 蒋百里、刘邦骥：《孙子浅说》，武汉出版社 2011 年版。

38. 薛国安：《智胜韬略与孙子兵法》，广东经济出版社 2003 年版。
39. 姚振文：《大智无疆——孙子兵法在非军事领域的应用》，齐鲁书社 2008 年版。
40. 赵国华：《中国兵学史》，福建人民出版社 2004 年版。
41. 付朝：《孙子兵法结构研究》，解放军出版社 2010 年版。
42. 苏木禄：《孙子兵法心理掌控术》，中国华侨出版社 2010 年版。
43. 孙远方、苏桂亮编：《中外孙子兵学博硕论文备要》，白山出版社 2014 年版。
44. 程国政：《孙子兵法知识地图》，当代中国出版社 2013 年版。
45. ［英］伯纳德·劳·蒙哥马利著，郑北渭译：《蒙哥马利元帅回忆录》，上海译文出版社 1982 年版。
46. ［英］利德尔·哈特著，中国人民解放军军事科学院译：《战略论》，战士出版社 1981 年版。
47. ［瑞士］安东·亨利·约米尼著，钮先钟译：《战争艺术》，战士出版社 1981 年版。
48. ［美］赫尔曼·康恩著，北京编译社译：《论逐步升级——比喻和假想情景》，世界知识出版社 1965 年版。
49. ［美］拉·法拉戈：《斗智》，何新译，群众出版社 1962 年版。
50. ［美］格里菲思著，育委译：《孙子兵法：美国人的解读》，学苑出版社 2003 年版。

三 学术论文

1. 何炳棣：《中国现存最古的私家著述〈孙子兵法〉》，《历史研究》1999 年第 5 期。
2. 陈学凯：《〈孙子〉"作战"解》，《中国史研究》1995 年第 4 期。
3. 张永山：《孙子与吴伐楚的战略分析》，《中国史研究》2008 年第 4 期。
4. 李零：《关于银雀山简本〈孙子〉研究的商榷——〈孙子〉著作时代和作者的重议》，《文史》第 7 辑。
5. 杨丙安、陈彭：《〈孙子〉书两大传本系统源流考》，《文史》第 17 辑。

6. 黄朴民：《〈孙子兵法〉研究一百年》，《管子学刊》2003 年第 4 期。

7. 杜贵晨、周晴：《试论〈三国演义〉为通俗小说体兵书——〈三国演义〉对〈孙子兵法〉的推重与演绎》，《学术研究》2013 年第 6 期。

8. 陈业新：《试论项羽兵法》，《浙江学刊》2000 年第 2 期。

9. 王西崑：《论朱元璋的军事战略思想》，《郑州大学学报》（哲学社会科学版）1985 年第 1 期。

10. 刘平、高峰：《略论李贽的〈孙子参同〉》，《湖南大学学报》（社会科学版）2002 年第 6 期。

11. 陈青山、林鑫海：《〈孙子兵法〉与明代武术经典论著的比较研究》，《武汉体育学院学报》2002 年第 1 期。

12. 胡遂：《晚唐诗人玩物丧志及其成因》，《求索》2005 年第 2 期。

13. 董海洲、王建军：《试论〈孙子兵法〉中的管理思想》，《求实》2004 年第 S1 期。

14. 贾琼：《〈孙子兵法〉在〈三国演义〉中的运用》，《语文学刊》2008 年第 11 期。

15. 高崇：《〈孙子兵法〉与管理心理学》，《管子学刊》2006 年第 2 期。

16. 周晓勇：《略论〈孙子〉十三篇的人本思想》，《济南大学学报》2000 年第 4 期。

17. 纪素红：《〈孙子兵法〉的思维特征》，《管子学刊》2007 年第 2 期。

18. 阎勤民：《〈孙子〉决策——运筹思维模式初探》，《哲学动态》1990 年第 8 期。

19. 张杰锋：《略论孙子战争控制观》，《军事历史研究》2006 年第 2 期。

20. 张明聪：《论〈孙子兵法〉的和谐思维》，《军事历史研究》2009 年第 1 期。

21. 陈再道：《知形造势，奇谋善断——论徐向前指挥艺术》，《国防大学学报》1992 年第 8 期。

22. 陈志明：《谢榛生平及其〈四溟诗话〉述评》，人民文学出版社古典文学编辑室：《中国古典文学论丛》第五辑，人民文学出版社1987年版。

23. 山根幸夫：《明太祖与宝训》，陈怀仁：《第六届明史国际学术讨论会论文集》，黄山书社1995年版。

24. 方如金：《论胡三省的治史态度和人格精神》，《安徽师范大学学报》（人文社会科学版）2006年第2期。

25. 葛景春：《李白诗歌与孙子兵法》，《中州学刊》1987年第6期。

26. 邵青：《民国时期孙子兵法研究述评》，《军事历史研究》2011年第3期。

27. 熊剑平：《从银雀山汉墓竹简看〈孙子〉的早期注释情况》，《军事历史》2011年第3期。

28. 邵青：《国故与国魂——整理国故运动中关于孙子兵法辨伪的一场论争》，《南京大学学报》（哲学·人文科学·社会科学版）2011年第4期。

29. 唐利国：《论吉田松阴的兵学与〈孙子兵法〉——以〈孙子评注〉为中心》，《军事历史研究》2009年第1期。

30. 王同勋、唐任伍：《孙武的军事经济思想及〈孙子〉中内含的经营管理思想》，《郑州大学学报》（哲学社会科学版）1986年第5期。

31. 杨炳安：《"孙子"十三篇校笺举要》，《北京大学学报》（人文科学）1958年第1期。

32. 杨丙安、陈彭：《孙子兵学的东流和西渐》，《中州学刊》1986年第6期。

33. 杨炳安、陈彭：《孙子兵学源流述略》，《文史》第27辑。

34. 黄朴民：《孙子"伐交"本义考》，《中华文史论丛》2002年第1辑。

35. 黄朴民：《银雀山汉墓竹简〈孙子兵法〉之文献学价值刍议》，《清华大学学报》（哲学社会科学版）2013年第2期。

36. 服部千春、刘春生：《〈孙子兵法〉的版本与校勘研究》，《南开学报》（哲学社会科学版）1998 年第 6 期。

37. 熊剑平、黄朴民：《简文〈见吴王〉与〈史记·孙子列传〉关系考论》，《中国人民大学学报》2012 年第 6 期。

38. 任力：《孙子作战原则论述》，《管子学刊》2014 年第 2 期。

39. 高殿芳：《〈孙子兵法〉在日本的传播源流简述》，《日本研究》1988 年第 4 期。

40. 刘庆：《〈孙子〉对周朝兵学的批判与继承》，《管子学刊》1997 年第 4 期。

41. 杨先举：《经济竞争与〈孙子兵法〉》，《管理世界》1993 年第 2 期。

42. 杨新、晏嘉徽：《论〈孙子兵法〉的军事战略思维观》，《南京政治学院学报》2007 年第 2 期。

43. 邵青：《〈孙子兵法〉海外传播述评》，《军事历史研究》2013 年第 4 期。

44. 陈炳富、周戌乾：《孙子的权变思想》，《南开经济研究》1988 年第 2 期。

45. 葛荣晋：《〈孙子兵法〉与企业家的管理艺术》，《首都师范大学学报》（社会科学版）2001 年第 1 期。

46. 李际均：《孙子兵法与战略文化》，《军事历史研究》2005 年第 1 期。

47. 孙建民：《论孙子"选锋"思想及其现代意义》，《济南大学学报》2001 年第 3 期。

48. 蓝永蔚：《〈孙子兵法〉时代特征考辨》，《中国社会科学》1987 年第 3 期。

49. 齐思和：《孙子兵法著作时代考》，《中国史探研》，中华书局 1981 年版。

50. 于泽民：《战略理论的奠基作——孙子兵法》，严晓星：《孙子二十讲》，华夏出版社 2008 年版。

51. 严国群：《〈孙子兵法〉中的战争动员思想》，于汝波：《〈孙子〉新论集粹——第二届孙子兵法国际研讨会论文选》，长征出版社

1992 年版。
52. ［法］魏立德：《关于〈孙子兵法〉中的数理逻辑》，黄朴民主编：《孙子新探——中外学者论孙子》，解放军出版社 1990 年版。

后 记

本书即将付梓之际，追忆研究《孙子兵法》的曲折之路，别有一番滋味在心头。我接触《孙子兵法》，是在大学读书期间。有一天，偶然发现同宿舍的张新国床头有一本《孙子兵法》。由于自己有爱翻闲书的习惯，于是就借了过来。虽是泛泛而读，却觉得本书文采与境界非一般书可以比肩。我舍不得买书，找来一个硬皮本，工工整整把《孙子兵法》十三篇抄录了一遍。虽然如此，《孙子兵法》十三篇只留下肤浅的印象。

真正沉下心来读《孙子兵法》，则要追溯到2003年的秋天。那是一个令人难忘的季节，自己正式成为一名复旦大学的博士研究生，开始蹒跚走向学术研究之路。有一天，同宿舍的陈文彬告诉我，学校举办一场古代军事文化讲座，"你有兴趣，可去听听"。我满怀好奇，前去听了。做讲座的是位极具军人风采的学者，他是南京政治学院上海分院的博士生导师张云教授。给我最深刻的记忆是他对《孙子兵法》精彩的讲解，讲述了学界是如何重视研究《孙子兵法》的。他最后与师生互动时，还特意提到他是复旦毕业的，校友身份一下子拉近了相互之间的距离。这也是我第一次有机会认识军队的学者。他的这次讲座对我触动很大，促使我重新审视这部古老兵书的价值。由于我的博士论文与古代军事文化密切相关，故而涉猎了《孙子兵法》一些内容，并对个别思想做了阐发。尽管如此，读博期间未曾发表过一篇有关《孙子兵法》的文章。

真正步入《孙子兵法》研究的生涯，却是在博士毕业参加工作之后。2007年，我任教的河南师范大学大力提倡开设公选课，出于对《孙子兵法》的喜好，首次申请开设《孙子兵法》公选课，受到广大

《孙子兵法》经世致用研究

同学欢迎和好评。正是由于《孙子兵法》这门课的推动，自己在备课与教学之余，开始有意识地撰写《孙子兵法》方面的文章，而且，就在那一年有多篇《孙子兵法》文章顺利发表，这给我以极大的鼓舞。从2007年开始，在近十年的时间里，一共发表了十八篇有关《孙子兵法》的文章。每年都有产出，从未间断。这些文章发表在《史学月刊》《河南师范大学学报》《河北师范大学学报》《军事历史研究》等刊物，许多文章被《孙子兵法年鉴》收录，初步形成了自己的研究特色。以至许多老师和同学一见面就说，你是搞《孙子兵法》研究的。窃以为，博士毕业后最大的收获要算《孙子兵法》研究了。无论在教学上，努力尝试教好《孙子兵法》课，还是在研究《孙子兵法》方面力争取得小小成绩。此外，指导了研究生宋彦芳和郑云云完成了硕士毕业论文《〈孙子兵法〉汉代流布及其影响研究》、《唐代〈孙子兵法〉流传与其应用研究》。古人有言："教学相长。"正是在这长期的《孙子兵法》教学实践中，才有了对《孙子兵法》更为深入的思考。

"海内存知己，天涯若比邻。"在山东广饶举办的《孙子兵法》学术研讨会上，聆听了黄朴民先生精彩的《孙子兵法》演讲。在近十年的《孙子兵法》教学和研究中，不知不觉中认识了许许多多具有相同旨趣的师友，得到他们多方指教。他们有的是研究《孙子兵法》的知名专家，如华中师范大学赵国华先生，军事科学院的任力先生、赵海军先生。结识了对《孙子兵法》普及工作倾注极大热情的苏桂亮先生、孙远方先生。还结识了《孙子兵法》研究的后起之秀，如姚振文先生等，我们相互之间常有问候。

料想不到的惊喜，有时候，还会出现在眼前。未曾谋面的朋友突然打电话过来，邀请前去河南理工大学万方科技学院做有关《孙子兵法》的学术报告，这真是始料未及的事情。邀请者李亚男老师事后告诉我，他在网上海搜时，随意浏览《孙子兵法》研究成果，偶然当中注意到我是搞这方面研究的。那是我有生以来，第一次走出大学校门，为高校学生做题为《孙子兵法与成功人生》的学术报告。还有一次，苏桂亮先生打电话，邀请参与《孙子兵学大辞典》有关"诗词曲赋"部分的编纂工作。苏先生说是看到我的有关文章，才想方设法

后　记

找到我的联系方式，请我参与大辞典的编纂工作，当时真有些受宠若惊的感觉。以前虽闻其人，但我们从来没有任何的交往。正是由于拥有了从事《孙子兵法》研究的经历，却又增加了这份机缘。这些往昔的经历，仿佛就在眼前。这一切使我对《孙子兵法》的喜爱，变得更加执著。

本书即将付梓之际，感谢各位师长对本人学业的大力提携，他们分别是周振鹤老师、秦进才老师、孙景峰老师、汪维真老师、徐莹老师、张云老师、李妙根老师、周祖谦老师、于孔宝老师、许金老师等。感谢中央民族大学彭勇老师惠赐珠玑之序。感谢中国社会科学出版社宋燕鹏博士给予的高明指教。感谢我校社会科学处原瑞琴处长和历史文化学院巨永明院长给予的支持，以及同事们给予的热情关怀和帮助。

本书是自己近十年《孙子兵法》研究成果的积累与拓展，真切期待各界人士给予批评指正，在此不胜感激。

阎盛国

于河南师范大学

2017 年 3 月 18 日